ERRATUM :

Le dossier du numéro 58, 2009/2 « Mémoires et responsabilités de guerre : les procès de Tôkyô et de La Haye » est paru sous la responsabilité de Paul Jobin, Keisuke Kikuchi et Sara Liwerant.

5-7, rue de l'Ecole polytechnique, 75005 Paris

http://www.librairieharmattan.com
diffusion.harmattan@wanadoo.fr
harmattan1@wanadoo.fr

ISBN : 978-2-296-12554-4
EAN : 9782296125544

Droit et Cultures

Revue internationale interdisciplinaire

Publiée par le Centre d'Histoire et d'Anthropologie du Droit
de l'Université Paris Ouest Nanterre La Défense
et par l'Association Française Droit et Cultures

Avec le concours

Du Centre National de la Recherche Scientifique et
De l'Université Paris Ouest Nanterre La Défense

L'Harmattan

REVUE DROIT ET CULTURES

Revue internationale interdisciplinaire

Revue Droit et Cultures, Université Paris Ouest Nanterre La Défense,
200 avenue de la République, 92001 Nanterre Cedex, Tel/Fax : 33(1) 40 97 73 65
email : jlahmani@u-paris10.fr

Sommaire numéro 59-2010/1

Actualités du droit musulman : genre, filiation et bioéthique
(sous la responsabilité de Corinne Fortier)

Table of contents numéro 59-2010/1

Contemporary Islamic Jurisprudence: Gender, Filiation and Bioethics

6. *Legal Opinions* **(fatâwâ)** *and Bioethic Practices*

Ont contribué à ce numéro

Nisrin Abu Amara, post-doctorante, a réalisé plusieurs recherches sur les différents aspects des violences faites aux femmes, dans le contexte de la minorité arabe en Israël et au Moyen-Orient. Sa thèse doctorale porte sur les aspects politiques, sociaux, et médiatiques actuels des violences conjugales et des violences liées à « l'honneur » dans trois pays : l'Égypte, la Jordanie et les territoires palestiniens.

Dariusch Atighetchi, Ph.D., est professeur de bioéthique islamique au Centre interdisciplinaire des études sur le monde islamique (CISMI) à l'Université de Rome II en Italie et à la Faculté de Théologie de Lugano en Suisse. Parmi ses principaux écrits, on compte : *Islamic Bioethics: Problems and Perspectives*, Springer, Dordrecht-Berlin, 2007 et 2009 ; *Islam e Bioetica*, Armando Editore, Roma, 2009 ; *Islam, Musulmani e Bioetica*, Armando Editore, Roma, 2002. dario_atico@iol.it

Émilie Barraud est post-doctorante en anthropologie attachée à l'Institut d'Ethnologie Méditerranéenne et Comparative (IDEMEC, UMR CNRS 6591), Maison Méditerranéenne des Sciences de l'Homme, Aix-en-Provence. Elle a soutenu sa thèse kafâla *et migrations. L'adoption entre la France et le Maghreb* sous la direction de Valérie Feschet en décembre 2009 à l'Université d'Aix-Marseille I – Université de Provence. UFR Civilisations et Humanités. emiliebarraud@yahoo.fr

Laurence Brunet est chercheur associé au Centre de recherche « Science, droit et techniques », UMR 8103, Université de Paris-I. Elle est spécialiste en droit des personnes et de la famille et en droit de la bioéthique. Ses principales publications en lien avec le thème de la Revue sont « L'éducation religieuse devant le juge français : du laisser-faire à l'hostilité », en collaboration avec C. Duvert, *Archives de philosophie du droit*, 2008, tome 51, p. 403-427, et *I conflitti tra genitori sull'educazione religiosa dei figli. Un'applicazione problematica del principio di laicità in Francia.*

Barbara M. Cooper est professeur au département d'histoire à l'Université Rutgers (New Brunswick). Ses publications comprennent *Marriage in Maradi: Gender and Culture in a Hausa Society in Niger, 1900-1989* [les mariages à Maradi : genre et culture dans une société haoussa au Niger, 1900-1989] (Heinemann, 1997) et *Evangelical Christians in the Muslim Sahel* [les chrétiens évangéliques dans le Sahel musulman] (Indiana University Press, 2006), pour lequel elle a reçu l'*African Studies Association Melville J. Herskovits Award.* Elle travaille actuellement sur l'histoire des débats sur la fécondité au Sahel. bacooper@rci.rutgers.edu

Corinne Fortier est chargée de recherche au CNRS, membre du Laboratoire d'Anthropologie Sociale (Collège de France). Elle a obtenu la médaille de bronze du CNRS en 2005. Ses recherches anthropologiques portent principalement sur les questions relatives au corps, au genre et à la filiation, en France et dans les pays musulmans. Elle a conduit en particulier un terrain de recherche dans la société maure de Mauritanie, en Algérie ainsi qu'en Égypte. Elle a parallèlement étudié les sources scripturaires islamiques et les textes de droit musulman classiques pour élaborer une anthropologie de l'islam et penser l'articulation entre textes et sociétés. : corinne.fortier@college-de-France.fr

Sherine Hamdy est professeure assistante d'anthropologie et elle occupe la chaire « Kutayba Alghanim » des sciences sociales à l'Université de Brown aux États-Unis. Elle est spécialisée en anthropologie médicale, en anthropologie des sciences, et dans les formes d'éthiques contemporaines islamiques. Elle est l'auteur de plusieurs articles incluant «When the State and Your Kidneys Fail: political etiologies in an Egyptian dialysis unit», *American Ethnologist*, 2008; «Islam, Fatalism, and Medical Intervention», *Anthropological Quarterly*, 2009, and «Blinding Ignorance: Medical Science, Diseased Eyes, and Religious Practice in Egypt», *Arab*

Studies Journal, 2005. Son livre, *Our Bodies Belong to God: Islam and Bioethics in Egypt*, va bientôt paraître à the University of California Press. sherine.hamdy@gmail.com

Sandra Houot est chercheure associée au CECR de l'Université catholique de Lyon. Son champ de recherche intéresse le discours islamique contemporain, depuis les points de vue singuliers qui le constituent. Une attention particulière est portée à la jurisprudence islamique (*fiqh*) et à ses procédures qui organisent une réflexion éthique, appliquée aux enjeux d'aujourd'hui. shouot@yahoo.fr

Marie-Christine Le Boursicot est magistrate et docteure en droit. Elle est actuellement présidente de la première chambre de la Cour d'appel de Rouen. Elle a été secrétaire générale du Conseil national pour l'accès aux origines personnelles (CNAOP) de 2002 à 2007, et membre du Conseil supérieur de l'adoption de 1996 à 2008. Elle a mené des travaux sur l'adoption et sur l'accès aux origines personnelles des adoptés : « Enfant d'ici, Enfant d'ailleurs : l'adoption sans frontière » rapporteur de J.-F. Mattei lors de sa mission relative à l'adoption et rédaction du rapport remis au Premier ministre en 1995, « Les organismes intermédiaires de l'adoption » rapport au ministre de la famille en 2001, « L'accompagnement de l'adoption » rapport au ministre de la Famille en 2002. Sa thèse pour le Doctorat d'état de droit en 2004 portait sur : « L'adoption et le secret des origines : l'adoption, filiation garantie par le droit, n'a pas à craindre la levée des secrets ». Elle a préparé des propositions de lois qui ont abouti aux lois du 5 juillet 1996 et du 6 février 2001 relatives à l'adoption internationale. Elle a par ailleurs écrit de nombreux articles relatifs à différents thèmes (adoption interne et internationale, accès aux origines…) ainsi que des commentaires d'arrêts y compris de la Cour européenne des droits de l'homme, publiés dans les revues juridiques *Lamy*, *Dalloz* et *Jurisclasseur*. marie-christine.le-boursicot@justice.fr

Penda Mbow est professeur d'Histoire du Moyen âge musulman et Occidental à l'Université Cheikh Anta Diop de Dakar. Sa thèse de doctorat soutenue en 1986 à l'Université Aix-Marseille I a porté sur une étude comparée entre *l'aristocratie militaire des mamelouks d'Égypte entre les XIVes et XVes*. Elle a en outre travaillé sur l'esclavage dans le Proche Orient de la mort du Prophète à la fin de l'empire abbasside (XIe s.). Ses publications portent pour l'essentiel sur l'histoire intellectuelle dans le monde musulman, le soufisme, la problématique femme et Islam, le dialogue interreligieux, les castes, la démocratie multiculturelle. Engagée dans la société civile depuis plus de 20 ans, Penda Mbow a créé le *Mouvement citoyen* qu'elle dirige et qui est centré sur le leadership intellectuel et politique des jeunes. Elle fut brièvement ministre de la Culture en 2001. Elle est membre de plusieurs sociétés savantes et a obtenu plusieurs décorations : commandeur de l'Ordre national du mérite, chevalier de la Légion d'Honneur française, Docteur *Honoris Causa* de l'université de Uppsala (Suède) et Femme pionnière. pendambow@orange.sn

Rubya Mehdi est titulaire d'un PhD de droit de la Faculté de Droit de Copenhague. Après avoir fait ses études à l'Université de Manchester et à l'Université du Penjab, elle est aujourd'hui chercheur senior attachée au département des études interculturelles et régionales à l'Université de Copenhague. Ses principales publications sont : *Islamization of the Law in Pakistan*, Curzon Press 1994, *Women's Law in Legal Education and Practice*, New Social Science Monograph 1997, *Gender and Property Law in Pakistan*, DjØf Publisher 2001, *Integration and Retsudvikling* DJØF Publisher 2007, *Law and Religion in Multi-cultural Societies*, DJØF Publisher 2008. En plus de ces livres, elle a publié de nombreux articles dans le champ du droit musulman, de l'islamisation, des questions de genre en Islam, des lois coutumières et du pluralisme juridique et de l'application du droit musulman en Europe, plus particulièrement au Danemark. rubya@hum.ku.dk

Alexa Moukarzel Héchaime, juriste, chargée d'enseignement à la Faculté de droit de l'Université Saint Joseph de Beyrouth, a été durant de nombreuses années avocat au Barreau de Paris, spécialiste du droit de la famille et des successions et chargée de travaux dirigés à l'Université de Paris II-Assas. Auteur d'articles et éditrice consultante à la revue de droit international des affaires, *Kluwer Law*- Londres et à la *MEC Law Review*, elle prépare actuellement la mise à jour des articles relatifs au statut personnel et aux successions des communautés musulmanes dans l'ouvrage collectif *Le Droit libanais.* wajih.hechaime@hechlaw.com

Marie-Claude Najm est agrégée des Facultés françaises de droit et professeur à la Faculté de droit et des sciences politiques de l'Université Saint-Joseph (Beyrouth). Elle est également professeur invité à l'Université Paris I (2007-2009) et à l'Université Paris II (2009-2010). Sa thèse de doctorat, intitulée *Principes directeurs du droit international privé et conflit de civilisations. Relations entre systèmes laïques et systèmes religieux*, a été publiée en 2005 aux éditions Dalloz. Marie-Claude Najm est membre de la Commission de modernisation des lois au ministère de la Justice au Liban et vice-présidente de la Commission scientifique de la revue *Al-Adl* de l'Ordre des avocats de Beyrouth. mcnajm@gmail.com

Edwige Rude-Antoine est directeur de recherche au CNRS et dirige le Centre de recherche « Sens, Ethique et Société » (CERSES/CNRS/Université Paris Descartes). Elle étudie les transformations de la famille, les évolutions du droit civil de la famille, les conflits de lois, les conflits de normes. Elle a publié, entre autres en 2007 *Le procès, enjeu de droit, enjeu de vérité,* Paris, Éditions Puf, 2007, 406 p., en 2008 « Les systèmes de droit musulman et l'enfant », in L. Khaïat et C. Marchal (dir.) *L'enfant en droit musulman. Afrique, Moyen-orient*, Paris, Société de législation comparée, 2008, vol. 11, p. 45-60 ainsi qu'avec G. Vernicos : « Parenté, Mariage, Filiation », in E. Rude-Antoine, G. Vernicos (sous la coordination), *Anthropologies et Droits,* Paris, Éditions Dalloz, coll. l'Esprit du droit, 2009 p. 271-310. edwige.rude-antoine@parisdescartes.fr

About the Authors

Nisrin Abu Amara conducted several studies on various aspects of violence against women, in the context of the Arab minority in Israel and the Middle East. Her PhD thesis focused on the political, social, media current debate on violence against women, spousal violence and so-called « honour » crimes, in three countries: Egypt, Jordan and the Palestinian territories.

Dariusch Atighetchi, Ph.D., is a Lecturer in Islamic Bioethics at the Inter-Disciplinary Centre of Studies on the Muslim World (CISMI-Centro Interdisciplinare di Studi sul Mondo Islamico)-University of Rome II (Italy) and at the Faculty of Theology, Lugano (Switzerland). His main works include: *Islamic Bioethics: Problems and Perspectives*, Springer, Dordrecht-Berlin, 2007 and 2009; *Islam e Bioetica*, Armando Editore, Roma, 2009; *Islam, Musulmani e Bioetica*, Armando Editore, Rome, 2002 dario_atico@iol.it

Emilie Barraud, Post-Doctoral student in anthropology affiliated with the Comparative Mediterranean Institute of Ethnology (IDEMEC, UMR CNRS 6591), Mediterranean Institute for the Human Sciences, Aix-en-Provence. Thesis: "Kafala and Migrations. Adoption between France and North Africa" prepared under the direction of Mrs. Valérie Feschet, December 2009. University of Aix-Marseille I – University of Provence. UFR Civilizations and Humanities. Doctoral Training Spaces, Culture and Society. emiliebarraud@yahoo.fr

Laurence Brunet is Research fellow at the « Droit, Sciences et Techniques » Center, UMR 8103, Université de Paris I. Her main interests are Medicine Ethics and Law, Bioethics and reproductive rights, National and International aspects of Family law. About the topic of this volume, she had published : « L'éducation religieuse devant le juge français : du laisser-faire à l'hostilité », en collaboration avec C Duvert, *Archives de philosophie du droit*, 2008, tome 51, p. 403-427, et *I conflitti tra genitori sull'educazione religiosa dei figli. Un'applicazione problematica del principio di laicità in Francia.*

Barbara M. Cooper is a Professor in the History department at Rutgers University (New Brunswick). Her publications include *Marriage in Maradi: Gender and Culture in a Hausa Society in Niger, 1900-1989* (Heinemann 1997) and *Evangelical Christians in the Muslim Sahel* (Indiana University Press 2006), for which she was awarded the African Studies Association Melville J. Herskovits Award. She is currently working on a history of debates about population and fertility in the Sahel. bacooper@rci.rutgers.edu

Corinne Fortier is a Researcher at the National Center for Scientific Research (CNRS) in Paris and member of the Laboratory of Social Anthropology (Collège de France). She was awarded the bronze medal of CNRS in 2005. Her anthropological research investigates questions of body, gender and filiation, especially in France and in Muslim societies. She has conducted fieldwork in Moorish society of Mauritania, in Egypt and in Algeria. She has also studied Islamic scriptural sources and classical Muslim texts of jurisprudence in order to contribute to an anthropology of Islam which analyses the articulation between texts, societies and cultural practices. corinne.fortier@college-de-France.fr

Sherine Hamdy is an Assistant Professor of Anthropology and the Kutayba Alghanim Assistant Professor of Social Sciences at Brown University in the United States. Her focus is on medical anthropology, the social study of science, and contemporary forms of Islamic ethics. She is the author of several articles, including « When the State and Your Kidneys Fail: political etiologies in an Egyptian dialysis unit » *American Ethnologist* 2008, and « Islam, Fatalism, and Medical Intervention » *Anthropological Quarterly* 2009, and « Blinding Ignorance: Medical Science, Diseased Eyes, and Religious Practice in Egypt » *Arab Studies Journal* 2005. Her book, *Our Bodies Belong to God: Islam and Bioethics in Egypt* is forthcoming with the University of California Press. sherine.hamdy@gmail.com

Sandra Houot is an Associate Researcher at the Centre of Cultures and Religious Studies (CECR) at the Catholic University of Lyon (France). Her research program deals with the Islamic contemporary discourse from the singularities of scholars causing these discursive productions. A particular interest is focused on the notions of Islamic case law used to organise an ethical reflection applied to the current stakes. : shouot@yahoo.fr

Marie-Christine Le Boursicot is a Magistrate, she holds a doctorate in law. She is President of the first chamber of the Rouen court of appeal. She was general secretary of the National Council for Access to Personal Origins from 2002 to 2007 and member of the Superior Council for Adoption from 1996 to 2008. Her main publications concern adoption and adoptees' access to personal origins. In 1995, she did a report for Jean-François Mattei on adoption and author of white paper for the Prime Minister on «Children from here, children from elsewhere: no frontiers for adoption». In 2001, she did a report for the Minister for Family Affairs on «Intermediary organisation in adoption». In 2002 she did a report for the Minister for Family Affairs on « Support in adoption ». In 2004 she had a state doctorate in Law: « Adoption and the secrecy of origins: the lifting of secrets represents no danger for adoption, which legally institutes a bond ». She helped to draft the laws for the parliamentary acts on adoption of 5 July 1996 and 6 February 2001 (the latter on intercountry adoption). She is the author of articles on a range of topics that include national and intercountry adoption, access to origins, same-sex parenting, surrogate mothers. She is the author of commentaries on court rulings (including European Court of Human Rights, published in legal journals: *Lamy*, *Dalloz* and *Jurisclasseur*. marie-christine.le-boursicot@justice.fr

Rubya Mehdi holds a degree of Ph.D. in law from the Law Faculty of the University of the Copenhagen. She has a B.A Law (Honours) from the University of Manchester and M.A from the University of the Punjab. She is employed as a senior research associate attached to the Department of Cross-cultural and Regional Studies at the University of the Copenhagen. Her main publications include: *Islamization of the Law in Pakistan*, Curzon Press 1994, *Women's Law in Legal Education and Practice*, New Social Science Monograph 1997; *Gender and Property Law in Pakistan*, DjØf Publisher 2001, Integration and Retsudvikling DJØF Publisher 2007, *Law and Religion in Multi-cultural Societies*, DJØF Publisher 2008. Besides above mentioned books she has widely published articles in the fields of Islamic law, Islamization, gender and Islam, customary laws and legal pluralism, and the application of Islamic law and customs in Europe with special reference to Denmark.

Alexa Moukarzel Héchaime, legal consultant and lecturer at the Saint-Joseph University Law School-Beirut, was member of the Paris Bar Association working in the field of family and intestacy laws and lectured at the University of Paris II-Assas. She is the author of articles published in the MEC Law Review (London) and was consultant editor at the Kluwer Law international Law Review (London). She is now preparing articles related to the Personal status and intestacy laws of the Islamic communities in Lebanon to be published in the co-authored work in French, *Lebanese law* (*Le Droit libanais*). wajih.hechaime@hechlaw.com

Marie-Claude Najm is a Professor at the Faculty of Law and Political Science of Saint-Joseph University (Beirut). She is also a Visiting Professor at Paris-I University (2007-2009) and at Paris II University (2009-2010). Her Ph.D. thesis on « Directing principles of Private International Law and Conflict of Civilizations. Relations between civil and religious systems » has been published in 2005 at Dalloz editions. Marie-Claude Najm is a member of the Law Modernisation Commission at the Ministry of Justice in Lebanon and Vice-president of the Scientific Commission of *Al-Adl Review* at the Beirut Bar Association. mcnajm@gmail.com

Edwige Rude-Antoine is Director of research to CNRS and directs the Center of research « Sens, Ethic, and Society » (CERSES/CNRS/University Paris Descartes). She studies the mutations of the family, the evolutions of family civil law, the conflicts of laws, the conflicts of norms. She had published, among others, in 2007 *Le procès, enjeu de droit, enjeu de vérité,*

Paris, Éditions Puf, 406 p., in 2008 « Les systèmes de droit musulman et l'enfant », in L. Khaïat et C. Marchal (dir.), L'enfant en droit musulman (Afrique, Moyen-orient), Paris, Société de législation comparée, 2008, vol. 11, p. 45-60, and in 2009 with G. Vernicos : « Parenté, Mariage, Filiation », in E. Rude-Antoine, G. Vernicos (sous la coordination), *Anthropologies et Droits,* Paris, Éditions Dalloz, coll. l'Esprit du droit, 2009 p. 271-310.
edwige.rude-antoine@parisdescartes.fr

Actualités du droit musulman : genre, filiation et bioéthique

Corinne Fortier

Le droit musulman en pratique : genre, filiation et bioéthique

Adaptabilité et pragmatisme du droit musulman

Au cours de cette dernière décennie, de nouvelles réformes du statut personnel et du Code pénal ont vu le jour dans de nombreux pays musulmans. Ces réformes touchent en particulier au mariage (*nikâh* ou *zawaj*)[1], à la répudiation (*talâq*), au divorce féminin (*khul'*), à la filiation (*nasab*), à « l'adoption » (*kafâla*) et aux peines relatives à l'adultère (*zinâ*), au viol (*zinâ*) et aux crimes dits d'honneur (*yusamma jarâ'am ash-sharaf*). Dans un contexte migratoire comme celui de la France, la manière d'appréhender des institutions musulmanes inconnues du droit français, telles la répudiation, la polygamie, ou la *kafâla,* a également évolué. Par ailleurs, des nouvelles questions de bioéthique issues du développement de la science et des techniques comme la contraception, l'avortement, le diagnostic prénatal, les procréations médicalement assistées, les tests ADN, le clonage, les cellules souches, ou encore les greffes d'organes, ont amené les juristes musulmans (*fuqâhâ'*, *'ulamâ'*, *muftî*) à émettre des avis juridiques (*fatâwâ*, sg : *fatwâ*) sur ces questions inédites du point de vue du droit musulman classique tout en puisant leurs réponses dans l'esprit même de ces textes.

Ce livre regroupe un ensemble de contributions en français et en anglais d'anthropologues, de juristes, et d'historiens qui traitent de ces évolutions juridiques dans les communautés musulmanes de différents pays (Algérie, Tunisie, Maroc, Mauritanie, Sénégal, Niger, Nigéria, Égypte, Liban, Jordanie, Palestine, Pakistan, Iran, France). Les contributions concernent le contenu de ces réformes, le contexte au sein duquels elles sont apparues, les débats qui les ont accompagnées, ainsi que les résistances éventuelles à leur mise en œuvre. Les évolutions législatives récentes diffèrent localement selon les pays, leur histoire, leur culture, leur gouvernement ainsi que selon l'influence de mouvements plus globaux qu'ils soient féministes, islamistes, humanitaires. Parallèlement à la ratification de conventions internationales inspirées des droits de l'homme, de la femme, et de l'enfant, la

[1] Dans un souci d'homogénéiser la translittération des mots arabes des différents articles de ce volume, le souligné a été substitué au point habituel sous certaines lettres comme le h aspiré et les emphatiques (d, s, t, z).

référence à la loi islamique (*Sharî'a*) demeure essentielle dans les pays musulmans, en tant qu'elle possède un caractère sacré et reste constitutive de leur identité.

En outre, le fait que des membres des populations civiles en Afghanistan, en Iraq et en Palestine aient été tués au nom d'une cause prétendue juste et démocratique qui se réclame des droits de l'homme, ont amené certains musulmans à ne plus croire en ces valeurs universalistes et à se tourner vers des valeurs religieuses qui incarnent une résistance à ce qui est parfois vécu comme une hégémonie et une ingérence de pays occidentaux. Or la référence à la *Sharî'a*, dont le terme même est devenu synonyme de régression et d'obscurantisme en Occident, après l'application stricte et intransigeante qu'en ont faite les Talibans en Afghanistan, n'est pas toujours aussi sclérosée et immuable qu'on a tendance à le croire mais porte en elle une certaine plasticité ainsi qu'une logique pragmatique[2].

Le rappel du caractère pragmatique et non dogmatique du droit islamique est d'autant plus important aujourd'hui que l'islamisme gagne les consciences de nombreux musulmans de par le monde. On voit fleurir une littérature islamiste peu onéreuse qui envahit les étals des vendeurs ambulants des mosquées des pays musulmans comme les rayons des librairies musulmanes dont on peut constater le nombre croissant à Paris. Or, ces ouvrages donnent souvent une vision étriquée du statut des femmes, beaucoup plus régressive que les textes de droit musulmans anciens qui sont sur ce point plus subtils et complexes.

Le droit musulman classique ou *fiqh* constitue le socle de référence de nombreux pays musulmans bien que ceux-ci connaissent d'autres sources de droit (coutumier, ottoman, napoléonien, international…). Le droit musulman n'est pas homogène, variant selon les rites (*mâdhâhib*), en particulier sunnite et shiite, le sunnisme étant lui-même divisé en plusieurs rites qui sont assez similaires malgré quelques « petites différences ». Le Liban, formé de diverses communautés religieuses, comme d'autres pays arabes, connaît un pluralisme juridique surtout en matière de divorce, de garde d'enfant, et de succession, pluralisme qui conduit parfois, comme le montre l'article d'Alexa Hechaime, à des conversions de complaisance, par exemple lorsque des familles sunnites qui n'ont pas d'enfants de sexe masculin se convertissent au shiisme pour protéger les droits successoraux de leurs filles.

En dépit de cette diversité interne, le droit musulman obéit à des principes (*u<u>s</u>ul al-fiqh*) unitaires dans son fonctionnement et il s'est constitué sur un socle scripturaire commun. La première source est le Coran qui jouit d'un statut incomparable auprès des musulmans sunnites ou shiites en tant que parole même de Dieu. La deuxième source est la Sunna, regroupant les dits ou hadith (*<u>h</u>adîth*) et les faits du Prophète (Mu<u>h</u>ammad) (m. 632 J.C.), ainsi que son assentiment parfois implicite (*taqrîrât*) aux actes de ses compagnons et de ses épouses. La Sunna constitue un modèle de conduite pour tout musulman, bien que les textes de

---

2 Au sujet d'un certain pragmatisme en islam, voir Corinne Fortier (2003, 157).

référence en la matière diffèrent selon les sunnites et les shiites. Enfin, le droit musulman intègre la coutume (*'urf*) comme source du droit, ce qui autorise une certaine spécificité juridique propre à chaque société.

De plus, dans le droit musulman, à côté du corpus de traités juridiques propre à chaque rite, il existe des principes guidant l'usage de ce droit (*usul al-fiqh*), qui permettent d'appréhender ce corpus de façon dynamique et éclairée, et non de façon littérale et dogmatique. Par exemple, un principe juridique classique du droit musulman est souvent mis en œuvre par les acteurs musulmans – qu'ils appartiennent à des autorités religieuses (*muftî*), ou même qu'ils soient de « simples » croyants (*mûminîn*) habitués à la logique jurisprudentielle islamique – afin de tolérer des pratiques habituellement interdites (*harâm*) mais qui, lorsque les circonstances l'imposent, peuvent être exceptionnellement admises, ce principe peut se résumer en ces mots : « nécessité fait loi » (*ad-darûrat tubîhu al-mahzûrât*). Ce principe de nécessité (*darûra*) est tiré d'un verset du Coran (VI, 119) qui autorise le croyant à manger une viande illicite dans la mesure où il y est contraint par les circonstances. Après avoir rappelé le principe religieux général selon lequel tout musulman doit suivre les commandements de Dieu, le verset cite néanmoins une clause d'exception : « Il a détaillé ce qu'Il vous interdit sauf en cas de nécessité »[3]. Ce principe juridique accorde une relative souplesse d'interprétation par rapport à la lettre de la loi en permettant au croyant d'avoir recours à des actes prohibés au nom de la nécessité.

En plus de ce principe juridique qui admet un certain pragmatisme, il existe aussi en islam un autre principe qui autorise une utilisation compréhensive de la jurisprudence islamique (*fiqh*). Moins connu que le principe de nécessité, il n'en est pas moins important puisqu'il relève non plus des principes juridiques (*usul al-fiqh*) mais de la loi islamique (*Sharî'a*) elle-même. Ce principe consiste à distinguer cinq fins supérieures (*maqâsid*) que le croyant se doit de conserver : ce sont la religion ou l'islam (*dîn*), la vie ou l'âme (*nâfs*), la filiation ou la descendance (*nasab*), la raison ou la dignité (*'aql*), et les biens ou la propriété (*mâl*). Il est par conséquent possible de ne pas se conformer à certaines prescriptions lorsqu'elles s'opposent aux intérêts supérieurs qu'il convient avant tout de préserver.

Le principe de nécessité et celui de la préservation d'un des buts supérieurs, qui s'articulent bien souvent ensemble dans les faits, ne sont mis en œuvre que parce qu'ils visent un bien commun (*maslaha*), principe également important en islam. On voit donc que loin d'être figé et immuable, le droit musulman, grâce à « l'effort d'interprétation raisonnée » (*ijtihâd*) opéré par tout érudit musulman (*'alîm*) selon certains principes de raisonnement établis tel le raisonnement par analogie (*qiyâs*), sait se renouveler et s'adapter à des innovations technologiques, à de nouvelles réalités sociales et à des espaces culturellement différents de l'islam.

---

3 Trad. Berque, 1995, 155.

Cette forme d'inventivité tant qu'elle débouche sur une innovation (*bid'a*) non pas blâmable (*madhmûma*) mais bonne (*hassana*), fait partie de l'espace d'élaboration possible qu'admet la jurisprudence musulmane, toute innovation n'étant pas nécessairement condamnable en islam comme on peut parfois le lire.

Parmi les nombreux juristes musulmans contemporains, il en est un qui se distingue aujourd'hui par son audience dans le monde musulman et en Europe, il s'agit du shaykh Yûsuf al-Qaradâwî. D'origine égyptienne (né en 1926), il a fait partie du mouvement islamiste des « frères musulmans » (*jami'at al-ikhwân al-muslimin*) en Égypte[4], bien qu'il se présente comme un penseur moderne et modéré (*wasatiyya*) critiquant les salafistes wahabites qui donnent une interprétation littérale et stricte des sources de l'islam. Il est l'auteur de nombreux ouvrages sur l'islam dont certains sont traduits en français comme : *Fatwas contemporaines, La place de la femme en islam, Le licite et l'illicite en islam.* Ce dernier livre fut interdit temporairement en France en 1995 par le ministre de l'intérieur de l'époque suite à son autorisation, fondée sur le Coran, à « corriger » physiquement sa femme en cas de désobéissance (*nushûz*).

Il est par ailleurs le protagoniste d'une émission de télévision qui a lieu tous les dimanches soirs sur la chaîne arabe *al-Jazira.* Cette émission intitulée « La loi islamique et la vie » (*ash-Sharî'a wa al-hayat*) témoigne de l'importance du droit islamique dans le quotidien des musulmans. Chaque semaine, des téléspectateurs lui téléphonent pour lui poser les questions éthico-juridiques qu'ils rencontrent dans leur vie de tous les jours, y compris des questions liées à la sexualité auxquelles il répond sans embarras, conformément au principe musulman selon lequel il n'y a pas de pudeur en matière de savoir. Cette émission en arabe est suivie par de nombreux musulmans de par le monde, et nombre de ses interventions sont disponibles sur internet ou sur cassette audio. Avec d'autres juristes, il répond également aux questions des musulmans sur le site internet *IslamOnline* dans la rubrique « *live fatâwâ* » ou « *live Sharî'a* », site traduit en anglais afin d'être accessible aux musulmans qui ne parlent pas l'arabe. De surcroît, il dirige le « Conseil européen de la *fatwâ* et de la recherche », fondé en 1997 à Dublin, destiné à diffuser des *fatâwâ* qui respectent la *Sharî'a* tout en étant adaptées aux musulmans vivant en Europe où l'islam n'est pas religion d'État.

Dépendance des femmes et autorité des hommes

Avant tout, il faut en ce domaine éviter l'écueil de l'ethnocentrisme qui consisterait à opposer le droit musulman jugé comme rétrograde sur le plan du droit des femmes, aux droits des pays occidentaux considérés comme essentiellement progressistes. Stigmatisation de l'islam qui répond en miroir à la

---

4 Pour cette raison, il a été déchu de sa nationalité égyptienne par le président Gâmal 'Abdal al-Nasar et a pris la nationalité du Qatar où il a été nommé doyen de la faculté de droit islamique.

réaction de certains musulmans à tendance islamiste qui voient les avancées des droits des femmes dans leur pays comme un processus d'occidentalisation correspondant à une dégradation des mœurs contraire à leur identité islamique[5]. Ce fut le cas en Égypte lorsque la loi autorisant les femmes à divorcer sans l'accord de leur mari fut votée en 2000 sous l'égide du président Mubârâk (Corinne Fortier). Ce fut aussi le cas au Pakistan quand le président Musharraf a assoupli en 2006 les peines des femmes violées ou adultères (Rubya Mehdi). Ce fut également le cas au Sénégal lorsqu'en en 1996 le Conseil supérieur islamique critiqua vivement le Code de la famille laïque promulgué en 1972, affirmant que la colonisation française avait davantage respecté l'islam en ayant admis une juridiction musulmane que ne l'avait fait leur compatriote et président Senghor au moment de l'indépendance (Penda Mbow). C'est encore le cas au Niger, lorsque des féministes et des islamistes qui critiquent la jurisprudence locale inspirée du droit malékite sont accusés de trahir leurs propres traditions culturelles et religieuses en se référant à des valeurs étrangères, qu'elles viennent de l'Occident dans le cas des féministes, ou bien d'Arabie Saoudite dans le cas des islamistes (Barbara M. Cooper).

Les deux réactions apparemment opposées de certains occidentaux et de certains musulmans reposent sur le même présupposé selon lequel le droit musulman ne serait pas favorable aux femmes. Or, celui-ci n'est pas en soi pas préjudiciable aux femmes, tout dépend de ce que chaque société en fait, comme le montre l'usage différentiel du divorce féminin (*khul'*) en Mauritanie et en Égypte (Corinne Fortier). D'une part, des procédures juridiques musulmanes prennent en compte certaines situations difficiles rencontrées par les femmes, notamment celles qui les protègent de l'accusation d'adultère et qui garantissent une filiation à leur enfant, ainsi que nous le montrerons dans la suite de cet article. En outre, sur certains points, comme celui du régime de séparation des biens, le droit musulman a été en avance par rapport aux usages de l'Occident chrétien[6], et en particulier par rapport à la France qui ne l'a reconnu qu'en 1942, les femmes musulmanes disposant de leurs biens sans que leurs époux aient un droit de regard. Alexa Hechaime, dans son article, évoque également un autre point : celui du droit de l'épouse ou de l'époux d'hériter du conjoint décédé[7], part réservée qui ne peut être annulée par un testament, comme c'était le cas en France jusqu'en 2004.

---

5 Peur de perdre son identité musulmane suite à « une occidentalisation » qui rappelle le débat en France en décembre 2009 sur « l'identité nationale » qui témoignait de la peur en miroir d'une atteinte à cette identité par « l'islamisation » de la société française.

6 Déjà au XVIIIe siècle, l'écrivaine anglaise Lady Montagu observait lors de son voyage en Turquie la condition enviable des femmes ottomanes qui disposaient de leurs biens à la différence des femmes britanniques (Moulin et Chuvin 1981 : 104).

7 Ce droit trouve sa source dans le Coran (IV, 12), la part du conjoint variant selon son sexe et le fait ou non d'être parent : « Si vos épouses n'ont pas d'enfants, la moitié de ce qu'elles vous ont laissé vous revient. Si elles sont un enfant, le quart de ce qu'elles vous ont laissé vous revient, après que leurs legs ou leurs dettes auront été acquittés. Si vous n'avez pas d'enfants, le quart de ce que vous avez laissé

Ces exemples nous rappellent que les acquis en France en matière de droits des femmes sont récents, qu'ils restent fragiles et demeurent insuffisants dans certains domaines (IVG, travail)[8]. De manière générale, dans les pays musulmans, comme ailleurs, la conquête des droits des femmes est chose difficile car elle bouleverse des structures sociales fondées sur le patriarcat ainsi que des rapports de genre archaïques basés sur la domination masculine. En France, ce sont avant tout les luttes féministes qui ont abouti à des réformes juridiques en faveur des femmes au niveau de l'État. Dans les pays musulmans, bien que ces mouvements féministes existent et que certaines militantes mettent parfois en péril leur vie et sont poursuivies pour apostasie en défendant les droits des femmes[9], c'est surtout la volonté de donner une image moderne et progressiste vis-à-vis de l'Occident qui guide les gouvernements de ces pays à entreprendre de nouvelles réformes législatives dans ce domaine. Quelles que soient les raisons qui président à ces réformes en matière de droits des femmes, l'évolution des « mentalités » est souvent en retard par rapport aux avancées juridiques, et si cela reste vrai dans un pays laïque comme la France, cela l'est d'autant plus dans des pays musulmans qui sont aujourd'hui traversés par de forts courants islamistes hostiles à ces transformations.

De nombreux pays musulmans (Algérie, Maroc, Tunisie, Libye, Mauritanie, Sénégal, Éthiopie, Niger, Nigéria, Égypte, Liban, Syrie, Jordanie, Koweït, Iraq, Yémen, Pakistan) ont ratifié la Convention des nations unies pour l'élimination de toute forme de discrimination envers les femmes[10], mais beaucoup l'ont assortie de « réserves » touchant en particulier à la question de l'autorité de l'homme dans la famille. La question de la suprématie de l'homme sur son épouse est importante dans la pensée juridique musulmane. Elle trouve sa source dans le Coran, dans la sourate des femmes (*an-nisâ'*) (IV, 34) : « Les hommes ont autorité (*qiwâma*) sur les femmes, du fait qu'Allah a préféré certains d'entre vous à certains autres, et du

reviendra à vos épouses. Si vous avez un enfant, le huitième de ce que vous avez laissé leur appartient, après que vos legs ou vos dettes auront été acquittés » (trad. Masson, 1967, t. 1, 94).

8 C'est le cas par exemple du droit à l'avortement qui est en principe accessible à toutes les femmes en France alors que beaucoup de médecins, hommes ou femmes, utilisent leur clause de conscience professionnelle pour s'y dérober. Le peu de praticiens occasionne de longs délais d'attente et de nombreuses femmes se retrouvent alors hors délai légal pour pratiquer l'interruption volontaire de grossesse (IVG) pourtant autorisée par la loi jusqu'à quatorze semaines, et beaucoup doivent partir avorter clandestinement à leurs frais en Espagne. Pensons également au droit au travail des femmes en France où elles restent fréquemment sous-payées et sous-employées au regard de leurs qualifications par rapport aux hommes, et perdent parfois leur travail à l'annonce de leur grossesse à leur employeur.

9 C'est le cas par exemple de l'égyptienne Nawâl as-Sa'dâwî (née en 1931) qui aborde dans ses écrits les sujets tabous de sa société, tels que la sexualité, l'avortement, la violence conjugale, les abus sexuels, l'excision, la détresse psychologique des femmes, et qui a été poursuivie en justice pour apostasie et atteinte à la religion musulmane.

10 CEDEF en français ou CEDAW en anglais : *Committee on the Elimination of Discrimination Against Women.*

fait que les hommes font dépense, sur leurs biens, en faveur de leurs femmes »[11]. Elle est ici justifiée par un argument divin, celui de la préférence de Dieu, mais aussi par un argument économique, puisque c'est à l'homme de pourvoir aux besoins de la femme, devoir sur lequel ne sont pas revenues la plupart des réformes législatives récentes.

Comme le montre Edwige Rude-Antoine à propos du Code de statut personnel (*Mudawwana*) marocain de 2004, si l'affirmation du principe d'égalité entre les époux, en particulier dans l'énoncé déclarant que « le mariage est un pacte fondé sur le consentement mutuel », a débouché sur la nécessité du consentement de la femme à son mariage, au droit au divorce judiciaire, à l'abolition du devoir d'obéissance, il n'a pas pour autant conduit à l'abrogation de la répudiation ni de la polygamie, comme c'était le cas en Tunisie en 1956 sous l'impulsion du président Ḫabîb Bourgiba.

Remarquons par ailleurs que si la polygamie est autorisée dans le Coran (IV, 3) selon certaines limites – au maximum quatre femmes traitées équitablement –, elle est peu pratiquée au Maghreb ou au Moyen-Orient, mais l'est beaucoup plus dans certains pays d'Afrique de l'Ouest (Sénégal, Mali…). La polygamie n'est en outre pas spécifique à l'islam puisqu'on la trouve dans des sociétés non musulmanes, en particulier en Afrique de l'Ouest (Burkina Faso, Togo…) où elle n'est pas limitée à quatre épouses.

D'autre part, bien que cela soit peu connu, le droit musulman classique autorise les femmes à introduire dans leur contrat de mariage une clause (*sharṯ*) qui leur permet de divorcer au cas où leur mari prendrait une deuxième épouse. Possibilité juridique très ancienne, inscrite depuis 2004 dans le nouveau Code de statut personnel marocain, et qui est pratiquée depuis des siècles dans la société maure de Mauritanie[12]. Cette situation est possible, d'une part parce que les Maures, y compris les femmes, connaissent, le plus souvent de façon orale, les subtilités du droit musulman dans les domaines qui les intéressent, à savoir en matière de mariage, de divorce, de filiation ou d'héritage, et d'autre part parce qu'il existe une configuration des rapports sociaux de sexe et de parenté qui permet aux femmes de défendre leurs droits, en l'occurrence celui à la monogamie ou encore au divorce féminin (*khul'*), sans qu'elles aient jamais été influencées en cela par un quelconque mouvement féministe. La pratique juridique maure, qui n'a pas attendu que ces droits soient inscrits dans le nouveau Code de statut personnel mauritanien de 2001 pour les mettre en œuvre, vient donc relativiser l'idée assez répandue selon laquelle l'utilisation dans une société de sources juridiques islamiques anciennes serait nécessairement préjudiciable aux femmes, cette idée sous-estimant l'importance du contexte culturel au sein duquel ces textes sont utilisés.

11 Trad. Blachère, 1980, 110.

12 Fortier, 2010c.

Certaines mesures du droit musulman jugées inégalitaires, comme le fait qu'une femme hérite moitié moins qu'un homme, s'expliquent par le rôle attribué à l'homme dans la famille qui consiste à devoir assurer l'entretien de son épouse et de ses enfants. Ce rôle social masculin n'est pas propre à l'islam mais se retrouve dans de nombreuses sociétés, y compris la nôtre[13]. Cette supériorité de l'homme fondée sur la dépendance économique des femmes pourrait être remise en cause aujourd'hui par le fait que de plus en plus de jeunes femmes dans le monde musulman font des études et travaillent, leviers intellectuels et financiers qui sont de puissants facteurs d'émancipation. Il n'en reste pas moins, que malgré cette évolution, les femmes n'ont pas autant accès que les hommes à la sphère publique du travail qui reste avant tout un espace masculin, de sorte qu'elles demeurent souvent cantonnées à l'espace domestique associé au féminin maternel. D'une manière moins prononcée, on retrouve aussi en France cette même difficulté à confier des postes de responsabilité à des femmes, du fait de certaines représentations archaïques qui leurs sont liées mettant en doute leur faculté à prendre des décisions et la légitimité de leur parole[14].

Les femmes qui dépendent économiquement de leur époux se retrouvent dans une situation difficile lorsque celui-ci les répudie ou lorsqu'elles divorcent, surtout dans le contexte d'urbanisation et de paupérisation croissant connu par certains pays musulmans. De plus en plus de femmes se livrent ainsi parfois à une forme de prostitution qui peut devenir légale lorsqu'elle est transformée en mariage temporaire (*mut'a*), institution connue dans le milieu shiite et qui a aussi un équivalent en milieu sunnite sous le nom de mariage secret (*sirr*), de mariage coutumier (*'urfî*), ou de mariage « du voyageur » (*misyar*), selon les pays concernés[15]. Cette pratique est exponentielle dans de nombreux pays musulmans au profit de certains hommes, en particulier de riches Saoudiens.

La dot (*ṣadâq* ou *mahr*) est au cœur de ce type de mariage comme elle l'est en général pour tout mariage. Élément crucial de l'acte de mariage (*'aqd*) qui trouve sa source dans de nombreuses sourates du Coran (IV, 3 ; IV, 28, 29, 38 ; V, 7 ; LX, 10), elle n'a pour l'instant été abolie par aucun pays musulman tant sa dimension symbolique est grande. Elle est une condition essentielle au mariage dans le droit musulman, de même qu'elle l'était en France dans certains milieux jusqu'au début du XXe siècle, et qu'elle le reste dans de nombreuses sociétés traditionnelles. La dot ou « prix de la fiancée », ainsi que son nom l'indique en

---

13 La situation de « femme au foyer » entretenue par son mari est beaucoup plus acceptée et plus fréquente dans notre société que la situation inverse de « l'homme au foyer » entretenu par une « femme active ».

14 Les femmes sont fréquemment cantonnées à des tâches subalternes et à des responsabilités moins valorisées que les hommes. Elles se forment aussi souvent à des emplois liés au *care* qui prolongent les tâches maternelles comme assistante sociale, infirmière, enseignante, laissant le plus souvent aux hommes les métiers liés au pouvoir (politique, économique…).

15 Fortier, 2010c.

anglais (*bridewealth*)[16], est le versement par lequel un homme achète le droit de disposer de la sexualité d'une femme afin qu'elle lui donne du plaisir et des enfants.

Cette prestation économique a essentiellement pour but de rendre licite l'union sexuelle avec une femme, comme le montre ce verset coranique (IV, 28) : « Licite est pour vous de rechercher des épouses ... en usant de vos biens, en hommes concluant mariage avec une *muhsana*, non en fornicateurs (*qayra musâfihîna*) »[17]. Suggestive est l'analyse du terme de *muhsana* cité dans ce verset ; le terme de *mhasan* en arabe classique désigne aussi bien la fortification, que le fait de garder « la vertu » de son épouse[18]. Ce terme, dérivé de la racine *hsn* qui renvoie à une chose difficile d'accès, se réfère au registre de la protection d'un bien, et en l'occurrence à la sexualité féminine qui fait l'objet d'un contrôle social. Dans ce verset, la *muhsana* désigne donc la femme dont la sexualité est soigneusement préservée, et à laquelle l'homme n'accède que par le paiement d'une dot.

Le contrôle social de la sexualité des femmes existe dans toutes les sociétés. Cependant, la notion d'honneur (*sharaf*) de la famille attachée au contrôle de la sexualité féminine peut se révéler très importante dans certains pays musulmans, représentation qui est au cœur des crimes dits d'honneur (*yusamma jarâ'am ash-sharaf*) perpétrés le plus souvent par le frère, parfois le père, ou encore l'époux quand la femme est mariée. Ils ont surtout lieu en Jordanie, en Palestine, en Syrie, au Pakistan, en Albanie, au Kurdistan, en Turquie, ainsi que dans les pays où sont installées ces communautés, en particulier en Allemagne et en Angleterre, et sont beaucoup moins connus dans d'autres régions musulmanes comme le Maghreb ou l'Afrique de l'Ouest. Ces crimes ne sont pas prescrits par le droit islamique et ne sont pas l'apanage des sociétés musulmanes, puisqu'on les retrouve aussi chez des chrétiens et des druzes de Syrie, du Liban, de Palestine ou d'Israël, chez des hindouistes en Inde, et, par le passé, dans des zones méditerranéennes de religion chrétienne (Italie du Sud, Grèce...).

Les Codes pénaux ont évolué relativement à la question des « crimes dits d'honneur » en Jordanie et en Palestine comme le montre Nisrin Abu Amara dans sa contribution, de même que les condamnations pour viol et adultère au Pakistan ainsi que l'analyse l'article de Rubya Mehdi. Mais les législations en Jordanie, en Cisjordanie, en Palestine, en Syrie, en Iraq, au Koweït et à Bahreïn témoignent d'un traitement inégalitaire de l'adultère féminin qui est l'objet de condamnations plus importantes que l'adultère masculin (Nisrin Abu Amara), alors même que le Coran (XXIV, 2) a prévu des punitions égales pour les femmes comme pour les hommes mis en cause, opérant en revanche une distinction entre

16 Evans-Pritchard, 1931.

17 Trad. Blachère, 1980, 108.

18 *Dictionnaire Kazimirski*, 1944, t. 1, 443.

les peines de la femme mariée qui sont plus lourdes que celles de la femme célibataire[19].

D'autre part, dans le cas de la Palestine et de la Cisjordanie, comme en Égypte, en Jordanie, au Liban, ou en Syrie, alors que l'adultère féminin est condamné en toutes circonstances et en tout lieu, l'adultère pour l'homme n'est pris en compte que s'il a lieu au domicile conjugal, ce qui autorise l'époux à pratiquer l'adultère en toute impunité en dehors de son foyer, comme le montre l'article de Nisrin Abu Amara. Or, de même que la différence de peines liées à l'adultère entre hommes et femmes n'est pas d'origine musulmane, cette disposition ne fait pas partie du droit musulman mais est héritée du Code pénal français napoléonien, par l'intermédiaire du Code ottoman (Nisrim Abu Amara).

Il est une institution juridique malékite qui s'explique par le contrôle étroit exercé par les pères sur la sexualité de leur fille, il s'agit du droit de contrainte matrimonale (*jabr*). Dans le droit malékite pratiqué en Afrique du Nord et en Afrique de l'Ouest, la fille est sous la contrainte matrimoniale de son tuteur (*wali*), en général son père ou sinon son frère. Ce droit n'est pas connu dans le droit hanéfite, ce qui ne signifie pas qu'il n'a effectivement pas cours dans les sociétés qui se réfèrent à ce rite, comme c'est le cas en Égypte. Puisque, dans toutes les sociétés traditionnelles, la fille est sous l'autorité de son père, en particulier en ce qui concerne son mariage ; tradition qui se perpétue en France chez certains immigrés qui pratiquent ce qu'on nomme des « mariages forcés ». Car, l'union conjugale, dans beaucoup de sociétés, n'est pas seulement un mariage entre deux individus – comme c'est devenu la règle dans les sociétés individualistes sous l'influence du christianisme[20] – mais une alliance entre deux familles, souvent décidée par le père dans les sociétés patrilinéaires ou par l'oncle maternel dans les sociétés matrilinéaires.

Le nouveau Code de statut personnel marocain a aboli le droit de contrainte matrimoniale en accordant à la femme majeure le droit de contracter un mariage de sa propre volonté, comme le montre l'article d'Edwige Rude-Antoine. Du point de vue des juristes malékites, le droit de contrainte matrimoniale, loin d'être un devoir contraignant pour la fille, est un droit qui favorise ses intérêts en la protégeant d'une mésalliance. Celle-ci est définie socialement par l'interdiction de conclure un mariage hypogamique, soit d'épouser un homme de statut inférieur au sien, et ce à la fois socialement et religieusement comme le montre ce passage du grand érudit et juriste du XIe siècle qu'est Ghazâlî[21] : « Le *wali* doit chercher l'intérêt de la jeune fille et qu'il ne la marie pas à celui dont la religion est faible ou qui n'accorderait pas à sa femme ce qu'elle est en droit d'attendre de lui, ou enfin, qui n'est pas un époux dont le lignage équivaille au sien ». En outre, dans la pratique

---

19 Fortier, 2010a et 2010b.

20 Dumont, 1991.

21 1989, 66.

juridique, le droit de contrainte matrimoniale n'est pas absolu et peut être contrebalancé par le jugement du juge local ou cadi (*qâḏî*), conformément au droit malékite : « Si la femme accepte un homme et le *wali* un autre et que les deux hommes sont du même rang que la femme, on doit alors préférer celui accepté par elle. Et dans ce cas, le cadi ordonnera au *wali* de la marier, mais si ce dernier refuse, c'est le cadi qui la mariera »[22].

Dans le droit musulman, le fait qu'une femme musulmane ne puisse épouser qu'un musulman vient de l'importance d'agrandir la communauté musulmane (*umma*) ; la religion se transmettant en filiation patrilinéaire en islam, l'enfant d'une femme musulmane qui épouserait un « infidèle » serait non musulman. Cet interdit ne concerne pas en revanche le musulman qui peut épouser une femme non musulmane de religion monothéiste (*kitâbiyyin*) puisque, quelle que soit la religion de la mère, l'enfant sera musulman par son père. En ce qui concerne les femmes mariées à un homme d'une autre nationalité, malgré la règle de filiation patrilinéaire, les réformes récentes de certains pays ont permis la transmission de la nationalité par la mère comme c'est le cas en Tunisie depuis 1992 , au Maroc depuis 2004, en Algérie depuis 2005, et en Égypte depuis 2004.

L'acte juridico-religieux du mariage (*'aqd*) en islam, est extrêmement simple, puisqu'il exige la seule récitation de la première sourate du Coran, la *fâtiẖa* (« l'ouverture »), connue de tout musulman, en présence des époux ou de leurs mandataires, et de deux témoins (*shuhûd*), sans la nécessité d'un juge. Mais ce lien juridique entre les conjoints n'est pas strictement égalitaire. La femme est placée sous l'autorité de son mari, après avoir été sous l'autorité de son père. Elle dépend de son époux économiquement, par le versement de sa subsistance (*nafâqa*), moralement, par la sanction de l'adultère (*zinâ*), et matrimonialement, par la facilité avec laquelle il peut la répudier (*ṯalâq*).

Le cou (*raqaba*), dans le droit musulman, est l'équivalent de la main (*manus*) dans le droit romain qui désigne le droit de tutelle exercé sur les femmes, d'où l'expression française : « Demander la main d'une femme » qui a pour équivalent en arabe « demander le cou d'une femme ». De même que la dot dans les sociétés musulmanes sert à acquérir le cou d'une femme, le « prix de la fiancée » en Europe était nécessaire pour obtenir sa main. Le cou comme la main renvoient tous deux au fait de tenir sous sa coupe, ils évoquent à la fois les idées de possession et de protection. Quand un homme s'approprie le cou d'une femme, celle-ci fait partie de son inaliénable possession ou *ẖarîm* – d'où vient le terme de « harem » – et il a ainsi le devoir de l'entretenir, de bien la traiter, et de la protéger des convoitises des autres hommes.

L'expression renvoyant au cou est aussi utilisée pour nommer un autre type de lien juridique inégalitaire, celui du maître et de l'esclave ; le terme de « cou » (*riqâb*) est employé en ce sens dans un verset coranique (II, 77). Le terme de cou

---

22 Khalîl, 1995, 198.

désigne métaphoriquement le lien matrimonial, tout comme il renvoie au lien de servitude. La relation entre mari et femme est juridiquement comparable à celle du maître et de l'esclave. La similitude entre esclavage et mariage est confirmée par Ghazâlî[23] qui, après avoir cité le hadith du Prophète : « Mariage est servitude. Donc, que chacun d'entre vous examine en quelles mains il placera sa fille », ajoute : « Cette précaution est plus importante pour la femme que pour l'homme, car la femme devient esclave par le mariage et ne peut s'en libérer, alors qu'en toute circonstance le mari peut la répudier »[24].

Dans le droit musulman, le terme désignant l'acte de mariage, *'aqd*, qui signifie littéralement « attachement » ainsi que les expressions relatives au divorce sont tout à fait significatives de la nature du lien conjugal, en particulier, celle qui fait référence au cou de la femme, attaché lors du mariage, et libéré au moment du divorce. De plus, le terme même de répudiation, *ṯalâq*, désigne à la fois un chameau délivré d'une entrave et une femme congédiée par son mari[25]. D'autre part, le divorce féminin est nommé *khul'*, terme qui renvoie à l'idée de retirer, en l'occurrence de défaire le lien matrimonial (Corinne Fortier).

Ces diverses expressions juridiques montrent que le divorce est étroitement associé à un processus de libération, la femme n'étant plus attachée à son mari. Mais dans le même temps, elle n'est plus sous sa protection, y compris financièrement. Le divorce révèle en négatif l'essence de la relation matrimoniale qui est fondamentalement hiérarchique. L'épouse est dans une relation de dépendance vis-à-vis de son époux lors de son mariage et ne recouvre sa pleine liberté que lorsqu'elle est divorcée, n'étant plus alors sous la tutelle de son époux, ni sous la tutelle de son père dont elle s'est définitivement affranchie depuis sa première union matrimoniale, conformément au droit malékite.

Filiation/« adoption » et désaveu/reconnaissance de paternité

Les généalogies dans le monde arabo-musulman témoignent du rôle de la filiation patrilinéaire, remontant parfois jusqu'au premier homme créé, tout en passant, pour les plus nobles, par des figures islamiques importantes comme le Prophète ou l'un de ses compagnons. Compte tenu de l'importance sociale que revêt la généalogie, il n'est pas de plus grande ignominie que de ne pas avoir de filiation ou *nasab,* et de porter, conséquemment, le nom de sa mère. La filiation se définit en islam par le fait de porter le nom de son père et de pouvoir hériter de lui, cette dernière disposition découlant juridiquement de la première dans le droit musulman classique.

---

23 1989, 66.

24 *Ibid.*

25 Schacht, 1934, 667-668.

Concernant l'articulation entre filiation et substances biologiques, l'analyse de textes juridiques, théologiques et médicaux arabo-islamiques[26] nous a montré que la filiation ne passait pas nécessairement par le sang alors même qu'on a tendance à le penser habituellement en parlant d'une idéologie du sang dans le monde arabo-musulman. Le sang n'est pas conçu en islam comme une substance transmettant la filiation mais comme métaphore des relations de parenté, de même que c'est le cas en Occident lorsqu'on parle de « parents par le sang ». Le sperme, en revanche, joue un rôle essentiel dans l'établissement de la filiation patrilinéaire en islam.

L'interdit de la parenté adoptive en islam témoigne de l'impossibilité de penser une filiation sociale qui ne serait pas fondée sur le biologique. Plus justement, plutôt que d'interdire toute forme d'adoption comme on le dit très souvent, l'islam limite les effets juridiques de l'adoption du point de vue de la filiation. Il suffit de lire attentivement la seule sourate du Coran (XXXIII, 4) consacrée à l'adoption (*tabannî*) : « Dieu ne loge pas deux cœurs au dedans de l'homme [...] non plus qu'il ne fait un fils de ceux que vous adoptez »[27], pour constater qu'on y parle bien d'une forme d'adoption mais qui est clairement opposée à la filiation[28].

L'interprétation de cette sourate a ouvert la voie à la reconnaissance d'une forme particulière d'adoption qui porte le nom arabe de *kafâla* dans certains pays du Maghreb tels le Maroc et l'Algérie, ou d'autres noms locaux selon les pays concernés, comme celui de *sarparasti* en Iran qui signifie « prendre soin » en persan[29]. Cette forme d'adoption a pu être comparée à l'adoption simple telle qu'on la connaît en France comme le montre Marie-Christine Le Boursicot dans son article, ou encore au *fosterage*[30] tel que l'a défini l'anthropologie comme le remarque Émilie Barraud dans sa contribution, alors qu'elle se trouve plutôt à la lisière de ces deux catégories, et ne peut être assimilée ni à l'une ni à l'autre du fait de sa spécificité.

Cette procédure « d'adoption » en islam permettait à un enfant d'être recueilli par une famille, sans toutefois pouvoir porter le nom ni hériter de ses adoptants, jusqu'à ce que des réformes relativement récentes de certains pays musulmans, comme l'Algérie en 1992[31], ou le Maroc en 2002, analysées par Émilie Barraud, acceptent la concordance de nom entre l'enfant adopté (*kafîl*) et l'adoptant (*makfûl*) afin d'effacer le stigmate de l'illégitimité de l'enfant, sans lui

---

26 Fortier, 2001.

27 Trad. Berque, 1990, 447.

28 Fortier, 2007, 30-31.

29 Yavari-d'Hellencourt, 1996, 144, note 2.

30 Le terme de *fosterage*, dérivé du verbe anglais *to foster* qui signifie nourrir, a été intégré au lexique anthropologique français faute de traduction adéquate.

31 Comme l'Iran également en 1974.

permettre pour autant d'hériter de l'adoptant et donc d'accéder à une filiation pleine et entière ainsi que l'autorise l'adoption plénière telle qu'elle existe dans un pays musulman comme la Tunisie depuis 1958, ou en Turquie depuis 2004.

Si, dans le cas de l'adoption, la dissociation de la paternité sociale et de la paternité biologique est patente, dans un contexte plus commun, celui d'une naissance au sein d'une union conjugale, une telle dissociation peut aussi réellement se présenter bien que leur conjonction soit d'emblée présumée par le droit. Pour signifier que l'enfant né d'un couple marié est toujours attribué à l'époux, les juristes musulmans emploient à son sujet l'expression : « l'enfant de la couche » (*al-walad al-firash*). La couche valant comme métaphore des relations sexuelles légitimes dans le cadre de l'union conjugale, on pourrait traduire cette expression juridique par l'expression française également utilisée en droit : « l'enfant du lit »[32], le terme de « lit », comme celui de « couche », étant entendu au sens sexuel et matrimonial.

Dans ce contexte, c'est surtout la paternité sociale qui importe, paternité qui se fonde sur un lien social, celui de l'alliance du père avec la mère de l'enfant, la paternité biologique étant alors toujours supposée. Le lien opéré par l'esprit entre paternité sociale et paternité biologique est d'ordre déductif : parce qu'un homme est reconnu comme le père social de l'enfant suite à son union conjugale avec la mère, on en déduit qu'il en est aussi le père biologique. Le biologique dans la définition juridique de la paternité relève donc de la présomption et non de la preuve.

En effet, d'après le droit musulman, le principe selon lequel la paternité d'un enfant revient au mari de la mère est irrécusable, quels que soient les arguments invoqués, y compris un argument qui s'apparente à celui de la nature, l'argument de la dissemblance de l'enfant avec son père ; comme le remarque Louis Milliot[33], commentateur avisé du droit musulman : « En toute autre hypothèse, le mari de la mère est le père de l'enfant, même si l'enfant de parents blancs est nègre, parce que ce peut être par un retour d'hérédité (*al-'irk nazzâ'*) ; même s'il ressemble, d'une manière frappante, à quelqu'un désigné par le père ; même si le mari vient affirmer, sous la foi du serment, qu'il a cessé toute relation sexuelle avec sa femme, bien qu'ayant continué à habiter avec elle ».

Il est par ailleurs quasiment impossible de prouver l'existence de relations sexuelles illégitimes. Car, d'une part, il y a très peu de chance qu'elles puissent avoir été constatées par quatre témoins, comme le demande un verset du Coran (IV, 19). D'autre part, le droit musulman exige que les quatre témoins aient vu très précisément l'acte de pénétration qui définit l'adultère : « Quatre hommes libres,

---

32 On emploie surtout cette expression en France lorsqu'il s'agit de distinguer les enfants issus d'un premier mariage de ceux nés d'une seconde union, en parlant par exemple d'enfants « d'un premier lit » ou des enfants « d'un même lit ».

33 1953, 389.

pubères et d'honorabilité testimoniale reconnue, qui attesteront qu'ils ont vu le membre du fornicateur comme le stylet dans le pot à collyre »[34]. La difficulté à établir un tel témoignage, peut protéger la femme en cas d'adultère mais peut aussi lui nuire quand elle est victime d'un viol, celui-ci étant traité du point de vue du droit musulman classique comme un adultère.

De plus, ceux qui voudraient se livrer à l'accusation d'adultère peuvent eux-mêmes faire l'objet d'un autre type d'accusation, celle de calomnie. En effet, celui qui viendrait à accuser une femme d'adultère risque, selon le Coran, les tourments de l'enfer (XXIV, 11) ainsi que la punition réservée aux calomniateurs (XXIV, 4-5) : « Frappez de quatre-vingts coups de fouet ceux qui accusent les femmes honnêtes (*muhsanât*) sans pouvoir désigner quatre témoins ; et n'acceptez jamais leur témoignage : voilà ceux qui sont pervers, à l'exception de ceux qui, à la suite de cela, se repentent et se réforment »[35]. Par conséquent, d'une part, les conditions requises pour témoigner d'un adultère s'avérant irréalisables, il est quasiment impossible d'établir la preuve de relations sexuelles illégitimes. Et, d'autre part, ceux qui tenteraient de témoigner risquent de subir la punition-même qu'ils voulaient voir infliger à ceux qu'ils accusaient.

En islam, il est donc extrêmement difficile qu'un homme conteste sa paternité, contestation qui par ailleurs ne recourt pas à des arguments de type biologique mais à des arguments de type théologique, en particulier au fait de prêter serment devant Dieu selon la procédure juridico-religieuse du *li'ân* qui trouve sa source dans le Coran (XXIV, 6-9). Cependant, les réformes récentes du Code de la famille de certains pays musulmans malékites, comme par exemple la nouvelle *Mudawwana* marocaine de 2004, ou l'article 40 du Code algérien de 2005, introduisent la notion de preuve biologique en donnant la possibilité à des hommes mariés, ou simplement fiancés, de se référer au résultat négatif d'un test ADN pour désavouer leur paternité, les juristes musulmans ayant approuvé l'utilisation des tests génétiques dans le domaine de la filiation[36]. Ces mesures viennent ébranler la logique traditionnelle de la filiation étant donné que l'argument biologique peut être invoqué pour porter un coup à la filiation sociale, filiation qui était auparavant considérée comme intangible ou tout au moins difficilement attaquable.

Non seulement il est difficile pour un homme de désavouer sa paternité du point de vue du droit musulman, mais il y est admis une forme de reconnaissance de paternité (*istilhâq*) qui donne la possibilité à un homme de reconnaître un enfant sans pour autant épouser la mère, pour peu que cet homme s'abstienne de

34 Qayrawânî, 1968, 253-255.

35 Trad. Masson, 1967, t. 2, 430.

36 De même qu'ils peuvent être utilisés pour prouver la culpabilité d'un individu dans des affaires pénales.

mentionner la conception illégitime et que la différence d'âge permette de supposer que l'enfant est bien de lui[37].

D'autre, part, l'enfant dont la naissance se fait attendre est reconnu juridiquement comme légitime puisque, d'après certains juristes, la grossesse peut durer cinq ans ou, selon d'autres, sept ans. Ce délai maximal de grossesse permet de reconnaître la paternité d'un enfant illégitime d'une femme dont le mari est absent, décédé, ou dont elle est divorcée depuis cette période. Bien que l'intention des juristes sunnites – tant malékites, qu'hanafites, qu'hanbalites ou shafiites – ne soit pas explicite dans les textes, on peut constater qu'ils ont fait preuve d'un certain humanisme en fixant de longs délais de grossesse qui permettent d'habiller de légitimité des naissances illégitimes.

Les longs délais de grossesse établis par les juristes sunnites classiques permettaient d'attribuer une filiation à un enfant illégitime, et elles permettaient par ailleurs à la femme d'échapper à l'accusation d'adultère, accusation qui pouvait lui coûter la vie. Remarquons que parmi les modifications apportées récemment aux codes de la famille de certains pays du Maghreb, la durée maximale de la grossesse a été considérablement réduite, elle est passée par exemple à une année dans la *Mudawwana* marocaine de 2004. Cette mesure ne donne plus aux femmes la possibilité de recourir à l'argument du long délai de grossesse pour garantir une filiation à leur enfant et elle les empêche par là-même d'échapper à l'accusation d'adultère et aux conséquences désastreuses qui s'ensuivent.

Le droit musulman sunnite classique a été soucieux d'assurer une filiation aux enfants illégitimes par le moyen de diverses mesures telles la présomption de paternité, l'impossibilité de prouver des relations sexuelles adultérines, la difficulté de prononcer un désaveu de paternité, la détermination de longues durées de grossesse, la reconnaissance de paternité. On peut craindre que l'importance du biologique dans les nouvelles réformes du Code de statut personnel qui réduisent les délais de grossesse et permettent au père d'avoir recours à un test ADN pour désavouer sa paternité, bien loin d'autoriser une marge de jeu entre biologique et social vienne rabattre, à plus ou moins long terme, la filiation sur le biologique dans le sens le plus pauvre et le moins social du terme.

En effet, lorsqu'on connaît les difficultés et la stigmatisation sociale rencontrées à la fois par l'enfant sans filiation et par sa mère accusée d'adultère, on peut être légitimement amené à se demander si ces réformes juridiques apportent un progrès sur le long terme ou si elles ne vont pas accroître la vulnérabilité des catégories les plus fragiles de la société qui étaient paradoxalement mieux protégées des désordres de la filiation dans le cadre classique du droit musulman.

C'est par ailleurs le même souci de protection des femmes et des enfants au statut fragilisé, dès lors qu'ils résident en France ou sont de nationalité française, dont font preuve les juges français en cas de polygamie, de répudiation, de

---

37 Linant de Bellefonds, 1973, 51.

reconnaissance de paternité ou d'« adoption » (*kafâla*), comme le montre Laurence Brunet dans son article qui analyse de façon comparée la réception de ces diverses institutions musulmanes en France.

Contraception, avortement, procréations médicalement assistées et don d'organes

De nombreux pays musulmans ont adopté rapidement les techniques médicales développées en Occident, c'est le cas en particulier du Maroc, de la Tunisie, de l'Égypte, de la Jordanie, du Liban, de l'Arabie Saoudite, du Qatar, et d'Oman. Cet essor médical en matière de contraception, d'avortement, d'échographie, de diagnostic prénatal, de procréations médicalement assistées, de clonage, de cellules souches, ou encore de don d'organes s'est accompagné corrélativement de questions éthiques qui ne sont plus alors seulement du ressort des médecins mais aussi des juristes. Pour aborder ces nouvelles questions, les juristes musulmans se fondent sur les sources classiques du droit musulman auxquelles ils appliquent un raisonnement analogique (*qiyâs*) afin de déterminer en quoi ces techniques médicales sont licites et quelles sont les conditions et les limites de leur réalisation. Rappelons en effet qu'il n'existe pas vraiment, chez les musulmans de référence à un chef religieux suprême comme le pape chez les catholiques romains dont les encycliques constitueraient l'unique vérité à suivre pour les fidèles. En islam, chaque autorité religieuse reconnue peut émettre un avis juridique. Ces avis peuvent au final se révéler contradictoires, comme le montrera de façon emblématique le cas du don d'organes.

Concernant la contraception en islam, la Sunna rapporte que les compagnons du Prophète utilisaient le coït interrompu (*'azl*) sans que celui-ci s'y soit opposé. Par analogie (*qiyâs*), le préservatif est admis par la plupart des juristes musulmans dans le cadre du mariage. Cette autorisation est aussi motivée par le fait que la sexualité conjugale n'a pas nécessairement une fin procréative en islam comme c'est le cas dans une certaine conception catholique, mais peut aussi avoir une fin hédoniste. De surcroît, la vie humaine ne commence pas, pour la plupart des juristes musulmans, dès l'instant de la conception, comme dans le catholicisme, mais plus tardivement. Ces représentations musulmanes de la sexualité et de la vie autorisent les femmes à utiliser les nouveaux modes de contraception tels le stérilet ou la pilule, y compris la pilule du lendemain[38], dans le cadre du mariage. En revanche, des méthodes plus définitives, comme la ligature des trompes pour les femmes, ou la vasectomie pour les hommes, ne sont pas autorisées par la plupart des juristes musulmans.

---

38 La pilule du lendemain est vendue en pharmacie au Maroc depuis juin 2008. Cette décision du ministère de la Santé a provoqué de vives oppositions de la part d'islamistes. Réaction qui n'est pas si éloignée de celle du Pape Benoît XVI qui, en novembre 2007, demanda aux pharmaciens italiens de refuser de distribuer cette pilule.

En islam, la vie humaine ne commence que le 120e jour, lorsque l'âme (*rûḫ*) est insufflée par Dieu à ce qui n'était encore qu'un simple « morceau de chair » (*mudgha*). Cette conception autorise l'avortement (*ijhâḏ*) avant le quatrième mois de grossesse. La détermination de ce délai est induite de l'embryogenèse de la tradition islamique exposée dans le Coran (XXII, 5 et XXIII, 12-14) et dans la Sunna, où elle est divisée en étapes de quarante jours, passant par le *nutfâ* (goutte de sperme), l' *'alaqa* (caillot de sang) et le *mudgha* (morceau de chair)[39]. Ainsi, le fœtus est-il considéré comme une personne juridique dont la mort doit être payée par une compensation financière (*diyya* nommée en l'occurrence *ghurra*) dès lors que l'âme lui a été insufflée, celle-ci étant critère d'humanité. Simultanément à l'insufflation de l'âme, l'ange envoyé par Dieu détermine le sexe de l'enfant et fixe son destin[40]. Le sexe de l'enfant dépend donc de la volonté divine et ne peut en aucun cas relever d'une décision humaine. Comme le montre l'article de Sandra Houot, en 2007, la Ligue islamique mondiale n'a permis le diagnostic prénatal et le choix du sexe de l'enfant qu'en cas de nécessité thérapeutique afin d'éviter une maladie génétique qui affecterait de manière sélective le garçon ou la fille, l'interruption médicale de grossesse (IMG) étant alors exceptionnellement autorisée.

Par ailleurs, les techniques médicales de procréation assistée qui se sont développées en Occident ont rapidement été adoptées par de nombreux pays musulmans tels l'Égypte, le Maroc, la Tunisie, l'Algérie, la Turquie, le Liban, la Jordanie, l'Arabie Saoudite, le Koweït, l'Iraq, le Qatar, Bahreïn, l'Iran, le Pakistan, l'Indonésie ou la Malaisie. La rapidité avec laquelle les autorités religieuses de ces pays ont accepté ces nouvelles techniques procréatives témoigne que le fait de dissocier la procréation de la sexualité n'est pas en soi un problème en islam comme nous l'avons déjà entrevu avec la contraception, alors que c'est moins le cas dans une certaine conception catholique, qui, liant de façon très étroite la sexualité à la procréation, lie de façon tout aussi étroite la procréation à la sexualité.

Les positions des juristes musulmans relatives aux nouveaux modes de procréation sont étudiées dans ce volume par Dariusch Atighetchi et Sandra Houot. Nous avons montré par ailleurs que l'examen des positions des juristes musulmans en ce domaine ne témoigne d'aucune grande innovation du point de vue de la filiation, mais que ces positions s'inscrivent dans les représentations musulmanes traditionnelles de la filiation[41]. Corrélativement, les problèmes soulevés par les procréations médicalement assistées recourant à un tiers donneur se révèlent en grande partie similaires à ceux que pose l'adoption en islam[42].

---

39 Fortier, 2001, 109-110.

40 Fortier, 2007, 31-32.

41 Fortier, 2007, 16.

42 Fortier, 2010a.

La position sunnite à l'égard des procréations médicalement assistées exprimée entre autres, par l'université d'al-Azhar au Caire, consiste à autoriser toute technique médicale à la procréation réalisée dans un cadre intraconjugal, mais à interdire que ces mêmes techniques utilisent les gamètes d'une personne étrangère au couple[43]. Toute forme de procréation ayant recours à un tiers est apparentée à l'adultère (*zinâ*) et tout enfant qui en naîtrait est considéré comme illégitime (*zinâ*) ; ce qui explique que le don d'ovocyte, le don d'embryon ou encore le recours à une mère porteuse soient également interdits.

Si, dans le droit musulman, comme dans beaucoup de cultures et de législations, dont la nôtre, le père est présumé être le mari de la mère, le fait que l'enfant soit issu du sperme de son père est par ailleurs déterminant relativement à la représentation de la filiation. Or, dans le cas des procréations par don de sperme, le fait que l'enfant ne soit pas issu du sperme du mari de la mère mais d'un autre homme crée un « mélange des filiations » (*ikhṯilâṯ al-ansâb*) tout à fait paradoxal du point de vue de l'islam sunnite. Dans cette expression, c'est certes le « mélange » des spermes qui est en cause, mais surtout le « mélange des filiations », en l'occurrence le fait que les deux types de filiation ou plus exactement les deux principes de filiation coexistent en ce contexte sans se recouper, à savoir celui qui est lié au biologique ou plus précisément au sperme, et celui qui est lié au social ou plus précisément à l'union matrimoniale du père avec la mère de l'enfant[44].

Le don de sperme constitue une aporie en islam sunnite car elle « mêle » ces deux types de filiation sans qu'elles se recouvrent, alors que dans le contexte plus commun d'une naissance « naturelle »[45], leur adéquation, même si elle peut ne pas exister dans les faits, est toujours présumée. Dans le cas d'une naissance « naturelle », en effet, l'inadéquation entre les deux filiations peut être réelle, mais elle ne peut être prouvée, ou très difficilement, la présomption de paternité présupposant d'emblée que les deux types de filiation se confondent.

Le principe consistant à privilégier le fait social sur le fait biologique en matière de filiation est dans une certaine mesure commun au droit français et au droit musulman dans le cas des procréations « naturelles » où le mari de la mère est reconnu comme le père de l'enfant. Mais, lorsqu'il s'agit d'un type de procréation par don de sperme où la conception est maîtrisée par les médecins et où l'intervention d'un tiers est connue, les juristes musulmans (*fuqahâ'*) ne font pas prévaloir, comme c'est le cas en France, la détermination purement sociale de la

---

43 Fortier, 2007, 29.

44 Fortier, 2007, 29-31.

45 Nous employons ici le terme de « naturel » par opposition à « médicalement assisté ».

filiation[46], parce que celle-ci est alors en inadéquation manifeste avec le fait biologique.

La dissociation entre paternité sociale et biologique occasionnée par les procréations par don de sperme n'est pas acceptée en islam sunnite. L'interdit de ce type de procréation montre que la paternité sociale ne peut être envisagée en ce contexte que si elle se fonde sur le biologique. D'autre part, une paternité qui reposerait uniquement sur le biologique sans le social est également impensable puisque l'islam sunnite n'admet pas que le donneur de sperme puisse être considéré comme le père de l'enfant dans la mesure où il n'est pas l'époux de la mère de cet enfant. Par conséquent, si le social ne suffit pas indépendamment du biologique à créer de la filiation, le biologique ne suffit pas non plus à lui seul à créer de la filiation. L'interdit des procréations avec donneur montre que c'est par la conjonction du social et du biologique que se constitue la filiation en islam sunnite. La logique qui sous-tend l'interdit des procréations avec donneur est tout à fait conforme à la logique de la filiation traditionnelle qui, tout en étant définie par l'alliance du père à la mère de l'enfant, se fonde parallèlement sur un principe biologique, en l'occurrence le sperme, dans la mesure où cette substance est considérée comme le véhicule de la filiation.

Le don d'ovocyte comme le don de sperme est interdit en islam sunnite, et ce même en cas de polygamie, la plupart des auteurs sunnites refusant le don d'ovocyte entre deux co-épouses. Néanmoins, ce don a pu être autorisé en 1984 par le Conseil de l'académie de Droit musulman de la Ligue islamique mondiale réuni à la Mecque (Dariusch Atighetchi). Cette autorisation s'explique dans la mesure où il n'y a pas d'adultère (*zinâ*) puisque les deux femmes sont unies légalement au même homme, et dans la mesure où il n'y a pas de problème eu égard à la filiation paternelle de l'enfant qui revient au mari commun des deux femmes. Concernant la question de la maternité, ce n'est pas l'épouse qui a donné son ovocyte mais celle qui a porté l'enfant et qui l'a accouché qui sera considérée comme la mère, conformément au principe coranique (LVIII, 2) qui définit la maternité par la gestation et l'accouchement (*wilâdah*) : « Leurs mères sont seulement celles qui les ont enfantés »[47]. Ce même principe explique par ailleurs que le recours à une mère porteuse soit interdit, car ce serait elle et non la génitrice qui serait alors reconnue comme la mère de l'enfant.

Comme le montre l'article de Dariusch Atighetchi, si en Iran, le don de sperme n'est pas autorisé par la loi parlementaire, le don d'ovocyte l'est depuis 2003[48]. Une disposition juridique de l'islam shiite, qui n'existe pas comme telle dans le sunnisme, permet de contourner l'adultère qu'implique le don d'ovocyte. Dans le shiisme, en effet, un homme célibataire ou marié qui veut avoir une relation sexuelle

46 Fortier, 2005.

47 Trad. Blachère, 1980, 582.

48 Inhorn, 2006, 437.

légitime avec une femme peut contracter un mariage dit « temporaire » (*mut'a*) avec elle, assorti de témoins et d'une dot, pour une période donnée sans que ce mariage soit rendu public par une cérémonie. Peu importe que l'homme soit déjà marié avant d'entreprendre un mariage temporaire, la polygamie étant légale aussi bien en islam shiite que sunnite, mais en revanche, la femme doit être célibataire, la polyandrie étant bien évidemment interdite. Ce type de mariage est utilisé dans le cadre du don d'ovocyte en Iran puisqu'il constitue un moyen de rendre licite l'union sexuelle qui résulte du contact du sperme d'un homme avec l'ovocyte d'une femme autre que son épouse. La donneuse d'ovocyte doit être célibataire, et le mariage « temporaire » dure le temps du processus médical de procréation, soit jusqu'au transfert de l'embryon, issu de la fécondation de l'ovocyte de la donneuse et du sperme du mari, dans l'utérus de l'épouse officielle.

D'autre part, Dariusch Atighetchi signale qu'une autre autorité shiite basée au Liban, que représente l'ayatollah Mu<u>h</u>ammad <u>H</u>usayn Fadlallah, autorise comme l'ayatollah Ali <u>H</u>usayn Khamenei le don d'ovocyte sans que l'homme ait à épouser temporairement la donneuse, dans la mesure où il pense, à l'instar de ce dernier, qu'il n'y a pas de sexualité, donc pas d'adultère, dans la mise en contact des gamètes. Mais à la différence de l'ayatollah Ali <u>H</u>usayn Khamenei, il n'accepte pas le don de sperme, du fait du caractère problématique de la filiation qui est enracinée non seulement dans le social mais aussi dans le biologique.

En ce qui concerne l'éventualité du clonage, Dariusch Atighetchi montre qu'il est interdit par l'ancien grand *muftî* d'Égypte (jusqu'en 2002) de *Dâr al-Iftâ'* – institution qui produit et délivre des avis juridiques (*fatâwâ*) – : Nasr Farîd al-Wassal. Celui-ci la considère comme une pratique satanique qui modifie la création de Dieu. Mais le shaykh Yûsuf al-Qara<u>d</u>âwî a une toute autre argumentation qui rejoint certains arguments avancés en Occident[49]. Pour lui, le clonage ne manipule pas la création dans la mesure où toute technique n'existe que parce que Dieu l'a voulue, mais il redoute, entre autres, le fait que le clonage qui ne nécessite, en plus de la cellule non germinative, que l'ovule et l'utérus de la femme, rende le rôle de l'homme superflu dans la reproduction (Dariusch Atighetchi), ce qui viendrait bouleverser les rapports entre les sexes, et menacerait la survie des individus de sexe masculin. De plus, avance-t-il, en créant un être ressemblant à l'identique à sa mère, le père pourrait reconnaître dans sa fille son épouse, ce qui n'est pas sans risque incestueux[50], témoignant ainsi de l'importance des ressemblances dans la naissance des sentiments[51].

Relativement à la question du prélèvement d'organes en islam, de nombreux juristes l'autorisent sur des donneurs vivants comme décédés. Le don de rein, en particulier, est pratiqué depuis longtemps dans nombre de pays musulmans, en Iran

---

49 Héritier, 2002, 228.

50 *Ibid.*

51 Fortier, 2009 et Fortier, 2011.

en 1967, au Liban en 1972, au Soudan en 1974, en Turquie et en Malaisie en 1975, en Égypte en 1976, en Indonésie en 1977, au Pakistan en 1979, dans les pays du Golfe en 1979, et au petit Maghreb en 1986. Mais il existe cependant une réelle, résistance à admettre le don d'organes dans certains pays, comme c'est le cas en Égypte ainsi que le montre Sherine Hamdy dans son article.

De manière générale, cette résistance concerne surtout le prélèvement sur un individu décédé. Elle est en partie due à une représentation religieuse de la mort et du cadavre qui diffère de la conception médicale. Le prélèvement d'organes s'oppose à la nécessité religieuse de conserver l'intégrité du corps, surtout au moment où le mort s'apprête à rejoindre l'au-delà et où il est destiné à ressusciter dans ce corps le jour du jugement dernier[52]. Or, le fait de prélever des organes sur une personne que les médecins ont réanimée de façon à ce que son activité cardiaque et respiratoire soit maintenue artificiellement, afin qu'irrigués en sang et en oxygène les organes vitaux demeurent en bon état, s'apparente pour certains musulmans au fait d'amputer un individu vivant de ses organes. On peut d'ailleurs comprendre qu'il est difficile pour toute personne concernée de reconnaître la mort cérébrale d'un proche alors même qu'il respire et que son cœur bat.

En 1985, afin de modifier cette représentation, l'*Islamic Organisation for Medical Sciences*, basée au Koweït, affirmait que la mort cérébrale n'était pas en contradiction avec les préceptes de l'islam. L'évolution des *fatâwâ* émises par les grands muftis de *Dâr al-Iftâ'* qui se sont succédés en Égypte à propos du don d'organes témoigne de son acceptation croissante : en 1982, le shaykh H̲assân Ma'mûn avait permis dans une *fâtwa* les greffes de cornées prélevées sur des cadavres inconnus ou sur des morts ayant donné leur consentement avant leur décès, et la même année, son successeur, le shaykh Ah̲mad Huraydi alla plus loin en étendant cette autorisation aux différents organes. Et, en 1983, son successeur, le shaykh Gâd al-H̲aqq, alla encore plus loin en admettant le prélèvement d'organes sur donneur vivant, à condition que cela soit sans danger pour le donneur et que ce don soit effectué gratuitement[53]. D'autre part, en 1988, le shaykh Muh̲ammad T̲ant̲âwî d'al-Azhar, arguant que la définition de la mort était de la compétence des médecins et non des religieux, autorisa les greffes d'organes à partir de donneurs vivants ou décédés avec leur consentement, et la même année la quatrième Conférence des Juristes islamiques réunis à Jeddah défendit la même position et rejeta clairement le commerce d'organes.

Malgré ce consensus des plus hautes autorités juridiques musulmanes, le commerce d'organes s'est développé dans le monde musulman et en particulier en Égypte, suite à la réticence toujours vivace à l'égard du prélèvement d'organes sur des défunts, et du fait de la paupérisation grandissante de certaines franges de la

52 Fortier, 2006.

53 Comité d'éthique de l'Association des anciens de la Faculté de médecine de l'Université Saint Joseph 2005, 11.

population. Un article récent de Claude Guibal[54], intitulé « L'Égypte malade du trafic d'organes », en témoigne : « Acheté dans les 200 à 300 euros au donneur, un rein peut coûter jusqu'à six fois cette somme à celui qui en a besoin pour une greffe. Intermédiaires, cliniques, chirurgiens : le business de la transplantation est un marché juteux dans le pays. Sur 500 greffes de reins effectuées chaque année en Égypte, 90 % proviendraient de donneurs rétribués ». Dans ce trafic, ce sont les populations les plus pauvres qui donnent aux plus riches, soit à l'intérieur d'un même pays, comme en Égypte, soit à l'extérieur, par exemple des Soudanais à des Égyptiens, des réfugiés palestiniens à des Jordaniens, ou encore des Iraquiens appauvris par la guerre à des Saoudiens.

Afin d'endiguer ce trafic, un projet de loi est en cours en Égypte pour favoriser la transplantation sur des donneurs décédés plutôt que sur des donneurs vivants, mais une déclaration du très populaire shaykh Yûsuf al-Qaradâwî, lors d'une conférence internationale de l'Académie de recherche islamique sur le don d'organes en mars 2009 est venue justifier le trafic d'organes, celui-ci ayant déclaré que le corps était de l' « argent divin » : « le corps est de l'argent offert par Dieu aux hommes. Ils sont libres de vendre leurs organes ». Cet avis juridique est à l'opposé de celui donné par un juriste égyptien non moins médiatique de la fin des années 1980, le shaykh ash-Sha'arâwî, qui déclarait que le corps humain appartenant à Dieu, l'individu ne pouvait donner ce qu'il ne possédait pas (Sherine Hamdy). On voit donc que la question du don d'organes en islam est un sujet qui suscite des avis juridiques divergents, avis qui peuvent avoir, en l'occurrence, des conséquences vitales pour les populations concernées. Pour conclure, le droit musulman, loin d'être intangible et immuable comme on a tendance à le penser, se situe dans une dynamique pragmatique et évolutive permanente ainsi que le montre la diversité des avis juridiques produits par les juristes musulmans sur des questions sans cesse renouvelées.

Résumé : Les modifications récentes des Codes de statut personnel ou pénal de certains pays musulmans qui touchent en particulier au mariage, au divorce, à l'adultère et aux crimes d'honneur réinterrogent les notions fondamentales que sont la dot, le lien conjugal, l'autorité des hommes, le contrôle de la sexualité des femmes. De plus, les réformes législatives liées à « l'adoption », aux procréations médicalement assistées, au désaveu et à la reconnaissance de paternité, à l'usage de tests ADN, font apparaître le rapport du biologique et du social dans la détermination de la filiation en islam. Par ailleurs, les nouvelles questions de bioéthique comme la contraception, l'avortement, ou encore le don d'organes, ont amené les juristes musulmans à émettre des avis juridiques (*fatâwâ*) sur ces questions inédites en puisant leurs réponses dans l'esprit des textes de droit musulman classique. Le droit musulman (*fiqh*) loin d'être intangible et immuable, comme on a tendance à le penser, se situe dans une dynamique pragmatique et évolutive permanente ainsi que le montre la diversité des avis juridiques produits par les juristes musulmans sur des questions sans cesse renouvelées.

Mots-clés : droit musulman, domination masculine, filiation, adoption, contraception, avortement, procréations médicalement assistées, don d'organes.

---

54 *Libération*, 16 décembre 2009.

Islamic Jurisprudence in Practice: Gender, Filiation and Bioethics

Abstract: Recent modifications of personal status and of penal codes in some Muslim countries question fundamental patriarchal ideas and practices about marriage such as bridewealth, conjugal relations, male authority and sexual control of women. These modifications specifically concern weddings, divorce, adultery, and honor crimes. Furthermore, legislative reforms connected to «adoption», medically assisted procreation, denial or recognition of paternity, use of genetic tests, illustrate the relation of biological and social in the determination of filiation in Islam. Besides, new questions of bioethics such as contraception, abortion, or organ donation, have led Muslim jurists to express legal opinions (*fatâwâ*) on these new questions while referring their interpretations to classic Islamic texts of jurisprudence. Islamic jurisprudence (*fiqh*) far from being inviolable and unchanging as is often assumed is continually undergoing changes, as a pragmatic response to contemporary challenges. This is made evident by the diversity of legal opinions produced by Muslim jurists on issues that are ceaselessly re-emerging before the scene.

Keywords: Islamic jurisprudence, gender, filiation, adoption, contraception, abortion, assisted medical procreation, organ donation.

Bibliographie

Comité d'éthique de l'Association des anciens de la Faculté de médecine (Université Saint Joseph, Beyrouth), 2005, « Bioéthique et jurisprudence islamique » http://www.fm.usj.edu.lb/anciens/islam.htm 29 ps (en ligne).

Coran, 1967, trad. de Denise Masson, Paris, Gallimard.

Coran, 1980, trad. de Régis Blachère, Paris, Maisonneuve et Larose.

Coran, 1990, trad. de Jacques Berque, Paris, Albin Michel.

DUMONT (Louis), 1991, *Essais sur l'individualisme*, Paris, Seuil.

EVANS-PRITCHARD (Edward Evan), 1931, «An alternative term for "bride-price"», *Man* 31, 36-39.

FORTIER (Corinne), 2001, « "Le lait, le sperme, le dos. Et le sang ?". Représentations physiologiques de la filiation et de la parenté de lait en islam malékite et dans la société maure de Mauritanie », *Les Cahiers d'Études Africaines*, XL (1), 161, 97-138.

FORTIER (Corinne), 2003, « Soumission, pragmatisme et légalisme en islam ». *Topique* 85, *Les Spiritualités,* 145-161.

FORTIER (Corinne), 2005, « Le don de sperme et le don d'ovocyte ou "trois font un". Sexualité, inceste et procréation », In Patrice Bidou, Jacques Galinier et Bernard Juillerat (éds.), *Anthropologie et psychanalyse : regards croisés*, Paris, EHESS, 59-80.

FORTIER (Corinne), 2006, « La mort vivante ou le corps intercesseur », *Revue du Monde Musulman et de la Méditerranée* 113-114, *Le corps et le sacré en Orient musulman,* Bernard Heyberger & Catherine Mayeur-Jaouen (éds.), 229-246.

FORTIER (Corinne), 2007, «Blood, Sperm and the Embryo in Sunni Islam and in Mauritania: Milk Kinship, Descent and Medically Assisted Procreation», *Body and Society* 13 (3), Special Issue: *Islam, Health and the Body*, Diane Tober & Debra Budiani (éds.), 15-36.

FORTIER (Corinne), 2009, « Quand la ressemblance fait la parenté », In Enric Porqueres i Gené (ed.), *Défis contemporains de la parenté*, Paris, EHESS (Cas de figure), 251-276.

FORTIER (Corinne), 2010a, « Filiation versus inceste en islam : parenté de lait, adoption, PMA, reconnaissance de paternité. De la nécessaire conjonction du social et du biologique », In Pierre Bonte, Enric Porqueres & Jérôme Wilgaux (éds.), *L'argument de la filiation aux fondements des sociétés méditerranéennes et européennes*, Paris, MSH (à paraître).

FORTIER (Corinne), 2010b, « Les ruses de la paternité en islam malékite. L'adultère dans la société maure de Mauritanie », In Anne-Marie Moulin (éd.), *Le labyrinthe du corps, Islam et modernité,* Paris, Karthala (à paraître).

FORTIER (Corinne), 2010c, «Women and Men put Islamic Law to their Own Use: Monogamy versus Secret Marriage in Mauritania», In Margot Badran (éd.), *Gender and Islam in Africa*, Washington, Woodrow Wilson Press (à paraître).

FORTIER (Corinne), 2010d, « Se masturber pour les hommes, montrer son sexe pour les femmes : recueil de sperme et pratiques gynécologiques dans le cadre des Procréations Médicalement Assistées (Islam sunnite-Égypte-France) », *Sociologie et Santé* 31, *Islams et santé*, Laurence Kotobi & Anne-Marie Moulin (éds.) (à paraître).

FORTIER (Corinne), 2011, « De troublantes ressemblances : un sentiment de parenté », *Le Corps, Corps, matières, affects*, Nicoletta Dasio & Virginie Vinel (éds.) (à paraître).

GHAZÂLÎ (Abû Hâmid), 1989, *Le Livre des bons usages en matière de mariage*, trad. L. Bercher et G. H. Bousquet, Paris, Maisonneuve.

HÉRITIER (Françoise), 2002, *Masculin/féminin II. Dissoudre la hiérarchie*, Paris, Odile Jacob.

INHORN (Marcia), 2006, «Making muslim babies: IVF and gamete donation in sunni versus shi'a islam». *Culture, Medicine and Psychiatry* 30 (4), december, 427-450.

KAZIMIRSKI (Albin de Biberstein), 1944, *Dictionnaire arabe/français*, Beyrouth, Librairie du Liban, 2 tomes.

LINANT DE BELLEFONDS (Yvon), 1973, *Traité de droit musulman comparé*, Trois tomes, t. 3, *Filiation, incapacités, libéralités entre vifs*, Paris-La Haye, Mouton.

MILLIOT (Louis), 1953, *Introduction à l'étude du droit musulman*, Paris, Sirey.

MOULIN (Anne-Marie) et CHUVIN (Pierre), 1981, *L'islam au péril des femmes, une anglaise en Turquie au XVIIIe siècle*, Paris, La Découverte.

QAYRAWÂNÎ (Abû Zayd), 1968, *La Risâla. Épître sur les éléments du dogme et de la loi de l'Islam selon le rite mâlékite*, Trad. de L. Bercher, Alger, H. Pérès.

SCHACHT (Joseph), 1934, « *ṯalâq* », *Encyclopédie de l'islam* 4, Leiden, E. J. Brill et Paris, C. Klincksieck, 667-672.

YAVARI-D'HELLENCOURT (Nouchine), 1996, « L'adoption en Iran », in Zerdelia K. S. Dahoun (éd.), *Adoption et cultures : de la filiation à l'affiliation*, Paris, L'Harmattan (Santé, sociétés et cultures), 140-151.

1. Divorces au masculin et au féminin

Edwige Rude-Antoine

Le mariage et le divorce dans le Code marocain de la famille. Le nouveau droit à l'égalité entre l'homme et la femme

Il ne saurait être question ici de décrire ce que furent le mariage et le divorce au Maroc aux diverses époques de leur histoire. Nous voudrions seulement analyser la dernière réforme du Code marocain de la famille[1] qui est marquée par la volonté du roi Mohammed VI d'instaurer une nouvelle conception de la famille, notamment un droit à l'égalité entre l'homme et la femme. Le nouveau Code de la famille a pour objectif de « veiller sur la famille contre toutes les formes d'injustice et de discrimination. Le législateur marocain a renforcé le Code par de nombreuses dispositions et mécanismes à cette fin. En comparaison avec la situation antérieure, le nouveau Code constitue une avancée qualitative des droits des femmes et de leur statut social tout en réduisant les déséquilibres qui existent encore »[2].

Notre objectif n'est pas de faire une lecture exhaustive du nouveau Code marocain, mais de porter une attention particulière sur quelques dispositions nouvelles qui pourront servir notre réflexion. Il importe d'abord d'attirer l'attention sur l'institution familiale régie par les textes sacrés de l'islam et sur le droit musulman confronté sans cesse avec des coutumes locales. Il ne sera pas possible ensuite de faire abstraction de l'évolution du cadre juridique de la famille marocaine et de ses modifications par l'œuvre de rationalisation et de réforme de l'État marocain. Nous montrerons comment le législateur a renforcé les droits de la femme et consacré pour maintes dispositions le principe d'égalité entre l'époux et l'épouse, mais aussi que certaines orientations choisies peuvent apparaître comme des limites à ce principe d'égalité. Dans le cadre de cette contribution, il n'y aura pas de jugement de valeur sur les orientations prises par le Maroc, mais seulement un souci de mieux comprendre le sens et l'ampleur de certaines dispositions, nouvellement introduites et leur incidence sur la position de l'homme et de la femme au sein de la famille.

---

1 Loi n° 70-03, *dahir* (décret royal) n° 1.04.22 du 12 *Hija* 1424 (3 février 2004) *Bulletin officiel*, n° 5184 du 5 février 2004, 417 et s. ; version française : *Bulletin officiel*, n° 5358 du 2 ramadan 1426 (6 octobre 2005), p. 667 et s.

2 *Rapport annuel sur l'application du Code de la famille*, la Ligue démocratique pour les droits des femmes, Centre d'information et d'observation des femmes marocaines, 2005, p. 3.

Deux remarques préalables s'imposent. La première concerne le lien du droit marocain de la famille avec les textes sacrés du Coran. L'islam est la religion de l'État. C'est le souverain lui-même, à l'exclusion de toute autre autorité, qui a la charge suprême d'*Amîr al-Muminîn*, c'est-à-dire qui est le Commandeur des croyants. Il doit veiller à ce que les principes et les références du droit de la famille cadrent avec les desseins de l'islam. Ceci explique que lors de son discours de présentation de la réforme le 10 octobre 2003, Mohammed VI ait énoncé, pour chacun des onze points réformés, un verset du Coran.

La seconde remarque concerne le caractère inédit de la réforme. Certaines dispositions introduisent des modifications considérables. Les commentateurs s'accordent pour dire que ce nouveau Code se situe entre « changement et pérennité » et que « le roi a fait preuve d'*ijtihâd* (« interprétation raisonnée ») personnel, laissant aux députés les questions de procédure et de mise en œuvre ». Le Code de la famille, écrivent les auteurs du premier rapport annuel sur son application, est « un acquis destiné à protéger la partie la plus fragile de la société (les femmes en l'occurrence) et garantir les droits des enfants ». Il faut bien sûr apporter à ces remarques des nuances, par une analyse plus approfondie. En quoi ce Code est-il « innovateur dans le respect de la tradition »[3] ? En quoi instaure-t-il une plus grande égalité entre l'homme et la femme ?

Patrilinéarité, normes sacrées et droit familial musulman marocain

Il n'est pas possible de comprendre ce qui caractérise les structures familiales marocaines sans rappeler qu'au Maroc prévaut la patrilinéarité, la filiation se transmet de père en fils et l'autorité est exercée par le père. L'ordre social est alors fondé sur la supériorité des hommes en droits et en pouvoir. De nombreux travaux[4] au Maroc, dans les années 1950, montrent cette forte hiérarchisation basée sur la division sexuelle entre les femmes dans l'espace privé et les hommes dans l'espace public. Ce système de parenté et la place importante réservée au code de l'honneur ont cimenté ainsi la famille marocaine et sont une des explications possibles de la persistance, aujourd'hui encore, chez les populations marocaines, de certaines coutumes et traditions familiales.

Le droit marocain de la famille et de la personne s'inspire de sources sacrées, c'est-à-dire du Coran, de la *Sunna* (ou conduite du prophète), des *hadith* (dires du prophète), des actes publics des chefs spirituels et politiques, les califes et

3 Quelques développements qui suivent empruntent à l'ouvrage de M.-Cl. Foblets, J.-Y. Carlier, *Le Code marocain de la famille, Incidences au regard du droit international privé en Europe*, Bruxelles, Bruylant, 2005, 391 p.

4 O. Pesle, *La femme musulmane dans le droit, la religion et les mœurs*, Rabat, La Porte, 1946, 262 p. ; Jean d'Etienne, « Une famille marocaine », in « L'évolution sociale au Maroc », Cahier I des *Cahiers de l'Afrique Asie*, p. 7-51. ; A.-M. Baron et H. Pirot, « La famille prolétarienne » in *La famille marocaine*, p. 27-54, Rabat, les cahiers de *Faits et Idées*, n° 1, 1955, 99 p.

de la *Sharî'a* auxquelles il faut d'ailleurs ajouter la tradition des lettrés, les oulémas qui font partie du mouvement du savoir religieux (*'ilm* : savoir) et qui ont de nos jours un rôle important dans l'islam.

Ce corpus sacré donne une place centrale aux questions de la famille et de la femme. Des interprétations de ce corpus ont été nécessaires et divers courants de pensée sont apparus. Le Maroc, dès son islamisation, s'est référé au rite sunnite de droit malékite[5]. Le mariage musulman classique est un mariage par étapes. La première étape est l'accord sur le principe du mariage ou *khitba*, improprement et souvent traduit par « fiançailles »[6], qui marque le démarrage du mariage mais aussi l'alliance entre deux familles. La seconde étape consiste en la fixation du don nuptial dit *sadaq* ou *mahr*.

Chez les Malékites, le *sadaq* est une condition de validité de la réalisation du mariage. Si le versement de ce *sadaq* n'est pas prévu, le mariage est considéré nul. Si le *sadaq* n'est pas versé, l'union peut être rompue[7]. Dès que la somme est fixée, la femme en est propriétaire et la moitié est immédiatement exigible[8]. La troisième étape concerne les festivités et la conduite de la jeune fille au domicile du mari. Il s'agit d'une officialisation de l'entrée de la jeune fille dans la famille de son mari. C'est aussi une forme de publicité du mariage. Après la consommation du mariage qui indique la volonté ultime des époux, le mari acquiert la totalité des droits sur son épouse, cette dernière peut alors exiger la totalité du versement de son *sadaq*[9]. Enfin, la naissance d'un enfant et plus particulièrement du premier fils confère au mariage sa perfection. Toutefois, à partir du début du siècle, le cadre juridique traditionnel de la famille a été modifié par l'œuvre de rationalisation et de réforme de l'État. En adoptant un Code qui règle le statut personnel, l'État marocain a touché à un domaine réservé de la *Sharî'a*. Il a traduit en articles de loi les règles de la doctrine, en puisant aux diverses solutions formulées par les jurisconsultes musulmans, les *fuqahâ'*.

C'est ainsi qu'après la fin du protectorat français, entre le 22 novembre 1957 et le 3 avril 1958, un premier Code marocain de statut personnel et des successions[10], fidèle au droit musulman classique, est promulgué. En codifiant le droit sacré, l'État marocain manifeste sa pleine souveraineté. Cette définition de l'institution familiale au moyen de la loi de l'État est alors perçue comme un moyen d'affirmation et de renforcement de l'identité nationale. Elle constitue aussi

---

5 Le nom de cette école est dû à Malik Ibn' Anas, mort à la Mecque en 795 après JC.

6 Presque tous les auteurs traduisent ainsi le mot *Khitba*. Cf. Ch. Chehata, *Études de droit musulman*, Paris, Puf, 1971, p. 51 ; Y. Linant de Bellefonds, *Traité de droit musulman comparé*, Paris, Mouton, 1965, t. 2, p. 34.

7 Linant de Bellefonds, *Ibid*, p. 239.

8 Linant de Bellefonds, *Ibid*, p. 228.

9 Linant de Bellefonds, *Ibid*, p. 223.

10 On nomme aussi ce Code « Mudawwanna » qui veut dire en arabe codification.

une révolution dans la société marocaine qui n'est pas sans impact sur l'opinion publique. Mais la transposition des textes du *fiqh* en lois étatiques est perçue comme devant assurer une plus grande clarté du droit et comme un moyen d'atteindre une uniformisation du droit au niveau national. Le ministre marocain de la Justice, 'Abd al-Karîm Ibn Gallûn (Benjelloun) présente à l'époque le nouveau Code par ces mots : « Cette codification, qui met un terme à l'anarchie qui résultait de la multiplicité des commentaires à partir des principes de droit musulman, est donc appelée à aider puissamment les juges à remplir leur mission et à informer les justiciables des droits dont ils jouissent et des devoirs qu'ils assument »[11].

Le Code est donc considéré comme un outil clair et exhaustif. Il renforce aussi la *Sharî'a* par rapport aux coutumes et aux droits des différentes communautés religieuses sur le territoire. Car le législateur marocain a veillé à restaurer le droit musulman dans sa pureté en éliminant toutes les interprétations résiduelles étrangères, par exemple il a précisé que, conformément à la *Sharî'a*, rien n'est dû à l'occasion du mariage, sauf le *mahr* que l'homme verse à la femme. C'est à la fois le souci de légitimation et le désir de modernité et de rationalité qui pousse l'État marocain sur cette voie.

En septembre 1993[12], ce recueil de six livres est modifié par un nouveau décret royal ou *dahir*. Mais les résistances sont nombreuses entre ce droit officiel étatique et les pratiques populaires, souvent légitimées par le renvoi à l'islam. Car là où le droit officiel s'est séparé du droit musulman, les coutumes le maintiennent. Par exemple, le mariage sera souvent conclu en référence à la tradition, sans que les époux ne se soucient de respecter les principes du Code de statut personnel. Les familles, plus particulièrement les femmes, négligeront également de faire valoir les droits que leur confère désormais la loi, soit par méconnaissance, soit parce qu'elles évoluent dans un milieu social qui est défavorable à leur exercice. Les résistances sont aussi liées à la spécificité du système juridique musulman. Car comme l'explique très justement R. Aluffi Beck-Peccoz, « l'islam développe un droit au sens juridique, un vocabulaire juridique riche et raffiné : le *fiqh*, la science juridique de l'islam, qui distingue et tente de rationaliser sa propre relation avec la volonté divine d'un côté, et de l'autre qui distingue et tente de rationaliser sa relation avec la coutume et celle avec le pouvoir du prince de mettre de l'ordre dans la société »[13].

Dans l'objectif de réformer le droit, le législateur et les juges doivent alors légitimer leur choix et redéfinir la relation du présent en conformité avec les

---

11 M. Boormans, *Statut personnel et famille au Maghreb de 1940 à nos jours*, Paris, La Haye, 1977, p. 235.

12 La dernière modification législative remonte à 1993 : le *dahir* portant promulgation de la loi n° 1-93-347 du 10 septembre 1993 modifiant complètement certains articles du Code de statut personnel et des successions, *Bulletin officiel* du 1er décembre 1993, p. 664 et s.

13 R. Aluffi Beck-Peccoz, « Le mariage musulman à l'époque moderne », in Cl. Bontems (sous dir.), *Mariage-Mariages*, Paris, Puf, 2001, p. 577.

principes de l'islam. Le premier a recours au pouvoir que la *Sharî'a* lui attribue de rendre obligatoire ce qui est recommandé et de prohiber ce qui est répréhensible. « Il fait appel au *néo-ijtihâd*, c'est-à-dire à la possibilité renouvelée de s'adresser directement aux sources traditionnelles et d'en donner une interprétation originale »[14]. Les seconds, « dans l'application des lois, en offrent parfois une interprétation contraire à la lettre et guidée par les principes de la *Sharî'a* : le renvoi aux sources traditionnelles est alors pratiqué hors des cas prévus par le législateur qui le limitent au silence de la loi »[15]. Sans oublier que tout un débat autour de l'islam qui a existé jusqu'au début du protectorat (fin du 19e siècle) a été repris après l'indépendance, entre ceux qui souhaitent un retour au fondamentalisme religieux et ceux qui prônent la modernité, c'est-à-dire adapter les normes familiales à l'évolution de la société islamique. Les argumentations juridiques se mêlent ainsi souvent à des revendications politiques et culturelles, voire identitaires.

Entré en vigueur le 5 février 2005, le nouveau Code de la famille, qui compte sept livres, semble avoir été inspiré par des préoccupations liées à l'édification d'une société démocratique puisque c'est la première fois dans l'histoire du Maroc qu'une loi sur le statut personnel a été soumise à la délibération d'une assemblée parlementaire et adoptée par les deux chambres[16]. Le législateur s'est soucié d'adapter la législation sur le mariage et le divorce au rythme de la vie moderne et de répondre aux exigences nouvelles, tout en consacrant des règles s'inspirant largement du droit musulman classique ou, conformes à celui-ci. Ce Code s'applique à tous les Marocains, même aux binationaux, aux relations mixtes dont l'une des parties est marocaine et à la relation entre deux personnes marocaines dont l'une est musulmane. Pour les juifs marocains, ce sont toujours les règles du statut personnel hébraïque qui leur sont appliquées.

Ainsi, la famille est désormais placée sous la responsabilité conjointe des deux époux. La règle de « l'obéissance de l'épouse à son mari » est abandonnée. La femme n'a plus besoin d'un tuteur matrimonial (*walî*). L'âge du mariage est fixé à dix-huit ans pour les deux époux au lieu de quinze ans pour la femme dans l'ancien texte. La polygamie est soumise à de telles conditions qu'elle est rendue très difficile. Le mariage de Marocains résidant à l'étranger peut désormais être reconnu, sous réserve d'être contracté en présence de deux témoins musulmans. Les époux ont la possibilité d'établir un contrat ou un acte séparé de l'acte de mariage pour gérer les biens acquis durant le mariage. La répudiation est soumise à l'autorisation du juge. La femme pourra désormais demander le divorce. En cas de

---

14 R. Aluffi Beck-Peccoz, *ibid.*, p. 577.

15 R. Aluffi Beck-Peccoz, *ibid.*, p. 577.

16 Ce texte a été examiné par le Parlement marocain en décembre 2003 et adopté par les deux chambres le 16 janvier 2004. On notera que les lois précédentes en matière de statut personnel ont été adoptées sous forme de décrets-lois.

rupture du lien matrimonial, la garde des enfants revient à la mère, puis au père, puis à la grand-mère maternelle. La garde doit être garantie par un habitat décent et une pension alimentaire. Dans le cas où la situation d'un homme et d'une femme ne serait pas encore formalisée par un acte de mariage, le Code accorde à l'enfant issu de leur union la reconnaissance de paternité. Les enfants héritent désormais de leur grand-père maternel.

C'est donc un réseau complexe de mutations et de résistances que l'on observe aujourd'hui qui a été pris en compte dans ce nouveau Code marocain de la famille.

Le Code de la famille et la consécration du principe d'égalité des époux

Dès le premier Livre du Code marocain de la famille traitant du mariage, l'égalité en droits et devoirs entre les époux est rappelée : « Le mariage est un pacte fondé sur le consentement mutuel en vue d'établir une union légale et durable, entre un homme et une femme. Il a pour but la vie dans la fidélité réciproque, la pureté et la fondation d'une famille stable sous la direction des deux époux »[17]. Cette consécration du principe d'égalité des époux est soulignée à plusieurs reprises, à l'exception de quelques dispositions qui maintiennent une certaine ambiguïté. On note par exemple que, tant pendant le mariage qu'après le divorce, la tutelle légale des enfants mineurs appartient encore au père, de même que le remariage de la femme reste une cause de déchéance de la garde des enfants, et que le droit de la mère de voyager avec ses enfants reste réduit. Le Code distingue ainsi la femme-épouse, plus sujette à égalité, et la femme-mère[18]. Il s'éloigne de l'ancien Code qui définissait le mariage comme un contrat bilatéral entre un homme et une femme, désirant fonder une famille dont le chef de famille était l'homme.

L'article 10 du nouveau Code reprend textuellement le contenu de l'ancien article 4 : le mariage est valablement conclu par l'échange du consentement des époux qui est formulé oralement, en termes consacrés ou à l'aide de toute expression admise par la langue ou l'usage. Le consentement peut toutefois être donné par écrit ou par un signe compréhensible par l'autre époux et par les deux notaires ou *'udûl*. Il doit être concordant et exprimé séance tenante. Il est décisif et ne peut être subordonné à un délai ou à une condition suspensive résolutoire.

Il n'est donc plus question de cette pratique désastreuse du droit de *jabr* ou contrainte matrimoniale, connu dans le droit musulman classique, dont le père ou le tuteur disposait dans ses propres intérêts pour marier ses enfants, garçon ou fille, considérés comme incapables juridiquement, parfois impubères, physiologiquement

---

17 Art. 4.

18 Art. 174, 175, 178.

incapables d'entretenir une relation sexuelle à un âge prématuré, et pour la femme vierge, quel que soit son âge. Le Code marocain de statut personnel et des successions ou *Mudawwanna*, fidèle au droit classique, avait aboli cette contrainte matrimoniale, tout en consacrant une place particulière à la présence d'un tuteur matrimonial pour la femme ou *walî*, dont le rôle était de proposer ou d'accepter le mariage au nom d'une jeune fille ou d'une jeune femme, même majeure. Le *walî*, souvent le plus proche parent agnat, devait être majeur, de sexe masculin et sain d'esprit. Notons que cette règle avait été maintenue à l'article 12 lors des modifications de 1993. La logique patriarcale qui sous-tend le droit familial marocain était restée en grande partie intacte, même s'il y avait un meilleur contrôle du consentement effectif de l'épouse.

Le nouveau Code, dans les articles 24 et 25, a supprimé le tuteur ou *walî*. Il accorde à la femme marocaine majeure le droit de contracter mariage selon sa propre volonté et son libre consentement. La tutelle ou *wilâya* est seulement maintenue pour l'enfant mineur. Toutefois on notera la nouvelle formulation : « La femme majeure peut contracter, elle-même, son mariage ou déléguer à cet effet son père ou l'un de ses proches » (article 25), qui se fonde sur l'idée que la *wîlaya* est d'abord un droit de la femme majeure et non une obligation. C'est d'ailleurs une interprétation à laquelle plusieurs pays arabes de droit musulman ont adhéré. Le législateur marocain s'est inspiré du rite hanafite qui valide le contrat de mariage de la femme, sans la présence du tuteur[19] pour donner à la femme la faculté de se marier elle-même.

Mais l'article 17 de ce nouveau Code maintient le mariage par mandat, qui existait dans le droit classique musulman, et dans l'ancien Code à l'article 10 et qui permet à toute personne marocaine de contracter un mariage au Maroc sans sa présence effective. En principe, le mariage entre époux marocains est « conclu en présence des parties contractantes ». Le nouveau texte, plus détaillé, prévoit qu'un mandat peut être donné sur autorisation du juge de la famille et, en respectant six conditions : l'existence de circonstances particulières empêchant le mandant de conclure le mariage en personne, un mandat authentique ou sous seing privé avec la signature du mandant, un mandant majeur, jouissant de sa capacité civile, une identification de l'époux, des précisions concernant la dot, et les conditions du contrat, enfin le contrôle du juge. L'article 18 reprend intégralement l'ancien article 10, interdisant au juge de se charger personnellement de conclure soit par lui-même, soit par ses ascendants ou descendants, le mariage d'une personne, soumise à sa tutelle. En théorie, l'époux doit consentir. Il donne un pouvoir à son tuteur ou mandataire de le marier. On peut s'interroger sur le risque du maintien de rites de mariage traditionnels d'autant plus que, si le *walî* et le mandataire outrepassent leur fonction, aucune sanction n'est prévue dans le Code.

---

19 Ibn Rushd (Averroes), *Bidayât al-mujtahid wa nihayât al-mugtassad, Kitâb an-Nikâh*, (texte en arabe et en français, traduit par A. Laïmèche), Beyrouth, Dar Al-Kotob Al-Ilmiyah, 2001, p. 26.

Le nouveau Code introduit également des changements en matière de capacité matrimoniale en redéfinissant en droit la position des époux et en particulier celle de la femme : selon l'article 19, l'âge de la nubilité est haussé à 18 ans, uniformément pour l'homme ou la femme, alors que l'ancien Code fixait l'âge du mariage à 18 ans pour le garçon et à 15 ans pour la fille. Toutefois, le juge peut autoriser un mariage avant cet âge, notamment dans les cas justifiés et à condition que l'union ne présente pas un danger pour la santé du mineur et ne soit pas une perturbation pour sa vie (article 20). Avant d'entendre le mineur, le juge devra néanmoins entendre chacun des parents du mineur ou son tuteur (article 51). Le nouveau Code associe la mère aux décisions familiales.

La mère a les mêmes pouvoirs que le père pour les décisions concernant la vie des enfants communs. Elle doit autoriser au même titre que le père le mariage de l'enfant mineur. Les deux parents doivent désormais collaborer. Dans l'hypothèse d'un désaccord sur cette union entre les parents et leur enfant mineur, le juge tranche le litige. Il peut avoir recours, si nécessaire, à une expertise médicale prouvant que le mineur est assez mûr pour se marier. Une enquête sociale peut compléter l'information sur les réelles nécessités du mariage du mineur. Afin d'éviter les mariages arrangés, la demande de dispense est signée par le mineur et son tuteur légal[20].

Ainsi, la fixation de l'âge du mariage désormais à dix-huit ans a pour objectif de libérer les époux des contraintes familiales, de s'assurer qu'ils ont une maturité suffisante et une aptitude physique pour assumer la portée d'un engagement et toutes les conséquences d'un mariage, mais aussi qu'ils ont un discernement suffisant pour donner un consentement libre et éclairé à la conclusion de l'acte de mariage. On notera toutefois que dans un rapport annuel sur l'application du Code de la famille, paru en 2005, le Centre d'information et d'observation des femmes marocaines relève avec une juste inquiétude que près de 96 % des demandes d'autorisation de mariage précoce ont été accordées par les tribunaux.

Le législateur a aussi atténué la rigidité du régime de séparation de biens, sans toutefois créer une communauté d'intérêt et de biens des époux. En effet, les deux époux disposent chacun d'un patrimoine propre. Ils peuvent néanmoins se mettre d'accord sur les conditions de gestion des biens qu'ils ont acquis pendant leur mariage, et ceci dans un document distinct de l'acte de mariage. Dans un souci d'égalité des époux, la réforme a supprimé le devoir d'obéissance de l'épouse vis-à-vis de son mari et en contrepartie charge les deux époux d'assurer conjointement « la responsabilité de la gestion des affaires du foyer et de la protection des enfants » (art. 51, 3°). Cette disposition qui est la seconde intervention du législateur marocain dans les relations entre époux est interprétée comme une amélioration de la place de la femme dans ses relations avec son mari.

---

20 Art. 230, le tuteur légal peut être le père, la mère ou le juge.

Toutefois, le nouveau Code maintient le devoir d'entretien de l'épouse par ce dernier (art. 194), et crée ainsi une ambiguïté sur l'interprétation à donner de l'article 51. Par ailleurs il ne prévoit aucune disposition qui permettrait au mari d'intenter une action en justice si sa femme n'assumait pas les charges du ménage. La règle prévue à l'article 231 du nouveau Code qui dispose que durant le mariage et après sa dissolution, la tutelle légale sur l'enfant appartient au père, permet également d'hésiter sur la portée de l'article 51.

En somme, tout laisse présager que les nouveautés apportées dans le Code, aussi novatrices soient-elles, ne vaudront que par l'application qui en sera faite. Sous la poussée de la modernité, l'islam est repensé. On montre que des compatibilités et des convergences de ses valeurs sont possibles avec les valeurs rationnelles, libérales et égalitaires célébrées partout dans le monde. La place de l'individu est mise en avant. L'intérêt des époux l'emporte sur celui du groupe. Le mariage cesse de représenter avant tout l'alliance de deux familles et se fonde de plus en plus sur la volonté des époux.

L'influence du droit musulman et les limites au principe d'égalité des époux

Il est clair que le législateur marocain a fait preuve dans ce nouveau Code d'un esprit de modernisation de la société bien qu'il n'ait pas donné naissance à un code juridique totalement nouveau. Quelques dispositions sont restées fidèles à la législation coranique et à la *Sunna*. On notera notamment le maintien du don nuptial ou *sadaq* ou *mahr*, de la polygamie, l'homme marocain peut se marier avec plusieurs épouses, et de la répudiation, qui est présentée comme la rupture du lien conjugal par simple volonté du mari. Sur ces points particuliers, des résistances renouvelées émergent. Si la situation de la femme est dans son ensemble améliorée, la rupture avec le passé n'a pas été radicale comme dans certains pays musulmans[21]. Le législateur marocain a choisi des solutions de compromis qui provoquent d'âpres polémiques de la part des femmes progressistes.

L'homme verse toujours un don nuptial[22] qui témoigne de son engagement et assure la filiation légitime des enfants. Le non-respect de ce don nuptial implique que les relations sexuelles entre la femme et l'homme sont assimilables à un crime de fornication (*zinâ*). Comme nous l'avons précisé précédemment, désigné par les termes *mahr* ou *sadaq*, ce don nuptial est considéré en droit musulman comme un des éléments constitutifs du mariage. C'est la position retenue par l'école malékite : le don nuptial doit faire l'objet d'une fixation

21 Le Code de statut personnel tunisien a assorti l'interdiction de la polygamie de sanctions pénales.

22 Il s'agit d'une condition de validité du mariage. En pratique, le *sadaq* peut être versé en plusieurs fois. Son solde peut être exigé par la femme lors de la célébration du mariage ou lors de la dissolution du mariage. Son montant doit tenir compte du statut social de la femme.

implicite. Mais le législateur marocain dans cette nouvelle réforme a opté dans ce cas particulier pour l'interprétation donnée par l'école hanafite selon laquelle le don nuptial constitue un effet du mariage et non une condition de fond du mariage. Cela a pour conséquence que le *sadaq* peut exister à une autre étape de la formation du mariage, après l'échange des déclarations ou après la consommation. Le mariage est pour cette école valable, qu'un *sadaq* « ait été stipulé ou non »[23]. Mais toute clause, stipulant qu'aucun *sadaq* ne sera versé, rend le mariage vicié et susceptible d'annulation.

Le Code reprend dans les articles 28 à 34 les dispositions déjà existantes dans l'ancienne codification (articles 16 à 24). Si le *sadaq* peut être versé sous forme d'argent ou sous toute forme qui peut faire légalement l'objet d'une obligation, le Code préconise un montant modéré. Il est la propriété de l'épouse, sans autre contrepartie pour l'époux. La totalité ou une partie du paiement du *sadaq* peut se faire par avance ou à terme, mais il doit être acquitté à l'échéance convenue. Le versement de la partie échue du *sadaq* doit être demandé par l'épouse avant la consommation du mariage. S'il y a consommation du mariage avant le paiement du *sadaq*, celui-ci devient une dette à la charge de l'époux. L'épouse a le droit à la totalité du *sadaq* dès la consommation du mariage ou en cas de décès avant la consommation. En cas de divergence entre les époux sur le versement de la partie exigible, il est ajouté foi aux déclarations de la femme si la contestation intervient avant la consommation du mariage et à celle du mari dans le cas contraire.

Le nouveau Code a repris l'ancien texte en matière d'empêchement au mariage, et maintient la disparité de religion et la polygamie. La confession religieuse d'un des partenaires est en effet un autre obstacle au mariage : la femme marocaine ne peut pas épouser un non musulman. La seule issue à cette disparité de religion est la conversion de l'époux à l'islam. Le texte maintient une discrimination à raison du sexe puisque cet empêchement temporaire au mariage qui pèse sur l'homme musulman qui ne peut se marier avec une femme non musulmane connaît une exception « sauf si elle appartient aux gens du livre », ajout qui ne figurait pas dans l'ancien texte. Cet empêchement au mariage demeure une discrimination dans l'accès au mariage à raison de la religion que les textes en matière de protection des droits de l'homme condamnent au même titre que l'empêchement au mariage fondé sur la race ou la nationalité.

La polygamie demeure toujours possible. Le législateur marocain a fait preuve d'une grande prudence et n'a posé que des conditions strictes qui visent à en limiter la pratique. On notera que la polygamie est interdite chaque fois « qu'une injustice est à craindre envers les épouses » ou lorsque la femme a subordonné son mariage à la condition, consignée dans l'acte de mariage, que son mari s'engage à s'abstenir de

---

23 Y. Linant de Bellefonds, *Traité de droit musulman comparé – Le mariage, la dissolution du mariage – op. cit.*, p. 201-203.

prendre une autre épouse. Le juge peut aussi interdire à un homme de contracter une seconde union soit parce que « sa justification objective et son caractère exceptionnel n'ont pas été établis » (art. 41, 1°), soit parce que « le mari ne dispose pas de ressources suffisantes pour pourvoir aux besoins des deux foyers et leur assurer équitablement l'entretien, le logement et les autres exigences de la vie » (art. 41, 2°). La formulation : « besoins des deux foyers » laisse supposer que le législateur a limité la polygamie au maximum à deux épouses.

Le législateur a mis en place une procédure d'autorisation de polygamie : la première épouse est convoquée à comparaître à une audience en vue d'une réconciliation ou de trouver un accord. Dès lors que sont remplies les conditions légales et la nécessite de la seconde union, le juge autorise la polygamie par décision motivée. Toutefois, il assortit sa décision de conditions en faveur de la première épouse et de ses enfants. Sa décision n'est pas susceptible de recours. Toutefois, le texte ne précise pas si le mari peut introduire en cas de refus une nouvelle demande d'autorisation. Si la femme refuse la polygamie, le tribunal fixe un dédommagement dû par le mari. Le tribunal peut aller jusqu'à imposer à la femme le divorce. La seconde épouse doit aussi donner son consentement sur le sujet.

On peut observer que le législateur marocain a mis tout en œuvre pour décourager la pratique de la polygamie. Toutefois, il n'a pas fait le choix de l'abolition radicale de cette institution qui est considérée comme un modèle familial inégalitaire. La recherche d'une égalité entre l'homme et la femme et la condamnation des discriminations de sexe auraient pu justifier l'abandon de cette institution, d'autant plus qu'elle tombe en désuétude sur le territoire marocain.

Le Code énumère enfin trois modes de dissolution du lien conjugal : le *talaq* ou répudiation unilatérale par le mari sauf option offerte au préalable à l'épouse dans le contrat de mariage (*tamlik*) (art. 89) ou demande par l'épouse de sa répudiation (*khul'*), le divorce pour l'épouse pour raisons déterminées, et le divorce pour discorde ouvert au deux époux (ou *shiqaq*). Il est ici important de souligner que conformément à la tradition musulmane, la dissolution du lien matrimonial est considérée comme une mauvaise chose qui « ne devrait avoir lieu qu'exceptionnellement (art. 70). On peut d'ailleurs s'étonner du maintien dans ce Code de la dissolution du mariage par l'expression de volonté unilatérale du mari (*talaq*), qui peut sembler en contradiction avec d'autres dispositions du Code, notamment l'article 4 qui rappelle que « le mariage est un pacte fondé sur le consentement mutuel » et l'article 5 qui précise que les fiançailles sont « une promesse mutuelle ». Même si cette nouvelle réforme pose des garanties procédurales nouvelles, la discrimination entre l'homme et la femme existe dans l'accès même à cette forme de dissolution du mariage. Déjà lors de la réforme de 1993[24], le législateur marocain n'avait pas été jusqu'à bannir comme l'a fait le

24 Dahir n° 1.93.347 du 10 septembre 1993, *Bulletin officiel*, 29 septembre 1993.

législateur tunisien la répudiation (*talaq*). Il avait seulement apporté quelques aménagements formels sur le plan procédural[25].

Dans le nouveau Code, les modalités de la répudiation par droit d'option sont les mêmes que celle de la répudiation par le mari, si ce n'est que la femme introduit la demande. La demande d'autorisation de la répudiation auprès du juge du domicile conjugal, ou du domicile ou de la résidence de l'épouse, ou de l'établissement de l'acte de mariage comporte tous les éléments d'identification des époux et des enfants. Elle est accompagnée de l'acte de mariage et du contrat de mariage (art. 80). Le Code renforce les exigences de convocation : les deux époux sont convoqués. Si le mari ne se présente pas, il est présumé renoncer à sa demande (art. 81 § 2), si l'épouse ne se présente pas et ne présente pas d'observations écrites, elle pourra être convoquée une seconde fois (art. 81 § 3 et 4). Si elle ne se présente pas ou si elle n'a pas d'adresse connue, il sera statué par défaut.

Lors de la tentative de conciliation, le tribunal « pourra prendre toutes les mesures utiles (...) en vue de concilier » : audition de témoin, désignation d'arbitre, de conseil de famille, d'expert. S'il y a des enfants communs, le juge procèdera à « deux tentatives de conciliation, espacées d'une période minimale de trente jours ». En cas de réconciliation, le juge dressera un procès-verbal. Dans le cas contraire, le juge fixera les droits de l'épouse se rapportant au *sadaq*, à la pension du délai de viduité (*'idda*), au don de consolation (*mutâh*). Il fixera le loyer pendant le délai de viduité et le droit des enfants sous forme de pension alimentaire qui sera due jusqu'à la majorité ou jusqu'à vingt-cinq ans en cas d'études (art. 198) ; le mari dispose alors de trente jours pour déposer le montant fixé au greffe du tribunal, à défaut « il est censé renoncer à son intention de répudier ». Cette condition importante permet l'obtention d'un jugement d'autorisation d'enregistrer le divorce. L'acte de répudiation est dressé dans les quinze jours suivant cette autorisation par deux *'udûl*. Ce n'est que sur production de la copie de l'acte de répudiation que le tribunal de famille prononce le jugement déclaratif de divorce. La répudiation moyennant compensation (*khul'*) implique le versement par l'épouse d'une somme d'argent ou de tout autre contrepartie au mari pour obtenir sa répudiation. Le montant doit être fixé de commun accord « sans abus ou exagération » (art. 118).

---

25 L'acte de répudiation ne peut plus être établi que par un ou plusieurs *'udûl* qui dépendent du juge de l'arrondissement du domicile conjugal ; l'épouse doit être convoquée et peut défendre ses intérêts ; l'intervention d'un juge est devenue obligatoire ; avant que le juge donne son autorisation, il est tenté une conciliation entre les conjoints et mis en évidence les causes profondes du litige entre les parties ; si le juge donne son accord sur la répudiation, il fixe alors le montant de la caution que l'époux doit verser à la caisse du tribunal avant que l'acte de répudiation ne soit établi par un ou plusieurs *'udûl*, dépendant du juge de l'arrondissement où se situe le domicile conjugal ; cette caution est une sorte de garantie pour l'exécution effective par l'époux de ses obligations financières à l'égard de son ex-épouse ; l'homme est redevable d'un dédommagement (*mutâh*) vis-à-vis de sa femme lorsqu'il la répudie de son propre chef. Ces modifications ont été portées dans la *Mudawwana* par le remplacement de l'article 48, l'ajout de l'article 52 bis. L'article 179 du Code de procédure civile a été également modifié.

Le législateur marocain n'a donc pas remis en cause un droit consacrant une inégalité entre l'homme et la femme, il n'a pas non plus libéré totalement le couple de l'emprise de la famille patriarcale. Mais il a rédigé un texte de loi dans le dessein de stabiliser la famille en posant des conditions de procédure plus drastiques, visant à chercher des solutions aux difficultés du couple. La rupture du lien conjugal peut, en effet, provoquer des difficultés énormes et parfois difficilement surmontables surtout lorsque la femme est sans travail et ne trouve plus auprès des siens secours et assistance. Il a aussi proposé d'autres formes de divorce, plus adaptées au contexte actuel du Maroc.

La première innovation importante du Code est cette nouvelle forme de divorce pour discorde (*shiqaq*), entendue au sens d'un « différend profond et permanent qui oppose les deux époux au point de rendre impossible la continuité du lien conjugal »[26]. La demande de divorce est ouverte aux deux époux. Certains commentateurs[27] ont relié ce divorce à la sourate « des femmes » : « Si vous craignez la séparation entre les conjoints, suscitez un arbitre de la famille de l'époux et un arbitre de la famille de l'épouse. Dieu rétablira la concorde entre eux deux, s'ils veulent se réconcilier. Dieu est celui qui sait et qui est bien informé » (IV, 35), déduisant par une interprétation *a contrario* que si les époux ne veulent pas se réconcilier, Dieu ne rétablira pas la concorde, de même le juge devra prononcer le divorce.

La seconde innovation est la possibilité d'un divorce consensuel ou par consentement mutuel qui permet aux époux de se mettre d'accord sur la fin de leur union en fixant ou non les conditions de cette rupture du lien conjugal. Le juge tente de concilier les époux, veille à préserver l'intérêt des enfants et prononce, si la conciliation s'avère impossible, le divorce (art. 114).

En contrepartie du divorce par volonté unilatérale du mari, le législateur marocain a maintenu la possibilité pour l'épouse de demander le divorce judiciaire pour six motifs : le premier est le manquement du mari à une des conditions de l'acte de mariage. Le texte précise que tout acte ou comportement infamant ou contraire aux bonnes mœurs, portant un dommage matériel ou moral à l'épouse, la mettant dans l'impossibilité de maintenir les liens conjugaux doit être considéré comme un préjudice justifiant la demande de ce divorce (art. 99). Ce divorce se rapproche considérablement du divorce pour discorde puisque dans les deux formes de dissolution du mariage, c'est le caractère difficile du maintien de la vie conjugale qui est mis en évidence. La procédure n'est guère différente. Dans ce divorce pour cause, la difficulté réside pour la femme sans doute dans la preuve du préjudice à apporter.

Le second motif concerne le défaut d'entretien de l'épouse par le mari. Ce dernier pourra toutefois faire valoir son incapacité financière, auquel cas le juge

---

26 Selon le guide pratique, cité par M.-Cl. Foblets et J. -Y. Carlier, *op. cit.*, p. 64.

27 Traduction D. Masson, Gallimard, La Pléiade, 1967, cité par M.-Cl. Foblets et J. -Y. Carlier, *ibid.*, p. 64.

pourra lui fixer un délai ne dépassant pas trente jours, pour répondre à cette obligation qui lui incombe. L'absence du mari au foyer conjugal pendant une période excédant une année permet à l'épouse de déposer une requête en divorce. Ce délai est porté à deux ans lorsque l'absence est liée à une peine de réclusion ou d'emprisonnement supérieure à trois ans. Comme il est écrit dans le commentaire ministériel, « le rite malékite ne distingue pas entre l'éloignement volontaire ou coercitif (...), puisque dans tous les cas, l'épouse est lésée par l'absence de son mari ».

Le serment de continence (*ilâ*), ou le délaissement (*hajr*) de l'épouse par l'époux, est considéré comme un acte volontaire de l'époux, ouvrant droit à cette requête en divorce pour l'épouse. Dans ce cas, le tribunal peut donner un délai au mari avant de prononcer définitivement le divorce. La dernière cause de divorce est le vice rédhibitoire[28] dont la requête est ouverte aux deux époux. Cette cause involontaire sanctionne un vice empêchant la relation conjugale ou constituant un danger (art. 107) et dont on ne peut espérer la guérison dans le délai d'une année. La recevabilité de la demande est ici subordonnée à la méconnaissance du vice dont est atteint l'autre conjoint lors de la conclusion de l'acte de mariage ou à l'absence de l'acceptation du vice et de son caractère incurable au sens juridique. Si le législateur marocain admet toujours la répudiation de manière conforme au droit musulman classique, ce qui paraît plus fondamental dans ce texte codifié est cette intervention du juge dont découle la rupture du lien matrimonial.

En conclusion, le mariage et le divorce au Maroc bien qu'ils n'ont pas perdu leur cadre de légitimité, c'est-à-dire l'observance de la *Sharî'a,* ont néanmoins évolué. Mais l'islam pour les Marocains n'est pas uniquement une religion, il est aussi un mode de vie. Et l'histoire nous enseigne que les règles juridiques relatives au domaine des relations familiales, surtout lorsqu'elles sont d'inspiration religieuse, continuent à interférer sur les comportements, du moins sur l'imaginaire des individus. Comme le précisait très justement Mohammed VI, lors de son discours d'ouverture prononcé à Rabat le 10 octobre 2003, l'impact de cette réforme du Code de la famille marocaine dépend avant tout de sa mise en œuvre. Ce nouveau texte législatif reste « tributaire de la création de juridictions de la famille qui soient équitables, modernes, efficientes ». Ce Code a certes apporté une amélioration substantielle à la condition juridique des femmes dans la famille par l'institutionnalisation du consentement de la femme à son propre mariage, par le droit au divorce judiciaire, par l'abolition du devoir d'obéissance de l'épouse à son mari. Ces acquis sont importants, mais la revalorisation du rôle des femmes, l'égalité entre les époux qui sont des conditions essentielles de la stabilité familiale dépend certes de la législation mais aussi de l'interprétation et du pouvoir

---

28 On entend par « vices rédhibitoires », les vices affectant par exemple les organes génitaux de l'homme et dont la guérison n'est pas espérée et qui perturbent gravement la cohabitation conjugale.

d'appréciation des situations par le juge. Il est donc permis de s'interroger sur la manière dont ces derniers vont accomplir cette démarche et comment leur formation les conduira à mieux intégrer la réforme à la société marocaine. « Le Code de la famille ne peut avoir d'impact positif sur la société que par le biais d'une application saine et la disponibilité de moyens et mécanismes efficaces » ont conclu les auteurs du premier rapport sur l'application du Code de la famille[29]. Tout laisse prévoir que le travail d'interprétation du Code par les cours et les tribunaux sera complexe. Il ne suffit pas d'instituer une norme et de faire admettre son application, encore faut-il en faire une interprétation dans l'esprit et la philosophie du Code de la famille qui ne peuvent être remis en cause.

Résumé : L'auteur se propose de faire une analyse de la dernière réforme du Code marocain de la famille. Elle rappelle que le droit familial marocain est lié aux textes sacrés et porte une attention plus particulière aux nouvelles dispositions relatives au mariage et au divorce. Elle s'interroge sur la volonté d'instaurer un droit familial plus égalitaire entre l'homme et la femme.

Mots-clés : mariage, divorce, droit musulman, Code de statut personnel, égalité entre l'homme et la femme.

Marriage and Divorce in Moroccan Family Law: The New Law on Equality between Men and Women

Abstract: The author proposes to analyze the most recent reform of Morocco's family Code. She reminds us that Moroccan family law relies on sacred texts. She gives particular attention to new rulings regarding marriage and divorce, examining the prospects for a family law that is more egalitarian with respect to men and women.

Keywords: marriage, divorce, Islamic law, personal status law, equality between men and women.

29 « Rapport annuel sur l'application du Code de la famille », *op. cit.*

Corinne Fortier

Le droit au divorce des femmes (*khul'*) en islam : pratiques différentielles en Mauritanie et en Égypte

Le *khul'* : un classique en Mauritanie et une révolution en Égypte

Ces dernières années, plusieurs pays musulmans ont connu des réformes législatives importantes, en particulier en matière de mariage (*nikâh* ou *zawaj*) ou de divorce (*ṯalâq*). En Mauritanie, le gouvernement a introduit le premier Code de statut personnel en 2001, qui reconnaît le droit au divorce des femmes (article 92). Mais ce Code de statut personnel n'a opéré en la matière aucune révolution socio-juridique puisque ce droit était reconnu et pratiqué depuis des siècles dans la société maure de Mauritanie. Cette procédure de divorce trouve sa légitimité juridico-religieuse dans les textes de droit malékite anciens qui servent de référence à la pratique juridique maure.

En effet, le droit au divorce féminin ou *khul'*, bien que généralement peu connu et peu pratiqué par les sociétés musulmanes, figure dans les textes classiques de droit musulman (*fiqh*). Il existe par ailleurs très peu de données ethnographiques ou historiques[1] faisant référence à cette pratique dans les pays musulmans, et il n'en existe guère, sinon aucune, dans la société maure de Mauritanie. Nous avons observé ce divorce féminin sur le terrain en Mauritanie avant de nous rendre compte, suite à l'étude textuelle du droit musulman, qu'il s'agissait là d'une pratique juridique musulmane nommée *khul'*, qui n'était pas toujours nommée comme telle par les Maures et qui n'avait pas été décrite ni identifiée avant nous dans la littérature scientifique.

Les femmes maures n'ont pas attendu l'introduction d'un nouveau Code de statut personnel en Mauritanie pour bénéficier du droit au divorce. La situation des femmes maures est à cet égard assez différente de celle des femmes égyptiennes qui redécouvrent aujourd'hui ces droits à travers les nouvelles réformes législatives en matière de statut personnel qui, depuis 2000, donnent aux femmes le droit au divorce (*khul'*) sans que l'accord de leur mari soit nécessaire, nouvelle disposition qui fut fortement contestée en Égypte. Et bien que le nouveau Code égyptien de statut personnel comporte d'autres réformes relatives au mariage, il fut nommé symboliquement « loi du *khûl'* ».

---

1 Judith Tucker y fait allusion dans les cours ottomanes de Syrie (1998, 97).

De plus, si, en Égypte, les avancées législatives ne concernent bien souvent que les zones urbaines et des milieux sociaux particuliers, et ne sont pas toujours connues ou pratiquées dans l'ensemble du pays[2] étant donné la persistance de certaines formes de rapports de genre et de parenté, les femmes maures, en revanche, savent donner à leur droit au divorce une portée sociale, soutenues en cela par leur propre famille. La comparaison de la situation mauritanienne avec le cas égyptien, relativement au divorce féminin (*khul'*), permettra de souligner la spécificité du statut de la femme dans la société maure par rapport à d'autres pays musulmans, comme l'Égypte.

Le *khul'* dans la société maure et dans le droit musulman classique

Les femmes maures de Mauritanie évoluent dans un contexte culturel et social particulier. La société maure dont la langue est un dialecte arabe, le *h̲assâniyya*, est une société islamisée depuis fort longtemps. Elle a pour socle scripturaire juridique des textes de droit malékite anciens, l'école de jurisprudence de rite malékite ayant été introduite dans la région au XIe siècle par les Almoravides.

La société maure est formée de tribus bédouines qui gèrent, en leur sein, toute sorte de litiges, parfois grâce à l'arbitrage d'un cadi (*qâd̲î*) local. Même si de nombreuses tribus sont sédentarisées, pour une grande part dans la capitale, leurs membres ne passent généralement pas par les tribunaux étatiques de Nouakchott pour arbitrer leurs litiges. Historiquement, si la colonisation française en Mauritanie a modifié le paysage politique local, elle n'a pas fondamentalement changé le cadre juridique mauritanien, en particulier dans le domaine de la famille où la référence au droit islamique reste fondamentale.

Le Code de la famille mauritanien de 2001, basé essentiellement sur le droit musulman, s'inscrit dans une continuité avec les textes classiques islamiques utilisés localement ainsi qu'avec la pratique sociale connue jusqu'alors dans la société maure. Les Maures ont en effet pour habitude d'utiliser des textes de droit malékite classiques dans leur jurisprudence ; ce sont des textes de droit très anciens, puisque parmi eux on peut trouver la *Risâla* de Qayrawânî qui date du Xe siècle, ou encore le *Mukhtas̲ar* de Khalîl du XIVe siècle, ou encore la *'Âs̲miyya* d'Ibn 'Âs̲im qui date de la fin XIVe siècle[3].

2 Dans les communautés oasiennes d'Égypte où nous nous sommes rendue en 2002 pour un terrain de recherche, le divorce féminin était inconnu et même impensable.

3 Au sujet des textes juridiques connus et enseignés en Mauritanie, voir C. Fortier (1997). À un niveau élémentaire, le premier ouvrage de droit musulman étudié lors de l'enseignement coranique est *al-Akhd̲arî* (Algérie, XVIe siècle). Puis est enseigné *Ibn 'Ashir* (Maroc, XVIIe siècle) dont le premier chapitre traite du dogme (*'aqida*), le second, du droit (*fiqh*), et le troisième, de la mystique (*tas̲awwuf*). Par ailleurs, les filles sont initiées à un petit recueil de hadith (*ah̲âdîth*), appelé *Dalâ'il al-khayrât* (« Les voies menant aux bonnes œuvres ») d'al-Djazûlî (Maroc, XVe siècle). Entre dix et quinze ans est tout d'abord étudiée la *Risâla* d'al-Qayrawânî (Tunisie, Xe siècle). Puis, entre quinze et vingt ans,

La pratique juridique maure qui reconnaît depuis longtemps le droit au divorce des femmes vient donc relativiser l'idée assez répandue selon laquelle l'utilisation dans une société de sources juridiques islamiques anciennes serait nécessairement préjudiciable aux femmes. Cette idée sous-estime l'importance du contexte culturel au sein duquel ces textes sont utilisés. En effet, la recherche conduite ici montre que le degré de connaissance des sources scripturaires musulmanes ainsi que les rapports de parenté et de genre pratiqués localement déterminent prioritairement l'usage qui est fait des textes juridiques ainsi que leur inscription dans la pratique sociale.

Le contexte maure est un contexte érudit où il existe une connaissance précise des textes juridiques anciens. En sus de la connaissance des subtilités du droit malékite s'ajoute la connaissance des fondements du droit (*usûl al-fiqh*), soit la façon d'appréhender et d'utiliser ce corpus juridique[3]. Cette connaissance profonde de la lettre de la loi ainsi que de son esprit, permet d'user de ce corpus de textes au quotidien d'une façon dynamique et éclairée.

Dans la société maure qui est une société originellement nomade, la mémorisation orale est grandement développée, surtout dans le domaine du savoir religieux qui est particulièrement valorisé. En général, les hommes des tribus maraboutiques (*zwâya*) ont plus de savoir juridique que les hommes des tribus guerrières (*hassân*) ou tributaires (*znâga*), ou encore que les forgerons (*m'allmîn*), les griots (*iggâwan*), ou les anciens esclaves (*harâtîn*). Cependant, les droits qui intéressent chacun, comme le mariage, le divorce, la filiation, ou l'héritage sont connus à travers la tradition orale par tous les membres de la société, y compris les femmes, et les spécialistes du droit musulman ne sont appelés qu'en cas de litige.

L'imposition par les femmes de leurs droits ne tient pas dans la société maure à l'influence d'un mouvement féministe local, la plupart des femmes maures ignorant l'existence d'un mouvement féministe au sein-même de l'islam ou de l'Occident. Néanmoins, dans la société maure, les femmes savent s'affirmer en tant que telles face aux hommes. Il est vrai qu'il est plus aisé pour des femmes de faire entendre leur voix dans une société comme la société maure où la ségrégation sexuelle est très relative et où les femmes n'encourent pas de la part des hommes de violences physiques, que dans une société qui les exclurait de toute discussion et où planerait la menace d'une coercition à leur encontre, comme c'est le cas en Égypte où les violences conjugales ne sont pas rares.

---

sont enseignés, le *Mukhtasar* de Khalîl (Égypte, XIVe siècle) et, à partir d'une vingtaine d'années, la *'Âsmiyya* d'Ibn 'Âsim (Andalousie, fin XIVe siècle et début XVe siècle). Ensuite, s'ajoutent éventuellement à ce corpus des ouvrages de droit plus approfondis, comme celui d'az-Zaqqâq (Maroc, XVIe siècle), ainsi que des commentaires (*shurûh*) des œuvres juridiques de base. Les explications *d'Ibn 'Ashir* fréquemment consultées sont celles de Mayyâra (Maroc, XVIIe siècle) et, à Chinguetti (Adrar), celles d'Ahmad Bashîr wuld Hanshî, un lettré Maure du XIXe siècle de la tribu des Laghlâl. En Mauritanie, les commentaires de *Khalîl* les plus connus sont ceux d'ad-Dasûqî (Égypte, fin XVIIIe siècle et début XIXe siècle), d''Abdal al-Bâqî (Égypte, XVIIe siècle), d'al-Hattâb (Libye, XVIe siècle), d'al-Bannânî (Maroc, XVIIIe siècle), d'Ibn Ghâzî (Égypte, XVe siècle), d'al-Mawwaq (Andalousie, XVe siècle) et d'at-Tatâ'i (Égypte, XVIe siècle).

La désobéissance (*nushûz*) des femmes, dont il est question dans le Coran (IV, 34), n'est pas sanctionnée par la violence conjugale dans la société maure, puisqu'un homme ne peut battre son épouse sans perdre son honneur. Les hommes en Mauritanie ont l'habitude de pratiquer un code de chevalerie arabe ancien (*futûwwa*) qui implique un comportement courtois à l'égard de la gent féminine[4].

D'autre part, il est plus facile pour une femme mariée d'envisager de s'opposer à son mari quand elle peut compter sur le soutien de sa propre famille, comme c'est le cas dans la société maure, que lorsqu'elle sait qu'il lui sera difficile sinon impossible de trouver un appui affectif et économique en dehors du cadre conjugal ainsi que c'est parfois le cas dans d'autres sociétés, par exemple dans la société égyptienne. En l'occurrence, dans la société maure, même mariée, une femme appartient moins à sa famille par alliance qu'à sa famille de naissance dont elle représente l'honneur, si bien que sa famille d'origine lui offrira toujours la protection à laquelle elle a droit, ce même, et surtout, lorsqu'elle s'oppose à son mari et à sa belle-famille. Dans la société maure, il existe de fait une certaine rivalité entre la famille qui a donné sa fille et celle qui l'a reçue ; aussi toute dispute déclarée entre époux est-elle l'occasion d'une rivalité entre familles par alliance.

Un divorce féminin plus coûteux que la répudiation masculine

Les travaux sur le divorce en islam se focalisent généralement sur la répudiation masculine, le divorce féminin (*khul'*) étant en revanche beaucoup moins connu. Il est vrai que ce type de divorce est peu pratiqué dans les sociétés musulmanes alors même qu'il est admis par la plupart des écoles juridiques musulmanes (*mâdhâhib*), non seulement par l'école (*mâdhhab*) malékite qui a cours en Mauritanie, mais aussi par l'école hanafite[5] suivie en Égypte, ainsi que par les autres écoles juridiques sunnites, qu'elles soient shafiite ou hanbalite[6], ainsi que par les shiites[7].

Le divorce féminin est nommé *khul'* en arabe, terme qui renvoie à l'idée de retirer, en l'occurrence de défaire le lien matrimonial. Le terme de *khul'* dérive du verbe *khala'a* qui signifie déposséder, puisqu'en l'occurrence cette procédure juridique permet à l'épouse de défaire le lien de possession qui la liait à son mari.

---

4 Fortier, 2003. La *futûwwa* renvoie au « caractère viril, mâle énergie, esprit chevaleresque, virilité » (Dictionnaire d'arabe de D. Reig 1983 : 5041).

5 Au sujet du *khul'* dans le droit hanéfite, on pourra se reporter à l'article de Linant de Bellefonds (1970).

6 Au sujet du *khul'* dans le droit shafiite, hanbalite ou encore hanéfite, on pourra se reporter à l'article de Oussama Arabi (2001a).

7 Arabi 2001b, 180. Au sujet du *khul'* dans le shiisme iranien, on pourra se reporter au livre de Ziba Mir-Hosseini (1993).

L'aspect le plus subversif de cette procédure légale consiste dans le fait qu'elle autorise les femmes à divorcer sans avoir à fournir de justification. En effet, à la différence du divorce féminin pour préjudice (*d̲arar*) que le motif soit une maladie contagieuse ou l'impuissance de l'homme non connues par la femme au moment du mariage, soit le manque d'entretien économique du foyer, soit la violence conjugale, soit l'absence prolongée du mari du domicile[8], l'épouse dans le cas du divorce par *khul'* n'a pas à fournir les raisons de son divorce.

En Égypte, il arrive que le *khul'* soit utilisé par les femmes à la place du divorce pour préjudice car il permet de ne pas avoir à avouer, ni par conséquent à prouver, le préjudice subi, que ce soit l'impuissance sexuelle de l'homme, les violences, ou encore l'abandon par le mari du domicile conjugal ou le mariage avec une autre femme[9] et également parce qu'il coûte paradoxalement moins cher que le divorce pour préjudice[10]. Le *khul'* offre donc une issue aux femmes égyptiennes qui, souffrant de l'attitude préjudiciable de leur mari sans pouvoir en fournir des preuves, étaient auparavant dans l'incapacité juridique de divorcer[11].

Le divorce par *khul'* accorde à la femme une certaine autonomie dans le fait de vouloir rester unie à son mari, même si en dernière instance la décision finale d'accepter ou non cette procédure de divorce revient à l'époux. Il est en effet important de souligner que le droit qui permet à la femme de divorcer n'est nullement comparable au droit absolu qu'a l'homme de répudier son épouse non seulement sans aucune raison, mais surtout sans son accord. Le divorce féminin est beaucoup plus contraignant que le divorce masculin ; comme le dit le Coran (II, 228) à propos de la répudiation : « Les femmes ont des droits équivalents à leurs obligations, et conformément à l'usage. Les hommes ont cependant une prééminence (*daraja*) sur elles – Dieu est puissant et juste »[12].

Non seulement le divorce masculin, à la différence du divorce féminin (*khul'*), ne requiert pas l'avis de l'autre membre du couple mais il ne s'accompagne pas nécessairement d'une compensation (*'iwad̲*) de la part de celui qui demande le divorce. Il est pourtant question dans le Coran d'un don fait par l'époux à celle qu'il répudie (II, 237-238) : « Nul grief à vous faire si vous répudiez vos femmes alors que vous ne les avez point encore touchées ou alors que vous ne vous êtes point obligés envers elles à un douaire. Toutefois, donnez-leur jouissance d'une part d'avoir – l'homme aisé selon ses moyens et l'indigent selon ses moyens – de la manière reconnue convenable. Devoir pour les Bienfaisants ! »[13]. Conformément

---

8 Soit le remariage avec une autre femme alors que l'épouse a posé comme condition de mariage la monogamie ainsi que c'est souvent le cas en Mauritanie (Fortier 2010b).

9 Tadros, 2000b, 4.

10 Sakr & Hakim 2001, 2.

11 Arabi 2001a, 5.

12 Trad. Masson, t. 1, 1967, 43-44.

13 Trad. Berque, 1970, 65.

à ce verset, le droit malékite précise qu'un tel dédommagement varie selon la richesse de l'homme[14].

Le droit malékite appelle ce don *mut'a*, terme construit sur la même racine que *mut'* qui désigne le contentement et qui témoigne que ce don s'apparente à un don de consolation pour la femme répudiée. Des débats ont eu lieu entre juristes (*fuqahâ'*) pour établir si ce don était obligatoire (*wâjiba*) ou simplement recommandé (*mustahabba*)[15]. Or, pour le juriste malékite Qayrawânî[16], ce don n'est nullement indispensable mais simplement facultatif. On voit donc que si le divorce féminin s'accompagne nécessairement d'une compensation financière donnée par la femme à son mari, il n'en est pas de même de la répudiation masculine où le dédommagement de l'épouse est aléatoire.

Selon les juristes maures, si une femme répudiée réclame un don de consolation (*mut'a*) à son époux, le cadi est seul habilité à le contraindre à verser cette indemnité, eu égard à la situation de chacun des conjoints[17]. Mais, en général, les femmes maures n'entament pas une procédure judiciaire devant le cadi pour exiger de leur mari qu'il leur verse un tel don, car ce serait se rabaisser en montrant qu'elles dépendent encore de lui, alors même que le lien matrimonial est rompu.

D'autre part, les femmes maures, en cas de répudiation, ne revendiquent pas le complément (*mu'akhkhar*) de la dot ou « prix de la fiancée » (*mahr* ou *sadâq*) que leur mari n'a pas acquitté au moment du mariage et auquel elles ont droit conformément au verset du Coran (II, 229) qui traite de la répudiation : « Il ne vous est pas licite de prendre quelque chose sur ce que vous avez donné comme douaire à vos épouses »[18]. En effet, dans la société maure, comme dans d'autres sociétés, il arrive très souvent, que l'homme, en accord avec sa famille par alliance, n'ait versé qu'une partie de la dot fixée au moment du mariage.

Mais alors que, dans d'autres sociétés, cette mesure a une fonction dissuasive auprès de l'époux, puisque s'il décidait de répudier son épouse, il devrait lui verser le restant de la dot, les femmes maures ne revendiquent pas ce droit, de crainte de donner à penser que leur famille est dans le besoin. S'il est vrai que les obligations auxquelles est tenu le mari vis-à-vis de la femme répudiée devaient dans l'esprit des juristes musulmans limiter le divorce considéré moralement comme blâmable (*makrûh*)[19], elles sont inopérantes dans la société maure du fait des relations compétitives entre alliés.

---

14 Khalîl, 1995, 238.

15 Ascha, 1997, 166.

16 1968, 186.

17 Ould Bah, 1981, 248.

18 Trad. Berque, 1970, 63.

19 Bousquet, 1935, 66.

Tout ce qui se joue autour de la dot est très important, à un niveau juridique en tant qu'elle permet de disposer de la sexualité procréative d'une femme, et aussi à un niveau social en tant que sa valeur représente un enjeu de prestige entre les familles. D'une part, dans la société maure la valeur du « prix de la fiancée » (*bridewealth*)[20] témoigne de la noblesse de la femme et de sa famille. Et en même temps, au-delà même du montant de la dot, cet échange met la famille qui l'a reçue dans une position de dépendance et d'infériorité vis-à-vis de la famille à qui elle a cédé sa fille. Aussi, pour les membres de la famille de l'épouse, sa répudiation est l'occasion, par le refus du complément de la dot auquel ils ont droit, de montrer leur supériorité et de signaler qu'ils ne dépendent pas économiquement de ceux à qui ils ont donné leur fille, et ils doivent d'autant plus le prouver qu'ils sont de statut inférieur, ou tout au plus équivalent, à cette autre famille, le mariage étant généralement hypergamique dans la société maure.

Si, dans la société maure, des questions d'honneur empêchent l'épouse – qui continue à représenter, même mariée, l'honneur de sa famille – de recevoir la totalité de la dot provenant de son mari, versement auquel elle a droit juridiquement, ces mêmes questions d'honneur lui permettent par contre de revendiquer un autre de ses droits, celui du divorce féminin ou *khul'*.

La compensation donnée par la femme à son mari afin de divorcer est au cœur de la procédure du *khul'*. Elle trouve sa source dans le Coran (II, 229) : « Si vous craigniez de ne pas observer les lois de Dieu, nulle faute ne sera imputée à l'un ou à l'autre, si l'épouse offre une compensation (*iftadat bihi*) »[21]. Un hadith (*hadîth*) fiable (*sahîh*) du *Sahîh* (« l'authentique ») de Bukhârî[22] – recueil de hadith considéré par les sunnites comme le livre le plus véridique après le Coran – témoigne que le Prophète accorda à une femme le divorce à condition qu'elle rende à son mari un bien qu'elle avait reçu en dot : « Ibn Abbas – que Dieu l'agrée – a rapporté que Habîba bîn Sahl, la femme de Thâbit bîn Qays al-Ansârî, vint trouver le Prophète – que Dieu lui accorde Sa Grâce et Sa Paix – et lui dit : "Ô envoyé de Dieu ! Je ne reproche pas à Thâbit son mauvais caractère ou un manque de foi, mais je crains si je demeure chez lui de commettre des choses contraires à l'Islam". Il lui répondit : "Peux-tu lui rendre son jardin ? (une palmeraie qu'elle avait reçue comme dot)". "Oui", répliqua-t-elle. L'envoyé de Dieu – que Dieu lui accorde Sa Grâce et Sa Paix – dit à Thâbit : "Reprends ton jardin et répudie-la" ». Dans le droit malékite, la somme versée par l'épouse à son mari n'est pas précisée mais il est néanmoins suggéré qu'elle peut correspondre au montant de la dot[23].

---

20 Evans-Pritchard, 1931.

21 Trad. Masson, t. 1, 1967, 44.

22 1993, t. 2, 400, n° 1878.

23 Qayrawânî, 1968, 193.

Dans le droit musulman, le remboursement du « prix de la fiancée » autorise la femme à reprendre sa liberté qu'elle avait aliénée à son mari en échange (*mu'âwa<u>d</u>a*) de la compensation matrimoniale. De ce point de vue, le statut de l'épouse qui peut racheter selon certaines conditions sa liberté à son époux n'est pas si éloigné de celui de l'esclave qui peut racheter sa liberté à son maître ; le *khul'* est d'ailleurs comparé par les juristes musulmans eux-mêmes au rachat du prisonnier de guerre (*asîra*)[24]. À la différence de la répudiation où l'homme est libre de défaire le lien matrimonial par son unique volonté, la femme qui appartient à son époux doit racheter sa liberté.

On retrouve la pratique du divorce féminin dans d'autres sociétés musulmanes, par exemple, au Mzab, en Algérie, où a travaillé A. M. Goichon[25] qui précise que la femme qui y a recours doit rendre la moitié de la dot ou la totalité si elle a commis une faute grave. Cette précision qu'A. M. Goichon n'explicite pas, présuppose que l'évaluation de la compensation financière liée au divorce varie selon le comportement de la femme, ce qui n'existe pas dans la société maure, ni dans les textes législatifs égyptiens, ni dans les textes de droit musulman classiques.

De même qu'au Mzab le terme de *khul'* n'est pas employé, dans la société maure, il lui est préféré l'expression : « Elle lui rend la dot » (*rad a<u>s</u>-<u>s</u>adâq*) ou « elle lui retourne le bétail » (*rad al-haywân*), le bétail constituant en milieu nomade l'essentiel de la dot. Mais cette expression est plus métaphorique que littérale, puisque la femme ne peut rendre ce qu'elle ne possède pas elle-même ; la dot a en effet été perçue par son père qui l'a dépensée, notamment en frais de cérémonie. Cette expression signifie plutôt que l'épouse rompt le lien du mariage symbolisé par la dot.

Dans la société maure, l'épouse laisse non seulement à son mari les biens qu'il lui a offerts, mais également ce qui lui vient de sa propre famille à savoir le mobilier qu'elle a apporté lors de son installation avec son époux, ainsi que le troupeau que lui a donné son père à cette même occasion et qui visait à assurer à sa fille une certaine indépendance économique vis-à-vis de son mari et de sa belle-famille, d'autant que le lieu de résidence du couple est généralement virilocal, soit dans la localité de la famille de l'époux.

En Mauritanie, une femme qui, pour divorcer, se déleste de tous ses biens en faveur de son mari témoigne de son autonomie et du prestige de sa famille. Une expression *<u>h</u>assâniyya* montre qu'une femme se dépouille de tout ce qu'elle possède, y compris de l'aiguille qui tient sa coiffure : « Elle pointe l'aiguille » (*tirsha glu labra*). Cette expression, quasi guerrière, témoigne par ailleurs d'un défi victorieux de l'épouse à l'égard de son mari et de sa belle-famille. Car, dans ce geste de dépouillement (*sallab*) total, la femme réaffirme l'honneur de sa famille,

24 Ascha, 1997, 158.

25 1927, 179.

montrant ainsi qu'elle ne dépend pas économiquement de sa famille par alliance, sa propre famille l'aidant le plus souvent dans le fait de réunir une certaine somme ou divers biens à l'intention de son mari.

La procédure de divorce féminin (*khul'*) est rendue en revanche difficile, sinon impossible, dans d'autres contextes culturels où la femme n'est pas aidée économiquement par sa famille. C'est le cas dans la société égyptienne, où la femme qui demande le divorce n'est généralement pas soutenue par les membres de sa famille dans sa décision de recourir au *khul'* dans la mesure où cela constitue pour eux un déshonneur social autant qu'un appauvrissement économique étant donné qu'ils devront rembourser la dot[26]. Cette situation a amené certaines militantes féministes originaires de ce pays à demander la suppression de la compensation financière permettant aux femmes de racheter leur divorce à leur mari.

La situation est toute autre en Mauritanie où la famille de l'épouse l'aide financièrement et l'encourage même dans sa démarche de séparation d'avec son mari. En agissant ainsi, cette famille affiche au grand jour qu'elle n'est nullement dépendante économiquement de la famille à laquelle elle a donné sa fille. Le *khul'*, bien loin de représenter une quelconque infamie pour la femme, donne lieu à un rituel libérateur dans certaines régions de Mauritanie[27]. La mère joue dans ce rituel un rôle important, en tant que garante du droit de divorcer de sa fille, comme si la possibilité d'avoir recours à ce droit se perpétuait de mère en fille de génération en génération. On retrouve le rôle crucial de la mère auprès de sa fille pour faire valoir son droit au divorce dans d'autres sociétés, comme par exemple en Libye[28].

Cette situation est tout à fait à l'opposé de celle existant en Égypte où ce n'est pas le droit au divorce qui se transmet de mère en fille, mais la stigmatisation qui lui est liée, puisque certaines femmes renoncent à recourir à cette procédure de peur que leurs filles ne trouvent pas de prétendants, ceux-ci pouvant craindre qu'elles ne suivent l'exemple de leur mère[29].

Dans le rituel maure, la femme part avec sa mère dans la localité où habite sa famille pour réunir de l'argent et des biens afin d'acheter sa liberté à son mari. Alors, tous les hommes de la classe d'âge (*'as̱r*) de la femme, y compris ceux qui sont mariés, lui offrent un présent ou de l'argent, et récitent des quatrains (*givân*) en son honneur. Par ces dons, les jeunes hommes aident explicitement la femme à divorcer, et lui signifient implicitement qu'elle n'a rien perdu de son pouvoir de séduction. Non seulement ils contribuent à favoriser son divorce, mais ils

---

26 Anonyme, 2002.

27 Fortier, 2010a.

28 En Libye, également, la mère joue un rôle de soutien auprès de sa fille qui souhaite entreprendre des négociations pour gagner sa liberté, et ce ouvertement puisqu'elle l'accompagne au tribunal pour demander le divorce par *khul'* (Layish, 1988, 430).

29 Bernard-Maugiron, 2007, 726.

s'affirment comme des prétendants potentiels à son futur remariage. L'importance et la valeur des cadeaux témoignent de la noblesse, de la beauté, et surtout de l'indépendance de la femme par rapport à son mari.

La situation égyptienne est très différente de celle qui a cours en Mauritanie, où une femme qui fait le *khul'* est fêtée par sa famille et courtisée par de nouveaux prétendants sans que sa réputation en soit affectée. Le fait qu'une femme ait recours à cette procédure témoigne de son fort caractère, qualité féminine appréciée dans la société maure à la différence de la société égyptienne qui valorise l'idée d'une femme soumise.

Les présents et l'argent qui ont été recueillis lors de la collecte sont transportés dans la localité où habite l'époux, et apportés au cadi. Celui-ci convoque le mari et lui demande, en présence de deux témoins, s'il accepte les dons venant de son épouse ; les accepter signifie qu'il concède le divorce. Mais, dans la société maure, comme un homme ne peut recevoir et utiliser les biens provenant de son épouse sans perdre son honneur masculin, puisque traditionnellement c'est au mari d'offrir des présents à son épouse et non le contraire, celui-ci les distribue à ses proches.

Dans le droit malékite, comme dans la société maure, si l'époux accepte la compensation financière que lui offre son épouse pour rompre le mariage, celui-ci est dissous immédiatement et le divorce est irrévocable (*bâ'in*)[30], c'est-à-dire que le mari ne peut reprendre sa femme à sa guise comme dans le divorce révocable (*raj'î*), mais il ne peut l'épouser qu'au prix d'une nouvelle dot et à condition qu'elle se soit remariée entre temps à un autre homme.

L'opération du *khul'* selon les juristes musulmans s'effectue avec l'accord des deux conjoints et n'exige pas l'intervention du juge, ni même la présence de deux témoins[31], situation qui est très différente de celle de l'Égypte où le passage devant la cour de justice est la règle, tandis qu'en Mauritanie, le cadi n'intercède pas toujours. Il arrive exceptionnellement, dans la société maure, que le mari s'obstine à refuser le divorce de sa femme. Dans ce cas, c'est le cadi qui intervient lui-même à la demande de l'épouse pour dissoudre le mariage. Au Sénégal également, les juges des tribunaux musulmans de Saint Louis du début du XXe siècle accordaient le divorce aux femmes même si leur mari s'y opposait[32], celles-ci devant rembourser la dot ainsi que les cadeaux reçus de leur époux pendant le mariage[33].

En plus de la dot, la femme est en effet souvent obligée, dans de nombreuses sociétés, de rendre à son mari ce qu'il lui a offert au cours de leur vie

---

30 Bousquet, 1935, 73.

31 Ascha, 1997, 158.

32 Lydon, 2007, 289.

33 *Ibid.*, 302.

matrimoniale, par exemple des bijoux en or, ou encore du mobilier, ou tout autre bien. La compensation donnée par la femme dépend en effet de chaque société[34] et parfois de chaque individu, dans la mesure où le droit musulman, comme on l'a vu, est assez flou sur le sujet, associant symboliquement et économiquement cette compensation à la dot sans qu'elle s'y réduise nécessairement. Comme décrit précédemment, dans la société maure, la femme renonce de façon spectaculaire à tous ses biens. En Égypte, c'est l'homme qui doit réclamer à son épouse les cadeaux qu'il lui a offerts pendant leur vie conjugale, et qui doit par ailleurs en fournir les preuves écrites (factures…) au tribunal[35]. Tandis qu'un homme, dans la société maure, perdrait son honneur fondé sur la générosité s'il faisait une telle requête à sa femme.

De plus, en Égypte, le fait qu'une épouse n'attende pas que son mari ait recherché les preuves de ce qu'il lui a offert pendant leur mariage pour le lui rendre, est interprété comme le fait d'une femme dépravée qui veut se débarrasser de son époux le plus rapidement possible pour rejoindre son amant[36]. Alors qu'en Mauritanie, une femme qui, d'un coup, se déleste de tous ses biens en faveur de son mari témoigne de son autonomie et du prestige de sa famille.

Dans le rite malékite[37], le *khul'* peut prendre la forme d'une compensation financière mais aussi la forme de l'abandon d'un droit, par exemple celui de la garde des enfants (*haddâna*), ou le droit à la rétribution pour l'allaitement. Dans la société maure une telle rétribution n'a pas lieu d'être puisque la femme divorcée ne demande pas habituellement de rémunération à son ex-mari pour l'allaitement de son enfant[38]. Par ailleurs, même si c'est extrêmement rare, il arrive, dans la société maure, qu'à la suite de ce type de rupture, l'homme, blessé dans son orgueil, exige malgré tout la garde des enfants. Cette décision s'applique surtout aux garçons, car les filles, tant dans la société maure que dans le droit malékite[39], doivent rester auprès de leur mère jusqu'à leur mariage.

Les femmes égyptiennes sont protégées de cette menace par le nouveau Code de statut personnel en vigueur en Égypte qui stipule que la compensation versée par la femme au mari ne peut être qu'économique, l'homme ne pouvant exiger que la femme obtienne son divorce en contrepartie de la perte d'un droit

---

34 Awa Yade (1997, 636) qui a travaillé sur les archives judiciaires du Sénégal durant la période coloniale, souligne que, chez les Sérères, la compensation concernait toutes les prestations coutumières (dot, cadeaux et dépenses cérémoniales), mais non chez les Toucouleurs et les Wolofs où seule la dot était remboursée.

35 Leila, 2005.

36 Tadros, 2002a.

37 Khalîl, 1995, 224.

38 Fortier, 2001.

39 Qayrawânî, 1968, 199.

comme la garde des enfants[40]. Cela constitue une certaine sécurité pour les femmes égyptiennes qui ne seront jamais dans la situation d'avoir à entamer cette procédure de divorce en craignant que leur mari exige en échange la garde des enfants.

Le *khul'* égyptien ou la féminisation de la société

Le cas égyptien est tout autre que le cas maure, car les divorces féminins n'y sont pratiqués que depuis récemment[41], du fait de la nouvelle législation. C'est très exactement le 26 juillet 2000 que le Parlement égyptien a promulgué une nouvelle loi (article 20 de la loi numéro 1) relative au statut personnel qui donne à la femme le droit de divorcer (*khul'*) sans l'aval de son mari, disposition tout à fait novatrice par rapport à la loi antérieure.

À peu près au même moment qu'en Égypte, d'autres pays musulmans ont introduit dans leur Code de statut personnel la disposition juridique permettant à une femme de se séparer de son époux sans son approbation. C'est le cas par exemple de la Jordanie qui a ajouté des amendements en 2002 à loi de 2001 autorisant l'épouse à demander le divorce sans raison et sans l'avis de son mari. Au Quatar, la loi de 2004 sur le *khul'* ressemble à la loi égyptienne. Au Pakistan, en 1967, la décision de la Cour suprême qui accorda le divorce à une femme alors que son mari y était opposé et que la Cour avait tenté vainement de les réconcilier fit jurisprudence[42].

En Algérie, les amendements en 2005 de la loi de 1984 autorisent l'épouse à divorcer par *khul'* indépendamment de l'opinion de son mari. La Tunisie depuis 1956 et le Maroc depuis 2004 ont été encore plus loin que ces différentes réformes du *khul'* puisqu'ils accordent à la femme le droit de divorcer à l'égal de l'homme, sans qu'elle ait désormais à racheter sa liberté à son époux par une compensation financière comme l'exigeait le *khul'*. Il est important de constater que cette pluralité de lois qui donnent aux femmes plus de droits en matière de divorce et qui réforment le *khul'* en permettant à l'épouse de divorcer sans l'accord de son mari ont été imposées par les gouvernements de ces différents pays et ne sont pas

---

40 Tadros, 2002a.

41 Si l'on se réfère à l'ouvrage de Judith Tucker sur l'Égypte du XIXe siècle, cette historienne affirme que le *khul'* était fréquent en Égypte (1985, 54), mais elle ne donne à l'appui de cette assertion que l'exemple d'une femme bédouine qui aurait obtenu le divorce en rendant à son mari une dot consistante ; or cet exemple est peu représentatif de la société égyptienne quand on connaît les usages sociaux des Bédouins en Égypte qui sont tout à fait spécifiques, surtout par rapport au statut de la femme. Oussama Arabi (2001a, 4) cite également un historien égyptien, Abdal-Rahman Abdal-Rahim, qui rapporte l'existence de plusieurs cas de *khul'* durant la période ottomane, dans «The Family and Gender Laws in Egypt during the Ottoman Period», in *Women, the Family, and Divorce Laws in Islamic History*, ed. Amira El-Azhary Sonbol, Syracuse University Press, 1996, 105.

42 Anderson, 1970, 47.

venues des juristes musulmans (*fuqahâ'*) ni de la société civile (*sha'b*), à l'exception de militantes féministes.

En Égypte, le président Muhammad Husnî Mubârâk a joué un rôle essentiel dans la réforme du *khul'*, influencé en cela par sa femme Suzanne Mubârâk[43] qui a introduit le débat en 1990 à l'université islamique d'al-Azhar et au Parlement[44]. On peut remarquer, en Jordanie, la même influence de la femme du Roi 'Abdullâh II, la reine Rânyâ al-Abdullâh, militante des droits des femmes, qui a activement participé à l'instauration de la nouvelle loi sur le divorce féminin (*khul'*) dans son pays[45].

Or, la réforme du divorce qui donne la possibilité aux femmes de divorcer sans l'assentiment de leur époux a fait scandale en Égypte. Alors même qu'il n'était pas fait référence dans les débats aux droits de l'homme ou encore au féminisme, mais uniquement aux droits des femmes du point de vue de la loi islamique (*Sharî'a*)[46], elle est apparue comme une entreprise d'occidentalisation de la société égyptienne.

La loi égyptienne sur le *khul'* est en effet bel et bien inspirée du droit musulman, mais elle s'en distingue dans la mesure où la femme a le droit de divorcer sans l'accord de son mari devant le juge, ce qui n'est pas envisagé par les textes juridiques classiques. Cet écart avec la loi islamique a constitué un argument de choix pour ceux qui s'opposaient à cette réforme au nom de la religion, dénonçant ainsi son caractère illégitime, alors même que l'autorité morale et religieuse en Égypte que représentait le shaykh Muhammad Tantâwî de la grande université islamique d'al-Azhar au Caire, avait justifié la réforme du *khul'* arguant qu'elle ne contrevenait pas à la *Sharî'a*[47]. Les opposants à cette loi ont à cet égard fortement critiqué ce shaykh, en le traitant de *kâfir*, soit d'infidèle, à la solde du chef du gouvernement considéré lui-même comme un allié de l'Occident. De manière générale, à l'exception de militantes féministes, ce n'étaient pas seulement les islamistes[48], mais l'ensemble de la population égyptienne, y compris la grande majorité des femmes, qui était défavorable à cette loi qui bouleversait les rapports sociaux de sexe.

Subversive, la loi égyptienne de 2000 vient donner aux femmes le pouvoir de divorcer, pouvoir qui n'était jusque-là détenu que par les hommes. Ceux-ci se voient donc dépossédés d'une prérogative dont ils détenaient l'exclusivité. Certains hommes en Égypte vivent comme un tel déshonneur le fait d'être quittés par leur

---

43 Schneider, 2000.

44 Magied, 2002 ; Ferrié & Dupret, 2004

45 Omar, 2009.

46 Bernard-Maugiron, 2005a, 87.

47 Tadros, 2002a.

48 Ainsi que certains membres du parti d'opposition laïc et libéral qu'est le Wafd (Mashhour 2005, 583).

épouse qu'ils préfèrent la répudier plutôt que d'être divorcés par elle, furieux de se voir déposséder de ce privilège qu'ils considèrent comme exclusivement masculin. Cette atteinte à la domination masculine conduit, ainsi que c'est le cas également en France dès lors qu'une loi en faveur des femmes est votée, à parler péjorativement de « féminisation » de la société, entendue comme un danger pour l'ordre social.

Au lieu de considérer la réforme du *khul'* du point de vue d'une plus grande égalité de droit entre les sexes, c'est une vision hiérarchique qui prévaut en Égypte comme ailleurs. Cette perspective non égalitariste est d'essence binaire : si ce ne sont plus les hommes qui dominent, ce sont donc les femmes. Toute réforme en faveur des femmes est perçue comme une menace en tant qu'elle vient renverser la hiérarchie entre les sexes. En même temps, le pôle dominant de cette hiérarchie ne pouvant être que de genre masculin, la polarité hiérarchique entre les genres subsiste en dépit du renversement hiérarchique des sexes ; en témoigne la représentation selon laquelle les femmes se trouvent « masculinisées » et les hommes « féminisés ».

D'autre part, les opposants à cette loi avancent un argument bien connu dans d'autres sociétés dès lors qu'on accorde un nouveau droit aux femmes, celui qui consiste à annoncer le désordre social supposé s'en suivre[49] ; donner le droit de divorcer aux femmes provoquerait la destruction des familles[50]. On pourrait tout aussi bien appliquer cet argument aux hommes lorsqu'ils répudient leur femme, mais ce renversement de perspective n'est jamais envisagé puisque l'objectif ici recherché est de remettre exclusivement en cause le bien fondé des décisions prises par les femmes considérées par nature comme irresponsables.

En effet, l'argument le plus commun contre la loi du *khul'* consiste à affirmer que les femmes vont détruire leurs foyers en utilisant ce droit au divorce sous le coup de l'émotion, et qu'elles pourraient le regretter dans la mesure où cette procédure entraîne un divorce de type irrévocable[51]. Ne pas donner le droit de divorce aux femmes est donc le meilleur moyen de les protéger d'elles-mêmes et des erreurs qu'elles pourraient commettre en utilisant ce droit de façon inconséquente.

Cet argument justifie *a contrario* que le droit au divorce (*ṯalâq*) reste exclusivement entre les mains des hommes, qui eux sont capables, au contraire des femmes, de contrôler leurs sentiments et de prendre des décisions réfléchies. Nous avons par ailleurs montré dans un autre article que cette représentation selon laquelle l'homme à la différence de la femme sait maîtriser ses émotions est une

---

49 Fawzy, 2004, 63.

50 Tadros, 2002b ; Sonneveld, 2010.

51 Tadros, 2000.

représentation largement partagée par les sociétés, qu'elles soient musulmanes ou occidentales[52].

L'argument selon lequel les femmes feraient un mauvais usage du pouvoir qui leur est ainsi donné n'est pas nouveau puisqu'on le retrouve dans beaucoup de sociétés pour justifier la domination masculine. Dans certaines sociétés, des mythes faisant référence à un matriarcat originel servent à justifier *a contrario* la légitimité du patriarcat, puisque si les femmes avaient gardé le pouvoir, la société allait à sa perte[53]. Cette idée est aussi clairement énoncée par le très médiatique shaykh Yûsuf al-Qaraḏâwî qui affirma qu'il était impossible qu'une femme gouverne compte tenu de « sa nature » émotionnelle, citant à l'appui un hadith : « Un peuple ayant une femme à sa tête ne peut prospérer ». Il s'opposait ainsi à une *fâtwa* du shaykh Muẖammad Ṯanṯâwî accréditant le fait qu'une femme puisse devenir présidente de l'Égypte mais non juriste (*muftî*) d'al-Azhar suite à l'annonce de la féministe Nawâl as-Sa'dâwî d'être candidate à l'élection présidentielle de 2005.

Une étude du *Population Council* de janvier 2000 menée auprès d'adolescents égyptiens montre également que les jeunes filles considèrent que le divorce féminin est une procédure qui peut être dangereuse pour la pérennité des familles, dans la mesure où elles sont elles-mêmes convaincues que les femmes sont plus émotionnelles que les hommes ; aussi, pensent-elles, que donner aux femmes le droit de divorcer les encouragerait à le faire dès qu'elles connaîtraient quelque désagrément dans leur couple. Ce type de remarque prouve, si cela demande encore a être attesté tant cela est malheureusement banal, que les femmes elles-mêmes partagent les stéréotypes masculins qui sont véhiculés sur elles.

Déjà, en 2001, un film égyptien intitulé *Muhāmi khul'* (l'avocat du *khul'*) ridiculisait la procédure du *khul'* en mettant en scène une femme d'un milieu aisé qui demandait le divorce pour une raison futile, le fait que son mari ronflait[54]. Ce film est bien sûr mensonger et éloigné de la réalité puisqu'une femme ne va pas utiliser cette procédure de divorce de façon inconsidérée quand on sait combien cela lui coûte aussi bien économiquement que socialement. Cependant, de nombreux médias ont agité la peur que les femmes égyptiennes ne se séparent de leur mari « pour un oui ou pour un non ».

L'argument selon lequel les femmes divorceraient de façon irréfléchie est d'autant moins réaliste que la procédure du divorce féminin, à la différence du divorce masculin, ne prend pas effet au moment même où il est prononcé, mais passe par différentes étapes, dont la première consiste en une procédure de réconciliation (*ṣulẖ*) entre les époux qui dure trois mois et qui mobilise généralement deux parents ou amis des familles respectives du couple.

---

52 Fortier, 2004.

53 C'est le cas par exemple chez les Baruya de Nouvelle Guinée en Océanie étudiés par Maurice Godelier, 1982.

54 Sonneveld, 2010.

Cette tentative de conciliation est conforme à l'enseignement de l'imam Mâlik, qui autorise le cadi à nommer deux arbitres (*hukkâm*) pour tenter de concilier les époux pendant une période qui ne dépasse pas trois mois. Les législateurs égyptiens se sont donc ici inspirés d'une autre école de droit musulman sunnite que le shafiisme, en l'occurrence malékite, pour opérer une combinaison (*talfîq*) des différentes positions juridiques en matière de *khul'* afin d'aboutir à une nouvelle loi[55].

Dans la mesure où il faut du courage et de la ténacité à une femme pour demander le divorce dans une société comme la société égyptienne où sa démarche est dépréciée, on peut penser que ce délai de trois mois vise implicitement à ce que l'épouse revienne sur sa décision, entre autres, suite à la pression de ses proches et des médiateurs qui voient généralement d'un mauvais œil son divorce. Le fait que cette phase de réconciliation n'existe pas dans le cas du divorce masculin (*talâq*)[56] montre que cette procédure a pour but implicite d'infléchir la décision féminine comme si celle-ci était moins raisonnée et plus influençable que la décision masculine.

Ce délai de réconciliation n'est pas exclusivement en défaveur des femmes puisqu'il peut aussi permettre à celles qui attendent – souvent de façon illusoire – une évolution du comportement de leur époux, de le mettre au pied du mur : soit il s'engage au cours de cette phase de réconciliation à changer de conduite à leur égard, soit elles divorcent. En effet, jusqu'à maintenant, ne disposant pas de ce droit, les femmes ne pouvaient menacer de quitter leur mari dans le cas où il ne changeait pas de comportement.

Le grief le plus courant des femmes maures à l'égard de leur époux est celui de l'infidélité, alors qu'en Égypte c'est moins l'infidélité, davantage acceptée par les femmes, que le fait de les négliger elles et leurs enfants qui les motive à divorcer. En Égypte, en effet, comme dans de nombreuses sociétés, l'infidélité masculine est davantage tolérée que l'infidélité féminine et ne constitue donc pas un motif valable pour divorcer, en témoigne l'étude du *Population Council* (2000) auprès d'adolescents égyptiens qui montre que l'infidélité masculine n'est une cause de divorce que pour 60 % des jeunes filles interrogées, alors que l'infidélité féminine est une cause de divorce pour 90 % des garçons interrogés, les mentalités sur ce point n'évoluant que très lentement.

Le fait, en Égypte, de différer et même d'agir sur la décision de divorce de l'épouse par une mesure de réconciliation qui mobilise deux médiateurs appartenant aux familles respectives des époux ou à leurs amis proches se retrouve dans la société maure. En effet, lorsqu'une femme maure revient chez ses parents

---

55 Arabi, 2001a, 20 ; Bernard-Maugiron, 2005b, 92 ; Sonneveld, 2010.

56 Afin toutefois de décourager l'époux qui souhaite répudier sa femme, la loi égyptienne de 2000 impose à celui qui enregistre les divorces et les mariages (*mâ'dhûn*) de tenter de concilier les époux sur le point d'entamer une procédure de répudiation (*talâq*), mais la loi ne précise pas s'il doit lui-même le faire et, dans les faits, cette tentative de conciliation a rarement lieu (Bernard-Maugiron 2005b, 80).

en signe de mécontentement à l'égard de son mari – acte de rébellion que l'on retrouve dans de nombreuses sociétés –, il s'ensuit une tentative de réconciliation (*salha*) entreprise par l'époux lorsqu'il souhaite récupérer sa femme et qu'il estime qu'il a commis certaines erreurs. Celui-ci envoie des émissaires de sa famille, en général des notables respectés, auprès de la famille de son épouse afin de leur demander pardon pour le tort qu'il a pu lui causer. Bien souvent, cette tentative aboutit, étant donné l'effort mis en œuvre par l'époux pour reconquérir sa femme. Cette tentative s'accompagne généralement de somptueux cadeaux. Mais parfois l'épouse ne se satisfait pas de cette démarche de conciliation de la part de son mari et lui demande le divorce. Les femmes maures savent se faire répudier suite à leur conduite peu conciliante avec leur époux et n'ont donc pas toujours besoin de recourir au *khul'*. Reste que le divorce est fréquent en Mauritanie, et ce à l'initiative des hommes comme des femmes.

L'ombre de l'amant ou la femme infidèle

Lorsque, l'étape juridique de la réconciliation échoue, les législateurs égyptiens prévoient que la femme exprime sa décision de quitter son mari par une déclaration, qui, comme telle, n'est pas prévue par le droit musulman. La femme n'a pas à fournir les raisons de son divorce lors de cette déclaration, mais elle doit obligatoirement indiquer qu'elle déteste (*ikrah*) son mari et par conséquent qu'elle ne peut continuer à vivre matrimonialement avec lui car cela pourrait l'amener à transgresser les lois de Dieu (*hudûd*), formule qui reprend la formulation coranique liée au *khul'* déjà citée (II, 229) ainsi que la formulation de la femme qui vint demander au Prophète l'autorisation de se séparer de son époux dans le hadith précédemment mentionné[57].

Est ainsi évoqué implicitement le danger de l'adultère féminin qui est censé planer sur ce ménage tant que celui-ci n'est pas dissous. Cette déclaration n'est pas sans véhiculer une certaine vision masculine de la femme et de sa sexualité. En effet, y est énoncé ce qui justifie le divorce féminin du point de vue des législateurs égyptiens : le fait qu'il empêche la femme de tomber dans « la fornication » ou *zinâ*. Le divorce féminin apparaît donc à ces législateurs comme un moindre mal qui permet à leurs yeux d'en prévenir un plus grand, l'adultère féminin (*zinâ*).

Les législateurs égyptiens considèrent qu'une femme qui a de l'aversion (*karahia*) pour son mari serait tentée d'avoir des relations sexuelles hors mariage, ce qui présuppose une certaine idée de la sexualité féminine cherchant inexorablement à être assouvie y compris dans l'illégalité. Ainsi, cette idée selon laquelle une femme qui ne supporterait plus son époux prendrait nécessairement un amant, légitime religieusement le divorce féminin autant qu'elle le dessert puisqu'elle conduit à penser que la femme désire quitter son mari pour un autre

57 Bukhârî, 1993, t. 2, 400, n° 1878.

homme. Cet argument jette donc un voile de suspicion à l'égard des femmes qui ont recours au *khul'* en tant qu'il sous-entend qu'elles souhaitent se séparer de leur mari dans l'unique but de rejoindre leur amant.

La condamnation morale de la femme qui demande le *khul'* n'est pas nouvelle, ni propre à l'Égypte puisqu'on la retrouve chez certains juristes musulmans. C'est le cas de Ghazâlî[58], grand érudit et juriste musulman du XIe siècle, qui considère que l'épouse commet une faute si elle réclame un divorce par rachat à son mari sans qu'elle ait rien à lui reprocher ; il cite à ce propos plusieurs hadith dont : « Chaque fois qu'une femme demande, sans vrais griefs, que son mari la répudie, elle ne respirera pas les parfums du Paradis » et : « Celles qui recherchent le *khul'* sont celles qui n'ont, de la vraie foi, que les apparences ».

L'idée selon laquelle une épouse demande à divorcer parce qu'elle est « fautive », permet entre autres de décharger l'époux de sa part de responsabilité dans la décision féminine de divorcer puisque ce n'est pas sa conduite qui est en cause mais bien celle de sa femme. En effet, les raisons pour lesquelles une épouse souhaite quitter son mari, qui supposent *a priori* que ce soit elle et non lui qui ait quelque chose à se reprocher, permettent de ne pas mettre en cause le comportement de l'époux.

Dans la société égyptienne, la suspicion d'adultère relative à l'épouse qui entame cette procédure est omniprésente, si bien qu'il est difficile pour une femme d'y avoir recours sans être discréditée. Elle est accusée de ne penser égoïstement qu'à elle et non pas à son rôle d'épouse et de mère qui sont les rôles sociaux essentiels attendus d'une femme, alors qu'un homme qui serait réellement un époux négligent et un père absent ne pensant qu'à son plaisir ne ferait quant à lui l'objet d'aucune condamnation morale. Il est aussi très mal vu pour une femme égyptienne qui obtiendrait le divorce par *khul'*, de se remarier quelque temps après, puisque ce remariage confirmerait rétrospectivement au regard de la société son infidélité[59].

L'idée qu'une femme demande le divorce parce qu'elle a un amant avec lequel elle souhaite se remarier se retrouve également dans le droit musulman dans « l'interdiction faite à une femme divorcée d'épouser celui qui l'a séduite » (*al-mukhabbatu lâ ta<u>h</u>ilu abadan*)[60]. Dans cette expression, le terme de *khabbâ* en arabe classique – également employé en Mauritanie (*mukhabbib* en *<u>h</u>assâniyya*) – est ici spécialement utilisé pour désigner l'amant coupable d'avoir introduit le

---

58 1989, 100.

59 Comme le montre Nadia Sonneveld (2010), ne pouvant par ailleurs demeurer célibataires sans être mal vues et se retrouvant la plupart du temps dans une situation économiquement difficile, il ne reste souvent de choix à ces femmes que d'accepter un mariage en tant que deuxième épouse, ce qui les met dans une situation peu enviable et vient conforter les stéréotypes liés à leur infidélité.

60 Des tribunaux musulmans au Nigéria interdisent à la femme qui obtient sa liberté avec les encouragements et parfois l'assistance financière de son amant, de l'épouser, conformément à la loi musulmane ou *Sharî'a* (Layish 1988, 437).

désordre au sein du foyer conjugal ; selon le dictionnaire d'arabe classique de Kazimirski[61], ce terme désigne celui qui séduit l'épouse, « celui qui lui fait perdre l'affection pour son mari » (*khabbahâ 'ala zawjâhâ*), terme dont les implications sont équivalentes au terme séduire en français, qui renvoie étymologiquement (*seducere* en latin) à l'idée de séparer, d'introduire la discorde entre l'épouse et son mari.

Dans la société maure, comme dans d'autres sociétés[62], il arrive en effet qu'une femme demande le *khul'* pour rejoindre son amant et l'épouser. Cela est facilité par le fait qu'une femme divorcée, dans la société maure, acquiert la liberté de se remarier avec l'homme de son choix, n'étant plus, du point de vue du droit musulman malékite, sous la tutelle légale de son père comme c'était le cas lors de son premier mariage.

Malgré l'interdiction juridique d'épouser l'amant, une femme maure peut se faire aider par son galant pour racheter sa liberté à son époux. La tractation peut avoir lieu directement entre l'amant et le mari, ce dernier étant alors complice d'un usage détourné du *khul'* par sa femme. La Libye est allée plus loin sur ce point en institutionnalisant la possibilité que le futur mari rachète par une dot le divorce de sa nouvelle épouse ; en effet, depuis 1972, ce pays permet à une femme de divorcer de son époux avec son accord dans la mesure où elle s'engage à lui reverser le montant de la dot, ce versement pouvant être différé jusqu'au moment où elle épousera un autre homme et recevra de lui une nouvelle dot[63].

La procédure du *khul'* peut aussi être utilisée de façon détournée par une femme répudiée irrévocablement qui souhaite se remarier avec son ex-époux. En effet, une femme qui a été répudiée à trois reprises par son mari, ne peut se remarier avec lui que si elle a épousé entre-temps un autre homme dont elle a par la suite divorcé, conformément au verset du Coran (II, 230) : « Si un homme répudie sa femme, elle n'est plus licite pour lui, tant qu'elle n'aura pas été remariée à un autre époux »[64].

---

61 1944, t. 1, 529.

62 C'est le cas par exemple au Mali, comme le montre un document cité par l'historienne Rebecca Shereikis (2003, 128) qui a travaillé sur les archives du tribunal de Kayes durant la période coloniale. En 1905, un homme musulman se plaint par écrit au gouverneur que sa femme est partie avec son amant et qu'elle a demandé le divorce après qu'il l'ait forcée à revenir. Par ailleurs, comme dans la société maure, la cour de justice de Kayes ne nomme pas expressément cette demande de divorce, *khul'*, bien qu'il soit néanmoins question de cette procédure juridique (*ibid.*, 202).

63 Aharon Layish (Layish 1988, 429) décrit avec précision la procédure du *khul'* en Libye : « … the wife said : "I redeem myself (*khala'tu*) from my husband for my whole dower, the prompt and the deferred, specified in my marriage contract, and I undertake to pay him … when I am able to marry someone else … I have delivered to him all I have received of the prompt dower and the clothing (*kiswa*), and there is nothing left of my financial liability (*dhimma*) but these … so that he may divorce me in return". The 'husband' consented to this and agreed to wait for the said payment ».

64 Trad. Masson, 1967, t. 1, 44.

Dans la société maure, afin de se remarier à son mari qui l'a répudiée par trois fois, une femme épouse discrètement, soit sans cérémonie de noce, un homme appelé dans le droit musulman, *muhalil,* qui, comme son nom l'indique, « rend licite » son union avec son précédent époux. Cela peut être fait à l'insu de l'homme qui sert d'intermédiaire ou avec sa complicité, sachant qu'il en retirera une compensation financière, liée au *khul'*. Au bout d'un certain temps, la femme propose de racheter sa liberté à cet homme afin qu'elle puisse se remarier avec son ancien époux. Nous avons ainsi rencontré à Nouakchott, une femme nous ayant confié avoir utilisé un intermédiaire moyennant finances afin de pouvoir s'unir de nouveau à son ex-mari qui l'avait répudiée par trois fois successives.

Quand ce mariage intermédiaire a pour seule fin de rendre licite le remariage entre ex-conjoints, le droit musulman le considère comme illégitime : « L'homme ne peut épouser une femme dans l'intention de la rendre licite pour celui qui l'a répudiée par la triple formule, et ce mariage intermédiaire n'a effectivement pas pour conséquence de la rendre licite pour le mari répudiateur »[65].

Cet interdit découle du principe juridique selon lequel un acte ne vaut que par son intention, et inversement, que chaque intention ne vaut que par son actualisation (*al-'amalu bi niyâti wa likuli mri-in mânawâ*). Cependant, le cadi ne peut juger que d'après les apparences (*zâhir*) et non d'après les intentions cachées (*bâtîn*), seules connues de Dieu : « Tenez-vous en aux apparences, Dieu est connaisseur des mystères » (*'alaykum bi zawâhiri wallâhu yatawala sarâiri*). Dès lors que le cadi n'est pas obligé de prendre connaissance de ce qui est imperceptible, il s'en tient pour effectuer sa juridiction aux énoncés (*aqwâl*) présumés sincères (*sidq*) de témoins reconnus comme honorables (*'udûl*). Les motivations d'un acte n'étant perceptibles que par Dieu, elles ne relèvent pas de l'ordre du juridique, mais de la morale. Comme l'explique B. Johansen[66] : « Les juristes musulmans eux-mêmes établissent donc une différence entre l'évaluation d'un comportement par la juridiction du *qâdî* (*qadâ'an*) et l'évaluation du même comportement sous l'angle de l'éthique religieuse (*diyânatan*). La première dépend du *qâdî* et la seconde est, comme les juristes ne cessent de le répéter, "une affaire entre le croyant et son Seigneur" ».

En conclusion, la comparaison du cas mauritanien avec le cas égyptien montre combien une même procédure juridique d'origine musulmane, en l'occurrence, le divorce féminin ou *khul'*, peut être pratiquée différemment selon les sociétés. Connue depuis des siècles dans la société maure puisque cette institution existe dans les traités de droit musulman classiques qui servent de référence juridique en Mauritanie, le *khul'* n'a pas la connotation subversive qu'il a

65 Qayrawânî, 1968, 181 et 183.

66 1990, 5.

en Égypte où cette institution a récemment donné lieu à une loi dans un climat général plutôt hostile. Ce qui montre que toute société fait un usage différentiel du droit musulman, usage qui s'explique, en l'occurrence, par la configuration spécifique des rapports sociaux de sexe et de parenté propre à chaque société.

Cette comparaison témoigne par ailleurs qu'une loi comme celle du *khul'*, toute progressiste qu'elle paraisse, n'a de poids dans une société que si elle est acceptée par ses membres qui sont prêts à la mettre en œuvre, c'est le cas dans la société maure où on accorde à la femme une certaine capacité d'autonomie (*agency*), aidée en cela par sa famille de naissance à laquelle elle continue d'appartenir même mariée. Une femme égyptienne a en revanche plus de mal à divorcer qu'une femme maure car elle a aussi davantage de difficultés à se remarier, alors qu'une femme, dans la société maure, connaît habituellement plusieurs mariages dans sa vie, parfois jusqu'à cinq.

Mais derrière cette différence de statut de la femme dans ces deux sociétés, se dessine néanmoins une conception similaire de la femme, que sa nature porte à l'infidélité. Cependant, cette même représentation du féminin n'est pas connotée de la même façon, puisque cette vision de la femme est dévalorisée dans la société égyptienne en tant qu'elle témoigne de sa lubricité, alors qu'elle est plutôt valorisée dans la société maure dans la mesure où elle atteste de son caractère désirable.

Par ailleurs, même si la loi égyptienne va plus loin que la loi mauritanienne ou que le droit musulman classique, en tant qu'elle permet à une femme de divorcer sans l'accord de son époux, elle n'annule pas le fait que l'épouse doive racheter son divorce en remboursant une partie de la dot, dédommagement qui n'a pas d'équivalent en cas de répudiation. Si l'homme a socialement et légalement pris possession de la sexualité de la femme au moyen de la compensation matrimoniale, l'épouse n'a aucun droit de cette sorte sur son époux dont le corps n'a pas le caractère aliénable du corps féminin. La relation entre les sexes est fondamentalement inégalitaire, puisque l'homme est sujet de l'échange matrimonial tandis que la femme en est l'objet[67]. Alors que l'homme peut délier facilement le lien matrimonial, la femme qui appartient à son époux doit racheter sa liberté par le remboursement de la transaction qui l'a aliénée à son mari. Le *khul'*, comme d'autres procédures qui engagent la dot, que ce soit en islam ou ailleurs, pose plus largement le problème aigu et universel du caractère aliénable du corps féminin.

---

67 On retrouve cette règle de l'échange des femmes entre les hommes dans toutes les sociétés (Lévi Strauss 1967) avant que l'idéal égalitaire des sociétés occidentales ne change partiellement la donne.

Résumé : Le droit au divorce des femmes ou *khul'*, bien que généralement moins connu et moins pratiqué par les sociétés musulmanes que la répudiation, figure dans les textes législatifs islamiques. Dans le droit musulman, l'épouse peut racheter la liberté qu'elle a aliénée à son époux en échange de la compensation matrimoniale, ce qui témoigne en creux du rôle de la dot qui autorise socialement et légalement l'homme à prendre possession du corps féminin.
Connu et pratiqué depuis des siècles dans la société maure, qui se réfère dans sa pratique juridique aux traités de droit malékite anciens et récemment au Code de statut personnel de 2001, le divorce féminin n'a pas la connotation subversive qu'il a en Égypte depuis que le nouveau Code de statut personnel de 2000 donne aux femmes le droit de divorcer sans que l'accord de leur mari ne soit nécessaire. Cette recherche comparée du divorce féminin en Mauritanie et en Égypte montre que chaque société fait un usage différentiel du droit musulman, usage qui s'explique, entre autres, par le degré de connaissance de ce corpus juridique ainsi que par la configuration spécifique des rapports sociaux de sexe et de parenté.

Mots-clés : droit musulman, Mauritanie, Égypte, divorce féminin, répudiation, dot.

The Right to Divorce for Women (*khul'*) in Islam: Comparative Practices in Mauritania and Egypt

Abstract: The right to divorce available through women's own initiatives, or *khul'*, although generally less known and less practiced by Muslim societies than repudiation, is clearly elaborated in Islamic jurisprudence. By *khul'*, the wife can regain the freedom which she had surrendered to her husband's authority by reimbursing his marital compensation of gifts given to her and her family at the time of betrothal and wedding. This legal process for divorce testifies implicitly to the role of bridewealth as that which secures the man with social, legal and symbolic authority to possess the female body.
Women's divorce has been known and practiced for centuries in Moorish society of Mauritania which refers in its legal practice to treaties of ancient maliki jurisprudence and recently to the Code of personal status of 2001. Therefore, women's divorce does not have the subversive connotation that it has recently acquired in Egypt since the new Code of personal status of 2000 gave women the right to divorce without the agreement of her husband. This comparative research about women's divorce in Mauritania and in Egypt shows that each society makes differential usage of Islamic jurisprudence. This usage can be explained by many factors, especially, by the degree of knowledge of this Sunni legal corpus, as well as the specific kinship and gender relations of each society.

Keywords: Islamic jurisprudence, Mauritania, Egypt, divorce, bridewealth, *khul'*.

Bibliographie

ANDERSON (James Norman Dalrymple), 1970, «Reforms in the Law of Divorce in the Muslim World», *Studia Islamica* 31, 41-52.

Anonyme (Témoignage d'une femme égyptienne), 2002, «Diary of a married woman», *Al-Ahram Weekly Online* 576, Cairo, 7-13 March.

ARABI (Oussama), 2001a, «The Dawning of the Third Millennium on Shari'a: Egypt's Law no. 1 of 2000, or Women May Divorce at Will», *Arab Law Quarterly*, 16 (1), 2-21.

ARABI (Oussama), 2001b, *Studies in Modern Islamic Jurisprudence*, La Hague, Kluwer Law International.

ASCHA (Ghassan), 1997, *Mariage, polygamie, et répudiation en islam*, Paris, L'Harmattan (Histoire et perspectives méditerranéennes).

BERNARD-MAUGIRON (Nathalie), 2005a, « Normes et pratiques en matière de statut personnel : la loi sur le "*khul'*" en Égypte », *Maghreb-Machreq* 182, 79-99.

BERNARD-MAUGIRON (Nathalie), 2005b, « Dissolution du mariage et résolution non juridictionnelle des conflits conjugaux en Égypte », *Égypte-Monde arabe*, troisième série (1), *Le shaykh et le procureur*, 73-100.

BERNARD-MAUGIRON (Nathalie), 2007, « Les femmes et la rupture du mariage en Égypte », *Les Cahiers d'Études Africaines*, XLVII (3-4), 187-188 ; 711-731.

BOUSQUET (Georges-Henri), 1935, *Précis élémentaire de droit musulman (mâlékite et algérien)*, Paris, Geuthner-Alger, Soubiron.

BUKHÂRÎ (Muhammad), 1993, *Le sommaire du Sahih al-Boukhari*, 2 vols., Beyrouth, Dar al-Kutub al-Ilmiyah.

Coran, 1967, trad. de Denise Masson, Paris, Gallimard.

Coran, 1980, trad. de Régis Blachère, Paris, Maisonneuve et Larose.

Coran, 1990, trad. de Jacques Berque, Paris, Albin Michel.

EVANS-PRITCHARD (Edward Evan), 1931, «An alternative term for "bride-price"», *Man* 31, 36-39.

FAWZY (Essam), 2004, «Muslim Personal Status Law in Egypt: the Current Situation and Possibilities of Reform through International Initiatives», In Lynn Welchman (éd.), *Women's Rights and Islamic Family Law. Perspectives on Reform*, London & New-York, Zd Books Ltd, 16-91.

FERRIÉ (Jean-Noël) & DUPRET (Baudoin), 2004, « Préférences et pertinences : analyse praxéologique des figures du compromis en contexte parlementaire : à propos d'un débat égyptien », *Information sur les Sciences Sociales* 43 (2) ; 263-290.

FORTIER (Corinne), 1997, « Mémorisation et audition : l'enseignement coranique chez les Maures de Mauritanie », *Islam et sociétés au Sud du Sahara* 11, 85-105.

FORTIER (Corinne), 2001, « "Le lait, le sperme, le dos. Et le sang ?". Représentations physiologiques de la filiation et de la parenté de lait en islam malékite et dans la société maure de Mauritanie », *Les Cahiers d'Études Africaines* XL (1), 161, 97-138.

FORTIER (Corinne), 2003a, « "Une pédagogie coranique". Modes de transmission des savoirs islamiques (Mauritanie) », *Les Cahiers d'Études Africaines* XLIII (1-2), 169-170, 235-260.

FORTIER (Corinne), 2003b, « Épreuves d'amour en Mauritanie », *L'Autre. Cliniques, cultures et sociétés* 4 (2), 239-252.

FORTIER (Corinne), 2004, « Séduction, jalousie et défi entre hommes. Chorégraphie des affects et des corps dans la société maure », In Françoise Héritier & Margarita Xanthakou (éds.), *Corps et affects*, Paris, Odile Jacob, 237-254.

FORTIER (Corinne), 2010a, « Le droit au divorce des femmes maures du point de vue du droit musulman (*khul'*) », *The Maghreb Review*, *La Mauritanie contemporaine. Enjeux de mémoire et nouvelles identités*, Pierre Bonte & Sébastien Boulay (éds.) (à paraître).

FORTIER (Corinne), 2010b, «Women and Men put Islamic Law to their Own Use: Monogamy versus Secret Marriage in Mauritania», In Margot Badran (éd.), *Gender and Islam in Africa*, Washington, Woodrow Wilson Press (à paraître).

GHAZÂLÎ (Muhammad), 1989, *Le Livre des bons usages en matière de mariage*, trad. L. Bercher et G. H. Bousquet, Paris, Maisonneuve.

GODELIER (Maurice), 1982, *La Production des grands hommes*, Paris, Fayard.

GOICHON (Anne-Marie), 1927, *La Vie féminine au Mzab, étude de sociologie musulmane*, Paris, Geuthner.

JOHANSEN (Baber), 1990, « Le jugement comme preuve. Preuve juridique et vérité religieuse dans le droit islamique hanéfite », *Studia Islamica*, 77, 5-17.

KAZIMIRSKI (Albin de Biberstein), 1944, *Dictionnaire arabe/français*, Beyrouth, Librairie du Liban, 2 tomes.

KHALÎL (Sîdî), 1995, *Le précis de Khalîl*, Beyrouth, Dar el-fiker.

LAYISH (Aharon), 1988, «Customary Khul as Reflected in the Sijill of the Libyan Sharía Courts», *Bulletin of the School of Oriental and African Studies* 51 (3), 428-439.

LEILA (R.), 2005, «Illusions of emancipation», *Al-Ahram Weekly Online* 757, Cairo, 25-31 August.

LÉVI-STRAUSS (Claude), 1967, *Les Structures élémentaires de la parenté*, Paris, Mouton.

LINANT DE BELLEFONDS (Yvon), 1970, « Le "*khul'*" sans compensation en droit hanafite », *Studia Islamica* 31, 185-195.

LINANT DE BELLEFONDS (Yvon), 1973, *Traité de droit musulman comparé*, Trois tomes, t. 3, *Filiation, incapacités, libéralités entre vifs*, Paris-La Haye, Mouton.

LYDON (Ghislaine), 2007, « Droit islamique et droits de la femme d'après les registres du Tribunal Musulman de Ndar (Saint-Louis du Sénégal) », *Canadian Journal of African Studies / Revue Canadienne des Études Africaines* 41 (2), 287-307.

MAGIED (Ahmed Abdel), 2002, «The new Egyptian Family Law», *Ahfad Journal*, décembre, 1-2.

MASHHOUR (Amira), 2005, «Islamic Law and Gender Equality-Could There be a Common Ground? A Study of Divorce and Polygamy in Sharia Law and Contemporary Legislation in Tunisia and Egypt», *Human Rights Quarterly* 27, 563-595.

MILLIOT (Louis), 1953, *Introduction à l'étude du droit musulman*, Paris, Sirey.

MIR-HOSSEINI (Ziba), 1993, *Marriage on Trial, A Study of Islamic Family Law. Iran and Morocco Compared*, London & New York, Tauris.

OMAR (Abdullah), 2009, «Is women cause in Jordan a lost one», *Media Line news agency*, july (en ligne).

OULD Bah (Mohamed), 1981, *La Littérature juridique et l'évolution du malikisme en Mauritanie*, Tunis, Publications de l'Université de Tunis, Faculté des Lettres et Sciences humaines de Tunis, n° 19.

POPULATION COUNCIL, 2000, *Transitions to Adulthood. A national survey of Egyptian adolescents*, Le Caire, janvier.

QAYRAWÂNÎ (Abû Zayd), 1968, *La Risâla. Épître sur les éléments du dogme et de la loi de l'Islam selon le rite mâlékite*, trad. de L. Bercher, Alger, H. Pérès.

REIG (Daniel), 1983, *Dictionnaire arabe-français*, Paris, Larousse (Saturne).

RAKHA (Youssef), 2002, «A topical start», *Al-Ahram Weekly Online* 602, Cairo, 5-11 September.

SAKR (Hala) & Hakim (Muhammad), 2001, «One Law For All», *Al-Ahram Weekly On-Line* 523, Cairo, 1-7 March.

SCHNEIDER (Howard), 2000, «Women in Egypt Gain Broader Divorce Rights», *Washington Post*, April 14, Friday, A 16 (en ligne).

SONNEVELD (Nadia), 2010, «Four years of *khul'* in Egypt: the practice of the courts and daily life», In Margot Badran (éd.), *Gender and Islam in Africa*, Washington, Woodrow Wilson Press (à paraître).

TADROS (Mariz), 2000a, «What price freedom?», *Al-Ahram Weekly Online* 483, Cairo, 25-31 May.

TADROS (Mariz), 2000b, «The Beginning or the end?», *Al–Ahram Weekly Online* 472, Cairo, 9-15 March.

TADROS (Mariz), 2002a, «The third option», *Al-Ahram Weekly Online* 610, Cairo, 31 Oct.-6 Nov.

TADROS (Mariz), 2002b, «Who won the tug-of-war?», *Al-Ahram Weekly Online* 576, Cairo, 7-13 March.

TUCKER (Judith E.), 1985, *Women in nineteenth Century Egypt studies women's status in the broad framework of the political and social transformation of Egypt*, Cambridge, Cambridge University Press.

TUCKER (Judith E.), 1998, *In the House of the Law: Gender and Islamic Law in Ottoman Syria and Palestine*, Berkeley, University of California Press.

YADE (Awa), 2007, « Stratégies matrimoniales au Sénégal sous la colonisation. L'apport des archives juridiques », *Les Cahiers d'Études Africaines*, XLVII (3-4), 187-188, 623-642.

2. Pluralisme religieux

Penda Mbow

Contexte de la réforme du Code de la famille au Sénégal

La tentative de certains groupes musulmans au Sénégal d'établir un nouveau Code de statut personnel qui viendrait remplacer le Code de la famille de1972, doit être comprise du point de vue d'une perspective internationale et de la renaissance d'un débat sur l'islam politique.

La problématique de l'islam et de la modernité au Sénégal n'est ni nouvelle ni propre au Sénégal. À la fin du XIXe siècle, un courant réformiste vit le jour a l'intérieur de quelques pays arabes. Né à la suite des changements sociaux et économiques ainsi que des contacts avec la civilisation européenne, ce courant permit l'émergence d'une élite de penseurs qui tentèrent d'adapter les enseignements de l'islam aux exigences nouvelles de l'époque[1]. C'est ainsi qu'ils lancèrent un appel à l'islam des origines ; cette attitude sera suivie par celle d'auteurs contemporains féministes comme l'égyptienne Nawal al-Saadawi connue pour ses positions progressistes[2]. Seulement, cet islam tel qu'il était vécu au VIIe siècle peut-il solutionner les multiples défis qui se posent aux sociétés musulmanes actuelles ?

La problématique de l'islam et la modernité tourne autour d'un certain nombre de préoccupations comme la pensée politique de l'islam à travers le débat sur la laïcité et la démocratie, l'islam face au libéralisme et à la question des droits individuels, et principalement la place des femmes dans les sociétés musulmanes et enfin l'exigence d'une nouvelle exégèse des textes religieux qui suppose la réactualisation de l'effort d'interprétation réflexive des textes ou *ijtihâd.*

De la pensée politique en islam

La victoire de l'imam Khomeyni en février 1979 et, en avril, l'instauration de la République islamique suivie, en novembre de l'occupation de l'ambassade des États-Unis à Téhéran avec cinquante-deux diplomates, constitue le point de départ d'une réactualisation du débat autour de l'islam politique[3] ; débat qui va être renforcé avec la situation en Algérie. À partir des années 1990, l'expérience du

---

1 Cf. Ghassan Ascha, *Du statut inférieur de la femme en Islam*. Paris, L'Harmattan, 1987.

2 Ghassan Ascha, *op. cit.* p. 13.

3 Paul Balta a fait un bon résumé de tous ces évènements dans *L'Islam dans le monde* dossier établi et présenté par l'auteur. Paris, la Découverte, 1987.

Front islamique du salut (FIS) pose, avec acuité, la relation entre « l'islam politique » et la démocratie, mais surtout contribue à une réflexion sur la pensée politique inhérente aux textes religieux (le Coran et les hadith). L'élaboration d'une pensée postérieure à la révélation constitue un point essentiel du débat. Pour revenir aux exigences démocratiques, comment concilier par exemple l'appartenance à la communauté (*umma'*) islamique et une revendication citoyenne ?

Des fondements de l'islam politique

Selon certains penseurs[4], les religions ne comportent pas à proprement parler de concepts politiques. Pour eux, il arrive qu'une religion défende les idées politiques de sa région d'origine. Tel semble être le cas de l'islam. Avec le Prophète Muhammad, le mouvement religieux qu'il lança n'avait aucune portée politique évidente. Seulement, avec le temps, les grands marchands de la Mecque finirent par craindre le Prophète d'Allah. La *Hijra* (Hégire), en 622 de J.-C., marqua le début de ses activités politiques qui s'expliqua aisément par l'agrandissement de la communauté musulmane. Les accords qu'il conclut avec les clans de Médine impliquaient la constitution d'un nouveau corps politique. La « Constitution de Médine », comme le préconisent le réformiste salafiste Muhammad Rachid Ridda (1865-1935) et tous les tenants de l'islam politique, répond-elle aux questions et aux attentes qui se posent aux sociétés musulmanes contemporaines ?

L'essentiel de ce pacte se situe autour de la place du clan dans la communauté musulmane (*umma'*), les relations entre ses membres, surtout leur solidarité face au sang versé. Pourtant, les idées développées par les penseurs islamiques que sont le Pakistanais Abul Ala Mawdudi (1903-1979), l'Iranien Ali Shariati (1933-1977) et l'Égyptien Sayyid Qutb (1906-1966) tournent autour d'une vision essentielle : « L'islam est à la fois religion et gestion de l'État » (*al-islâm dîn wa dawla*) et est par conséquent politique.

Islam et démocratie

La relation entre l'islam et la démocratie se pose en termes de revendication des islamistes, les tenants de l'islam politique, mais aussi de besoin de séparation des pouvoirs, par conséquent, la problématique de la laïcité. Pour les islamistes, la démocratie se fonde sur la consultation (*shura*) de la communauté des croyants, notamment pour ce qui concerne les notions fondamentales, de ceux et seulement ceux qui ont le pouvoir de délier et de lier (*dhawu al-hal' wal' aqqi*), c'est-à-dire

4 On pense plus particulièrement à l'ouvrage très intéressant de W. Montgomery Watt, *La pensée politique de l'islam*. Paris, PUF, 1995.

ceux qui, après la disparition des califes « bien guidés » (*râshidûn*)[5], forts d'une connaissance achevée des textes coraniques, peuvent, par un consensus (*ijma*) supposé infaillible, et non par un vote aléatoire et partisan supposé subjectif, parvenir à dégager le vrai et écarter le faux. Naturellement, les tenants de la démocratie ne manquent pas de critiquer cette vision.

Ainsi dans un pays comme le Sénégal où les confréries jouent un rôle important, le disciple ou *taalibé*, va-t-il continuer à prendre le dessus sur le citoyen, par exemple au moment du vote ? Cette question prend tout son sens lorsqu'on sait que la consigne de vote ou *ndiguël* en wolof, a toujours été respectée par la majorité des disciples d'un marabout qui en fait l'usage. Pourtant le Sénégal, au moment de son accession à l'indépendance en 1960, adopta la Constitution de la Ve République française, la centralisation, la laïcité, la liberté d'organisation syndicale, le système légal basé sur le Code napoléonien avec, certes quelques modifications mineures. L'article premier de la Constitution stipule, en effet, que la république est laïque, démocratique et sociale. Elle assure la l'égalité devant la loi de tous les citoyens sans distinction d'origine, de race, de sexe et de religion. Elle respecte toutes les croyances.

Il faut considérer à ce niveau le caractère confrérique de l'islam sénégalais, ses rapports avec l'administration depuis la période coloniale, le rôle des religieux dans le système éducatif, les prises de position politiques parfois spectaculaires de certains chefs religieux parmi lesquels on peut évoquer les rapports parfois difficiles entre Shaykh Ahmad Tijâni Sy de la confrérie Tijâniyya et le gouvernement de Senghor, ou encore la consigne (*ndigël*) politique du représentant (*khalifa*) général des Mourides, Abdûl Lahad Mbacké en faveur du candidat Abdou Diouf à l'élection présidentielle en 1988, ou enfin l'implication du groupe religieux, les Moustarchidines, lors des événements de février 1994…[6].

Au Sénégal, l'État n'est pas fondamentalement menacé dans ses opinions laïques, même si on note des interférences entre le politique et le religieux. Il n'est pas rare de voir le politique lui-même s'appuyer sur le religieux, parfois le manipuler à des fins électoralistes ou pour neutraliser certains secteurs de la société ; on peut citer comme exemple le rôle joué par Falilou Mbacké, représentant (*khalifa*) des Mourides de l'époque, pour le dénouement de la grève des travailleurs en mai 1968.

Le jeu peut fonctionner normalement tant qu'il n'y a pas de crise de l'État. Par contre, les choses deviennent plus compliquées lorsqu'il s'agit de transformer la société. Les limites de toute entreprise allant dans ce sens peuvent s'expliquer par les dimensions culturelles du sous-développement qui se manifestent à travers

5 On les appelle ainsi, les califes bien inspirés (*râshidûn*), les quatre califes qui se sont succédés après la mort du Prophète Muhammad. Il s'agit de Abû Bakr calife de 632 à 634, `Umar bin al-Khattab (634-642), `Uthman (642-656) et Ali mort en 656.

6 Au cours d'une manifestation politique coorganisée par des partis politiques et le groupe religieux des Moustarchidines, l'assassinat de quelques policiers en service surprit tout le monde.

l'analphabétisme. Ainsi, certaines libertés comme celle de la presse perdent du contenu. Naturellement, le sous-développement économique et politique ne libère pas l'individu.

Enfin, l'emprise des autorités religieuses sur leurs fidèles n'est pas à négliger. On peut noter des dysfonctionnements entre les exigences d'un État moderne à caractère universel et les besoins qu'ont certains guides religieux à affirmer leur autorité. Ce fut le cas de la fermeture des écoles laïques à Touba courant 1996 décrétée par le marabout lui-même, le statut de villes libres de fait de certains centres religieux, le problème de la fiscalité dans le secteur informel.

L'État sénégalais n'a pas seulement à faire face aux différentes familles maraboutiques mais aussi aux islamistes. Le mouvement réformiste, dans son discours, a tenté de remettre en question les fondements laïcs de l'État. Ainsi dès sa naissance, l'Union culturelle musulmane (UCM) opta pour l'État islamique de la loi musulmane (*Sharî'a*) et une critique de l'islam confrérique. A partir des années 1970, l'UCM perd son caractère de mouvement islamique de réforme indépendant. Malgré tout, les idées réformistes n'ont pas disparu et en cette fin du XXe siècle, la revendication autour des libertés individuelles devient de plus en plus pressante.

La place des femmes et le discours islamique sur le Code de la famille

La société sénégalaise, à l'instar de ce qui se passe dans le monde, est en pleine mutation. La crise économique, celle des valeurs, projettent les femmes au-devant de la scène. Les femmes se situent au cœur du débat sur la modernité au Sénégal. Elles revendiquent plus d'instruction, plus de place dans les sphères de décision et une application intégrale de l'option démocratique dans le pays. Seulement, pour freiner leur élan, les textes sacrés sont souvent invoqués au Sénégal. Aussi, les femmes doivent-elles se mettre à l'école de l'exégèse coranique pour trouver des arguments allant dans le sens de l'égalité des droits. Peut-on par exemple, à partir des textes, combattre la polygamie ou justifier l'autorité parentale ? Dans quelles conditions une musulmane peut-elle s'adonner à la contraception ou à l'avortement ? Le débat est largement ouvert.

Mais les femmes sont, aujourd'hui, en mesure de démontrer que la tension que l'on essaie d'entretenir entre les forces de modernisation – assimilées, à tort ou à raison, à une tentative d'occidentalisation – et un conservatisme d'essence musulmane, peut ne pas avoir de bases solides. D'une part, le Coran avait donné à la femme, au départ, un statut juridique supérieur à celui des autres femmes dans le monde. D'autre part, le sort des femmes musulmanes varie d'un pays musulman à l'autre. Jusqu'au milieu du XXe siècle, les modes de vie dans les pays occidentaux n'étaient guère différents de ceux des femmes dans les pays musulmans, seule la mobilisation des femmes faisait la différence. Enfin, dans le difficile combat pour l'émancipation, la cible des musulmanes est moins la religion que les structures sociales et mentales sclérosées. Une exégèse des textes en fonction de l'évolution sociale s'avère un impératif. Mais avant de revenir sur l'interprétation réflexive des textes ou *ijtihâd*, revenons sur l'évolution du débat sur le statut des femmes et l'islam au Sénégal.

Sous le président Senghor, les initiatives premières en vue d'une réforme politique furent discontinues, le caractère laïc de l'État fut affirmé avec force. Cette option devint claire au moment de l'élaboration du Code de la famille. La codification pour une loi nouvelle de la famille débuta sous le président du Conseil, Mamadou Dia (décret du 12 avril 1961). En 1965, Senghor désigna de nouveau le Comité des options pour le Code de la famille. Cette commission avait en charge l'unification des différentes formes de lois, car comment faire coexister les lois relevant de la coutume indigène, de la loi musulmane (*Sharî'a*) et le Code napoléonien. Après six années de travail, le Code de la famille fut présenté aux Sénégalais en 1972. Ses principales caractéristiques sont l'unification de la loi, l'affirmation affichée du caractère laïc de la société, la reconnaissance des principes des droits individuels et le principe de l'égalité de tous les citoyens.

Le Conseil supérieur islamique au Sénégal créa en 1996 le Comité islamique pour la réforme du Code de la famille au Sénégal ou CIRCOFS qui critiqua vivement le Code de la famille, dans le but de le réformer et de créer un État islamique renforçant le patriarcat de la société sénégalaise, avec à la clé, le rétablissement de la répudiation, l'élimination de l'héritage de l'enfant dit « naturel », le maintien de l'autorité du père : « Pour nous, musulmans, nous devons souligner que l'islam a été régulé depuis quatorze siècles par le Coran, la constitution suprême qui concerne tous les sujets relatifs au mariage, au divorce, à la succession ou à d'autres contrats sociaux. Ces prescriptions immuables et irréfutables sont respectées à travers le monde, sans la moindre petite modification par tous les savants et tous les gouvernements où ils sont institués. Nous sommes par conséquent surpris que le Sénégal apporte désormais des « innovations », pour ne pas dire des distorsions, à cette loi alors même que la colonisation admettait un code musulman et a créé des juridictions spéciales pour les musulmans (...) nous proclamons solennellement notre résolution à rejeter catégoriquement toute mesure, qu'elle soit ou non officielle, qui ne respecterait pas les principes sacrés de notre religion »[7].

Le Code de statut personnel est le travail d'activistes et de militants islamistes. Les initiateurs du Code ont besoin du soutien des chefs religieux pour rallier la société afin de saper l'État de ses fondements séculaires et d'imposer progressivement la loi musulmane (*Sharî'a*) : « En conclusion, nous avons la ferme intention de mettre en place notre Code de statut personnel avec la bénédiction et le soutien d'éminents leaders religieux, dès lors qu'ils auront exprimé leur approbation. Déjà, nous convoquons toutes les associations islamiques au Sénégal,

7 Ce débat fut publié dans le journal *Le Quotidien*, 28 mars 2003.

tous les hommes et les femmes qui, individuellement et collectivement, font leur possible pour établir un nouveau Sénégal respectueux des valeurs religieuses des gens qui sont profondément religieux, pour mobiliser et intervenir activement afin que l'alternance gouvernementale et le parlement adoptent résolument le Code de statut personnel »[8].

À un certain niveau, le Code de la famille était assimilé à l'héritage de l'expérience coloniale. Cela explique les critiques contre « le sécularisme d'État » considéré comme « un concept qui ne possède pas de définition légale… Le concept de sécularisme, qui apparaît dans la plupart des Constitutions européennes, a été importé de France, et il est par conséquent appliqué par imitation dans la Constitution. Dans la plupart des pays européens, la religion occupe une certaine place qui est difficile à imaginer dans notre partie du monde. La France est le seul pays où aucune éducation religieuse n'est organisée dans les écoles publiques. En Allemagne, en Grèce, en Italie, en Espagne, au Danemark, en Suède, ou en Belgique, l'éducation religieuse est organisée dans les écoles publiques, et même dans certains cas pour les minorités musulmanes. Il va sans dire que dans de tels pays, le droit de la famille prend les traditions religieuses et culturelles des gens en compte »[9].

Concernant la question de la communauté chrétienne au Sénégal, l'opinion des membres du CIRCOFS fut sans ambiguïté : « Dans une démocratie, on doit respecter la volonté de la majorité. Surtout, les chrétiens et les non musulmans peuvent avoir un droit d'exception, ce qui est conforme à leur religion et à leurs conceptions philosophiques »[10]. À ceux qui prétendent distinguer entre les affaires religieuses et les affaires politiques, ou pour les tenants du sécularisme pour lesquels la religion appartient à la sphère privée, le CIRCOFS répond : « Ceux qui désirent que la religion demeure une affaire privée sont opposés à la volonté de la population – la seule entité souveraine après Dieu – d'adopter un Code de statut personnel qui se conforme aux convictions religieuses, nous devons nous rappeler qu'en français le mot religion concerne seulement les relations entre l'homme et Dieu, ou comme le dit le dictionnaire *le Petit Robert* « avec un être supérieur ou reconnu comme tel », pour nous musulmans, le mot *diiné* en wolof inclut non seulement les relations entre l'homme et Dieu, mais aussi les relations de l'homme avec son prochain. Pour nous, *diiné* n'est pas une affaire privée restreinte à un domaine « privé », c'est une affaire qui concerne à la fois le privé et le public. On ne peut pas violer la liberté de choix inscrite dans la Constitution en imposant, par dessus tout, et à tout le monde, une législation comme le code de la famille qui viole les décrets religieux. Car les règles décrétées par Dieu, ou révélées par le

8 *Ibid.*

9 *Ibid.*

10 *Ibid.*

Prophète (Paix et Salut sur Lui), représentent l'autorité suprême comparée aux règles décrétées par les députés ou le parlement »[11].

De plus, le CIRCOFS dénonce l'application restreinte qu'aura ce Code dans la société pour régler les conflits familiaux : « En réalité, le code de la famille relève seulement des tribunaux départementaux et régionaux qui utilisent la langue française »[12]. Pour ces réformateurs, les élites politiques et administratives, éduquées dans des écoles françaises, sont influencées par des concepts étrangers. Ces élites sont considérées comme arrogantes dans leur intention d'établir des lois conformément à leurs aspirations étrangères et personnelles alors que celles-ci sont en opposition avec la grande majorité de la population qui est attachée aux convictions religieuses musulmanes. Selon le CIRCOFS, le Code de la famille que l'on efforcera d'imposer sans succès aux citoyens qui le rejetteront et qui ne l'appliqueront pas, est une situation très grave pouvant conduire le pays à l'anarchie.

Le gouvernement adoptera néanmoins « leur Code de la famille », malgré l'opposition des leaders religieux, dans l'espoir que les Sénégalais l'accepteront. Le Code est relativement pratiqué en milieu urbain, par contre il reste ignoré dans les zones rurales qui sont sous l'influence des religieux. Ainsi le Calife général des Mourides, Abdûl Ahad Mbacké a récusé la validité du Code de la famille sur toute l'étendue du territoire de Touba, où seule la loi de Dieu sera appliquée[13]. D'ailleurs en 1977, le président de la Cour suprême Kéba Mbaye tirait la sonnette d'alarme : le Code de la famille n'était pas rigoureusement appliqué, au moment où l'administration, sous Senghor, n'a pas voulu procéder à une révision, ce fut précisément le 19 novembre 1977. La critique du Code de la famille est l'exercice favori des islamistes. Shaykh Abdoulaye Dièye, leader d'un parti religieux, le FSD-BJ ne manque pas de saisir toutes les opportunités pour en demander l'abrogation.

Le débat sur la limitation de la polygamie introduit par le Fonds des nations unies pour la population (FNUAP) avec les parlementaires en 1998, le débat sur l'autorité parentale qu'exigent les associations de femmes, ainsi que la lutte contre les violences faites aux femmes, relancent la réflexion sur le rôle de l'islam en tant qu'idéologie. Comment concilier les exigences du monde moderne et les croyances profondes de la foi ? Pour ce qui concerne l'islam, il faut retourner aux méthodes de réflexion de l'islam.

---

11 *Ibid.*

12 *Ibid.*

13 Roman Loimeier, «The secular state and Islam in Senegal», in *Questionning the secular state*, David Westerlund (éd.), Uppsala, 1995, p. 183.

Pour une exégèse des textes religieux : la réactualisation de l'effort réflexif ou *ijtihâd*

Pour déterminer le statut de la femme, il faut reconnaître l'islam dans sa dimension textuelle mais aussi réfléchir à la culture arabe du point de vue de la longue durée. On peut remarquer que l'islam comporte schématiquement trois cercles concentriques. Le premier concerne la doctrine musulmane telle qu'elle ressort des Écritures : le Coran et la Sunna. Alentour s'élargit le deuxième cercle où s'agencent les interprétations canoniques, les branches qui en sont issues (sunnite, shiite, kharijite), les écoles juridiques et les sectes qu'elles fondent (shafiite, hanafite, hanbalite et malikite). Le dernier cercle englobe les deux premiers, mais aussi les traditions préislamiques et les coutumes enracinées dans les divers lieux, ethnies et histoires. Sur beaucoup de questions, comme les rapports sociaux (*muamalat*), il faut considérer ces différents éléments. L'interprétation des textes doit tenir compte de l'évolution des sociétés.

Dans une interview remarquable accordée à *Jeune Afrique*[14], Mohammad Talbi estime nécessaire d'utiliser toutes les ressources de la connaissance scientifique moderne pour dissoudre « certaines conceptions véhiculées par l'imaginaire dominant ». Parmi celles-ci, l'incompatibilité entre islam et laïcité. Mohammad Talbi assume l'intégrité du message coranique, mais ajoute : « Je veux redonner la parole à Dieu, contre ceux qui l'ont accaparée et prétendent en être les seuls interprètes infaillibles ». Abordant certains versets du Coran, on lui rétorque que l'inégalité des sexes semble fixée par le Coran. Talbi réplique qu'une histoire globale de la Révélation donne la réponse. Le fameux verset de la sourate « des femmes » où il est dit que les hommes ont la prééminence sur les femmes tant qu'ils subviennent à l'ensemble de leurs besoins, n'exprime pas une approbation mais une tolérance assortie de réprobation. Cela signifie qu'au moment opportun, cette tolérance devra disparaître puisqu'elle a été accordée dans un contexte particulier et qu'elle est globalement réprouvée par le législateur.

On peut parler d'une nouvelle éthique musulmane. La foi est un acte individuel. D'ailleurs en islam, personne n'est habilité à juger le comportement du croyant qui n'a de compte à rendre qu'à lui-même. Le Coran est très clair qui cite cinq fois cette phrase : « Nulle âme ne porte le fardeau d'une autre âme ». Plusieurs versets coraniques insistent sur le fait que le Prophète a un devoir strict : transmettre intégralement le message.

Pour les questions liées à la démocratie, avant d'admettre le principe de comptabilité ou d'exclusion entre l'islam et la démocratie, ne faudrait-il pas au préalable savoir si la relation que les islamistes établissent entre la religion et l'État est, de l'intérieur de l'islam, la seule lecture reçue ? À l'époque contemporaine, le débat est lancé par le théologien de l'université d'al-Azhar du Caire, Ali

14 *Jeune Afrique* n° 1930 du 6 au 12 janvier 1998.

Abderraziq (1888-1966), qui défend l'idée que Muhammad ne fut jamais roi et qu'après lui, plus personne ne put se prévaloir, sinon par usurpation, de l'héritage de sa double fonction : prophète et chef de la communauté temporelle. L'islam n'est devenu « religion et État » (*dîn wa dawla*), au départ sous la forme du califat-imamat, que par le travail politique. Partant du constat qu'aucun des théologiens qui ont prétendu que la proclamation de l'imam est une obligation religieuse n'a pu citer un verset du Coran à l'appui de sa thèse, il en déduit que nul n'est autorisé à penser pouvoir rétablir le gouvernement de Dieu. Le juriste égyptien al-Ashmawy récuse lui aussi le principe de l'islam comme « religion et État » (*dîn wa dawla*) : « Le gouvernement du Prophète est le gouvernement de Dieu, fondé sur les valeurs religieuses et les principes moraux, et qui ne dévie jamais du côté des règles du comportement politique. Il ne peut exister que dans la mesure où existe un Prophète, il n'est point de Prophète après Muhammad : l'islam post-Muhammad est donc une religion pas une politique. En distinguant politique et religion, nous voulons poser que l'action politique est le fait de simples mortels, ni sacré, ni infaillible, et les gouvernements sont les élus des peuples et non de Dieu »[15].

Ces éléments de réflexion doivent nous aider à comprendre que l'islam et la modernité ne sont pas incompatibles. L'islam, en partant de l'interprétation réflexive des textes (*ijtihâd*) donne la possibilité au musulman de faire un effort d'interprétation personnelle pour comprendre les mutations qui s'opèrent au sein des sociétés dans le temps et l'espace. La foi n'est pas une abdication de l'intelligence, au contraire l'islam est une religion du savoir. L'évolution de la famille, de la femme, les relations de l'islam et la politique ne sauraient échapper aux questionnements.

Résumé : Durant les années 1990, un groupe d'intellectuels sénégalais a proposé la promotion d'un Code de statut personnel et l'abrogation du Code de la famille voté en 1973. L'objectif des membres de ce groupe était de subvertir l'orientation politique du Sénégal en utilisant le débat sur le Code de la famille et sur le statut des femmes. On ne peut comprendre ce phénomène sans explorer la relation entre islam et politique sur le long terme, et en particulier la question de la démocratie dans les sociétés musulmanes et dans la pensée politique islamique. Il est aussi important de comprendre les droits et le statut des femmes du point de vue du discours islamique.

Mots clés : islam, Sénégal, Code de la famille, Code de statut personnel, femmes, démocratie.

The Context of the Reform of the Family Code of Senegal

Abstract: During the 1990's, a group of Senegalese intellectuals proposed a new Code of the Status of the Person and the abrogation of the Family Code that had been in effect since 1973. The group's objective was to change the political direction of Senegal by means of a debate over the Family Code and the status of women. Understanding this situation calls for examination of

15 Muhammad Saïd al-Ashmawy, *l'Islamisme contre l'Islam*. Paris, La Découverte, 1989.

the relationship between Islam and politics over the longer term – and especially the relationship between the democracy question in Muslim countries and in Muslim political thought. It is also important to understand women's rights and the status of women as constituted in Islamic discourse.

Keywords: Islam, Senegal, Family Code, Personal Status Code, women, democracy.

Barbara M. Cooper

Secular States, Muslim Law and Islamic Religious Culture: Gender Implications of Legal Struggles in Hybrid Legal Systems in Contemporary West Africa

Legal systems in Africa are often multi-layered[1]. Customary law in West Africa has absorbed, in a rather uneven and unpredictable fashion, elements of the Islamic juridical tradition as it touches on family, marriage, and inheritance. «Tradition» often blurs into religious law, a reality that is rarely acknowledged in avowedly secular societies. On the other hand traditionalist interpretations of Islam, family life, gender relations, and property are regularly under attack by Muslims seeking to purify and reform the practice of Islam. Reformists regard traditional practices of Islam, whether «folk» Islam or Sufism, as heterodox deviations from the true path of Islam. Debates about what is and is not orthodox, who is and is not heretical, have been at the core of the history of Islamic West Africa. Thus while all Muslims argue that their own practices are Islamic, they don't all agree about what constitutes proper Islamic practice.

The insistence upon a monolithic textual interpretation of Islam by some Muslims and scholars of Islam contributes to the perception that there is «real» (established, scholarly, and orthodox) Islam and some other ambiguously Islamic phenomenon referred to as «folk» Islam. As Louis Brenner observes, scholars and activists need an approach that frankly recognizes the heterogeneity and pluralism of both Islamic and indigenous practices. Debates about what constitutes normative Islam are at the heart of the history of religion in much of Africa, and therefore Brenner proposes that «the study of religious history... be an analysis of conflictual, cooperative and complementary interactions among religious experts, among individuals and social groups acting in the religious field, as well as among religious concepts and practices» (Brenner 2000, 164). It is the sense of multiple players, of unresolved and ultimately unresolvable interactions across a broad temporal and spatial field, and of ongoing debate and conflict at the level of

1 I am grateful to Signe Arnfred and Richard Roberts for inviting me to participate in conferences that shaped this piece. I have benefitted as well from the commentary of Liazzat Bonate, Dorothy Hodgson, Benjamin Soares, the late Mary Bivens, and an anonymous reader for the Nordic Africa Institute. Remaining flaws are to my credit alone.

practice as well as text that makes this approach particularly fruitful (see also Launay 1992, Rosander and Westerlund 1997, Bivens 2007).

The hybridity and fluidity of the legal terrain in the West African region has historically offered both individuals and groups latitude for opportunistic legal maneuvering. In this paper I will explore tensions over authenticity in Islam and in «tradition» in West Africa today, with particular emphasis on the law as it is practiced in Nigeria, Niger, and Senegal. Each of these countries has taken a different path with regard to the position of Islamic juridical tradition within the broader legal framework of the nation. In Niger traditional practice (*coutume*) in varying degrees of conformity with Maliki law governs family life. This reality is somewhat occluded by the regular insistence that Niger is an *État laïc,* a secular state. It has never really been possible in Niger to choose French civil law over local *coutume,* as has historically been the case in Senegal with its more visible population of *assimilés, métis*, and Catholics. Similarly in Nigeria the provision of a civil marriage option appealed to elite populations in southern Nigeria. In both Senegal and Nigeria the presence of significant and influential populations of non-Muslims has affected the political dynamics but in very different ways.

The appeal of civil law options for Christian populations and for those «assimilated» to Western culture does raise the question of whether secular law does not have embedded in it elements that are implicitly Christian in orientation. If Islam and tradition are somewhat blurred, detractors of civil law sometimes argue that secular law and Christian precepts are also blurred. In Niger, women's groups regularly raise the prospect of a Family Code in an effort to create more options and protections for Nigerian women, and the project is just as regularly abandoned. Politicians quickly see that passing such a code would be politically impractical when under assault by religious leaders who see such reforms as un-Islamic Western intrusions in a country that is overwhelmingly Muslim with only a very modest minority of fairly marginalized Christians. Unlike Senegal, where despite the significance of Islam and of the Islamic brotherhoods, major political figures have been Catholic, Niger has long been implicitly or explicitly Islamic in its political culture.

Senegal adopted a Family Code in the early 1970s that to all appearances provided women protection from some of the elements of local marriage practices that are most often critiqued: the Family Code prohibits forced marriage and sets a minimum age for marriage; it offers the husband the option to agree to adhere to a monogamous marital framework; and in principle it suppresses the right of men to the unilateral rupture of marriage through repudiation. By contrast Nigeria, driven as always by the competitive identity politics its federal system seems to feed, has gone in the opposite direction-numerous states within northern Nigeria have chosen to expand the longstanding practice of Islamic law beyond the domain of personal family law and into the domain of criminal law with troubling implications for single women in particular. Obviously this move has attracted a great deal of international attention. Before discussing the implications of these cases in detail I will explore the problem of Hausa «custom» in Niger to shed light on the sizable gap between rhetoric and practice in all three settings. An exploration of these cases will underscore the dual problems facing West Africans in the realm of legal reform: first, the dangers entailed in the lack of state capacity to enforce a coherent and consistent legal field and second, the atmosphere of vigilantism that results when states enact laws they cannot fairly or properly enforce.

An Overview of Legal Structures Governing Niger

On the surface Niger is a secular state and its 1999 constitution reiterates fundamental liberal principles such as the protection of Human Rights (Articles 10 through 14), the separation of state and religion (Article 4), freedom of expression (Article 23), freedom of religion (Article 7, Article 14, Article 23) and universal suffrage for citizens over 18 (Article 7). Nigerian intellectuals are very proud of the fact that they live in a secular state, and President Tandja has repeatedly emphasized his commitment to refuse efforts to promote Islamic law in Niger (Ohia 2000). On the face of it there should not be much to say about Islamic law in Niger.

In reality Niger has a more complex relationship to Islam signaled in its long membership in the Organisation de la Conférence Islamique (OCI), a membership that resulted in the emergence of the OCI funded Islamic University at Say. Niger has, since the 1970s, sustained an international profile as a secular state that is committed to political alliance with a very diverse array of Islamic states. The long association of Niger with the OCI reinforces the sense that Nigériens and the state of Niger have a special relationship with Islam, a sense that authorizes the emerging Islamist movement of Niger. An impressive number of African states with membership in the conference have constitutions that, like Niger's, separate religion and state (Burkina Faso, Cameroun, Gambia, Guinee, Guinee Bissau, Mali, Senegal, Chad). Niger's profile as an unofficially Muslim state rests on two realities: the sizable majority of Nigerians are Muslim (no less than 80 % of the population), and family life within Niger is de facto regulated by and large by Islamic religious culture.

The secular Islamic state is of necessity contradictory. On the surface, as Abdelfattah Amor indicates, states such as Niger have freed themselves of any outward reliance upon *Sharî'a* (1999, 32). Certainly in the realm of criminal law one sees no hint of Islamic practice. Nevertheless Islamic law enters into the judicial field in Niger in a variety of ways as a result of the legacy of the French colonial legal structure: «To enforce law in French West Africa, the French established a dual court system consisting of courts that applied French law and courts that applied only customary law. The French not only recognized the influence of Islamic law on customary law, but they also accepted the integration of Islamic law into customary law and practice, and specified that the courts were to apply customary law as it modified Islamic law» (Abd-el Kader Boye *et al* 1991, 344).

While the formal recognition of customary courts under customary political and religious authorities in Niger was abolished early in the independence period, those courts were simply replaced by formally trained judges at the *tribunaux régionaux* who would then chose whether «modern» law or customary law should apply depending upon the matter at hand (Abdourhamane, 3-4). In practice much of civil life continues to be adjudicated according to customary law. Thus, even at the most formal level, the trained judges of Niger draw upon local «custom» in regulating land, family, and marriage disputes: «Customary courts, located only in large towns and cities, try cases involving divorce or inheritance. They are headed by a legal practitioner with basic legal training who is advised by an assessor knowledgeable in the society's traditions» (U.S. Dept. of State, 2001: 5). As is frequently the case, this description by the U.S. Commission on Human Rights occludes the significance of Muslim personal law in actual practice. For example, «Hausa custom» in the region of Maradi has come, with a few admittedly significant modifications, to mean Maliki juridical tradition.

At a less formal level, secular states in Africa have historically transferred the high cost of handling judicial matters to an array of «mediators» from within the customary elite at a variety of levels and scales, which is how the dual legal system emerged in the first place (Berry 1993). The role of such traditional figures is not explicitly mentioned in the present constitution and is no longer formally recognized. In principle customary authorities and local level administrators such as the *sous-prefet* don't have either police or formal judicial powers – they are to mediate rather than adjudicate. However in practice they form a formidable element of the apparatus through which disputes are handled in Niger. As Thomas Kelley has recently pointed out, any attempt to revise the practice of law in Niger must come to terms with the reality that relatively little dispute mediation in Niger is actually «captured» by the Western inspired formal court system (Kelley 2007, Cooper 1997).

What this means is that particularly in the domains of land tenure, inheritance, divorce, child custody – the realm of family and personal law – Nigerian life is regulated by «custom» understood overwhelmingly as Islamic, despite the erasure of Islamic law within the constitution or formal legislation of Niger. Whereas formal Judges may apply Islamic legal principals in the domain of family life more or less disinterestedly, since they are often from another region and may not themselves have a stake in the matter, traditional authorities prevail in the context of land and other property disputes, where Islamic law has a much less consistent role and where the interests of the authorities adjudicating the litigation may come to play in the decisions they make. Furthermore, as Kelley notes, in the mediation of property disputes, which is handled overwhelmingly through informal adjudication mechanisms, there may be considerable use of oathing, oracles and ordeals that have relatively little to do with either Western or Islamic juridical practice. The distaste for the use of such supernatural tests to resolve disputes is shared by Islamic and secular reformists alike; nevertheless popular perception tends to regard such tests as essentially Islamic[2].

What constitutes authentic Islamic practice is subject to intense debate, as in a recent national discussion over whether all witnesses in court cases should be required to make an oath on the Qur'an. Traditionalists felt this would improve the quality of the law because perjurers would fear divine retribution for false oathing, but Islamic purists argued that this practice verges on an idolatry that reveres the Qur'an over Allah (for the historical precedent for this fear see Palmer 1967). It is in the context of such debates that the idea of a «traditional» Islam distinguishable from «orthodox» or reformist Islam comes to be articulated. As Louis Brenner notes in exploring the history of Islamic schooling in Mali, attempts by reformists to purify the practice of Islam have the effect of creating discursively a «traditional» against which orthodoxy is then defined. Colonial governments, post-colonial states, entrenched local religious figures, all in such moments generate the a counter-notion of «the fanatic» – alternately tagged as Wahhabi, fundamentalist, Islamist – as they struggle to retain control of religious discourse in the service of preserving the stability of «traditional» institutions perceived to be necessary to the operation of the state. Generally lost in such moments of debate about Islamic orthodoxy are the real needs of actually existing Muslim women, who hope to find a way to reconcile their real commitment to an Islamic way of life with the realities of a world in which men fail to live up to the Islamic ideal to support them and their children, in which wives manage farms they do not own, and in which girls are married off too young to the wrong men for the wrong reasons.

Implications of Niger's hybrid legal field for women

What are some of the consequences of the uneasy conflation of «custom» with Islam in debates about legal practice in Niger? Islamic religious culture in Niger does not treat women as full adults on a par with men. A woman is always, in principle, under the authority of either her father or her husband. While the marriage age of 14 for girls and 16 for boys in Niger is regulated by the colonial era Mandel Decree, in practice that decree is completely ignored in areas outside the capital (Boye et al 1991, 343-49, 346). Since the Mandel Decree – always honored more on the breach than the observance – has not been replaced with any subsequent legislation with the more convincing authority of a post-colonial regime, there is in practice no precise age of consent in Niger either for marriage or

2 See Christian Long's excellent documentary film «Justice at Agadez» (Icarus Films 2006). A harried but humane qadi mediates between the police, the formal justice system, popular vigilante justice, and Maliki law. He must contend with the popular perception that ordeals and oathing will reveal guilt and innocence.

for sexual activity. Statutory rape, then, does not exist in Niger (U.S. Dept. of State 2001, 12). Women are treated as jural minors throughout their lives, and are married off in their first marriages at will by senior members (both male and female) of their families. This occurs despite some indication within Maliki textual tradition that the age of majority of both women and men is roughly seventeen. Generally women are understood to be ready for marriage, however, with their first menses, which obviously may occur much earlier (Bakhtiar 1996, 403). Maliki juridical tradition requires the consent of the bride, but a young woman's guardian has the right to enter into a marriage contract on her behalf. Although her consent is required, no witnesses to that consent are necessary and she does not have to be present in person to declare her consent at the moment of the contract. There is obviously a great deal of room for abuse in such instances, particularly as a girl's silence on the subject of whether she approves to a proposed marriage is taken to be a sign of consent. Given the right fathers have to beat their children, one can readily see why many a girl-bride might keep silent. Once married her husband also has the right to discipline her physically. She does not have the right to refuse to engage in conjugal sex once the marriage payment has been paid. These circumstances are somewhat mitigated as women age and bear children–they often have a great deal more control over the circumstances of conjugal life in subsequent marriages (Cooper 1997).

Young women's first sexual activity in Niger almost invariably coincides with marriage–the median age for both first marriage and first sexual activity is 15.5 (INS and Macro International 2007, 100). Given the near absence of contraceptive use in Niger, young women in Niger are engaging in unprotected sex extremely young. As a result young brides begin their childbearing while still physically immature, contributing to Niger's appallingly high maternal mortality rate, 648 to 700 deaths per 100,000 births (INS and Macro International 2007, 219)[3]. Muslims in Niger anxious to prevent the sin of *zinâ* (fornication) that pre-marital pregnancy implies push for early marriage for girls. Those few who seek to reform local practices argue that the Qur'an does not encourage marriage prior to puberty and that therefore Islam requires parents to engage actively in decisions about when marriage can appropriately be consummated (Issa 2004). Some also insist that husbands must be educated in the health consequences of early pregnancy, a position that would seem to open the way for a discussion of a

3 Early childbearing and the long labor it often entails can lead to damaging ruptures known as fistula that leave openings between the vagina and the anal or urinary tracts. A study 483 fistula cases recorded in the capital city of Niamey in 1994 showed that 159 cases concerned girls under the technical legal marriage age of 14, while another 151 cases concerned girls from 14 to 15 years old (PNA 2001). Nothing in the Maliki juridical tradition protects a young bride from this eventuality – indeed the existence of such a condition is legal grounds for a man to annul the marriage contract within the strictest textual reading of Islamic law. Furthermore text-based interpretations of husbands' obligations towards wives do not include a requirement to cover the expense of the kind of medical treatment necessary to repair this condition (Bakhtiar 1996, 433).

minimum marriage age, a concept of statutory rape, the broader use of contraception, and potentially even for making a case for abortion to protect the health of very young women. Such reform-minded Muslims are often precisely the same activists who are labeled by the Western press as «fundamentalists» when they are assailing the accommodation of traditional leaders and the state. However, reformists can be less sympathetic to women's issues when framed by feminists as a critique of Islamic paternalism. Such paternalism authorizes the undercutting of elements of the Islamic juridical tradition that would empower women.

Women's jural minority in Niger has broad implications, not the least of which is a tendency among Muslim men, whether traditionalists or reformists, to dismiss women's interpretations of Islam (Tchaouss and Lecompte 2002). In emphasizing some elements of the Maliki legal tradition (such as female jural minority) Niger's Islamic religious culture tends to neglect others (notably female inheritance, child custody, and property rights). For example in women's first marriages they almost never have any claim upon the marriage payment or *mahr* – it is given directly to her father or a male representative in her patriline and she generally never sees it again. In some other Islamic regions the *mahr* is understood to belong to the bride (Bakhtiar, 438-9). The only reason a guardian would retain it permanently would be if the woman in question was incapacitated in some way. The overwhelming majority of Muslims in the Hausa speaking region see paternal control over the marriage payment as Islamic and would reject the notion that the bride's representatives are to turn it over to her. Implicitly, then, Hausa practice in Niger consistently treats the young bride as incapacitated.

Women are also disadvantaged as a result of the assumption that husbands provide for wives and that therefore women are never heads of household. Legally in Niger divorced and widowed women do not benefit from the same rights as male heads of households (U.S. Dept. of State 2001, 11; Mindadou 1996). Women's and men's rights to marriage and divorce are not symmetrical, since men can take four wives and repudiate their wives at will, while women can marry only one husband at a time and cannot remarry unless they obtain a divorce recognized by customary or state authorities. If a woman wants to initiate the rupture of her marriage through a divorce of this kind she has to return the marriage payment to her husband. Given that the *mahr* is not in her possession, but has been given to, and quite probably spent by, her father or paternal representative, young women sometimes face serious impediments to divorce.

Local interpretations of Islam are also selective about whether to institute Maliki juridical tradition in the context of physical custody of children. Divorced and widowed women have weak claims to custody of their children in Niger despite the unambiguous insistence in all the Islamic legal traditions that mothers and women in the matriline should have priority in physical custody of children when divorced or widowed (Women's Aid Collective 2003, 1-5). It is generally regarded as «Islamic» to allow a woman to retain custody of boy children until they are weaned, and girl children until they are married. Nevertheless husbands and paternal kin – the legal guardians of such children – regularly «give» the children to women in their own patrilines who have not been successful in producing children. Girl children are particularly valued for their capacity to perform domestic labor and trade for women in seclusion; boy children are desired for their future earning capacity, which will serve as social security for the women who raise them in old age. Such practices are regarded locally as part of the Islamic texture of family life, and to call them into question would be taken as an assault by «bra burning feminists» upon Muslim men's rights as legal guardians.

In terms of the inheritance of moveable property women, where eligible, receive half the share of an equivalently positioned male family member in Niger, as stipulated in Islamic law. This is in some ways quite progressive in the sense that custom among non-Muslims at the turn of the century would not have provided for the inclusion of women in the division of wealth of her father or husband. Yet even here, Maliki texts, if strictly observed would be far more favorable to women than other competing understandings of «custom» regarding property insofar as it touches on immoveable property-land. Often in Niger the application of Maliki inheritance law is tempered by «customs» that depict women as unreliable and irresponsible, and therefore unsuited to responsibility for family property. Hence in the domain of land disputes women, who generally have very little schooling in Islam and a poor grasp of Maliki law, generally fail to prevail because other «customary» practices are commonplace within local Islamic religious culture. Women rarely inherit land in Niger at the time of the division of inheritance. They tend, when they do receive land from their fathers, to receive it as a «gift» prior to his death, in a kind of pre-mortem inheritance from fathers who are particularly solicitous of the well-being of their daughters.

In other words Islamic religious culture varies in part depending upon which features of any Islamic textual tradition are emphasized – if women's jural minority is prime then other precepts may be neglected. But a reformist or feminist well schooled in the textual resources of Islam might emphasize other elements within a broad Islamic repertoire, whether textual, embodied, or practiced. Maliki texts, for example, offer variant understandings of women's protections and rights, and alternative practice in respected Islamic centers can be invoked to justify alternative practices. However because girls are married off at a much younger age than men, schooling for girls is not a priority for families and illiteracy rates are much higher for women and girls than for men and boys. Niger's women are at a significant disadvantage in debates about how to interpret Islam and about what constitutes appropriate Islamic practice.

The nominal adherence to Maliki practice in the realm of personal law, then, has had the effect of regularly re-inscribing attitudes towards women that authorize a variety of purportedly «Islamic» practices and restrictions in domains well beyond family law, many of which would not be condoned within strict Maliki understandings of women's position in Islam and are arguably inconsistent with the spirit of the Qur'an. Women's diminished legal status has particularly pernicious effects on women's political rights until quite recently it was common in Niger for husbands to vote their secluded wives' ballots by proxy in major elections. Women's suffrage, under such circumstances, is ambiguous at best. The pervasive lack of confidence in women's ability to make major life decisions for themselves is implicit as well in Niger's abortion laws, among the most restrictive in the world (Rahman *et al*, 1998, 58)[4].

As I hope this overview of contemporary Islamic religious culture in Niger shows, the relationship between custom and Islamic law in Africa can be quite complex. Islamic texts alone do not capture the realities of Islamic practice on the ground, because those texts are variously interpreted and unevenly applied. Faced with the realities of legal practice in Niger one can envision two rather different approaches to remedying the undeniably difficult conditions of life for women in Niger. The first would simply be to enforce a more thoroughgoing application of the Maliki juridical tradition. The second would be to generate a set of legal rules for governing family life that would be clearly distinct from «tradition» – a secular Family Code – in effect turning over a new leaf entirely. While it might at first blush appear to be a relatively simple matter to strengthen the application of Maliki law, in reality it can be quite difficult to voice critiques of existing practice because the moral authority of local Islamic religious practice renders activists, whether feminists or Islamists, vulnerable to the charge of being anti-Islamic, insubordinate, and lacking in respect for «authentic» African practice. Furthermore in emphasizing a highly textual understanding of Islam one could run the risk of undercutting other modes of spiritual authority available to women in local religious practice grounded in oral virtuosity, pilgrimage traditions, spirit mediation, Sufi mysticism and the like (e.g. Sow 2003, 70-71; Cooper 1999). If Islamic reformists have often forwarded legal reforms with potential to empower women, they have at the same time created an environment that is hostile to local spiritual traditions that are less monolithic and often deeply meaningful to women (Cooper 2007; Miles 2003).

While some African states, notably Tunisia, have succeeded in taking something of a middle path by drawing upon a reinterpreted Islamic law to generate relatively liberal Family Codes, rhetorically and politically this is quite difficult to do and even more difficult to enforce. Any attempt by feminists to reform legal practice in Niger through a Family Code regularly provokes an immediate firestorm of outrage from traditionalist and reformist leaders alike. The

4 Tremendous external pressure from what Thomas Kelley (2007) refers to as the «Washington Legal Consensus» has led to recent election reforms requiring a quota of female candidates in elections, which may eventually alter this picture somewhat. As a result of those reforms in the 2004 election the number of women in Parliament leapt from one to fourteen. However such external meddling, as we shall see in a moment, presents challenges in terms of building local perceptions of state legitimacy.

popular base upon which such reforms can be built is quite difficult to mobilize. In fact, there is nothing that brings these ordinarily warring camps together faster than the prospect of a code that would, as they perceive it, undermine the default practice of *Sharî'a* in the realm of family law. Incidentally, Muslim women can be as active in opposing such reforms as men, and are increasingly drawing upon Islamic education and the media to forward alternative positions (Alidou 2005, 149-71; Djibo 2001, 379; Yusuf 1991, Masquelier 2009).

The Problem of State Capacity and Institutional Legitimacy: the Family Code in Senegal

By comparison with Nigeria and Niger, women in Senegal have had more success in foregrounding women's concerns and effecting legal interventions on their behalf. On the surface at least, the existence of a Family Code enshrining a variety of protections for women is evidence of the relative advance of Senegalese women over their Nigérien and Nigerian sisters. But the Family Code in Senegal has been a source of contention from its earliest formulation in 1972 under the Catholic president Senghor, to more recent efforts to modify it. Senghor's hope was to bring together the disparate legal traditions of French law, traditional courts, and Muslim law that were the legacy of French colonialism. Under the French, an individual's affiliation to one or another ethnic group or religious group was used to determine which form of law would apply in any instance. Muslims in St. Louis might claim Muslim personal status and make use of a special Islamic court. Catholics in Dakar might draw upon French civil law. Rural women outside the urban communes would be bound to the «traditional law» of their ethnic community, generally imbued – as we have seen in the case of Hausa Niger – with an allure of being derived from a higher religious law even when practice might be rather selective in its appropriation and application of Islamic juridical traditions.

The function of the Family Code, then, was to generate a more consistent set of features to regulate marriage, divorce and inheritance applicable to all citizens equally. All would, in principal, need to perform a marriage ceremony to be witnessed by the civil service. All brides would need to be at least sixteen and their consent would be required. Muslims would declare whether the marriage would be monogamous. Repudiation would be eliminated and divorce would be a matter for civil courts. Men would be required to pay alimony and child support.

However opposition to the Family Code among traditional Muslim leaders once it was adopted has been deep and openly confrontational (Sow 2003). The major religious leaders of each of the major Sufi orders rejected the code outright and were quite public in their pronouncements that they and their followers would not follow the new laws. Invoking the «sacred principles of our religion» they declared huge portions of the country to be outside the bounds of the law and reiterated those declarations regularly in the press (Callaway and Creevey 1994,

177). Opponents of the code recently argued that, unlike the French conception of religion as a private relationship with a supreme being: «For us the Wolof word *dine* [monotheistic religion] encompasses both relationship with God and with other human beings»; accordingly religion is a matter of importance to public order and family life must be regulated by divine rather than human laws (CIRCOFS, cited in Mbow 2004, 6). The juxtaposition balances the foreignness of French «religion» against the authenticity of Wolof «*dine*», as if the word «*dine*» were not itself of foreign (Arabic) origin. The Family Code is in this rhetorical move cast as foreign and French, while local Islamic religious culture is authentically Wolof. By extension, in a kind of linguistic sleight of hand, whatever is culturally Wolof is authentically Islamic.

Authority for generating precepts for governing family life, then, lies not with the legislature, but with those who can identify authentically Wolof religious culture. Through this type of conflation of cultural norms with Islam, each ethnicity may uphold as authentic a variety of cultural practices that are not enshrined in Islamic texts. For example genital cutting, performed among Toucouleurs and a number of other ethnic groups, is sanctified as an extension of the Islamic ideal of purity for women (Sow 2003, 73). Ironically some of the resistance to the Family Code may arise from some of the features that are closer to a literal textual application of Maliki law than is comfortable within some Sufi circles, in which ritual marriage to more than four women may occur (among Layennes), and in which matrilineal succession may play an important political role (among Mourrides) (Mbow 2001, 6; Gueye 2001).

Obviously the insubordination of religious leaders from the various Sufi brotherhoods is deeply threatening to the authority of the state. While the code has been applied in major urban centers – far easier to regulate and populated with relatively highly educated civil servants – in much of the country it has little or no relevance (Callaway and Creevey 1994, 178; Mbow 2001, 15-17). The reality that the Family Code cannot be enforced is deeply problematic for the state and ultimately damaging to non-elite women. Marriages that are not registered cannot be mediated, dissolved, or otherwise regulated by the state. Followers of the major religious leaders of Senegal have regularly been informed that they are not to follow the law and they accordingly perform their marriages, divorces, and division of inheritance outside of formal legal settings. Women in such marriages, in effect, have no legal protections enforceable by the state because the domain of family law is de facto subterranean and extra-legal.

In Senegal, as in Niger, a marriage performed by a traditional religious leader can be formally recognized later by the State with appropriate paperwork after the fact. Nevertheless because religious leaders condemn the intrusion of the State into family law, local attitudes prevent women from taking cases to be adjudicated in through the mediation of the State. If a woman in Niger does not like the position taken by the local religious authority she can turn to the judge in the tribunal for assistance in dissolving her marriage. If her claim to inheritance under Maliki law is not honored by men in her community, she can force a recognition of her rights through the more formal legal system. By contrast, because the two legal domains, governed by local religious leaders and governed by the state, are parallel rather than intersecting or nesting, a woman in Senegal may be quite reluctant to draw upon the leverage of the state.

For an even more extreme example of this problem, in Mali, extra-legal marriage is not even recognized by the state after the fact; in such a setting a woman can hardly complain to a judge if her extra-legal husband then illegally dissolves the non-existent union through repudiation, which technically doesn't exist (Djourte 2001). The situation in Mali has led to tremendous tension over recent proposals to reform family law even further. Reasonably enough, Muslim associations in Mali want their religious ceremonies to be recognized by the state and have proposed alternative certification processes that might provide a useful middle ground (Soares, 2009). However these compromise positions don't necessarily enshrine any of the protections for women that were the original intent of the early postcolonial national legislation: a guarantee of a woman's consent to the union, the provision of a monogamous option with some prospect that it will actually be enforced, and checks on a woman's legal age at the time of the marriage. Despite potential consensus over some issues, such as the need to adjust the marriage age of girls upward, for the moment debate in Mali over the Family Code is at an impasse, which leaves women unprotected should their marriages falter or their husbands die (IRIN 2008).

Despite the muddiness of the legal situation in Niger, then, the multiplicity of recognized dispute *fora* can be a useful resource for women. Women in Senegal and Mali are in many ways deprived of this resource by the popular rejection of the Family Code, which has cut them off from the unpredictable but nevertheless occasionally useful advocacy of the state in family and community struggles. The hybridism of the system in Niger makes it probable that a kind of flexible negotiation will occur. By contrast, in contexts where a Family Code with criminal penalties for failure to comply exists, should a woman for example attempt to pressure a husband into providing child support through the courts, she may inadvertently subject him to criminal penalties for failure to meet his obligations – an outcome rather out of keeping with her goal of securing resources for raising her children. Having forced family law underground because so few, whether men or women, care to actually make use of the legal mechanisms implied in the Family Code, the state in countries that pass unpopular Family Codes is in the odd position of having virtually no effective input into civil affairs outside of major urban centers.

Even in those settings in Senegal where the law is observed it is not entirely clear that the Family Code does not implicitly re-inscribe patriarchal patterns within the family in ways that are damaging to Senegalese women who in the past had a great deal of social independence and economic autonomy. Women's groups in 2002 attempted to reopen the question of the Family Code in hopes of improving a number of elements of the law urban women saw as problematic. The code as it stands envisions a male head of household, virilocal marriage in a setting chosen by the husband, and male authority over the children. The assertion in the code of male authority (*la puissance paternelle*) over the household was seen by women's rights activists to be the primary source of friction and violence between men and women–husbands took their position as head of household to give them the authority to impose their wills upon their wives and children. Women are not legally designated as heads of households, with the unfortunate tax consequence that single women with children must pay higher taxes than married men with children, who benefit from a tax break (Arab 2002a, 2002b). The more celebrated dimensions of the code are honored only in the breach even among the urban populations that are more inclined to follow the law-repudiation continues to occur, and while in principle Muslim couples may choose to agree to monogamy, in practice a woman has no real recourse if her husband chooses to take a second wife. His second marriage is legal, and the assumption of the law – as of similar laws in other Muslim societies – is that the husband's violation of the monogamy agreement simply earns the first wife the right to a divorce. This is rather cold comfort for the woman who wanted a monogamous marriage, not a divorce. In practice women by and large suffer the existence of co-wives in violation of the monogamy clause because the option to select monogamy has no real consequences. The burden of sustaining monogamy falls entirely upon women, who are expected to abandon the marriage – and risk losing custody of their children –, not upon the men who violate the agreement. In practice women rarely raise the issue of the monogamy option, which would mark them as «troublesome» women and undesirable wives.

The rather modest attempts of women's groups to alter the resolutely patriarchal character of the code prompted a fiery backlash from Islamist groups in Senegal that had never followed the law in the first place. Muslim leaders launched their own project to alter the legal code, this time by replacing the Family Code with a Personal Status code. Interestingly this proposal would have returned the legal system to its colonial condition under which individuals were governed by laws depending upon the status they claimed (Muslim, civil, Christian etc.). Arguing that the post-colonial Family Code is «contrary to Islam», Muslim reform leaders waxed nostalgic for the colonial period when «freedom of religion» prevailed and purportedly *Sharî'a* law was the default regime of law for the majority Muslim population unless an individual elected to chose a different legal regime – implicitly a Christian one (Niang, n.d.). Rhetorically the move to push a Personal Status Code with Muslim Personal Law as the default Family Code for all citizens implied that to choose another regime is to self-designate as being non-Muslim. Not surprisingly this reading of history and law struck secularists, moderate Muslims with little interest in a «return» to *Sharî'a*, and Christians as a self-serving platform for the Islamists. They in turn launched a counter-offensive to protect the secular character of the Senegalese state.

At the moment all parties to the debate seem to have reached a stalemate – while the proposed reforms to the Family Code are stalled, the proposal to pass a Personal Status law has lost momentum as well (WLUML 2003). While there is a certain nostalgic appeal among Islamists to the notion of a return to the status quo ante of colonial rule in which citizen and subject alike get to «choose» their personal status before the law, what would such a regime look like in practice if not like the muddled situation we began with in Niger? What happens when political circumstances open the way for some individuals to impose their personal vision of Muslim law upon others in a context in which accepted «traditional Muslim» practices may vary quite considerably from a textually grounded and historically informed Islamic juridical practice? What happens when very few have a deep mastery of Islamic legal traditions yet *Sharî'a* is promoted as the authentic index of orthodoxy?

From Civil Law to Vigilantism: *Sharî'a* in Nigeria

The significance of alternative models of family life embodied in the practices of urban elites with political influence in Senegal has meant that mobilizing a political case for a «return» to *Sharî'a* has not been successful there. Indeed Senegalese Muslims are divided over whether secular modernity is consistent with Islam, and over whether a strictly legalist interpretation of Islam adequately captures the richness of Islamic religious practice in the region. Those divisions do not fall neatly along ethnic or regional lines. Wolof speakers, for example, may be Sufi or anti-Sufi, they may be urban civil servants following civil law or rural disciples obedient to a marabout; they may be wealthy or poor; politically connected or disenfranchised. While reformists may cast the Family Code as «Christian» and «western», other Muslims feel that they can find Islamic justifications for some or all of the provisions of the Family Code. Secularism, in their view, is not synonymous with Christianity.

By contrast in Nigeria the congruence of regional, ethnic, and religious competition has meant that it has been quite tempting for political elites to mobilize support by invoking Islamic law as a marker of religious, regional, ethnic, and moral identity. A commitment to *Sharî'a* becomes one way a northerner, a Hausa speaker, a Muslim can stake a claim to moral and political legitimacy over against the interests of others. Religious identity is central to regional identity and political competition. As displeasure with the intrusions of the United States and other major financial/industrial powers mounts, forwarding Islamic identity can be a potent sign of social protest against «occidental values». Claiming greater Islamic purity through the promotion of *Sharî'a* law is one way politicians in northern states can imply that the values of others (political competitors, southerners, feminists) are tainted with the immorality, selfishness, individualism, and materialism of the West. Secularism, in this discursive field, is cast as implicitly Christian – an insistence upon secular family law then becomes a violation of the religious rights of non-Christians. Nigerians often point out that the word «secular» does not appear in the Nigerian Constitution; Nigeria is not secular, they insist, it is multi-religious.

Certainly Islamic law was more fully enshrined in the colonial legal system in Nigeria than in Niger, for indirect rule in northern Nigeria absorbed and co-opted the relatively developed legal apparatus of the Sokoto and Gwandu Caliphates and then replicated and expanded them throughout the north. Nevertheless many of the same differences between Hausa Islamic religious culture and a Maliki legal tradition are to be seen in Nigeria as in Niger, for many issues related to family life never come before judge trained in Islamic law but are instead handled by a familiar local religious scholar. As in Niger, the marriage payment is not always turned over the bride, women's jural minority is the rule rather than the exception, custody of children does not go to mothers without dispute, and so on. Women in Nigeria are more likely than Hausa speaking women in Niger to have some familiarity with their rights under Islamic law, partly because women's groups in Nigeria have worked hard to educate them (see e.g., Callaway and Creevey 1994, 156-160; Yusuf 1991). Muslim family law, then, is an integral part of the legal system of northern Nigeria and has been from well prior to the colonial period.

What has happened recently is not so much the wholesale imposition of *Sharî'a* in Nigeria, as the expansion of Islamic juridical principals beyond family law into the domain of criminal law. Under British colonial rule the government had arrogated unto itself a monopoly upon the use of physical violence in the legal domain. One melancholy dynamic of the post-colonial period is that post-colonial actors regard the re-appropriation of the right to exact corporal punishment as evidence of their emancipation from Western domination and the colonial order. Politicians in states across northern Nigeria have deployed this logic to expand the practice of Islamic law into the realm of criminal law – commonly referred to as the «sharî'anization» of the North – arguing that harsh penalties for violations against the moral order would prove a deterrent to immorality.

The contemporary practice of Islamic law in the northern states of federal Nigeria presents a number of legal conundrums. Muslim law, as we have seen in the case of Senegal, is based upon the notion of personal status – whether and how the laws apply to any given individual depends upon whether he or she is Muslim. Applying the penal dimensions of *Sharî'a* within the boundaries of a territorial state transforms a system predicated upon personal status into a system at least partially dependent upon territorial jurisdiction[5]. This didn't seem a terribly

5 Consequently the Hausa speaking regions of Niger have experienced a massive influx of long-term «guests» from Nigeria escaping the application of the laws to prostitutes, homosexuals, bar owners,

problematic matter when the issues handled by *Sharî'a* law were relatively domestic issues and were handled by personal advisors who were religious mentors. Many disputes would have involved individuals in the same family, and while the material consequences of judicial decisions might be quite significant, the corporal consequences were not immediately severe.

But once the *Sharî'a* Acts expanded the purview of Islamic law into the criminal domain troubling issues began to arise that raise fundamental questions about the equitable application of the law to equal citizens within the state of Nigeria, given that available penalties for some *newly criminalized activities* could include death, whipping, or maiming. That is, it was not simply a matter of applying corporal punishment for crimes such as theft that had been penalized through incarceration (or more likely fines) in the past. Some of the behaviors that were to be punished had not been seen as crimes prior to the introduction of Islamic criminal law. The expansion of Islamic juridical principles might well have been in the service of social equity, criminalizing non-payment of the poor tax, or penalizing embezzlement, for example (Imam 2002). Instead, as Ayesha Imam has pointed out, Islamic law has been equated with the enforcement of the rigid penalties for «what are called the Hadd offenses which are adultery, sodomy, drunkenness and theft. They are offenses that are specified in the Qur'an. Everything else is continuing as it was before» (quoted in Cobb, 2003, 3). Women, the poor, homosexuals, those who partake of alcohol, all are disproportionately affected by these newly criminalized activities.

Should a Muslim who commits a theft in Lagos be subject to different penalties than a Muslim who commits the same crime in Zamfara? Does a Muslim have the right to claim non-Muslim status if he or she does not believe that *Sharî'a* as applied in his or her state is in fact just if he or she does not see homosexuality or sex outside of marriage as a «crime»? Will a Muslim in Kano try to claim to be Christian in order to evade harsh penalties for drinking? Will a Christian be subject to penalties that should only apply to individuals with Muslim status?

In practice the climate generated by the application of morally repressive laws in the states in which the expansion of *Sharî'a* has been passed does emphatically affect non-Muslims, particularly women, who may find that they can no longer wear their preferred clothing, take public taxis, or sit at the front of a public buses without suffering censure or violence from individuals who enforce uninformed and idiosyncratic interpretations of *Sharî'a*. There is no way, from outward appearance, to tell the difference between a Christian and a Muslim, yet women in Zamfara who engage in the «indecent» activity of riding a motorcycle taxi will may be assaulted by vigilantes regardless of their personal status. At the other end of the spectrum, wealthy Muslims who engage in white collar crime on a

---

and musicians. This has complex implications for the Nigerien economy, for they bring with them a lively night life and leisure culture that stimulates the service economy while taxing the local infrastructure (Kirwin 2004).

truly stunning scale will inevitably evade draconian penalties through effective legal representation, while poorer men and women are far more vulnerable to the corporal consequences of the new law for much more trivial offenses.

The problem produced by the passage of the *Sharî'a* Acts has not simply been the acts themselves, which the existing *Sharî'a* court system seems to have been able to moderate effectively through the appeals process. At the end of the day the consensus of Muslim jurists in Nigeria seems to be that pregnancy outside of marriage does *not* constitute a crime, a conclusion that is consistent with the longer history of Islamic jurisprudence. The bigger problem has been the vigilantism the laws seem to authorize. Some of the more notorious cases brought before the courts would never have surfaced had not zealous vigilante groups known as *Hizba* brought «immoral» behavior on the part of single women to the attention of the courts. Young women unsure of the nature of their offenses and unfamiliar with court procedures admitted to relatively unremarkable activities, such as sex outside of marriage, only to find that their admissions were treated as confessions to capital crimes. Prosecutors then found they were obligated to prosecute the cases and inexperienced judges felt pressured to impose the most draconian penalties available in a highly politicized climate. None of the sentences of death by stoning for adultery that have been so visible in the international press have actually been carried out, and it has been the appeals process *within the Sharî'a court system itself* that has led to the overturning of inhumane sentences. Nevertheless vigilante groups continue to push for the criminalization of women's sexual activity outside of marriage, which generates a morally repressive atmosphere for women, particularly relatively poor unmarried women for whom sexual activity outside of marriage may be a matter of survival («Working with Nigeria's *Sharî'a* Courts», 2000, 2).

In reflecting upon these notorious cases I have been very struck by the enormous gulf between the spirit of the Qur'an and of the Maliki juridical tradition and the enactment of what passes as «*Sharî'a*» when initiated by contemporary vigilante groups. Unless one assumes that Muslims at the time of the elaboration of the various schools of law were incapable of noticing the average gestation period of a human embryo, I think one has to conclude that medieval jurists, far from being moralistic or prudish, went to tremendous lengths to guarantee that almost no child would be left without an identifiable – if occasionally implausible – patriline. By allowing for the possibility of a «sleeping embryo», jurists made it possible for women to bear children for several years after becoming divorced, abandoned, or widowed and to claim that those children had been fathered by their former husbands. Muslims living in an age closely attuned to the natural world can hardly have permitted this legal fiction to continue unless they found it useful to do so.

Furthermore the requirement in Maliki law that four witnesses to *zinâ* (fornication) be produced for an accusation to be made makes it virtually impossible to prove that adultery has occurred. Making a false or ungrounded accusation carries stiff penalties. The legal doctrine known as *shubha* whereby there can be no conviction if there is an element of doubt means that traditional jurisprudence set an extremely high standard of evidence for conviction of such offenses. Finally, one needs only peruse the lengthy and occasionally mind boggling discourses on «fornication by mistake» – one can be forgiven for having sex with someone mistakenly believing that a valid marriage has been contracted, or for having sex while asleep or drunk, or for having sex with someone mistaking them for one's wife or husband... – to arrive at the conclusion that while the threats of stoning for *zinâ* and of disinheritance for illegitimate children were articulated as deterrents to undesirable behavior, in practice all of the major schools of law worked hard to guarantee that «Islam leaves no room for anyone to accuse others of fornication» (Bakhtiar 1996, 462; 457-463). In interpreting this textual foundation as a mandate for capital punishment for single pregnant women, vigilante groups and the moralists who support them have displaced global and national struggles over identity, nationalism, ethnicity, and independence from outside intrusion onto the bodies of the vulnerable women the Qur'an enjoins Muslims to protect.

Conclusion

I have explored three different settings in West Africa in which the problems of the relationship between tradition, Islamic law, and the secular state emerge in rather different ways. In Niger the state is avowedly secular, but in practice an adaptive Islamic religious culture has absorbed elements of religious law in a process that has gone on for centuries but that was considerably accelerated in the colonial period. Islamic judicial tradition is one available element within the play of Islamic religious culture, but the elements that are emphasized or neglected can vary and shift in different times and places. In Senegal long experience with a secular-style Family Code reveals that in the absence of a strong state and popular legitimacy, such codes can do as much harm as good. When family law is driven underground because religious leaders and local populations do not endorse the logic of the law, women and their children lose the leverage that access to the state legal apparatus can provide. The state's credibility in other domains is diminished, and any attempt to improve upon the specifics of the Family Code dissolves into claims and counter-claims that the code is «un-Islamic» on the one hand or patriarchal on the other. Debates about the law in Muslim societies in Africa regularly devolve into pitched battles between feminists and Islamists, undermining the emergence of a more pragmatic middle ground.

The expansion of *Sharî'a* law into the criminal domain in Nigeria reveals quite starkly that identity grounded in a commitment to Sharî'anization authorizes a vigilantism that is inconsistent with both the spirit of the Qur'an and the letter of Maliki law. One can be relieved that the *Sharî'a* court system overturned the convictions and penalties of the women like Amina Lawal and nevertheless feel that this climate of moralism is in itself repressive and abusive. Once again the capacity of African states to contain conflict, define the law, mediate disputes, and protect the most vulnerable portions of the population is very much in question. If it is unclear that enacting a progressive Family Code without the capacity to enforce it has been unambiguously positive in the state of Senegal, it is equally unclear the expansion of *Sharî'a* has been uniformly beneficial to Nigerians given that it has occurred in a context in which the state has not always succeeded in suppressing the moralistic vigilantism that such expansion seems to authorize. Given the politicization of law and religion in Nigeria it seems unlikely that this problem has receded permanently.

Struggles over the nature and rule of tradition and *Sharî'a* in all three legal systems have pitted «traditionalist» Muslims against «fundamentalist» Muslims – indeed Muslims' senses of themselves as liberal or traditionalist, Sufi or reformist, secular or committed to religious law have crystallized in moments of debate such as these. It would be reductive to argue that cynical politicians merely manipulated and mobilized popular sentiment or that contemporary Muslim movements are merely reactions to the intrusions of western institutions. Islamic societies regularly engage in introspection and reform, and in the absence of real political debate and genuine party politics for much of the post-colonial period in West Africa, debates about identity, modernity, fairness, and tradition have centered in a domain that has been available and compelling to Africans under regimes of varying kinds.

As contemporary states struggle to make sense of how best to retool their legal systems to build more promising futures they draw upon a variety of available resources. However as Jean-Claude Maignan has recently pointed out in reflecting upon the extremely difficult transition Niger has had to democracy in the past several decades, western institutions promoting multi-party democracy have often been extremely naive about the importance of a strong state to the success of democratic institutions (2001, 169-70). It is unrealistic to eviscerate the state through neo-liberal structural adjustment in one moment and then expect rational debate through multi-party democracy to suddenly blossom in the void. In each of these cases the incapacity of the state to generate equitable, predictable, and fair solutions to regulating the most basic aspects of daily life contributes to tremendous social friction and instability.

Islamic law is often seen by disillusioned Muslims as the panacea that will remedy Africa of what ails it. But as we have seen here, even where it is clear that Islamic law can offer protections to women and children not realized in local practice, it is far more difficult to determine how to enforce such laws. The extraordinary politicization of the law has not rendered it a more effective tool for protecting women and children. Liberal Muslims for their part argue that until the «gates» of interpretation (*ijtihâd*) are «reopened» it will not be possible for Muslims to generate workable solutions to contemporary problems. It makes little sense, they argue, to be shackled to legal texts that were generated by fallible humans experiencing very different challenges and conditions hundreds of years ago (Mbow 2004).

Opening the gates of *ijtihâd* might make it possible to wrest rhetorical control of Islam from both the traditionalists and the literalists. Simply opening the way for individual Muslims, particularly feminists, to engage in reinterpretation of Islamic law may make it possible to make Islamic arguments in favor of human rights, women's equality before the law, women's access to political office, and so on. As a historian, however, I am very alert to the problems of legitimacy and capacity these three cases raise. We probably should heed the lessons learned by feminists in such countries as Tunisia who, benefitting from a Family Code law justified through Islamic arguments, still face the kinds of problems of vigilantism, enforcement and interpretation we have seen here: «The legislature has always taken great care to present reforms in the framework of a rereading of the *Sharî'a*. This allows jurisprudence to revert to a patriarchal and conservative view of the family, justified by the claim of respect for Islamic principles» (Collectif 95 Maghreb Égalité, «One Hundred Steps, One Hundred Provisions», 7). International, national, and local legal codes should ideally be mutually reinforcing. But in the current moment, when international human rights are seen as a western imposition, secularism is argued to be essentially «Christian», the Western media see *Sharî'a* automatically as backwards, and feminists often have a tenuous grasp of the specific content of the various Islamic legal traditions, there seems to be little prospect for real dialogue and effective calibration of the differing registers of law. And in the end it is women and children – who are so regularly invoked as the beneficiaries of interventions of all kinds – who are left in the cold.

Abstract: This article sets out the differing approaches of three West African states (Niger, Senegal, and Nigeria) towards reconciling the multiple legal systems (Islamic, western, military) they have inherited as ostensibly secular states in regions with prominent Muslim populations. While Senegal has adopted a Family Code that appears to modify and regulate some of the perceived injustices of Islamic law in family life, a number of states within Nigeria have gone in the opposite direction, expanding Islamic law beyond family law into the criminal domain. In Niger, on the other hand, multiple systems of law co-exist uneasily, without any effective hierarchy or definitive conclusion to legal disputes carried into different legal domains. In all three cases the state does not have the capacity to effectively enforce a single coherent legal system, nor does it succeed in controlling the «justice» that so commonly occurs in extra-legal settings. Throughout West Africa legal reform must contend with the dual problems of weak state capacity to impose a unified legal system and of the vigilantism of pressure groups that may have limited mastery of the Islamic juridical tradition in an atmosphere that is nevertheless heavy with the rhetoric of a return to Islamic purity.

Keywords: Islamic law, legal reform, gender, Niger, Nigeria, Senegal.

Barbara M. Cooper

Les États laïques, le droit musulman et la pratique culturelle dite islamique : Implications pour les femmes des luttes juridiques dans les systèmes juridiques hybrides de l'Afrique de l'Ouest contemporaine

Résumé : Cet article expose les différentes approches de trois États ouest-africains que sont le Niger, le Sénégal et le Nigeria en vue de concilier les divers systèmes juridiques (islamique, occidental, militaire) dont ils ont hérité en tant qu'États ostensiblement laïques dans des régions majoritairement musulmanes. Si le Sénégal a adopté un Code de la famille qui paraît modifier et réglementer les dites injustices du droit musulman dans la vie de famille, un certain nombre d'États du Nigéria sont allés en sens inverse, en élargissant le droit islamique au-delà du droit de la famille en l'étendant au domaine pénal. Au Niger, d'autre part, plusieurs systèmes de droit coexistent de manière précaire, sans hiérarchie réelle et sans aboutir à la résolution définitive des conflits juridiques. Dans les trois cas, l'État n'a ni la capacité d'appliquer efficacement un système juridique unitaire et cohérent, ni ne réussit à contrôler la « justice » qui a lieu si souvent dans des milieux extra-légaux. Partout en Afrique de l'Ouest, les partisans des réformes juridiques affrontent deux épreuves : la faible capacité de l'État à imposer un système juridique unitaire, et la coercition des groupes de pression qui maîtrisent mal la tradition juridique islamique dans une atmosphère chargée d'un discours sur le retour à une certaine « pureté islamique ».

Mots-clés : droit islamique, réformes juridiques, genre, Niger, Nigeria, Sénégal.

Works Cited

ABDOURHAMANE (M. Boubacar Issa), 2001, (Doctorant au CEAN, IEP-Université Montesquieu-Bordeaux IV) « Niger : Situation institutionnelle » www.cean.u-bordeaux.fr/etat/institutionnel/niger.html, p. 3-4. 5/25/2001.

ALIDOU (Ousseina D.), 2005 *Engaging Modernity: Muslim Women and the Politics of Agency in Postcolonial Niger* (Madison: Wisconsin University Press).

AMOR (Abdelfattah), 1999 « Constitution et religion dans les États musulmans » www.univ-tlse1.fr/publications/Coloques/Constitution/Amor.html. 3/12/1999.

ARAB (Adel), 2002a « La société civile suggère de revoir le projet de loi modifiant le code de la famille » (IPS, Dakar, 14 mars 2002) posted on Mujeres en red website www.nodo50.org/mujeresred/senegal-code_famille; html1/11/2010.

ARAB (Adel), 2002b « Le projet de loi modifiant le code de la famille présente quelques incoherences » (ENDA, Dakar, 7 fevrier 2002) posted on the ENDA website, www.famafrique.org/parenteconjointe/documentsecrit/projetloi.html.

BAKHTIAR (Laleh), 1996 *Encyclopedia of Islamic Law: A Compendium of the Major Schools* (Chicago: ABC International Group).

BERRY (Sara), 1993 *No Condition is Permanent: The Social Dynamics of Agrarian Change in Sub-Saharan Africa*. Madison: University of Wisconsin Press.

BIVENS (Mary), 2007 *Telling Stories, Making History: Women, Words and Islam in Nineteenth-Century Hausaland and the Sokoto Caliphate* (Portsmouth: Heinemann).

BOYE (Abd-el Kader); HILL (Kathleen); ISAACS (Stephen) and GORDIS Deborah), 1991 «Marriage Law and Practice in the Sahel» *Studies in Family Planning*, Col. 22, Issue 6 (Nov.-Dec., 1991): 343-49.

BRENNER (Louis), 2000 «Histories of Religion in Africa» *Journal of Religion in Africa* XXX (2): 143-67.

BRENNER (Louis), 2001 *Controlling Knowledge: Religion, Power and Schooling in a West African Muslim Society* (Boomington: Indiana University Press).

CALLAWAY (Barbara) and CREEVEY (Lucy), 1994 *The Heritage of Islam: Women, Religion and Politics in West Africa* (Boulder: Lynne Rienner).

COBB Jr. (Charles), 2003 «New Zeal for Sharia Penalties Reflects Political Climate, Says Rights Activist» November 13, 2003, allAfrica.com. http://allafrica.com/stories/printable/200311131020.html

Collectif 95 Maghreb Égalité, 2004 «One Hundred Steps, One Hundred Provisions» WLUML website.

COOPER (Barbara M.), 1997 *Marriage in Maradi: Gender and Culture in a Hausa Society in Niger, 1900-1989* (Portsmouth: Heinemann).

COOPER (Barbara M.), 1999 «The Strength in the Song: Muslim Personhood, Audible Capital and Hausa Women's Performance of the Hajj» *Social Text* (60) 1999: 87-109.

COOPER (Barbara M.), 2007 *Evangelical Christians in the Muslim Sahel* (Bloomington: Indiana University Press).

DJIBO (Hadiza), 2001 *La participation des femmes africaines à la vie politique : Les exemples de Sénégal et du Niger* (Paris : L'Harmattan).

DJOURTE (Fatimata Dembele), 2001 « La reconnaissance d'un effet juridique au mariage religieux musulman et ses conséquences sur le statut juridique et social de la femme » Paper presented at the Second Symposium of the Islamic Law in Africa Project, Dakar, Senegal 29 June, 2001.

GUEYE (Cheikh), 2001, « Règles de succession dans l'Islam et dans la société mouride : des articulations complexes et des effets stimulateurs de l'urbanisation toubienne ». Paper presented at the Second symposium of the Islamic Law in Africa project, Dakar, Senegal June 30.

Institut National de la Statistique (INS) et Macro International Inc. 2007 *Enquête Démographique et de Santé et à Indicateurs Multiples du Niger 2006*. Calverton, Maryland, USA: INS et Macro International Inc.

IMAM (Ayesha), 2002. «Islam and Women's Rights,» Speech in acceptance of the John Humphrey Freedom Award to Imam and BAOBAB for Women's Human rights, Montreal, Dec. 9, 2002 http://www.waado.org/nigerdelta/humanrights/WomenRights/AyeshaIman.html

IRIN, 2008, «MALI: New family law faces opposition from Muslim organizations» Bamako, 2 May 2008 http://www.irinnews.org/Report.aspx?ReportId=78034

ISSA (Ousseini), 2004, «Health-Niger: Enlisting Men in the Fight Against Fistula» Inter Press Service (Johannesburg), November 23, 2004 accessed at http://allafrica.com/.

KELLEY (Thomas), 2007, «Exporting Western Law to the Developing World: The Troubling Case of Niger» *George Washington International Law Review* 39, 321-367.

KIRWIN (Matthew F.), 2004, *The Socio-Political Effects of Nigerian Shari'a on Niger*, MA thesis Ohio University, Department of Political Science.

LAUNAY (Robert), 1992, *Beyond the stream: Islam and society in a West African town.* Berkeley: University of California Press.

LONG (Christian), 2006, «Justice at Agadez» (Icarus Films, 2006).

MASQUELIER (Adeline), 2009, *Women and Islamic Revival in a West African Town* (Bloomington: Indiana University Press).

MAIGNAN (Jean-Claude), 2000, *La difficile démocratisasion du Niger* (Paris: CHEAM).

MBOW (Penda), 2001, « Femmes et Islam au Sénégal : problématique et approches nouvelles » Paper presented at the Second symposium of the Islamic Law in Africa project, Dakar, Senegal June 30.

MBOW (Penda), 2004, «Islam, Democracy, and Human Rights: Senegalese Women Caught in the Middle of a Religious Dialog between a Secular State and the Personal Status Code» Paper presented at Rutgers University, New Brunswick. November 22, 2004.

MILES (William), 2003, «Shari'a as De-Africanization: Evidence from Hausaland» *Africa Today* Volume 50, Number 1, Spring 2003, p. 51-75.

MINDAUDOU (Madame Dodo Aichatou), ministre du Développement Social, de la Population, et de la Promotion de la Femme 1996 «Address to the Fourth World Conference on Women in Beijing, 1996» www.un.org/esa/gopher-data/conf/fwcw/conf/gov/950915031237.txt.

NIANG (Babacar), 2005, n.d. «L'échec du Code de la famille» www.lequotidien.sn/dossiers http://www.lequotidien.sn/dossiers/article.CFM?article_id=67&var_doss=13, accessed Oct. 1.

OHIA (Paul), 2000, «Sharia Fever Grips Niger Republic Citizens» *Post Express* 7/03/00 available at WWW.postexpresswired.com.

PALMER (H.R.), 1967, «The Kano Chronicle» *Sudanese Memoirs* Vol. III (London).

PANAFRICAN NEWS AGENCY, 2001, « Des malades de fistule abandonnées à l'hôpital de Niamey » (Dakar) April 18, 2001 accessed at www.allafrica.com/

RAHMAN (Anika), KATZIVE (Laura) and HENSHAW (Stanley K.), 1998, «A Global Review of Laws on Induced Abortion, 1985-1997» *International Family Planning Perspectives* Vol. 24, issue 2: 56-64.

ROSANDER (Eva Evers) and WESTERLUND (David), eds. 1997, *African Islam and Islam in Africa: Encounters between Sufis and Islamists* Athens: Ohio University Press.

SOARES (Benjamin F.), 398-418, 2009, «The Attempt to Reform Family Law in Mali» *Die Welt des Islams* 49 (3/4).

SOW (Fatou), 2003, «Fundamentalisms, Globalisation, and Women's Human Rights in Senegal» *Gender and Development* 11 (1), 69-76.

TCHAUOUSS (Alima) et LECOMTE (Benoit), 2002, « Le rôle de la religion par rapport au statut de la femme: Une mauvaise interprétation du Coran (Niger) » Groupe de Réalisations et d'Animations pour le Développement http://base.d-p-h.info/fr/fiches/premierdph/fiche-premierdph-6389.html

U.S. Department of State Commission on Human Rights 2001, «Human Rights Reports for 2000, Niger» February 2001 www.humanrights-usa.net/reports/niger.html.

WLUML, 2003, « Sénégal: Victoire pour les forces progressistes mais pas forcement pour les femmes sénégalaises » (*Women Living Under Muslim Laws*, 5/05/2003) www.wluml.org

Women's Aid Collective, 2003, *Custody of Children under the Shari'a (Hadanah)* (Enugu: Women's Aid Collective).

«Working with Nigeria's Sharia Courts», 2003, Interview with Ayesha Imam, Human Rights Dialogue 2/10/2003 http://www.carnegiecouncil.org/viewMedia.php/prmID/1053.

YUSUF (Bilkisu), 1991, «Hausa-Fulani Women: The State of the Struggle» In Catherine Coles and Beverly Mack eds., *Hausa Women in the Twentieth Century* (Madison: Wisconsin University Press), 90-106.

Alexa Moukarzel Héchaime

Actualités du statut personnel des communautés musulmanes au Liban

L'objet de la présente étude est d'exposer l'actualité du droit musulman en matière de droit de la famille au Liban, dans un contexte multiculturel. En effet, le Liban n'est pas un pays musulman[1]. Le Liban est un pays d'identité et d'appartenance arabe, membre fondateur de la Ligue des pays arabes[2]. Il est membre de l'Organisation de la Conférence islamique depuis 1969. Le Liban est donc un pays arabe enraciné dans le contexte arabe auquel il appartient, et c'est le sens de son engagement dans les organisations arabes et islamiques, mais ce n'est pas un pays musulman. Pour certains, ce serait un pays laïc[3], et pour d'autres ce serait aller trop loin d'avancer une telle affirmation[4]. En effet, le Liban est un pays

1 Il faudrait s'entendre sur la signification de « pays musulman » : pays à majorité musulmane ? Pays appliquant les préceptes religieux de l'islam à tous les échelons politiques et judiciaires ? Pays dont la religion de ses dirigeants serait l'islam ? Même si la majorité de la population libanaise appartient aujourd'hui à des communautés musulmanes, celles-ci sont diverses ; et le fait de décider que le Liban est un pays musulman conduirait à demander à ces communautés de s'entendre sur une conception unique de l'islam, ce que ces communautés se refusent à faire tant elles sont attachées à leurs particularismes religieux. Notons que si l'Iran est un pays musulman, c'est un pays shiite et si l'Arabie Saoudite est un pays musulman c'est un pays sunnite.

2 Préambule de la Constitution libanaise dans la rédaction votée le 21 septembre 1990, Article 1-b.

3 Edmond Rabbath, *La Constitution libanaise-Origines*, textes et commentaires, Pub. Université libanaise, Beyrouth, 1982. Voir aussi Pierre Gannagé, *Le pluralisme des statuts personnels dans les États multicommunautaires, Droit libanais et droits proche-orientaux*, éd. Bruylant, Bruxelles et Presses de l'Université Saint-Joseph, Beyrouth, 2001.

4 « Juxtaposition de communautés religieuses ayant chacune une tradition différente, une identité et un mode de vie distincts. Les structures politiques prenaient appui sur l'organisation communautaire et s'efforçaient d'en dépasser les cloisonnements. Le régime communautaire tire essentiellement son origine de l'organisation politique de l'État musulman et de ses fondements théologiques. Mais la disparité de différentes collectivités civiles que gouverne un pouvoir unique est le propre des sociétés insuffisamment intégrées ». Kamal Salibi, *Une maison aux nombreuses demeures,* éditeur Naufal Paris, 1989, traduction de l'anglais : *A house of many mansions, The History of Lebanon reconsidered,* I. B. Tauris and Publishers London-New York, reprinted 2005 édition anglaise. Et dans le sens d'un pays communautaire, voir Georges Corm, *Le Liban contemporain, Histoire et société,* Édition actualisée, La Découverte/ Poche 2005. Préambule de la Constitution libanaise article 1-h : « L'élimination du communautarisme politique est un but national essentiel vers lequel il convient d'œuvrer en fonction d'un plan transitoire » (traduction libre de l'auteur). Rédaction du 21 septembre 1990.

dont la Constitution est laïque et qui admet une certaine autonomie des communautés religieuses ou non religieuses sous son contrôle[5].

Le droit musulman ne reçoit application au Liban que dans le cadre exclusif du statut personnel des communautés musulmanes et ceci par l'intermédiaire de tribunaux religieux musulmans (*shar'i*)[6] et druzes[7]. Ce système de tribunaux communautaires appliquant le droit musulman dans le cadre du droit de la famille et des successions et dont les décisions sont soumises, dans une certaine mesure, au contrôle de l'État libanais, cohabite non seulement avec le système de tribunaux de l'ordre civil qui appliquent les textes législatifs d'origine étatique et laïque, mais aussi avec des tribunaux religieux chrétiens appliquant un droit ecclésiastique au droit de la famille. Force est alors de constater que « si l'État est une source incontestable du droit, d'autres organismes sociaux peuvent également formuler le droit »[8] et qu'il y a pluralisme juridique[9].

La problématique du pluralisme juridique pose deux questions fondamentales : la première est celle des sources du droit, la seconde celle des modalités du partage de la régulation juridique entre les deux systèmes, le système d'origine communautaire et le système non communautaire. La question des sources du droit musulman ou du droit des communautés musulmanes est aisée. Il faudra cependant admirer les talents d'équilibriste de l'État dans l'exercice de ses différents pouvoirs pour se maintenir à égale distance des communautés et pour les maintenir à distance l'une de l'autre.

Dans ce contexte il faut non seulement décrire le système en vigueur, mais aussi dresser un constat des rapports entre l'État et les communautés[10] non seulement par l'étude des solutions dégagées en droit musulman par les tribunaux communautaires musulmans, mais aussi en étudiant les solutions dégagées par les tribunaux non communautaires et le droit civil dans des questions qui touchent au droit de la famille et des successions[11].

---

5 Doit-on se poser la question de savoir si la France est un pays chrétien ou si les États-Unis sont un pays chrétien ?

6 Le terme de *shar'i* fait référence au droit musulman.

7 Communauté musulmane dont les principes feront l'objet d'un développement plus loin.

8 Hugues Moutouh « Pluralisme juridique » in *Dictionnaire de la culture juridique*, sous la direction de Denis Alland et Stéphane Rials, éd. Lamy/ Puf, collection Quadrige/ Dicopoche, éd. 2003.

9 Ce qui est plus vrai que de parler de pays théocratique ou confessionnel.

10 Nous nous intéressons dans cette étude aux communautés musulmanes. Mais il sera nécessaire dans le cours du développement de faire référence aux communautés non musulmanes.

11 Voir Léna Gannagé dans le rapport de synthèse du Colloque sur l'enfant en droit musulman, tenu à la Cour de cassation à Paris le 14 janvier 2008. *L'enfant en droit musulman, Afrique, Moyen-Orient,* sous la direction de Lucette Khaiat et Cécile Maréchal, Société de législation comparée, Colloques Vol. II, Paris 2008, p. 429 et s. et les notes de bas de page. On doit ajouter que la société libanaise est relativement perméable aux « acquis occidentaux ». Cette perméabilité dépend de la possibilité d'acculturation de ces acquis et de leur conformité à la manière de vivre de la société libanaise dans son ensemble.

L'histoire et les sources

L'État libanais reconnaît à l'annexe 1 de l'arrêté L/R 60 de 1936, modifié en 1996, dix-neuf communautés : onze communautés chrétiennes, trois communautés israélites et cinq communautés musulmanes (sunnite, shiite, druze, ismaélite, alaouite). Trois communautés musulmanes retiendront plus particulièrement notre attention, dans cette étude. Ce sont les trois communautés musulmanes historiques du Liban : sunnite, shiite et druze. Elles sont, aux côtés des communautés chrétiennes, des éléments essentiels de la trame sociale et historique du Liban.

Les communautés

Les sunnites

Le sunnisme est la branche orthodoxe de l'islam, actuellement majoritaire dans le monde. C'était la religion des différentes dynasties qui ont dominé après la mort du Prophète et notamment celle de l'empire ottoman. La communauté sunnite au Liban applique les préceptes de l'école hanafite[12] dégagés par Abû Hanîfa al-Nu'man ibn Thâbit (mort en 767 J. C.) ainsi que par certains de ses disciples. Cette jurisprudence religieuse a fourni les bases du système légal officiel des Abbassides dès le VIIIe siècle, puis des Seldjoukides et enfin des Ottomans.

L'empire ottoman, s'il privilégiait la vision de l'école hanafite, ne s'interdisait pas, lorsque cette école ne lui fournissait pas les réponses appropriées, d'aller chercher dans d'autres doctrines juridiques musulmanes (malikisme, shafiisme, hanbalisme) des solutions, mais sans jamais recourir aux écoles jafarite et ismaélite.

C'est le juriste Qadri Pacha qui, au milieu du XIXe siècle, compila les règles dégagées par l'école hanafite. Cette compilation n'a jamais fait l'objet d'une adoption officielle par l'empire ottoman malgré la dénomination de Code Qadri Pacha. Elle sert cependant de cadre et de référence à la communauté sunnite du Liban. Les préceptes hanafites ne diffèrent que très peu des autres écoles juridiques sunnites, si ce n'est sur le plan du statut personnel ; ainsi, en droit hanafite, une femme peut se passer de l'autorisation de son père pour se marier. Ce qui n'est pas le cas pour les autres écoles.

La communauté sunnite est organisée par le Décret-loi n. 18 du 13 janvier 1955 amendé par la loi du 19 décembre 1967.

Les shiites

Le shiisme est la branche dissidente de l'islam, qui forme le deuxième groupe musulman en nombre dans le monde. Les divergences entre sunnites et

---

12 Le sunnisme, connaît quatre écoles principales : hanbalite dont les préceptes sont appliqués en Arabie Saoudite notamment, malékite dont les préceptes sont appliqués en Afrique du Nord, shafiite dont on retrouve certains principes dans le droit égyptien, et hanafite appliqué notamment en Syrie, en Iraq et au Liban. Les règles dégagées par cette dernière école étaient favorisées par l'empire ottoman.

shiites ne portent pas seulement sur les enseignements et donc l'interprétation des règles, mais encore sur le contenu des hadith, de la Sunna et sur certains versets du Coran. De plus, au modèle du Prophète Muhammad s'ajoute celui des imâms. Les sources ne sont donc pas exactement les mêmes.

Les shiites du Liban sont des shiites duodécimains. Ils appliquent les préceptes de la doctrine de l'imâm Ja'far as-Sâdiq[13] qui, le premier, posa les limites à ne pas franchir en matière de doctrine de la foi pour les shiites duodécimains. Par référence à cet imâm, les shiites duodécimains sont aussi appelés jafarites (*ja'farî*) [14].

Dès 1922, l'autorité mandataire reconnaît la communauté shiite, et en 1926[15] lui garantit une autonomie juridique dans la gestion des questions liées au statut personnel de ses membres, notamment par rapport à la communauté sunnite. Ce qui est une victoire de taille pour la communauté shiite ignorée depuis les Mamelouks, ne disposant que de peu de droits et de privilèges et faisant l'objet de persécutions violentes, y compris de la part des Ottomans.

Enfin, la communauté shiite s'organise définitivement de manière autonome par la loi du 19 décembre 1967 qui précise dans l'article 1 que « la communauté shiite est autonome en ce qui concerne ses affaires religieuses, les biens pieux ou *waqf* et ses institutions, elle est représentée par des membres de la communauté qui parlent en son nom et agissent en son nom conformément aux préceptes de la loi musulmane (*Sharî'a*) et du droit musulman (*fiqh*) jafarite, dans le cadre des consultations juridiques (*fatâwâ*[16]) qui sont rendues par le siège de l'autorité générale de la communauté dans le monde[17] ».

Les druzes

Les druzes qui s'insèrent dans le tissu libanais vers la fin du XIe siècle constituent une minorité cantonnée au Liban dans la zone du Mont Liban

---

13 Ce fut le sixième imâm et lorsqu'il mourut en 765 (J. C.) sa succession provoqua le schisme des septimains ou ismaélites. L'imâm Ja'far as-Sâdiq enseignait à l'Université de Kûfa en Iraq.

14 On pourra trouver aussi la dénomination imâmite, les shiites duodécimains reconnaissant la théorie de l'imamat plutôt que celle du califat appliquée par les sunnites. La lignée des imâms s'est suspendue pour eux avec la disparition du douzième imâm.

15 Arrêté n. 3503 du 30 janvier 1926.

16 La *fatwâ* ou consultation juridique est une réponse juridique à une question. La difficulté est de savoir quelle force lui attribuer. Pour les sunnites, la proclamation des consultations juridiques (*fatâwâ*) se fait généralement dans un système organisé, *Dâr al-fatwâ* qui est une institution de l'ordre étatique. Pour les shiites, une *fatwâ* s'impose quand elle est rendue par une autorité religieuse ou *marja'* (référence) qui, reconnue par ses pairs, devient une autorité suprême jouissant d'une grande indépendance vis-à-vis de l'État.

17 Traduction de l'auteur. Cette disposition a suscité des controverses que l'on retrouve notamment au sujet d'une décision du Tribunal communautaire shiite de 1995 qui sera rapportée dans la suite de cette étude.

principalement[18], ainsi qu'en Syrie et en Israël. Malgré le fait qu'ils se réclament du hanafisme, leurs coutumes et leurs croyances diffèrent beaucoup et du sunnisme et du shiisme[19].

Communauté secrète ou très discrète de l'islam, sa naissance intervient vers la fin de l'empire fatimide suite aux enseignements du calife al-Hâkim (985-1021) développés par l'un de ses adeptes, Hamza et ensuite par le prédicateur (*da'i*) Darazi, nom d'où serait tiré le vocable druzisme[20]. Les livres druzes de sagesse religieuse qui mêlent ismaélisme (ou shiisme septimain), néo-platonisme et autres enseignements de doctrines schismatiques, deviennent des textes secrets et ésotériques du fait de la restauration de l'orthodoxie sunnite au XIIe siècle et de la persécution violente subie par les communautés islamiques hétérodoxes (druzes, ismaélites et alaouites) sous le règne des Mamelouks. La communauté druze se ferme alors et connaît une marginalisation démographique[21]. La culture reste aux mains exclusives des sages, dépositaires des secrets religieux de la communauté.

La société druze se divise encore aujourd'hui en deux parties : d'un côté les initiés (*'uqqâl*) qui ont accès aux secrets de la religion, les gardent jalousement et ne les transmettent qu'à ceux destinés à être initiés à leur tour. De l'autre, la majorité des croyants qui sont non-initiés (*juhhâl*), ignorant les doctrines et ne pratiquant qu'un culte très sommaire[22]. Il n'y a pas d'appel à la prière chez les druzes, ni d'obligation à prier. D'ailleurs il n'y a pas de mosquée et les lieux de réunions des initiés sont des cellules où ils s'isolent ; ces cellules ne sont ouvertes qu'exceptionnellement aux non-initiés.

Ce bref aperçu serait incomplet si on ne précisait pas que malgré leur petit nombre et leur appartenance à un mouvement schismatique de l'islam, les druzes ont fait preuve d'un grand sens politique au Liban. Les émirs de la communauté druze ont gouverné le Liban entre le XVe et le XVIIIe siècle, l'empire ottoman ayant même confié à l'un d'entre eux, Fakhreddine Maan II, le gouvernement de régions s'étendant au-delà du Mont Liban jusqu'à Alep en Syrie.

---

18 Les chiffres optimistes avancés en l'absence d'un recensement fiable sont de l'ordre de 185 000 à 200 000 druzes pour le Liban. La communauté druze dans le monde comprendrait 500 000 adeptes tout au plus. Lors du recensement entrepris en 1932 on comptait 53 047 druzes soit 7 % de la population totale du Liban. Claude Boueiz Kanaan, *Lebanon 1860-1960, A century of myths and politics,* éditions SAQI London, 2005 (*op.cit.*), p. 135.

19 Les druzes croient par exemple à la métempsychose ou réincarnation.

20 On appelle aussi les druzes, les *muahadîn* : « ceux qui ont accompli l'unicité de la foi » ou « ceux qui professent l'unicité de Dieu ».

21 Les conversions ne sont pas admises vers le druzisme.

22 Jamal ad-Dîn at-Tannukhî dit l'émir Sayyad élabora le système juridique de la communauté druze au milieu du XVe siècle, dans un recueil intitulé *La lettre de la sagesse (Risâlat al-hîkma*). Voir Sabrina Mervin, *Histoire de l'Islam, Doctrines et fondements,* Flammarion, Champs Université 2000. Ouvrage publié sous la direction d'Olivier Feiertag. Sur l'histoire du Liban, Georges Corm *Le Liban contemporain, Histoire et société*, La Découverte/ Poche 2005 et Kamal Salibi, *Histoire du Liban du XVIIe siècle à nos jours,* éd. Naufal 1992, traduction de Sylvie Besse.

La communauté druze est reconnue dès 1926 et est organisée par la loi du 13 juillet 1962. Elle a établi son statut personnel par la loi du 24 février 1948[23]. La communauté druze a développé des préceptes d'une grande originalité dans le tissu du droit musulman, notamment : l'interdiction de la polygamie, le droit pour l'épouse de demander le divorce, la représentation successorale, et les règles applicables au testament.

L'article 171 de la loi du 24 février 1948 précise : « Pour toute matière qui relève de la compétence du juge du *madhhab* (ou rite concerné) et qui ne fait l'objet d'aucun article de la présente loi, il y a lieu d'appliquer les dispositions du droit musulman (*fiqh*) hanafite, et les textes de loi qui ne sont pas en contradiction avec la loi musulmane (*Shareh*) »[24]. La communauté druze applique donc les règles précisées par la loi de 1948 et, par défaut, les règles dégagées par le droit musulman hanafite.

Les textes de droit libanais, quand ils font référence à la communauté druze parlent tantôt de mahométans – l'intitulé de la loi de 1959 est « loi sur la succession des non mahométans » – et tantôt de musulmans. Cette subtilité du langage est due au fait que la communauté druze, qui se considère comme musulmane, n'est pas pour les principales doctrines musulmanes, sunnite et shiite, une communauté musulmane. Les druzes considèrent que cette subtilité n'est pas de mise.

Les alaouites et les ismaélites

Deux autres communautés musulmanes sont reconnues officiellement[25] au Liban : les alaouites et les ismaélites. La communauté alaouite a été organisée par la loi du 18 août 1995 et soumet ses membres au droit musulman jafarite, ou shiisme duodécimain, pour le règlement des matières relevant du statut personnel, encore que leurs croyances soient différentes. En effet, l'alaouisme est une communauté secrète, qui reconnait en Ali, le gendre du Prophète Mu<u>h</u>ammad, la septième incarnation de Dieu et professe la métempsychose ou réincarnation. On retrouve la communauté alaouite presque exclusivement en Syrie : Alep, Lattaquieh, dans les montagnes environnantes et dans la plaine de Cilicie. D'abord appelés « *nu<u>s</u>ayrî* » du nom du fondateur de la communauté, Ibn Nu<u>s</u>ayr, au IXe siècle, ils adoptèrent l'appellation « alaouite » que les Français leur donnèrent au début du XXe siècle.

---

23 Différents textes sont venus par la suite modifier ou préciser des dispositions d'ordre administratif. Un projet de loi modifiant certains principes fondamentaux est actuellement à l'étude et devait être présenté au cours du second semestre 2009.

24 Traduction reprise *in Statut personnel : textes en vigueur au Liban*, Documents Huvelin, FDSP, Beyrouth-Liban, 1971.

25 La reconnaissance d'une communauté signifie que les personnes qui s'en réclament pourront se prévaloir des règles de statut personnel propres à cette communauté.

L'ismaélisme est issu d'un schisme entre shiites au VIIIe siècle. À la mort de l'Imam Ja'far as-Sâdiq, son fils Ismâ'il qu'il avait désigné comme successeur était déjà décédé. Une partie des croyants décida de désigner un autre successeur mais l'autre partie décida qu'il ne pouvait y avoir de succession puisque Ismâ'il n'était pas mort et qu'il reviendrait ou bien que son fils devait lui succéder. C'est de ce conflit né à l'occasion de la succession du septième imam que les ismaélites tirent leur nom[26]. Les divergences sont encore plus profondes, puisque cette communauté professe que la religion a deux aspects l'un apparent et l'autre ésotérique. De multiples scissions au cours de l'histoire ont abouti au fractionnement des ismaélites.

La communauté ismaélite, ou encore shiisme septimain, bien que reconnue, ne s'est pas encore dotée d'une organisation judiciaire ou de règles de statut personnel qui lui sont propres. Les ismaélites, au Liban, sont soumis par défaut au droit musulman de l'école hanafite, et les questions de statut personnel ressortent de la compétence des tribunaux musulmans sunnites[27].

La mise en place de la mosaïque communautaire[28]

L'empire ottoman professait l'islam sunnite et, jusqu'au XIXe siècle, appliquait presque exclusivement les enseignements de l'école hanafite. Il reconnaissait cependant à certaines communautés, dont les druzes, une certaine autonomie dans la gestion de leur droit de la famille ou de leur statut personnel. Les autres communautés musulmanes, par exemple les shiites, considérées comme schismatiques, n'étaient pas reconnues par l'empire qui les soumettait avec rigueur au droit de l'islam sunnite[29].

Par l'arrêté L/R 60, les autorités mandataires françaises mettent en place le 13 mars 1936 les modalités d'organisation des différentes communautés et dessinent les grandes lignes de leur cohabitation et de leur collaboration. L'annexe 1 de l'arrêté énumère les différentes communautés dont le statut personnel fait l'objet d'une

---

26 On connaît les ismaélites notamment par un groupe auxquels ils ont donné naissance celui des Assassins et par l'Agha Khan.

27 Dans l'ensemble, les textes de statut personnel ont été rédigés en arabe. Des traductions en français ont été réalisées avec plus ou moins de bonheur. On se référera pour la majorité des textes du statut personnel à l'ouvrage de Maher Mahmassani et Ibtissam Messara, *Statut personnel, Textes en vigueur au Liban,* rassemblés et traduits par, éd. Faculté de droit et des sciences sociales et économiques, (Documents Huvelin, Beyrouth, Liban, 1970. Pour les références aux textes du droit civil, le Code des obligations et des contrats a été rédigé en français et le texte du nouveau Code pénal fait l'objet de traductions en français. Pour les autres textes qui n'ont pas de traduction usuelle, l'auteur a donné une traduction la plus fidèle possible.

28 Le décret législatif n. 18 du 13 avril 1955 institue l'autonomie totale de la communauté sunnite, et fait du *muftî,* le chef religieux des musulmans sunnites. De même pour les druzes le décret du 13 juillet 1962. Pour les shiites, la loi 72/67 du 19 décembre 1967 leur assure les compétences les plus larges en matière communautaire.

29 Les shiites, qui dans l'empire ottoman n'étaient pas reconnus, étaient souvent contraints de se déclarer publiquement sunnites en gardant par devers eux leur appartenance au shiisme.

reconnaissance[30]. L'arrêté précise par ailleurs qu'il est possible après l'âge de la majorité de changer de communauté[31] et d'abandonner toute référence à une communauté. Il autorise la création de communautés qui seront soumises à la loi commune (loi civile ou non communautaire)[32].

L'autorité mandataire introduit aussi, par des dispositions modifiées le 18 novembre 1936, la reconnaissance du mariage civil célébré à l'étranger y compris entre Libanais[33]. L'article 25 de ce texte soumet les mariages civils qui ne sont pas reconnus par la communauté dont dépend l'époux, à la législation civile. Récemment, l'article 79 du Code de procédure civile libanais est venu compléter ce texte : « Les juridictions civiles libanaises sont compétentes pour connaître des litiges nés de contrats de mariages conclus en pays étranger entre Libanais ou entre Libanais et étrangers en la forme civile reconnue dans ce pays. Dans le respect des dispositions légales relatives à la compétence des tribunaux communautaires musulmans et druzes, si les deux époux appartiennent à des communautés mahométanes et que l'un d'entre eux au moins est Libanais[34] ».

L'arrêté ne codifie pas et n'adopte pas des règles de statut personnel. Il laisse aux différentes communautés le soin soit de garder les principes et les codes qui les régissaient sous l'empire ottoman par l'effet des coutumes, lois, traditions ou textes législatifs, ou bien l'arrêté les laisse libres de se doter ou pas d'un nouveau corps de règles[35]. Ces règles doivent être avalisées par le pouvoir législatif. Ce qui marque bien que les règles décidées par les communautés sont soumises au pouvoir de contrôle de l'État et ne sont nullement envisagées comme une réglementation autonome.

Enfin, les autorités mandataires mettent en place une administration de l'état civil[36] qui dépend directement de l'État libanais et qui est placée sous le contrôle des juridictions civiles libanaises[37]. Les registres d'état civil ne dépendent donc plus des autorités religieuses, et hormis certains cas énumérés par le législateur, les inscriptions à l'état civil sont invariables. Ainsi, malgré la reconnaissance de la personnalité morale des communautés et de leur autonomie en matière de statut

---

30 Cet arrêté a fait l'objet d'une modification en 1996. Cinq communautés musulmanes y sont reconnues : sunnite, jafarite (shiites duodécimains), druze, alaouite et ismaélite ; douze communautés chrétiennes et une communauté israélite.

31 Article 11 de l'arrêté.

32 Article 14 du même arrêté.

33 Articles 22 et suivants de l'arrêté L/R 60 de 1936 modifié par l'arrêté 146 du 18 novembre 1938.

34 Traduction de l'auteur.

35 Par exemple, la communauté ismaélite reconnue par le décret n'a toujours pas un corps de règles propres régissant son statut personnel.

36 Arrêté 2851 du 2/12/1924, pour la transcription des actes de l'état civil et du statut personnel.

37 Arrêté 8837/32 du 15 janvier 1932.

personnel, elles sont placées sous le contrôle de l'État, et les textes consacrent ainsi le principe de la prééminence de celui-ci sur celles-là.

L'histoire politique

La genèse du cadre administratif et politique au sein duquel le droit musulman s'applique aujourd'hui au Liban en explique la vigueur et les lenteurs. Lorsqu'en 1920, est proclamé l'État du Grand Liban et qu'il est confié au mandat de la France, le Liban n'avait jamais existé ni au sens moderne d'État, ni dans les frontières que la France avait finalement accepté de lui dessiner[38]. Tout restait à faire. La tâche n'était pas aisée, parce que sur le territoire du Grand Liban vivaient des populations appartenant à des communautés chrétiennes et à des communautés musulmanes. Ces différentes communautés qui étaient elles-mêmes divisées en rites (*madhhab*) envisageaient différemment l'organisation, l'identité et l'appartenance de l'État à venir, quand elles n'en niaient pas l'existence.

Les différentes communautés musulmanes, principalement, les sunnites, les shiites et les druzes, qui coexistaient depuis plusieurs siècles aux côtés des communautés chrétiennes étaient rivales certes, mais dans leur ensemble et pour des raisons diverses, opposées à la création du Grand Liban par la France. Alors que les communautés chrétiennes, farouchement partisanes de l'indépendance, étaient accusées d'avoir les yeux exclusivement tournés vers l'Occident, les communautés musulmanes qui avaient voulu elles aussi se débarrasser du joug ottoman souhaitaient faire partie d'un « ensemble arabe » plus vaste[39]. Après l'échec de l'établissement d'un royaume arabe qui se serait étendu des confins de la Syrie actuelle jusqu'aux frontières actuelles de l'Arabie Saoudite, les prétentions des nationalistes arabes, toutes communautés confondues, s'étaient réduites à la création d'un État arabe syro-libanais. La crainte avouée des communautés musulmanes était l'abandon par le Liban de son identité arabe et le fait d'être gouvernées par des non musulmans. À cela s'ajoutait, pour la communauté sunnite, la crainte de perdre les acquis de communauté dominante qu'elle avait engrangés du temps des Ottomans[40]. Ces peurs sont encore de mise aujourd'hui. Ce qui explique la rédaction de la Constitution libanaise où le Préambule proclame « l'identité et l'appartenance arabe » de l'État libanais et où l'article 9 reconnaît « la liberté de croyance » ainsi que le respect des statuts personnels et des intérêts communautaires. Cette situation permet de lire plus clairement les conflits et les

---

38 Le Mont Liban a connu une autonomie d'administration plus ou moins importante sous l'empire ottoman mais il n'y a jamais eu de région autonome appelée Liban plus étendue. Et ceci, même si des émirs libanais ont parfois gouverné des régions qui s'étendaient d'Alep, en Syrie actuelle, à Saint-Jean-d'Acre.

39 Il est intéressant de noter que la présence française de l'époque est qualifiée soit de mandat, soit de colonisation, soit d'occupation, selon les régions, les communautés ou les appartenances politiques.

40 Au moment où la France accepte le mandat sur la Syrie et le Liban, il était projeté de créer un État alaouite et un État druze. Cette position va évoluer au cours de l'exercice du mandat.

rivalités entre d'un côté l'État, formé d'une mosaïque communautaire et de l'autre côté les communautés[41], qui sont aussi rivales les unes des autres[42].

Concomitamment à la proclamation du Grand Liban et au tracé de ses frontières, les autorités mandataires se trouvèrent donc confrontées à la question d'imposer un statut laïc ou civil unique au nouvel État[43]. Pourtant pays de tradition laïque et anticléricale, la France se refusa à en appliquer les principes au Liban[44]. La France était consciente qu'imposer un État qui ne professerait que la laïcité dans un environnement musulman et à des communautés musulmanes qui n'étaient pas encore acquises au Grand Liban, grèverait dangereusement les relations entre, d'une part, les communautés chrétiennes qui appelaient à la création d'un État libanais de tous leurs vœux et, d'autre part, les autres communautés qui souhaitaient une union arabe ou au moins un État unifié syro-libanais. Les réalités historiques, sociales, démographiques[45] et régionales du Liban ont donc imposé la reconnaissance de la personnalité des communautés religieuses et ceci à deux niveaux, comme groupes socioculturels[46] et comme éléments constitutifs de la structure du pouvoir dans l'État.

C'est ainsi que la Constitution qui fut votée en 1926 précisait dans son article 9 : « La liberté de conscience est absolue. En rendant hommage au Très-Haut, l'État respecte toutes les confessions et en garantit et protège le libre exercice à condition qu'il ne soit pas porté atteinte à l'ordre public. Il garantit également aux populations, à quelque rite qu'elles appartiennent, le respect de leur statut

---

41 Se référer à la thèse en anglais de Claude Boueiz Kanaan, *Lebanon 1860-1960, A century of myths and politics* publiée aux éditions SAQI London, 2005. Y sont clairement exposées les rivalités entre communautés, notamment sunnites et chrétiennes maronites ainsi que leurs conséquences.

42 La matière des statuts personnels est le terrain privilégié de ces conflits de prééminence.

43 L'organisation en république n'a fait l'objet d'aucune hésitation.

44 Le général Gouraud déclare le 22 novembre 1919 à Beyrouth, « Mais si nous sommes les descendants des croisés, nous sommes les fils de la Révolution, épris de liberté et de progrès, respectueux de toutes les religions et fermement résolus à assurer une justice égale aux adeptes de chacune », et le 6 décembre 1919, il déclare à la mosquée al-'Umari à Beyrouth : « Représentant de la France dans ce pays aux religions si nombreuses et diverses, j'entends les faire respecter toutes en me plaçant au-dessus de toutes le confessions et je fais appel en retour au plus large esprit de tolérance de tous.... », in Claude Boueiz Kanaan, *Lebanon 1860-1960, A century of myth and politics*, éd. SAQI London, 2005, p. 128.

45 Le recensement officiel de 1932 (dernier recensement officiel), faisait apparaître une majorité de 52 % de chrétiens, dont les migrants d'origine arménienne arrivés au Liban après 1915, et de 48 % de musulmans. Malgré ces chiffres, les autorités mandataires prévoyaient que l'accroissement démographique des populations chrétiennes irait en sens inverse de l'accroissement démographique des populations musulmanes. La majorité dégagée en 1932 était donc une minorité en devenir et la « minorité » musulmane de l'époque était une majorité en devenir. La situation démographique actuelle a donné raison aux prévisions. Les autorités mandataires ont donc pensé qu'il fallait permettre à la majorité en devenir d'adhérer au système plutôt que de le lui imposer.

46 Ces groupes ont une personnalité morale puisqu'ils sont susceptibles de recevoir des donations, de bénéficier de legs et d'introduire des actions en justice.

personnel et de leurs intérêts religieux »[47]. Le texte de l'article 9 n'a pas été modifié depuis. Nous retiendrons qu'il porte en lui la reconnaissance d'un ordre public qui n'est pas religieux, à côté de la garantie que chacun pourra être jugé, s'agissant de son statut personnel, en fonction de sa foi. Tout en reconnaissant le respect dû à Dieu, l'État ne prend parti pour aucune confession. Il est à égale distance de tous et ne favorise aucune communauté. Il se place en arbitre, puisqu'il garantit le libre exercice des croyances, mais aussi le respect des statuts personnels.

Les textes et l'organisation judiciaire

Des textes multiples

L'article 242 de la loi du 16 juillet 1962 portant adoption du projet relatif à l'organisation des juridictions musulmanes sunnites et jafarites précise : « Le juge sunnite statue conformément aux leçons les plus reçues du rite de Abû Hanifa, hors les cas réglés au code de la famille du 8 muharram 1336[48]. Le juge jafarite statue conformément à la doctrine jafarite et aux dispositions non contraires du code de la famille ». Ce texte est complété pour la communauté shiite par le texte de l'article 1 de la loi du 19 décembre 1967[49].

Les communautés musulmanes disposent de textes d'origines différentes qui régissent leurs statuts personnels. Leur origine peut être religieuse ; le Coran est la source essentielle du droit musulman, mais il faut y ajouter la *Sunna*, les *hadith* et les enseignements de l'école hanafite pour les sunnites et les druzes, et ceux de la doctrine jafarite pour les shiites. Leur origine peut aussi être profane, comme les textes de loi adoptés par le législateur libanais. Ou leur origine peut être mixte, tel le Code de la famille ou la compilation de Qadri Pacha.

Une partie des textes d'ordre profane ou mixte avaient été adoptés, sans avoir été promulgués, par l'empire ottoman comme le Code de la famille de 1917 ou Code de Qadri Pacha, auquel se réfère la loi de 1962 et d'autres textes relatifs au statut personnel des communautés musulmanes[50]. Un autre Code adopté par

---

47 Antoine Hokayem, *La genèse de la constitution libanaise de 1926, Le contexte du mandat français, les projets préliminaires, les auteurs et le texte final*, Les éditions universitaires du Liban, 1996. Et pour des ouvrages d'histoire, on se reportera utilement aux ouvrages de Kamal Salibi, Albert Hourani, Boutros Dib (sous dir.), Georges Corm, qui ont fait l'objet de rééditions récentes en français et en anglais.

48 En islam, les années sont calculées à partir de l'année du départ du Prophète Muhammad vers la ville de Médine en 622 (année de l'Hégire) et les mois du calendrier musulman sont des mois lunaires qui ne correspondent pas exactement aux mois du calendrier occidental. Cette date correspond pour le calendrier occidental au 25 octobre 1917. Les décisions des tribunaux communautaires musulmans sont doublement datées et comportent la mention de la date dans le calendrier islamique et de son équivalent dans le calendrier occidental.

49 *Cité* p. 124.

50 L'intention de l'empire ottoman était de moderniser les lois et réglementations en vigueur et surtout de les unifier. La tâche de l'autorité ottomane était plus simple que la tâche des autorités étatiques

l'empire ottoman réglementait les matières civiles, la *majallah*[51]. Le Code de la famille de 1917 et la *majallah* continuent à revêtir au Liban une grande importance, car l'article 1106 du Code des obligations et des contrats adopté en 1932 précise que : « Toute disposition de la *majallah* et autres textes législatifs qui sont contraires au présent Code des Obligations et des Contrats ou inconciliables avec sa teneur sont et demeurent abrogés ». L'interprétation *a contrario*, permet de dire que les dispositions qui ne sont pas inconciliables sont encore en vigueur. Quant au Code de la famille, il est encore en vigueur pour les communautés sunnites et druzes et, dans une moindre mesure, pour la communauté shiite, ainsi qu'il ressort des textes que nous avons vus plus haut. L'autre partie des textes profanes a été adoptée sur proposition des communautés musulmanes par le législateur libanais.

La structure judiciaire[52]

Les tribunaux communautaires musulmans font partie de l'organisation judiciaire de l'État qui leur a délégué la compétence en matière de statut personnel. Les magistrats qui y siègent sont des fonctionnaires nommés et rémunérés sur le budget de l'État[53]. L'adoption de Codes de procédure ou de statuts ou de modifications des règles de statut personnel est soumise au vote de l'organe législatif de l'État[54]. La Cour de cassation, juge suprême de l'ordre civil, connaît des demandes relatives aux conflits entre les tribunaux civils, entre ceux-ci et les tribunaux communautaires, ou entre les différents tribunaux communautaires. La Cour, toutes chambres réunies, sous la présidence du premier président, contrôle aussi que les droits des parties et les règles d'ordre public ont été respectés dans les

---

actuelles, parce que le sultan était le calife et qu'officiellement il entendait seulement rédiger ce qui était déjà pratiqué. En réalité les Ottomans ont opéré des choix entre les différentes écoles du sunnisme, en favorisant le rite hanafite mais en adoptant parfois des solutions relevant d'autres écoles quand celles-ci leur semblaient plus adaptées à la réalité moderne.

51 Cette compilation inspirée du droit musulman réglementait l'ensemble des matières du droit civil vers la fin de l'empire ottoman. La *majallah* continue à régir le statut des aliénés (*ḫajr*) sur le plan civil, toutes communautés religieuses confondues.

52 Quand les arrêts ne sont pas accompagnés de références d'ouvrages, il convient de se référer à la compilation informatisée Cassandre/IDREL. Pour les décisions des tribunaux communautaires, il n'y a malheureusement pas toujours de références.

53 L'ensemble des personnes employées dans le fonctionnement de la structure des communautés musulmanes ont le statut de fonctionnaires. Les tribunaux religieux des communautés chrétiennes ne font pas partie de l'organisation judiciaire de l'État libanais et les personnes qui assument des charges dans le fonctionnement des communautés chrétiennes ne sont pas rémunérées par le budget de l'État. Loi du 16 juillet 1962 et décret-loi du 5 mars 1960.

54 Les dispositions de procédure pour les communautés sunnite et shiite ont été adoptées par la loi du 13 juillet 1962.

procédures initiées devant les instances communautaires[55]. L'État libanais a donc un monopole législatif et juridique, et un droit de contrôle des décisions des tribunaux communautaires, même si ce pouvoir de contrôle est limité[56]. La personnalité des magistrats et des situations extrêmes peuvent pousser la Cour à tenter d'aller un peu plus loin que le cadre strict des textes[57].

C'est dans ce cadre mis en place progressivement depuis 1920 que les différentes communautés musulmanes du Liban ont mis en œuvre le droit musulman qu'elles appliquent aux citoyens libanais musulmans. Ainsi, au pluralisme né de la possibilité pour d'autres organismes sociaux que l'État de formuler le droit s'ajoute le pluralisme né de l'interprétation et de l'appréciation

---

55 En aucun cas, la Cour de cassation ne peut connaître du fond du droit communautaire, de son interprétation et de son application. En effet, la Cour de cassation ne peut pas juger du litige entre les parties (répartition des parts successorales, droit de garde, pension alimentaire…). Elle intervient pour trancher dans les cas où deux juridictions communautaires ou une juridiction communautaire et une juridiction civile se déclarent compétentes. Elle intervient aussi quand l'une des parties considère que ses droits constitutionnels ont été violés par la juridiction communautaire (absence de preuves, manquements aux droits de la défense, infraction à des textes civils d'ordre public…). Voir article 95-3 du Code de procédure civile libanais. En ce sens, Cass. civ. Ass. plen. N.25/2008 du 19 mai 2008, litige sur la validité d'un testament qui n'était pas signé, question de l'admissibilité de la preuve de la volonté du défunt. C'est aussi par cette formation qu'avait été rendue en 1995 une décision controversée, que nous analyserons par la suite, voir *infra*. : « Successions et parts des femmes ».

56 M.-C. Najm « Pour une législation civile unifiée de la famille au Liban », *Travaux et Jours*, n° 74, automne 2004, p. 131 et s. « Il ne faut pas se méprendre en effet, sur la source et la nature des pouvoirs exercés par les autorités communautaires. Ces pouvoirs ne puisent pas leur légitimité dans un caractère prétendument obligatoire des droits religieux, mais dans la volonté de l'État de s'en remettre aux autorités confessionnelles en matière de statut personnel. Les communautés ne sont pas le pouvoir civil au Liban, car l'État libanais n'est pas théocratique. L'autorité civile n'appartient qu'à l'État : c'est lui qui reconnaît et légitime les pouvoirs des communautés dans les matières du statut personnel ; il lui appartient de la même manière de les contrôler, de les restreindre ou même de les supprimer ». Et en note n°6 p.133 : Voir les attendus d'une décision rendue le 8 juin 2000 par le Conseil constitutionnel (*al-'Adl*, 2001, Législation, p. 4), sur saisine par le *shaykh al-'aql* de la communauté druze : « Attendu que le droit de légiférer de l'État est un des attributs de la souveraineté qui a sa source dans le peuple et que l'État exerce à travers les institutions constitutionnelles sur son territoire et à l'égard de tous ceux qui se trouvent sur ce territoire ; Attendu que le pouvoir de légiférer est un pouvoir originel et absolu exclusivement réservé par la Constitution à un seul organe qui est la Chambre des députés… ».

57 Les magistrats qui siègent dans les tribunaux civils appartiennent aux différentes communautés et le nombre de femmes a tendance à supplanter celui des hommes. Ce qui permet un regard nuancé sur les affaires relatives au statut personnel qu'il leur est donné d'examiner. Voir la décision de l'Assemblée plénière de la Cour de cassation du 7 janvier 2008, n. 3/2008 en matière de testament et de preuve. L'affaire était venue une première fois devant la Cour qui avait décidé de sanctionner la Cour suprême jafarite en 2006. L'arrêt rendu par cette juridiction avait provoqué une nouvelle demande devant la Cour de cassation qui avait prononcé la nullité de la deuxième décision, aux motifs que la juridiction communautaire shiite n'avait pas respecté les droits de la défense et les règles de preuve du Code de procédure libanais, d'ordre public. En l'espèce, deux frères se targuaient d'un testament en leur faveur au détriment de leur sœur. Ils n'avaient pas produit l'original du document et s'étaient refusé à le produire malgré les demandes de la sœur, et la position de la Cour de cassation. Le magistrat Antoine Khayr a récemment proposé une réforme de cette formation en tribunal des conflits de la Cour de cassation pour lui permettre de prendre directement des décisions au fond. Voir le Hors Série de la revue *Le Commerce du Levant* (décembre 2009) : *Les successions.*

multiple par les différentes juridictions communautaires (au minimum trois) de la règle de droit musulman[58].

Réalités du statut personnel

Généralités

Comme nous l'avons vu, le droit de la famille ou statut personnel relève seul du droit musulman dans le cadre des juridictions communautaires musulmanes et pour les citoyens libanais de confession musulmane. Cette compétence du droit musulman n'étant qu'une compétence d'attribution, il existe des zones d'intersection entre la compétence de l'État en matière d'organisation et juridique et sociale et la compétence des communautés.

Le droit civil (ou non communautaire) et les personnes

Dans le cadre non communautaire, les discriminations, notamment celles entre hommes et femmes, tendent à disparaître. En effet, le législateur libanais sous la pression de juristes et d'organisations non gouvernementales libanaises[59], a modifié certains textes de droit pénal, administratif et civil pour réaliser une plus grande égalité de traitement entre les hommes et les femmes. À titre d'exemple, l'adoption de la loi du 4 novembre 1993[60], a autorisé les femmes à témoigner ou à agir directement devant les autorités chargées d'administrer le Registre foncier, que ce soit dans le cadre du bornage, ou en matière d'hypothèque. Le texte ancien datant de 1936 prévoyait expressément l'intervention de « témoins masculins ». Cette discrimination a aujourd'hui disparu.

De même, en matière pénale, l'article 562 du Code pénal libanais qui prévoyait qu'en cas de crime d'honneur, seuls les hommes pouvaient se prévaloir de cette circonstance atténuante, a élargi celle-ci aux femmes. L'article 562 du Code pénal, modifié par la loi n.7 du 20 février 1999, donne la définition d'un crime d'honneur et a remplacé le mot « homme » du texte antérieur par « quiconque » : « Bénéficie de l'excuse atténuante quiconque ayant surpris son conjoint, l'un de ses ascendants, descendants ou sa sœur en flagrant délit d'adultère ou se livrant à un rapport sexuel illégitime, et se sera rendu coupable à l'encontre de l'une des deux personnes d'homicide ou de lésion corporelle non prémédités ».

On pourrait dès lors imaginer que l'épouse peut bénéficier de la circonstance de « crime d'honneur » si elle surprend son mari commettant l'adultère. Or, il n'y a

---

58 V. Jean Carbonnier, *Sociologie juridique*, PUF, 1ère édition, PUF, Thémis, 1978.

59 Le Conseil national de la femme, le Rassemblement national pour l'élimination de toute forme de discrimination contre la femme, l'Union démocratique féminine, l'Association Laure et Joseph Moghaizel…

60 Loi n. 275/93 du 4 novembre 1993.

pas eu de décisions judiciaires récentes impliquant une femme dans un crime d'honneur. Notons que la jurisprudence actuelle tend à interpréter très strictement le texte quant au sens à donner au rapport sexuel illégitime et au délit d'adultère. En effet, alors que certains crimes commis par des pères ou des frères avaient pour cause un baiser ou un geste déplacé, les tribunaux ont écarté l'application du texte à ces situations qualifiées d'« anodines »[61].

Les discriminations entre hommes et femmes persistent par ailleurs sur deux autres plans : l'inscription à l'état civil et la transmission de la nationalité aux enfants[62]. En effet, à leur naissance les enfants sont inscrits automatiquement sous le numéro du registre d'état civil de leur père. Pour les garçons ils gardent ce numéro et cette référence toute leur vie, et par la suite y inscriront leurs propres enfants et leurs épouses. Les filles qui sont inscrites sur le registre du père à la naissance sont rayées de ce registre lors de leur mariage et sont inscrites sur le registre de leurs époux. Elles perdent donc le bénéfice de la référence familiale paternelle[63]. En cas de divorce, elles sont réintégrées sur le registre paternel. Dans le cas de la naissance d'un enfant hors mariage reconnu par la mère, l'enfant rejoint sa mère sur le registre familial de son grand-père maternel.

Ainsi, c'est bien l'homme, le père, qui est au centre du tissu familial libanais. La question de la transmission de la nationalité illustre encore assez bien le rôle central de l'homme. En effet, la mère ne peut pas transmettre à ses enfants ou à son mari sa nationalité libanaise. Pour sa part le père transmet sa nationalité à ses enfants au moment où il les inscrit sur les registres de l'état civil et le mari transmet sa nationalité à son épouse six mois après la transcription du mariage sur les registres de l'état civil en présentant une demande auprès des autorités concernées. Cette différence de traitement est justifiée pour certains par la peur que la femme introduise un étranger dans le tissu familial et social.

Cette situation conduit à des situations paradoxales et difficiles. Par exemple, un enfant né sur le territoire libanais d'un père étranger et d'une mère libanaise est considéré en situation irrégulière, car il n'a pas de visa d'entrée sur le territoire libanais. Ses parents devront régulariser la résidence de leur enfant, après la naissance. L'enfant né d'une mère libanaise et d'un père étranger devra aussi obtenir des titres de séjour tout au long de sa scolarité sur le sol libanais et justifier de son séjour au Liban à sa majorité.

À l'heure où cette étude est rédigée, un jugement rendu par le tribunal du premier degré de la circonscription de Jdeidet al-Metn (Jdaydat al-Matn) au Mont Liban a reconnu à une mère libanaise le droit de transmettre la nationalité libanaise

61 Il persiste néanmoins des discriminations. Ainsi y a-t-il condamnation de la femme en cas d'adultère mais pas condamnation du mari dans la même situation.

62 *Second rapport de la NCLW*, Beyrouth 2004.

63 Paradoxalement, alors que la fille est rayée du registre paternel au moment du mariage, elle gardera officiellement l'usage de son nom de jeune fille qui comporte automatiquement le prénom de son père.

à ses enfants dans la mesure où la protection des enfants était en jeu. Le jugement a précisé que les enfants n'avaient pas de liens effectifs avec la nationalité de leur père qu'ils ne voyaient plus et qui ne résidait plus au Liban. Cette décision a immédiatement fait l'objet de commentaires qui en contestent les fondements[64].

Mais le système communautaire crée des discriminations entre les femmes elles-mêmes. Les femmes druzes sont autorisées à demander un divorce, alors que les femmes shiites et sunnites ne le peuvent pas. Une femme libanaise musulmane mariée civilement[65] à un Libanais musulman à l'étranger, ne pourra pas demander le divorce devant le tribunal civil au Liban ou à l'étranger alors que la femme non musulmane ayant contracté un mariage civil avec un non musulman[66] ou un musulman est en droit de le faire. Une fille shiite obtiendra la totalité de la succession de ses parents si elle n'a pas de frère, alors que la fille druze ou sunnite devra la partager avec un homme de sa lignée paternelle.

Enfin, notons que la femme subit une pression importante dans une société qui reste largement patriarcale et ceci, toutes communautés confondues : pressions pour le mariage dans sa propre communauté et pressions pour limiter l'immigration quand la femme est célibataire. Ces pressions sont paradoxales dans un pays où la moyenne d'âge pour le mariage des femmes est l'une des plus élevées puisqu'elle est de 29 ans, où par ailleurs le niveau d'instruction des femmes est élevé et où 25% des femmes travaillent.

Du fait que la filiation est un domaine qui relève du statut personnel communautaire, les enfants nés en dehors des liens du mariage ont un statut discriminatoire par rapport aux enfants légitimes. Le législateur a tenté d'atténuer sur le plan civil (non religieux) les discriminations qui pourraient résulter de la filiation en dehors du mariage. Les registres d'état civil ne font pas apparaître la mention de « naturel » ou d'« illégitime ». Bien que ceci puisse être déduit de l'absence de mention de mariage. Nous verrons plus loin que la discrimination entre enfants légitimes et naturels (ou adultérins) est surtout d'ordre successoral dans les communautés musulmanes.

Les matières du statut personnel qui relèvent de la compétence des tribunaux communautaires musulmans et du droit musulman

Le concept de droit de la famille ne recouvre pas les mêmes matières en droit musulman et chez les communautés chrétiennes ; il convient de s'y attarder quelques

64 Voir *L'Orient-Le Jour*, jeudi 18 juin 2009, p. 4.

65 Le mariage civil est un mariage devant des autorités non religieuses qui ouvre droit à un divorce devant les tribunaux civils, par opposition au mariage religieux qui est un mariage célébré par une autorité religieuse ou un mariage conclu conformément aux règles de l'islam et dont la dissolution relève uniquement des tribunaux religieux ou communautaires.

66 Sont considérés non musulmans, les chrétiens, les israélites, les étrangers dont la communauté n'est pas mentionnée à l'état civil, et toute personne qui n'est pas rattachée à une communauté musulmane.

instants, car la conséquence de cette vision contribue à élargir encore le champ du pluralisme entendu au sens de la possibilité pour des organisations sociales de formuler le droit et celui défini par le doyen Carbonnier qui résulte de l'interprétation et l'appréciation multiple par plusieurs juridictions, de la règle de droit[67].

En effet, pour les communautés chrétiennes, comme pour les droits des pays occidentaux, il faut distinguer le droit de la famille à proprement parler (mariage, filiation, adoption, divorce, nullité du mariage, autorité parentale...) du droit patrimonial de la famille (successions et régimes matrimoniaux). Sous la domination ottomane, les communautés chrétiennes voyaient leurs successions soumises au droit musulman hanafite en vigueur sous le régime ottoman[68] alors que les règles du mariage et de la filiation relevaient de leur statut personnel[69]. Pour l'islam, le droit de la famille est aussi le droit patrimonial de celle-ci, dont font partie les successions qui sont régies par le Coran[70].

Au Liban, il existe donc une situation relativement unique. Le statut personnel compris par les musulmans s'étend à tous les aspects du droit de la famille, y compris l'aspect patrimonial (notamment les successions), alors que pour les communautés chrétiennes, les successions sont de l'ordre du droit civil et sont régies par une loi civile dite « loi sur les successions des non-mahométans du 23 juin 1959 ». Ce sont les tribunaux civils qui examinent et décident de la liquidation et du partage des successions soumises aux dispositions de la loi de 1959[71].

Ajoutons qu'aucune communauté religieuse ne connaît de régime matrimonial à proprement parler. Une séparation totale des biens entre époux est la règle. Il n'y a pas de régime matrimonial *a minima*. Les époux conservent la gestion indépendante de leurs biens tout au long du mariage. Lorsque les époux acquièrent ensemble des biens pendant le mariage, on considère que ces biens sont

---

67 V. *supra* note 58.

68 On observera que les successions des communautés chrétiennes de Syrie étaient encore régies par le droit hanafite jusqu'à l'adoption d'une loi sur les successions (Loi n.31 du 18 juin 2006). Depuis cette date, les communautés chrétiennes, à l'exception des communautés orthodoxes sont soumises à une loi ecclésiastique de statut personnel et dépendent de tribunaux religieux catholiques pour le droit de la famille et des successions.

69 Pour Pierre Gannagé, « le fait que certains des effets attribués au mariage par le droit musulman échappent au statut confessionnel pour les communautés non musulmanes, indique que les données religieuses imprègnent différemment le système juridique musulman et celui des communautés chrétiennes », *in Le pluralisme des statuts personnels dans les États multicommunautaires, droits libanais et proche orientaux*. Bruylant, Bruxelles et PUSJ Beyrouth, 2001. Ce recueil de textes d'articles, publiés par ailleurs, et de conférences données par l'auteur à partir des années 1960, est une source précieuse d'enseignements et de réflexion sur les rapports qu'entretiennent les systèmes communautaires libanais entre eux et avec l'État.

70 L'article 17 du 16 juillet 1962 énumère les différentes matières (21 en tout) qui ressortent de la compétence des juridictions musulmanes : les fiançailles, le mariage et le divorce, la filiation, la dot (*mahr* qui est la dot versée par le mari à sa femme), la tutelle, les successions et les testaments, les donations pieuses et familiales (*waqf* aussi appelés biens de main morte)...

71 Les communautés chrétiennes relèvent donc des tribunaux religieux pour le mariage et la filiation, et de la loi civile et de la compétence des tribunaux civils pour leurs successions.

en indivision, et si l'un des époux seul acquiert des biens pendant la durée du mariage, il en est seul propriétaire.

Enfin, différentes dispositions du droit civil ont trait à l'organisation de situations qui relèvent indirectement du droit de la famille ou de son droit patrimonial. Les donations, les incapacités, certaines dispositions relatives à la tutelle et à l'exécution des décisions des tribunaux communautaires musulmans. Ces dispositions échappent ou totalement ou partiellement au contrôle des juridictions communautaires musulmanes et au droit musulman.

Ces situations de tutelle, de donation, d'incapacité, et de garde relèvent à la fois des tribunaux civils et des tribunaux communautaires et ont des conséquences sur le statut personnel communautaire. Dans d'autres cas, les décisions des tribunaux communautaires sont soumises par l'une des parties au contrôle des juridictions civiles et enfin, il y a des cas où la compétence des juridictions civiles est contestée par les juridictions communautaires. Ces diverses situations où le droit musulman entre en contact ou en conflit avec le droit civil, permettent d'avoir accès aux décisions des tribunaux communautaires musulmans. Elles permettent aussi un contrôle, par la Cour de cassation, de la conformité de ces décisions aux règles de procédure fondamentales et aux règles d'ordre public.

Questions choisies

Dans les développements qui vont suivre, il est parfois fait référence à des décisions de tribunaux communautaires musulmans. Ces références ne sont pas toujours suffisantes en nombre et elles sont parfois incomplètes. Il est particulièrement difficile d'avoir accès à ces décisions qui ne sont pas publiées, sauf exception. Le chercheur et le praticien sont condamnés à aller à la pêche auprès de juges ou de greffiers compréhensifs, ou de parties qui s'estiment lésées. L'examen de ces décisions peut aussi avoir lieu à l'occasion du contrôle par la Cour de cassation, sur requête d'une des parties, du respect des procédures d'ordre public. Ces requêtes peuvent concerner les questions de garde d'enfant, lorsqu'un parent souhaite faire condamner l'autre devant les juridictions pénales pour rapt d'enfant ou pour avoir soustrait ce dernier au droit de visite. Il est vrai que dans un domaine aussi privé, la discrétion est de mise.

L'analyse détaillée des règles du statut personnel en islam telles qu'elles sont interprétées et appliquées par les communautés musulmanes au Liban, dépasserait largement le cadre de cette étude. Nous étudierons les situations qui ont suscité des controverses notamment quand il s'agit du genre, de la filiation et du corps. Certaines de ces controverses sont réglées dans le cadre des tribunaux communautaires musulmans et font donc partie strictement du cadre de cette étude. D'autres sont réglées par les juridictions civiles, et permettent de comprendre la perception qu'ont ces juridictions du droit musulman au Liban. Enfin, certaines controverses en sont encore au stade doctrinal.

Nous avons donc procédé à un choix parmi ces diverses questions, en fonction de l'actualité, de la persistance des positions, de la résurgence de certaines questions ou de l'évolution jurisprudentielle. Nous avons voulu aussi souligner, quand c'était le cas, que certaines situations avaient enfin trouvé un écho auprès des autorités communautaires musulmanes. Nous avons ainsi choisi d'aborder diverses questions relatives au droit des successions, au droit de garde et aux arrangements pécuniaires entre époux en cas de divorce. Il nous a aussi paru nécessaire d'aborder le sujet de la filiation, notamment à cause de l'intervention des juridictions civiles et du contrôle exercé par l'administration sur les déclarations auprès de l'état civil. Ces sujets permettent d'apprécier la perméabilité du droit musulman aux grands principes du droit non communautaire[72].

Les successions

Il n'est pas besoin de rappeler les règles de la dévolution successorale en islam. La matière est l'une des plus étudiées par les juristes et savants musulmans, et elle a fait l'objet de développements importants[73]. Pour beaucoup, l'étude du droit musulman des successions revient à une étude des différents cas de concours entre successibles ou légataires ou créanciers. Les écoles hanafite et jafarite se retrouvent sur de nombreux points lorsque ceux-ci trouvent leur source dans les sourates du Coran reconnues par les deux communautés.

La communauté druze a, pour sa part, développé une vision originale qui réside d'abord en ce que le testament est une obligation morale et religieuse[74], qui n'est soumis à aucune quotité ou au consentement des autres héritiers. L'islam n'a jamais considéré le testament comme une obligation du croyant puisqu'il vient perturber l'ordre familial et ne l'a autorisé qu'à certaines conditions. Cette particularité druze vient du fait qu'en tant que minorité tolérée, les druzes souhaitaient pouvoir disposer de leurs biens comme ils l'entendaient.

Ensuite, alors que le droit musulman classique dans son ensemble ne reconnaît pas la représentation successorale, les druzes ont choisi de l'appliquer au moins dans la lignée descendante directe. La représentation est le mécanisme qui permet à un enfant de remplacer son parent décédé dans une succession dont ce

---

72 Les solutions dégagées au Liban par les juridictions communautaires musulmanes restent des solutions classiques quand on les compare avec les solutions dégagées dans des pays musulmans, comme la Jordanie ou l'Égypte par exemple. Ce classicisme est dû à la « confrontation » obligatoire entre les juridictions communautaires musulmanes, les juridictions ecclésiastiques chrétiennes et les juridictions de l'État.

73 On peut se reporter à l'ouvrage en français de Louis Milliot, *Introduction à l'étude du droit musulman*, Institut de droit comparé de l'Université de Paris, « Les systèmes de droit contemporains », Recueil Sirey, 1953. Cet ouvrage se réfère au droit musulman tel qu'il a été développé par les écoles issues du sunnisme.

74 La tradition veut qu'un druze ne doive pas dormir deux nuits de suite sans avoir son testament sous l'oreiller.

dernier aurait pu bénéficier[75]. En n'appliquant pas le principe de représentation, le droit musulman prive les enfants dont le parent est décédé de la part dans la succession du grand-père ou de la grand-mère, par exemple[76].

En revanche, les trois communautés s'accordent sur le principe selon lequel les enfants illégitimes n'ont aucune part dans la succession de leur père[77], ainsi que sur le principe que les non musulmans ne peuvent succéder à des musulmans[78]. Ce qui est un empêchement important dans les cas où les enfants, les parents, ou les conjoints ne sont pas de la même confession ; ce qui est assez souvent le cas dans un pays multiconfessionnel comme le Liban. Cet empêchement de succéder est étendu aux druzes par les communautés sunnite et shiite.

La part des femmes

Malgré des velléités de changement, les femmes continuent à faire l'objet de discriminations en matière successorale. La discrimination la plus importante et qui ne fait pas l'objet de débat pour le moment est le principe selon lequel la part de l'homme en matière successorale est le double de celle de la femme[79]. Pour tous, la permanence de cette distinction entre hommes et femmes s'explique par la présence de ce principe dans la source sacrée qu'est le Coran[80].

Tous les tribunaux islamiques en font une application stricte, il n'y a pas d'interprétation possible pour eux. Le seul moyen d'y échapper pour un musulman, est de consentir des donations de son vivant en se réservant l'usufruit[81]. Il est aussi

---

75 En appliquant le principe de la représentation, si un fils décède avant sa propre mère, au décès de cette dernière, le fils ne pouvant hériter puisqu'il est décédé, ce sont ses enfants qui hériteront à sa place.

76 Le droit jordanien et égyptien semblent avoir trouvé la parade : on contourne l'absence de représentation qui constitue une injustice pour les enfants par ce qu'on appelle un testament obligatoire. Une partie de la doctrine hanafite pense que cette solution serait acceptable au Liban. Le testament obligatoire est une disposition supposée du défunt, ou une disposition supplétive de la volonté qu'il n'a pas pu exprimer avant sa mort, et qui va bénéficier à des personnes ayant une position privilégiée dans la famille et dans l'affection du testateur, tels ses petits-enfants. Cette solution développée en Andalousie au XIe siècle autorisait les petits-enfants dont les parents étaient décédés à hériter de leurs grands-parents.

77 Les questions touchant à la garde, à l'entretien et à la tutelle des enfants illégitimes ne sont pas de la compétence des tribunaux des communautés musulmanes. En effet, la filiation légitime est un des effets du mariage et c'est à ce titre qu'elle est soumise aux règles du droit musulman. Or, la filiation illégitime n'est pas un effet du mariage, elle est donc soumise aux règles du droit civil et ressort de la compétence des tribunaux de l'ordre judiciaire.

78 Cependant, il est parfaitement possible pour un musulman de léguer ou de donner entre vifs à des non musulmans.

79 Interrogés sur ce sujet, des responsables des trois communautés ont précisé que cette question n'était pas d'actualité.

80 Coran (IV, 12).

81 Les donations simples échappent au contrôle des tribunaux religieux et sont soumises aux tribunaux civils et au Code des obligations et des contrats. Le droit musulman n'opère pas de rapport des donations. Le rapport est le mécanisme qui oblige les héritiers qui ont bénéficié d'une donation à en faire la déclaration au moment de la succession. La donation sera ajoutée aux biens que le défunt a

possible de constituer un *waqf*[82]. Tenter d'y échapper par testament est difficile pour les non druzes, car le legs testamentaire est soumis pour les hanafites et les jafarites à la quotité du tiers disponible, doublé du consentement de tous les héritiers pour les hanafites[83]. Les parents ou les maris peuvent aussi acheter des biens *amîri*[84] dont les règles de transmission par succession accordent la même part aux filles et aux garçons[85].

La part de l'épouse dans les biens immeubles : position des tribunaux jafarites

Le Coran prévoit aussi que l'époux recueillera dans la succession de son épouse le double de la part que celle-ci aurait recueilli dans la succession de son époux[86]. Ces parts étaient calculées sur l'ensemble des biens (meubles, immeubles…) compris dans la succession. Les écoles jafarite et hanafite adoptèrent la même position sur ce plan. La controverse est apparue en 1995 lorsque le tribunal d'appel de la communauté jafarite, s'appuyant sur une consultation juridique (*fatwâ*)[87], de l'imâm shiite irakien Khû'î[88], décide que l'épouse survivante ne recueille aucune part ni en nature, ni en valeur sur les terres en friche (sans constructions ou non plantées). Pour les terres plantées ou sur lesquelles se trouve une construction, elle obtient la contre-valeur de sa part, mais pas de part en nature. En conséquence, l'épouse ne peut plus hériter des terres en friche qui constituent la succession de son mari, ni même des terres plantées ou construites.

---

laissés pour calculer la masse qui sera à partager. C'est un moyen de protéger la réserve des héritiers. Le droit musulman ne connaît pas ce mécanisme et un donateur pourra ainsi priver les héritiers de leur réserve en donnant tout ses biens de son vivant.

82 Les biens constitués en *waqf* sont des bien immobilisés par testament ou donation au profit d'une communauté ou d'une œuvre pieuse (*waqf khayrî* ou pieux) ou au profit d'une personne (*waqf dhurrî* ou familial). C'est cette dernière catégorie de *waqf* qui est concernée ici. L'institution du *waqf*, connue dans le Maghreb est traduite par « biens de main morte ».

83 Edmond Gaspard, *Les testaments, les donations et les successions*, (en arabe), Imprimerie al-Jihâd, Beyrouth, 1959.

84 Catégorie de biens créée par le pouvoir ottoman où les terres font partie du domaine éminent du sultan et dont la disposition est conférée à un particulier désigné par le sultan.

85 Voir *infra.*, p. 228. On se reportera aussi au numéro Hors série « Les successions » du *Commerce du Levant*, janv. 2010.

86 En présence d'enfants, l'époux survivant recueille le quart de la succession de son épouse et l'épouse recueille un huitième de la succession de son époux.

87 La différence entre les diverses communautés est la portée des *fatâwâ* et leur origine. Nous avons vu que pour la communauté shiite, une *fatwâ* peut émaner de l'autorité shiite dans le monde. Par autorité on entend un *marja'* (autorité de référence) qui pourrait se trouver en Iraq, en Iran ou ailleurs. Une autorité devient une référence en fonction de l'unanimité que recueillent ses décisions et ses consultations. Ce texte n'a pas d'équivalent dans les textes des communautés sunnites et druzes au Liban. Plus l'autorité qui rend la *fatwâ* est importante et plus son application l'est aussi.

88 *Fatwâ* publiée au *minhaj as-sâlihin, al-'ibadat, al-fatâwâ*, marja' al-muslimin za'im al-hawzat al-'ilmiyat as-sayyid abû qasim al-mussawî al-khû'î éd. Dâr al-balâghat, Beyrouth, 1992, p. 371 et 372 cas n. 1788.

Cette position est particulièrement discriminatoire, non seulement car l'épouse est privée de la part d'héritage et ne peut plus accéder à la propriété immobilière en succédant à son mari, mais aussi parce que, dans la même situation, l'époux qui survit à sa femme propriétaire de terres en friche ou de terres construites ou plantées peut en devenir propriétaire.

Sur le plan communautaire, les tribunaux hanafites et les tribunaux druzes n'ont pas suivi cette position qui est actuellement la règle devant l'ensemble des juridictions jafarites au Liban. Sur le plan du droit libanais, cette décision semblait créer une discrimination supplémentaire et aller à l'encontre de textes législatifs obligatoires. Sur requête de l'épouse, l'Assemblée plénière de la Cour de cassation était appelée à décider si les règles de procédure avaient été respectées et si les motivations de cette décision ne violaient pas les textes législatifs libanais[89]. La Cour suprême décida que la décision qu'on lui demandait de rendre était une décision sur la validité de la *fatwâ* et donc sur le fond du droit musulman et qu'elle n'était donc pas compétente.

Au regard du droit civil, il semble donc que les tribunaux communautaires jafarites distinguent entre les terres bâties, les terres cultivées, les terres en friche alors que le Code de la propriété foncière ne fait aucune distinction, et qu'il accorde une saisine[90] immédiate sur les biens immobiliers à tous les héritiers. Sur le plan social, la décision introduit une discrimination entre les épouses sunnites et druzes d'une part et les épouses shiites d'autre part. Certains auteurs soulignent même qu'ils auraient souhaité que l'Assemblée plénière trouve un biais pour éviter la naissance, non seulement d'une discrimination, mais d'un précédent fâcheux sur une question touchant à la compétence de l'État[91]. Cette solution est le droit positif des tribunaux jafarites au Liban aujourd'hui[92].

Succession des filles en l'absence de frère et doctrine hanafite

Dans la doctrine hanafite, et contrairement aux solutions dégagées par l'école jafarite, la fille qui succède à son père sans concourir avec un frère ne peut recueillir la totalité de la succession. La part qui aurait dû revenir à son frère sera attribuée aux hommes de la branche paternelle ou agnatique, oncle ou cousin car les filles ne peuvent s'interposer (*hajb*) dans la succession de la lignée patrilinéaire.

---

89 Cass. Ass. Plén. 18 novembre 1995, n. 25195, *al-'Adl*, 1996, p. 18 et *Chroniques de droit privé libanais*, p. 390, n. 31 bis, commentaire Ibrahim Najjar.

90 La saisine est la possession immédiate d'un bien successoral qui permet à l'héritier de disposer des biens, y compris des biens immobiliers avant même la transcription en son nom propre au registre foncier.

91 Ibrahim Najjar, *Droit patrimonial de la famille, droit matrimonial, successions*, 3e éd., 2003, p 121 et note de bas de page n. 4

92 Réponse du Shaykh Adil Hariri, Bureau de la communauté shiite de la ville de Nabatiyah, le 15 juin 2009. Jugement de dévolution successorale rendu le 22 juillet 2009, par le Tribunal communautaire jafarite de Baabda. La position de l'Imâm Muhammad Hussayn Fadlallah est plus nuancée, sans apporter de solution véritable.

Cette pratique est appelée *ta'ṣib*[93]. Ainsi, si le père décède en laissant une fille pour lui succéder, celle-ci recueille la part qui lui est réservée soit la moitié du patrimoine, pour une fille unique. Il reste donc une partie du patrimoine à partager. Cette partie ne lui revient pas mais elle reviendra à l'héritier masculin de degré le plus proche de la lignée paternelle. Pour la doctrine jafarite, la fille prend sa part d'origine soit la moitié de la succession à laquelle on rajoute l'autre moitié que les hanafites auraient attribué à la lignée agnatique.

Dans la pratique, on constate que beaucoup de familles musulmanes, qu'elles soient sunnites ou shiites, organisent leurs successions de telle manière que leurs épouses et leurs filles échappent à cette discrimination. Dans le cas où des familles sunnites n'ont pas de fils, mais seulement des filles, les parents opèrent une conversion vers le shiisme pour protéger les droits successoraux de leurs filles[94]. Plus de 350 familles sunnites se convertiraient ainsi au shiisme chaque année. Les autorités sunnites reconnaissent l'existence du phénomène et commentent : « Que quelqu'un passe d'un rite à un autre de l'islam pour des raisons matérielles, ce n'est pas correct ». Quant aux autorités shiites, elles estiment que « cette question relève d'un choix personnel. Rien n'empêche un musulman de rejoindre le rite qui lui convient le mieux »[95]. Ces conversions lorsqu'elles règlent la question matérielle contribuent souvent au bannissement des convertis au sein de leurs familles qui s'estiment ainsi accusées implicitement et à tort, de vouloir spolier leurs nièces, leurs petites-filles ou leurs cousines.

Les druzes sont soumis sur ce point au droit musulman hanafite et appliquent aussi la règle du *ta'ṣib*. Ils peuvent cependant agir par testament puisqu'ils sont autorisés à léguer la totalité de leurs biens après leur décès sans autorisation des autres successibles, et qu'ils ne connaissent pas le principe de la réserve obligatoire[96]. Mais la communauté druze, consciente des situations difficiles qui naissent de l'application du *ta'ṣib*, a cependant rédigé un projet de loi comprenant trois propositions importantes. L'une d'entre elles prévoit que les filles peuvent se voir attribuer la totalité de la succession de leur père en l'absence de frère[97]. Elle rejoint sur ce point la doctrine jafarite.

---

93 Témoignage dans un article du quotidien *L'Orient-Le Jour* du 10 novembre 2007.

94 Ce fut le cas de l'ancien Premier ministre sunnite Riyad as-Solh, père de cinq filles et converti au shiisme pour leur permettre de succéder à la totalité de son patrimoine.

95 Propos recueillis auprès du Secrétaire général de Dar al-fatwâ, Shaykh Muḫammad Nokkari et de Shaykh Ja'far Fadlallah, de l'Institut de la *Sharî'a* islamique jafarite.

96 La réserve est la part dont on ne peut pas priver certaines catégories d'héritiers. Par exemple l'époux ou l'épouse. Le premier recueille obligatoirement le quart de la succession et la seconde recueille obligatoirement le huitième (soit moitié moins que son mari). De même pour les enfants qui recueillent obligatoirement une part : la moitié de la succession pour une fille unique et les deux tiers pour deux ou plusieurs filles. Les fils recueillant le double de la part que recueillent leurs sœurs.

97 Propos tenus par le président du Tribunal supérieur de la communauté druze, Nuhad Ḫariz.

Pour le droit musulman, ces situations ne sont nullement discriminatoires. En effet, les filles sont destinées à sortir du cercle familial et les épouses restent des pièces rapportées à la famille. Les droits des épouses sont protégés de plusieurs façons par le droit musulman : elles reçoivent une part obligatoire équivalent au huitième de la succession de leur mari décédé, elles bénéficient des stipulations de la dot accordée par le mari (*mahr mu'akhar*) au moment du mariage, dot (*mahr*) qui leur sera versée intégralement au cas où le mariage est dissout par le mari ou suite à son décès, et elles conservent un droit absolu sur leur patrimoine.

Notons, sur ce dernier point, que le droit musulman a parfois été en avance sur la législation française en matière successorale relativement aux droits des épouses dans la succession de leur mari, puisque le Coran leur accorde une part réservée de la succession du mari ; ce que le droit français ne reconnaissait pas à l'épouse, au moins jusqu'en 2004. Cette disposition du droit musulman est passée dans la loi civile libanaise de 1959 applicable aux communautés non mahométanes puisque le conjoint survivant, même en présence d'enfants, obtient 25 % de la succession si le défunt n'a pas rédigé de testament et 10 % au minimum dans le cas d'une donation ou d'un testament[98].

La loi de 1912 sur le statut des terres amîri *et* mawkûfah *: intervention directe du droit civil dans les statuts personnels musulmans*

Voici un des particularismes de la construction libanaise, lorsque le droit civil est applicable au statut personnel des communautés musulmanes. La loi de 1912 sur le statut des terres dites *amîrî* et *mawkûfah* est une véritable révolution réalisée par le législateur ottoman en matière de succession. Elle n'est plus applicable aux communautés non musulmanes car elle a été remplacée par la loi sur les successions de 1959, mais elle en a été à la source. Elle s'applique encore aux communautés musulmanes[99]. Son importance réside dans le fait que la plupart des discriminations du droit musulman à l'égard des femmes ont ici été éliminées.

Les terres *amîri* étaient des terres qui appartenaient au domaine éminent du sultan en tant qu'il en restait le propriétaire mais qu'il en concédait la disposition et l'exploitation à ses sujets. La possession de ces terres était, jusqu'à la promulgation du Code de la propriété foncière en 1936, soumise à des conditions, notamment la condition d'exploitation effective[100]. La grande révolution de cette loi consiste dans le fait que la transmission de l'exploitation et de la disposition de ces terres échappe à l'application du droit musulman, le sultan ayant imposé une réglementation directement inspirée du droit européen pour la transmission des terres *amîrî*. Ces

98 Articles 20 et 62 de la loi du 23 juin 1959.

99 L'intitulé en est d'ailleurs : « loi sur la transmission des biens *amîri* et *mawkûfah* chez les musulmans ».

100 Dans le cas où ces terres n'étaient plus exploitées pendant une durée de cinq ans, le sultan récupérait la disposition et le droit d'exploitation de ces terres et les concédaient à d'autres sujets.

terres sont devenues transmissibles aux filles qui obtiennent des parts égales à celles des héritiers mâles, et le principe de la représentation y est admis.

En 1936, le Code foncier a aboli la distinction entre les différentes catégories de biens ; il n'y a plus de règles différentes pour les biens *amîri* et pour les autres biens, dits *mulk*. Il n'est par conséquent plus possible pour l'État de se réapproprier les terres *amîri* pour défaut d'exploitation pendant cinq ans. Mais, s'il n'est plus possible de distinguer entre un bien en propriété (*mulk*) et d'autres catégories de biens, la classification subsiste au regard du droit des successions : ainsi il est possible pour les filles d'obtenir des parts égales à celles des garçons sur ces biens, et les petits-enfants peuvent succéder à leurs grands-parents par représentation, au cas où leurs parents seraient décédés, enfin les épouses shiites ne sont plus limitées dans leurs droits successoraux immobiliers[101]. En 1994, la tentative de faire disparaître totalement des registres fonciers la distinction entre biens *amîri* et biens *mulk* a échoué[102]. Interrogés sur l'opportunité de la classification unique, les communautés sunnites et druzes restent favorables au maintien de la distinction. Les tribunaux jafarites considèrent cependant que le sultan ottoman avait outrepassé son droit en introduisant la distinction entre terres *amîri* et *mulk*. Ils ne s'opposent pas au retour vers une classification unique qui permettrait aux tribunaux communautaires d'embrasser l'ensemble des successions immobilières.

*Perméabilité du droit civil au droit musulman : les donations et la survivance de « la maladie mortelle » (*marad al-mawt*)*

Les donations sont hors du champ de la compétence des tribunaux islamiques. D'une part, parce qu'elles sont soumises aux dispositions du Code des obligations et des contrats pour les règles de validité, et d'autre part parce que le droit musulman n'oblige pas les personnes bénéficiaires de donations à les réintégrer dans le patrimoine du donateur à son décès. Donc, les donations ne relèvent pas du champ successoral en droit musulman, et chacun est libre de disposer de ses biens à titre gratuit de son vivant ; ce qui est donné est donné.

Mais, les donations reviennent indirectement dans le champ successoral. Le droit musulman avait en effet prévu que les donations ou même les ventes réalisées dans un but de fraude successorale, ou dans des conditions qui permettraient de douter de la capacité ou des intentions du donateur ou du vendeur reviendraient

---

101 Les terres *amîri* échappent au contrôle des juridictions communautaires musulmanes et donc à l'application des *fatâwâ*, dont celle de l'imâm Khû'î dont il est fait mention plus haut.

102 Nous ne disposons pas de statistiques officielles ou fiables qui permettent de savoir quel est le pourcentage des terres *amîri* au Liban. On sait en revanche qu'elles se situent en grande partie dans le Sud du Liban et dans la Beka', les terres du Mont Liban étant généralement des biens en pleine propriété ou *mulk*.

dans la masse successorale. Il avait développé la théorie de la « maladie mortelle » (*maraḏ al-mawt*), théorie reprise par la *majallah* ottomane[103].

La « maladie mortelle » est la dernière maladie contractée par le donateur, maladie dont il est mort durant l'année où est intervenue la donation. Dans ce cas, l'acte, donation ou vente, est requalifié automatiquement en legs. Ce qui, dans un système où il n'y a ni retour dans le patrimoine du donateur (principe du rapport des donations), ni réduction des donations, constitue une garantie des successibles réservataires contre des libéralités indues. En effet, en islam, rien n'empêche une personne de tout donner de son vivant. Les successibles sont alors dépouillés de toute part successorale réelle. Bien entendu, la limite de cette situation est le sens du devoir à l'égard de la communauté religieuse et à l'égard de la famille.

Or, les donations relèvent de la compétence des tribunaux civils. Les tribunaux musulmans n'ont donc pas d'autorité sur la question de la validité des donations et ne peuvent appliquer les principes de la « maladie mortelle » développés par les différentes écoles. Ainsi, lorsque des familles musulmanes se sentent lésées quand le défunt a consenti une donation, elles souhaitent que les tribunaux civils fassent appliquer le principe de la « maladie mortelle » et arguent que ces dispositions de la *majallah* sont encore en vigueur. Dans l'ensemble, les cours supérieures de l'organisation judiciaire ont tranché dans le sens de la non applicabilité de ces dispositions de la *majallah*[104]. Mais il y a une résistance d'une partie de la doctrine et des juridictions inférieures qui rappellent combien ce principe tiré du droit musulman est important[105]. Les juridictions civiles sont ainsi appelées à trancher de manière exclusive un litige qui a une incidence non négligeable en matière successorale. Nous verrons plus loin qu'en matière de filiation et de garde, il existe des situations où les juridictions civiles vont tenter de prendre la « relève » des juridictions communautaires musulmanes.

Droits pécuniaires et droit de garde de l'épouse

Les règles du mariage et de sa dissolution pour les communautés sunnites et shiites sont précisées dans le Coran, le Code de la famille de 1917 et la loi de 1962. Pour la communauté druze, c'est la loi de 1948 qui prévaut. Pour l'application de

---

103 Articles 879 et 1195 de la *majallah*. V. *supra* note 51 et p. 132.

104 Cass. civ., 4e ch., n.2, 27 déc. 1984 *Rec. Hatem*, 1986, n.186, p. 629 et el *'Adl*, 1985, J. p. 205 avec une observation de Ibrahim Najjar, in *RTDCiv*., 1986, p. 256.

105 Voir la dissidence du conseiller Chéhadé. Voir aussi la position d'auteurs en faveur de l'application du principe, Edmond Gaspard, *op, cit.* Sobhi Mahmassani, *Cours de droit musulman* et *Les systèmes juridiques des pays arabes, passé et présent, Dâr al-'ilm lilmalayin*, Beyrouth, 1981, 4ᵉ éd., (en arabe) et Z. Yakan, *Commentaire du code des obligations et des contrat, les donations, 8ᵉ partie*, (en arabe) *Dâr al-thakâfah*, Beyrouth, p. 48-49, et aussi dans le sens d'une requalification acquise, M. J. Maghnieh, *Le statut personnel selon les cinq rites,* (en arabe), p. 193.

ces règles ainsi que pour toutes les autres questions, notamment celles relevant de la garde et de la filiation, il faut revenir aux ouvrages des anciens juristes.

La différence à souligner eu égard au mariage dans cette société libanaise qui est une société conservatrice, mais jeune et perméable aux « évolutions » de sociétés plus libérales, est l'autorisation par la doctrine jafarite du mariage temporaire ou *mut'a*, alors que le sunnisme libanais l'interdit ainsi que la communauté druze[106].

Au regard du statut de l'épouse, la doctrine jafarite rend la répudiation (*ṯalâq*) moins souple alors que les sunnites acceptent plus facilement son principe. Chez les druzes, la situation de la femme est plus favorable, d'abord parce que la polygamie est interdite, ensuite parce que la demande de répudiation doit revêtir certaines formes, et que la femme peut demander la dissolution du mariage, enfin, parce que le remariage entre époux divorcés n'est pas possible. La séparation est affaire sérieuse dans la communauté druze dont le nombre de fidèles n'est pas en augmentation.

Reprendre de manière générale les règles du mariage et du divorce en droit musulman n'a pas d'intérêt réel dans cette étude. Il est plus important de noter que les choses semblent évoluer dans le monde discret des tribunaux communautaires musulmans. Alors que la situation semblait gelée, ou du moins avancer très lentement et à coups de décisions rendues au cas par cas, à la grande surprise des praticiens et des observateurs, les instances communautaires semblent bouger : une jurisprudence nouvelle semble voir le jour sur les questions de prestation compensatoire et de réévaluation du *mahr mua'khar*[107] dans les communautés sunnite et druze. Deux projets de loi ont par ailleurs fait leur apparition, sur la question de l'âge des enfants confiés à la garde de leurs mères et sur le montant et les critères d'évaluation en cas de compensation due à la dissolution[108]. Les juridictions pénales de l'ordre civil tentent aussi de diminuer l'impact de la position du droit musulman et de son application en matière de garde des enfants.

---

106 On peut se reporter utilement aux ouvrages de juristes libanais, cités à titre d'exemple, Bachir Bilani. *Le droit musulman de la famille et des successions*, et Salim Hariz *Le droit druze de la famille et des successions, in* Le Droit libanais, t.1. R. Pichon et R. Durand-Auzias, Paris, avec une présentation de Pierre Gannagé, S. El Awar, *Les règles chareh et civiles en matière de testament, de mariage et de divorce chez les druzes*, éd. Dâr al-Nahâr, Beyrouth, 1983. M. J Maghnieh, *Le statut personnel selon les cinq rites*, Dâr al-'ilm lilmalayin, Beyrouth, 1964, (ces deux ouvrages sont en arabe), mais aussi la thèse de Roula El Husseini Begdache qui aborde différentes questions du droit de la famille, *Le droit international privé français et la répudiation islamique*, Bibliothèque de droit privé, LGDJ, 2002.

107 Dot prévue par l'époux au moment du mariage et qui doit être versée à l'épouse au moment de la dissolution du mariage. Elle constitue une dette prioritaire sur la succession qui lui est versée hors part. Les héritiers prennent leurs parts sur ce qui reste dans la masse après le paiement des dettes dont le *mahr* fait partie.

108 Ces projets, qui n'ont pas encore été transmis officiellement pour être votés, ont été soumis aux instances communautaires et politiques. Il ne devrait pas y avoir d'opposition réelle en ce qui concerne la communauté druze, et pour la communauté sunnite, l'évolution jurisprudentielle augure d'une modification des positions.

Les droits pécuniaires de l'épouse à la dissolution

À la surprise de beaucoup d'observateurs qui restent prudents, des modifications sont en projet pour les communautés sunnite et druze dans le domaine des rapports pécuniaires entre époux. Dans le cas de séparation ou de dissolution, le père est tenu d'assurer l'entretien de l'enfant même s'il est sous la garde de sa mère et de verser à la mère une pension ou *nafaqa* juqu'à la fin de la garde[109]. Cette pension comprend la nourriture, les vêtements, l'habitation, l'éducation, et ceci quel que soit le sexe de l'enfant. Si la mère est obligée d'assurer l'entretien de l'enfant, elle devient la créancière du père de l'enfant qui sera tenu du remboursement de la dette aussitôt que sa situation financière le lui permettra.

En revanche, au moment de la dissolution du mariage, les contrats de mariage peuvent prévoir le versement d'un *mahr mua'khar* ou dot à terme. Ce versement constitue la garantie de la femme en cas de divorce ou en cas de succession. Dans ce dernier cas, le *mahr mua'khar* est versé en sus de la part successorale réservée à l'épouse et constitue une créance privilégiée sur la succession.

Pendant longtemps, ce *mahr mua'khar* était fixe et comme il avait été décidé longtemps avant que le mariage ne prenne fin, il était diminué drastiquement en valeur au moment de son versement effectif, ou il ne correspondait plus à la fortune actuelle du mari à laquelle l'épouse avait souvent contribué[110].

Plusieurs ménages sunnites ont pris la mesure de cette situation et dans le cadre d'une action collective, ont demandé au tribunal communautaire sunnite de Beyrouth de modifier le montant du *mahr mua'khar* en prenant en compte non seulement la dévaluation monétaire mais aussi la contribution de l'épouse à la constitution de la fortune actuelle du mari. La demande a été acceptée et la réévaluation accordée. Le fait que le tribunal ait été saisi collectivement par les différents ménages et ait retenu l'argument qui tient à la contribution morale ou matérielle mais non monétaire de l'épouse dans le ménage est une grande nouveauté dans la jurisprudence des tribunaux sunnites au Liban[111]. L'évolution reste cependant incomplète, puisque dans ce cas les époux ont fait une demande conjointe et que la dissolution du mariage n'a pas eu lieu ; on ne sait pas si, en cas de répudiation, la demande formulée par la femme seule aurait été recevable.

De leur côté, les juridictions druzes ont opéré la même évolution jurisprudentielle en ce qui concerne la réévaluation du *mahr mua'khar*. Faisant œuvre pionnière, la communauté druze a introduit un projet de loi dans lequel elle prévoit qu'en cas de divorce, le juge doit évaluer le changement matériel lié à la

---

109 Dans l'ensemble, les montants alloués pour la *nafaqa* sont dérisoires.

110 Il n'y a pas de régime matrimonial en droit musulman, même *a minima*. La femme conserve la jouissance et la gestion de ses biens personnels.

111 Ces faits ont été recueillis auprès du Secrétaire général de Dâr al-Fatwâ, Shaykh Muhammad Nokkari.

contribution de la femme dans le ménage. L'indemnité sera décidée en tenant compte du travail accompli par l'épouse[112], et ceci en sus du *mahr mua'khar.* Les avis recueillis dans la communauté shiite indiquent que le principe est celui de l'invariabilité de la dette et ils précisent que la question pécuniaire doit se résoudre à l'amiable entre les époux et au cas par cas[113].

Le droit de garde[114]

La psychologie de l'enfant a gagné le droit et a renouvelé de fond en comble la figure traditionnelle du mineur. Le droit des différentes communautés au Liban y compris le droit musulman n'a pas pris la mesure complète de cette révolution. Très probablement parce que la vision de la famille n'a pas été modifiée.

Pour le droit musulman, l'autorité parentale est exclusivement l'autorité paternelle, le centre de la famille musulmane étant la lignée paternelle ou agnatique[115]. Les législations occidentales critiquent cette vision en indiquant que l'intérêt de l'enfant est ignoré et que la mère est l'objet d'une discrimination abusive. Les juristes musulmans s'empressent de rétorquer que l'appréciation de l'intérêt de l'enfant doit se faire *in abstracto*, dans le cadre de l'intérêt de la communauté dont il fait partie[116]. Ainsi la discussion sur le droit de garde de l'enfant de parents séparés pour le droit musulman ne comprend pas la question de savoir qui aura l'autorité sur l'enfant[117]. Même pendant la période où la mère exerce le droit de garde (*hadâna*), le père conserve la tutelle (*wilâya*)[118]. Les obligations d'entretien et d'éducation étant assumées exclusivement par le père ou à défaut la personne au rang de tuteur (*wàli*) dans la lignée agnatique, seul le droit de garde de l'enfant (*hadâna*) fait intervenir

112 Ce projet a reçu l'aval du Président de la Cour d'appel de la communauté druze, Monsieur Nohad Hariz, qui assure qu'il n'y a pas d'opposition à l'adoption de cette modification.

113 Notamment, réponse du Shaykh 'Adil Hariri, Bureau de la communauté shiite de la ville de Nabatiyah, le 15 juin 2009.

114 Le droit de la famille des communautés musulmanes distingue selon que l'enfant est une fille ou un garçon pour décider la fin de la période du droit de garde (*hadâna*) et introduit ainsi une distinction qui est abandonnée dans les législations qui ne sont pas issues du droit musulman.

115 La distinction de la puissance paternelle et de la tutelle n'est pas connue du droit musulman qui fonde la protection du mineur conférée au père de famille sur l'institution de la *wilâya.* Toutefois, au décès du père, la tutelle sur la personne et la tutelle sur les biens du mineur ne sont plus nécessairement cumulées par la même personne, leur dévolution se dédoublant alors en tutelle de la personne (*wilâyat an-nafs*) et tutelle des biens (*wisâya*).

116 Roula El-Husseini Begdache, *L'enfant en droit musulman. Rapport libanais, in* Actes du colloque du 14 janvier 2008, *L'enfant en droit musulman*, Paris, Société de Législation Comparée, Colloques, volume 11.

117 Celle-ci n'est transmise que très exceptionnellement à la mère et reste dans la branche paternelle ou agnatique.

118 Dans les communautés soumises au rite jafarite ou imamite, la tutelle ou *wilâya* est exercée cumulativement par le père et le grand-père.

automatiquement la mère. Et c'est une situation particulièrement difficile car la mère n'exerce aucune autorité sur l'enfant.

Pour l'ensemble du droit musulman, la garde est le fait d'élever un enfant pendant la période de sa vie où il ne peut s'occuper de lui-même ni se nourrir sans l'aide de quelqu'un. La personne la plus à même d'exercer ce droit de garde pendant la première partie de la vie de l'enfant, toutes communautés confondues, est la mère. Dans la plupart des cas, le droit de garde revient automatiquement à la mère parce que l'enfant ne peut se passer de sa mère qui est d'abord et avant tout sa nourrice.

Les communautés sunnite et druze soumises au rite hanafite écartent même la possibilité que la mère puisse renoncer à ce droit de garde alors que les communautés de rite jafarite admettent que dans certains cas de séparation, l'attribution de la garde au père puisse être possible avec le consentement de la mère[119].

Malgré l'automatisme de l'attribution du droit de garde (*hadâna)*, certaines conditions doivent être respectées pour que la mère puisse l'exercer, notamment qu'elle n'ait pas renié l'islam et qu'elle soit capable sur le plan physique et moral[120]. Ces conditions ne sont pas exigées du père qui exerce la garde.

L'autre grande difficulté liée à la garde dans le droit des communautés musulmanes au Liban est l'âge auquel la mère doit rendre l'enfant au père. Cet âge qui marque le début de l'autonomie pour l'enfant n'est pas le même dans les différentes communautés musulmanes, et il varie selon que l'enfant est un garçon ou une fille. Pour les jafarites, l'âge est fixé à 2 ans pour les garçons et à 7 ans pour les filles, mais il est admis que le garçon ayant atteint l'âge de 15 ans et la fille l'âge de 9 ans puissent faire le choix du parent qui aura la garde. Pour les hanafites, la garde de la mère cesse dès l'âge de 7 ans pour les garçons et de 9 ans pour les filles. Pour les druzes, il n'est pas possible de renouveler le droit de garde (*hadâna*) de la mère ou de le prolonger, et pour l'ensemble des communautés, les enfants ne peuvent pas choisir le parent qui exercera la garde.

Alors que le droit de la communauté druze apparaissait comme le plus figé puisqu'il n'admettait pas le renouvellement de la garde – encore que les juridictions en aient fait des applications diverses – c'est néanmoins cette communauté qui a introduit un projet dans lequel le droit de garde de la mère est renouvelé de deux ans en deux ans, et ceci jusqu'à l'âge de 18 ans ; pour le Président de la Cour d'appel de la communauté druze, Nuhâd Hariz, les jeunes filles de 15 ans auraient encore plus besoin de leur mère à cet âge que vers deux ou quatre ans.

---

119 Les opinions divergent sur l'origine du droit de garde : est-ce un droit de la mère et auquel cas elle peut y renoncer ? Ou est-ce un droit de l'enfant sur la mère et auquel cas elle ne peut pas y renoncer ? Certains sont mêmes d'avis que c'est à la fois un droit de la mère et un droit de l'enfant lui-même.

120 Dans le cas de certains remariages, le droit de garde (*hadâna*) peut être retiré à la mère.

Les autorités compétentes sunnites semblent elles aussi mesurer l'importance de la question puisqu'elles ont aussi transmis un projet de loi fixant l'âge de la garde au profit de la mère à 15 ans pour les filles et à 13 ans pour les garçons. Il n'y a pas eu à ce jour de démarches entreprises par la communauté shiite. Les associations de mères toutes communautés confondues ne croient pas encore qu'une évolution soit possible. Et si cette évolution se réalisait, elle interviendrait trop tard pour régler les situations actuelles de beaucoup de mères militantes[121].

L'intervention de la juridiction pénale dans la garde des enfants

L'assouplissement de la position des tribunaux communautaires serait-elle due aux positions récentes prises par les tribunaux de l'ordre civil sur la question de la garde ? Nous l'avons vu, le système libanais fait prévaloir l'autorité de l'État sur celle des communautés, quand il s'agit de questions d'ordre public et que le champ de compétence de l'ordre civil entre en conflit avec le champ de compétence des tribunaux communautaires. Ainsi, les articles 90 et suivants du Code pénal permettent au juge, de manière générale, de retirer le droit de tutelle et de garde aux parents coupables de crimes ou de délits afin d'assurer la sécurité de l'enfant et de pouvoir le placer si besoin était. Une loi adoptée le 6 juin 2002, prévue pour la protection des droits des mineurs par application des dispositions de la Convention des droits de l'enfant, va plus loin et prévoit que le juge des mineurs peut modifier les modalités de la garde et de la tutelle quand il y va de l'intérêt de l'enfant.

Quand la loi avait été votée elle n'avait pas suscité de véritable débat. Et pourtant, aux yeux d'un observateur attentif, ce texte constituait « la première consécration d'un ordre public de droit commun qui n'a jamais réussi (avant la promulgation de cette loi) à affronter les législations communautaires, ainsi que la première consécration des droits de l'enfant dérogeant aux opinions confessionnelles »[122]. La controverse a eu lieu à l'occasion de la mise en œuvre effective de ces prérogatives par les autorités judiciaires.

Dans une décision du 23 avril 2007, l'assemblée plénière de la Cour de cassation, statuant en Tribunal des conflits, précise que le juge des mineurs est compétent pour décider de la modification de la garde, non seulement dans le cas où le parent est coupable d'un crime ou d'un délit mais aussi dans le cas où le parent n'est pas coupable de ces faits, et ce afin de protéger l'enfant qui vit dans un milieu que le juge estime dangereux pour le mineur. Pour la Cour, il n'y a pas de

---

121 Voir sur le site internet, www.umdodi.lb

122 N. Saghie, « L'enfant en droit pénal libanais », Observatoire de législation, p. 401, spéc. p. 401-402. *in* Roula El Husseini Begdache, *op. cit.*

conflit entre les compétences[123], le juge des mineurs ne s'érige pas en juge des tutelles et n'empiète pas sur la compétence du tribunal communautaire concerné.

Prendre de telles mesures revenait en réalité, si ce n'est à limiter sérieusement la compétence des tribunaux communautaires, au moins à contrôler l'exercice du droit de garde et à remettre en cause le principe de l'automatisme de son mécanisme, si cher au droit musulman. Les enfants et les parents étant musulmans, les magistrats avaient pris la précaution d'indiquer que les mesures prises dans ce cadre restaient des mesures de protection et qu'il n'y avait là rien qui puisse toucher aux prérogatives des tribunaux communautaires musulmans en matière de tutelle. La question a rebondi quelques mois plus tard dans une autre affaire et le juge des mineurs prit une première décision dans laquelle il remet l'enfant à la garde de sa mère, le 24 octobre 2007. Il ne tarda pas à se rétracter le 6 novembre 2007[124]. La seconde décision fut rendue sur des motifs embarrassés, mais qui font néanmoins référence au fait que le juge des mineurs ne prend que des mesures provisoires dans l'intérêt de l'enfant. Motifs qui rappellent la position de l'arrêt du 23 avril 2007 rendu par l'Assemblée plénière de la Cour de cassation[125]. Il n'est pas sûr que les propositions de loi n'aient pas été rédigées par les autorités communautaires dans une tentative de « reprendre la main » face aux tribunaux de l'ordre judiciaire, mais il est évident que ces positions combinées avec le travail des associations y ont grandement contribué.

Filiation et état civil

La présomption de paternité légitime est admise avec force par le droit musulman[126]. Celle-ci s'applique évidemment aux enfants conçus pendant le mariage et elle s'étend aux enfants nés au moins six mois lunaires après la conclusion de celui-ci, ou 180 jours après sa conclusion pour la communauté druze. Quant à la durée maximale de la grossesse, elle est discutée, elle varie de neuf mois, durée la plus restrictive (école jafarite) à deux ans, durée la plus extensive (école hanafite).

---

123 Ass. plén. 23 avril 2007, n. 22/2007 *al-marja'*.

124 Ces décisions n'ont pas été publiées.

125 Le rôle du juge reste essentiel dans l'évolution du droit. Encore plus en droit libanais où la coexistence des systèmes permet la création de situations que le législateur n'a pas pu prévoir, notamment en matière de conversions, de remariages et d'enfants issus de ces unions.

126 Les questions touchant à la garde, l'entretien et la tutelle des enfants illégitimes ne sont pas de la compétence des tribunaux communautaires musulmans. En effet, la filiation légitime est un des effets du mariage et c'est à ce titre qu'elle est soumise aux règles communautaires de statut personnel. Or, la filiation illégitime n'est pas un effet du mariage, elle est donc soumise aux règles du droit civil et ressort de la compétence des tribunaux de l'ordre judiciaire.

Le droit musulman prévoit par ailleurs des règles pour établir la filiation naturelle *a matre*[127], l'enfant naturel demeurant étranger à son père[128], au regard des tribunaux communautaires musulmans. La rigueur du droit musulman quant à la prohibition de la recherche de paternité naturelle est atténuée par le législateur civil et aujourd'hui par les positions jurisprudentielles. En effet, si la filiation paternelle résulte automatiquement du mariage, elle résulte aussi de la reconnaissance de paternité civile, et l'article 15 de la loi du 7 décembre 1951[129] autorise les pères et mères naturels à reconnaître volontairement leur enfant ; les effets de cette reconnaissance se limitant toutefois à l'égard du père au droit conféré à l'enfant de s'en prévaloir pour porter le nom de l'auteur de la reconnaissance. L'article 12 de la même loi attribue aux juridictions civiles la compétence en matière de contestations provoquées par l'inscription de certaines déclarations (mariage, filiation, changement de religion ou de communauté, divorce, séparation...) sur les registres de l'état civil. Ce qui fait échapper totalement cette procédure à la compétence des tribunaux communautaires musulmans.

Cette intervention des juridictions non communautaires est admise en matière d'établissement de la filiation, car cette filiation n'a que très peu d'effets sur la réalité de la famille paternelle. En effet, si le but de la loi de 1951 est de permettre aux enfants reconnus de porter le nom de leur père, elle n'a pas d'effets sur le statut personnel de l'enfant à proprement parler, et les tribunaux communautaires musulmans exigeront une reconnaissance conforme au droit musulman pour qu'il y ait des effets successoraux à la reconnaissance de paternité civile[130]. En droit musulman, la reconnaissance de l'enfant par la mère est parfaitement admise, que l'enfant soit naturel, c'est-à-dire né hors du mariage, la mère n'étant pas mariée par ailleurs, ou que l'enfant soit adultérin. Cela permet à l'enfant reconnu d'hériter de sa mère en l'absence d'enfants légitimes de cette dernière. Cependant, si ce mécanisme civil n'a pas de réelle importance, puisque la filiation naturelle n'a pas d'effet sur le plan successoral quand il s'agit du père, l'intervention des tribunaux civils dans les questions de filiation est un facteur non négligeable de modification de perspective.

---

127 La compilation de Qadri Pacha permet d'avoir une idée relativement précise de la conception de la filiation pour le droit musulman hanafite. La loi de 1948 a établi les règles appliquées pour l'établissement de la filiation dans la communauté druze.

128 Bachir Bilani, *op.cit.* et P. Gannagé, *Jurisclasseur de Droit Comparé* V°. Liban, Fasc. 2, n° 244.

129 Modifiée par la loi du 11 mars 1954 et celle du 18 décembre 1956.

130 En droit musulman, la reconnaissance de l'enfant naturel par le père doit être réalisée volontairement par ce dernier, sans fraude pour les droits des héritiers légitimes et en dehors de toute relation adultérine entre le père et la mère de l'enfant. Quand cette reconnaissance est possible, elle permet à l'enfant d'entrer dans la famille du père dont il devient un héritier.

Deux décisions récentes de la cinquième chambre de la Cour de cassation[131] sont intervenues pour rappeler que la société évoluait et que le droit ne pouvait pas être en reste. C'est à l'occasion de demandes d'inscription de filiation sur les registres d'état civil que les tribunaux civils ont eu à connaître de deux de ces demandes. Dans les deux cas, les demandeurs s'étaient vu refuser par le directeur du registre l'inscription pour des motifs liés aux éléments de preuve apportés : pour la décision de 2009, le mariage qui n'avait pas été reporté correctement, et pour la décision de 2008 les motifs étaient liés à la présence d'un nombre important d'enfants sur le registre du père présumé. Il n'a pas été possible d'avoir accès à des informations plus précises. Cependant, dans les deux cas, la Cour ordonne l'examen comparé de l'ADN des demandeurs et des pères présumés. Ce qui est une évolution en matière de méthode d'établissement de la filiation, et c'est ce que soulignent les deux décisions.

Le fait que la reconnaissance dépende en réalité de deux juridictions, la juridiction étatique d'une part et la juridiction communautaire d'autre part provoque un tiraillement. Les juridictions civiles ont une compétence de droit commun. Cette compétence n'a pas de conséquences, en principe, sur les décisions des juridictions communautaires en droit musulman, pour le moment. En présence de tests ADN décidés par les juridictions civiles, comment réagiront les juridictions communautaires face à cette preuve biologique au moins pour les enfants non adultérins ? Dans le cas où un enfant naturel reconnu à l'état civil viendrait à être privé de part successorale et contesterait la décision devant la Cour de cassation, celle-ci pourrait-elle décider que la reconnaissance établie « scientifiquement » doive s'imposer aux juridictions communautaires ?

Il est par contre très difficile pour les juridictions non communautaires d'intervenir en matière d'adoption quand il s'agit de couples musulmans et ceci car le droit musulman interdit l'adoption[132]. Les tribunaux communautaires, très discrets sur le sujet, ne semblent pas vouloir d'évolution sur ce plan. Les juridictions civiles tentent de faire échapper l'adoption au champ de compétence des tribunaux religieux quand le mariage n'est pas un mariage religieux afin de

131 Cass.civ.5e ch. N. 2/2008 du 12 juin 2008 et Cass.civ. 5e ch. N. 1/2009 du 22 janvier 2009, sous la présidence de Mouhib Maamari.

132 La question de l'adoption dans les couples musulmans et plus généralement de l'importance pour le mari d'avoir des enfants venant de lui a été abordée avec beaucoup d'intelligence dans un film intitulé en français : *Quand Maryam s'est dévoilée (lamma ḫikyit Maryam*, dont le titre français n'est pas la traduction), réalisé par Assad Fouladkar, en 2000. Le fait pour une femme de ne pas pouvoir avoir d'enfant crée une situation difficile. Si le couple souhaite adopter, d'une part il faut vaincre la barrière psychologique et sociale d'élever un enfant qui n'est issu ni du mari, ni de la femme, et qui est donc un étranger « biologique » à la famille. D'autre part quand on a franchi cette barrière, il est impossible d'adopter devant les juridictions musulmanes, car l'islam prohibe l'adoption de manière formelle. Les couples musulmans ne peuvent pas non plus se tourner vers les juridictions civiles car celles-ci ne sont pas compétentes en matière de filiation car la filiation est un des effets du mariage. Dans le film, le mari finit par prendre une deuxième épouse avec le consentement de la première épouse qui sombre alors dans le désespoir et la folie.

permettre ainsi une pénétration de l'adoption dans la société libanaise[133]. L'argument principal réside dans le fait que la filiation étant un effet du mariage, si le mariage est civil, la filiation relève du droit civil. Mais la rédaction de l'article 79 du Code de procédure libanais, dispose que les tribunaux communautaires musulmans restent compétents, même en cas de mariage civil si celui-ci est célébré entre des musulmans ou des druzes, et qu'au moins l'un des conjoints est à la fois musulman ou druze et Libanais. Cette disposition ne permet pas en l'état de trouver une solution à la prohibition de l'adoption pour les couples musulmans.

Le rapport au corps au Liban

Le rapport au corps est un domaine où le droit musulman n'est pas invité de manière directe en droit libanais. Le rapport au corps concerne les rapports sexuels avant le mariage, l'adultère, le viol, la contraception et l'avortement. Il englobe aussi les techniques de procréation médicalement assistée ou encore des sujets qui touchent à la bioéthique ou au transsexualisme. Ces matières relèvent plutôt du droit pénal. C'est le cas de la pénalisation de l'avortement bien qu'il puisse y avoir des circonstances atténuantes au cas où l'avortement a eu lieu pour sauver l'honneur (articles 539 à 545 du Code pénal)[134]. Cette dernière situation est parfaitement compatible avec l'enseignement de l'école hanafite, qui autorise l'avortement en cas de viol ou pour des motifs valables, dans les 120 premiers jours de la grossesse. La position du Conseil supérieur shiite au Liban admet que l'avortement est possible dans les cinq premières semaines de la grossesse (tant que l'embryon n'a pas encore d'âme) si la vie de la mère est en danger. Et surtout, la pratique hospitalière et médicale reste très souple dans les cas de grossesses non désirées[135]. Les médecins vont souvent qualifier une interruption volontaire de grossesse de fausse couche, dans la majorité des cas[136]. Les articles 537 à 539 du même Code punissant les pratiques anti-conceptionnelles ont été abrogés en 1983[137].

---

133 Décision récente et isolée du tribunal de premier degré du Mont Liban sous la présidence de John Azzi, n.34/2007 du 8 février 2007. Le tribunal décida qu'en présence d'un mariage civil, la filiation relevait du droit civil et que l'adoption était possible. Cette décision, qui a fait l'objet d'un débat très vif et d'une opposition des tribunaux religieux chrétiens parce qu'elle empiétait sur leurs compétences, n'a pas fait l'objet d'un appel du ministère public.

134 Le droit pénal est extérieur au droit communautaire et est appliqué par les juridictions étatiques à tous les Libanais toutes communautés confondues.

135 Voir l'article paru dans le quotidien francophone *L'Orient-Le Jour*, édition du 26 octobre 2009.

136 Mais une décision récente a condamné un médecin pour avoir participé à une interruption de grossesse en milieu hospitalier.

137 Interrogées, les autorités communautaires shiites admettent l'utilisation de pratiques anticonceptionnelles, tels le stérilet, la pilule, le préservatif et insistent sur le désir de grossesse de l'épouse, tandis que la communauté sunnite reste plus réservée tout en restant attentive au souhait de limitation du nombre de grossesses de la femme.

Dans le domaine des techniques de procréation médicalement assistée, le droit libanais n'est pas encore intervenu, mais une commission nationale de bioéthique est sur le point de voir le jour. La question relèverait plus de l'autorisation de ces pratiques par le législateur, mais elles ont des conséquences sur l'établissement de la filiation, et c'est dans ces cas que les tribunaux communautaires seront compétents pour statuer. Mais, qui introduira l'instance ? Un membre de la famille, l'époux ou l'épouse ? Pour quelles raisons ? Dans quelles circonstances ? Un remariage, une succession, un divorce ? Actuellement, les fécondations *in vitro* sont pratiquées au Liban dans les hôpitaux non communautaires[138].

Une partie de la doctrine en islam sunnite au Liban admettrait la fécondation *in vitro* entre le sperme du mari et l'ovocyte de son épouse, dans le cas où la vie de la mère n'est pas mise en danger. Shaykh Mu<u>h</u>ammad Nokkari estime qu'il serait même possible que les ovocytes d'une autre femme musulmane, chrétienne, ou juive puissent être utilisés, à l'opposé de plusieurs *'ulamâ'* qui considèrent cette dernière méthode de fécondation illicite, une tierce personne étant intervenue dans la conception de l'enfant. Ces différentes techniques de fécondations ne seraient reconnues que pour les femmes mariées, non divorcées et dont le mari est encore en vie. Ainsi, une veuve ne peut pas utiliser le sperme de son mari décédé qui aurait été conservé, l'enfant conçu après la dissolution du mariage, intervenue suite au décès, ne pouvant être attribué au mari.

Pour le Conseil supérieur shiite, sont possibles les méthodes d'insémination artificielle par le sperme du mari et la fécondation *in vitro* de l'ovocyte de l'épouse et du sperme du mari. Il est, d'après ce Conseil, impossible de procéder à un don de sperme d'un donneur. Les enfants conçus grâce aux techniques autorisées sont des enfants légitimes du couple et peuvent ainsi hériter de leur père. La légitimité de l'enfant ainsi conçu lui est contestée si l'insémination a eu lieu après la mort de l'époux[139].

La donation d'embryons qui ne sont pas issus du sperme du mari ne peut pas être autorisée car cette donation s'apparenterait à une adoption, ce qui est formellement prohibé. La plupart des objections liées aux techniques de procréation médicalement assistée s'appuient sur le fait que l'intervention d'un tiers dans le mariage et la procréation n'est pas possible en islam[140].

Quant au changement de sexe, la question s'est posée à plusieurs reprises devant les juridictions de l'ordre judiciaire car elle comportait la demande de

---

138 Par exemple à l'hôpital de l'Université américaine de Beyrouth (AUH).

139 Certains *'ulamâ'* admettent la possibilité de cloner un embryon à partir d'une cellule de la mère à condition de ne pas utiliser de cellule « sexuelle » extérieure à la mère et que le « clone » soit réimplanté dans l'utérus de la « mère ».

140 Voir l'étude exhaustive, parue de manière partielle dans *L'Orient-Le Jour* (quotidien francophone) édition du 15 mars 2008, de Shaykh Mu<u>h</u>ammad Nokkari, ancien secrétaire général de *Dâr al-Fatwâ*, actuellement juge auprès du Tribunal communautaire sunnite de Beyrouth.

modification de l'état civil, qui relève de la compétence exclusive des tribunaux civils. Après une première décision en 1992, rendue par le juge unique de Beyrouth, qui refusait la correction de la mention du sexe sur les registres de l'état civil, une décision rendue en 2001 a accordé la modification, et une décision plus récente de 2004 a ordonné que la mention soit modifiée pour permettre une adéquation entre les mentions et la réalité de la situation[141]. Il n'y a pas eu de réaction des juridictions musulmanes, alors que dans la dernière décision, le demandeur était une personne musulmane. Alors qu'une solution est possible au regard des autorités civiles, la question restera posée devant les juridictions communautaires. Ainsi, sur le plan successoral, dans le cas où des co-héritiers contestent le montant des parts de la personne qui a changé de sexe, notamment quand il s'agit à l'origine d'une femme devenue un homme, quelle sera la position des tribunaux ?

La culture de l'évitement

Il est impossible de mener cette étude à son terme et ignorer ce qu'il faut bien qualifier de culture de l'évitement ; soit le fait d'éviter d'affronter directement ou de tenter d'échapper aux conséquences engendrées par certaines situations en utilisant les échappatoires qu'offre le pluralisme juridique communautaire.

La question du mariage civil

C'est surtout l'institution du mariage qui est source de controverses. Les rituels liés à la naissance, à la circoncision, au baptême, à l'enseignement religieux et à la mort ne posent pas de problèmes. Même les questions de succession sont mineures parce qu'elles peuvent être résolues. Mais l'institution du mariage pose le plus de difficultés dans les différentes communautés, et ce pour des raisons différentes. Pour la plupart des communautés chrétiennes, les modalités de dissolution du mariage restent très restrictives. Pour les communautés musulmanes, le mariage est la pierre angulaire qui détermine le statut personnel et la compétence du droit musulman et des tribunaux communautaires. Pour les personnes n'appartenant à aucune communauté, elles se voient forcées d'aller conclure un mariage en dehors du territoire libanais et sont de ce fait soumises à un droit étranger.

Il y a quelques mois, un voyagiste libanais avait fait circuler sur internet une publicité pour un voyage à Chypre d'un genre spécial, tous frais compris. Ce voyage comprenait les nuitées d'hôtel, les billets d'avion, mais surtout les frais d'un mariage civil. Cette publicité est révélatrice de la situation particulière vécue

---

141 Juge unique de Beyrouth, 22 mai 1992 *in RTD civ.*, 1994, p. 957 avec une observation de Ibrahim Najjar. Juge unique de Beyrouth du 20 juin 2001, affaire *Antonella* et enfin, juge unique de Qartaba, 11 février 2004, *al-'Adl*, 2005, p.194.

dans une société multiculturelle. Pour certains, la question de l'appartenance ne se pose pas : on naît, on se marie et on meurt en tant que membre d'une communauté. Se marier en dehors de la communauté paraît même inenvisageable. Pour d'autres, sans remettre en cause leur appartenance à une communauté, le mariage religieux pose de sérieuses difficultés : soit qu'ils appartiennent à des communautés différentes, soit parce qu'ils savent que la rupture du lien conjugal est très difficile dans les communautés chrétiennes. Pour d'autres enfin, par principe, ils s'estiment coincés dans une communauté dans laquelle ils ne se reconnaissent pas forcément, ou dont ils ne souhaitent pas faire état[142].

Dans le grand mouvement de mise en place des règles et des institutions de l'État libanais, le législateur a autorisé indirectement les Libanais à conclure un mariage civil[143], à condition que celui-ci ne soit pas conclu sur le sol libanais[144]. Était-ce une volonté d'éviter l'affrontement de la part des autorités de l'époque avec les autorités religieuses des différentes communautés ? Il est clair que, dans les modalités de reconnaissance du mariage civil, le législateur n'a rien voulu imposer : ainsi, le mariage civil est reconnu mais sa célébration ne peut en aucun cas avoir lieu sur le sol libanais par une autorité consulaire étrangère. Le mariage civil célébré à l'étranger sera transcrit sur les registres de l'état civil et il produira les effets d'un mariage religieux si la communauté de rattachement du mari ne s'y oppose pas. Si la communauté du mari ne reconnaît pas le mariage civil, il faudra revenir au statut personnel civil libanais, et à défaut à celui du pays de célébration.

Néanmoins, la dernière rédaction de l'article 79 du Code de procédure civile précise que les litiges nés à l'occasion de ces mariages relèvent de l'autorité des juridictions civiles et que les règles qui leur sont applicables sont les règles de statut personnel civil du pays de célébration, et cet article ajoute que sont exclus de son champ d'application les mariages conclus entre personnes de confession musulmane ou druze et dans lesquels un des partenaires au moins est Libanais. Dans ce cas, les litiges qui naissent du mariage civil de deux musulmans dont au moins un est Libanais relèvent de la compétence des tribunaux communautaires musulmans.

Cet article met en relief une question essentielle dans une société pluraliste : toutes les communautés sont égales, mais y en aurait-il qui seraient plus égales que d'autres ? Les communautés non musulmanes pourraient non seulement échapper

---

142 Pour Summer Maine, juriste anglais, spécialiste de l'Inde, il y aurait évolution juridique quand il y a passage du statut (droits et devoirs fixés de façon rigide par des critères tels que le sexe ou l'âge) au contrat (libre jeu des volontés individuelles).

143 Article 25 de l'arrêté L/R 60 de 1936. Si l'intention du législateur était d'autoriser la plus grande liberté possible, elle n'était en aucune manière d'institutionnaliser l'évitement, pour ne pas parler de fraude.

144 En conséquence, au Liban, les autorités consulaires étrangères ne peuvent conclure de mariage entre Libanais ou entre Libanais et étrangers.

ainsi à la rigueur d'un mariage chrétien, mais aussi se permettre de choisir le statut qui régira la filiation, l'adoption, le divorce, alors que les communautés musulmanes sont prises au piège des règles de droit de leurs communautés, notamment pour les femmes quand il s'agit de répudiation ou de polygamie. Certains pensent même que si c'est la rupture du lien qui est en cause, le droit musulman est suffisamment libéral pour ne pas avoir besoin de mariage civil.

En focalisant l'attention sur la difficulté de la dissolution du mariage dans les communautés chrétiennes, on occulte pour les communautés musulmanes les questions de répudiation, de garde des enfants et de la part des femmes et des épouses en matière successorale. On évite ainsi l'examen de la question fondamentale du statut de la femme et des enfants dans le mariage et de leur position dans la famille en droit musulman.

Cette attitude illustre ainsi non seulement le pluralisme juridique et culturel du Liban, mais aussi les réticences du droit musulman à se départir ou à se dessaisir de certaines de ses prérogatives : « En se coulant dans le moule de la norme étatique, cette tradition (musulmane) est infiniment plus vulnérable parce qu'elle perd progressivement l'immunité que lui conférait son origine religieuse. Elle est en effet nécessairement amenée à composer avec d'autres sources du droit parfois complémentaires et parfois concurrentes »[145].

Mariage et conversion

L'autre question posée par le mariage dans une société qui pratique le pluralisme juridique est celle des conversions. Le droit libanais garantit la liberté de conscience et quiconque a atteint l'âge de 18 ans peut se convertir et changer de communauté[146].

La conséquence de ces conversions, même si elles interviennent sous le contrôle de l'administration de l'état civil, est souvent une fraude au mariage. C'est surtout le cas pour les communautés chrétiennes où la dissolution du mariage ne peut être obtenue facilement ; dans ces cas de figure, un homme chrétien qui se convertit au shiisme ou au sunnisme[147] est alors libre de se remarier à nouveau et d'avoir des enfants légitimes au regard de sa nouvelle communauté et de l'État[148].

---

145 *L'enfant en droit musulman (Afrique, Moyen-Orient)*, Cour de cassation, Colloque du 14 janvier 2008, Paris, Société de législation comparée, 2009, L. Gannagé, « rapport de synthèse », p. 420.

146 Article 11 de l'arrêté L/R 60.

147 Nous rappelons que le druzisme n'admet pas de conversion, et surtout il n'admet pas la polygamie.

148 Malgré l'apparent confort de la légalité, le mari chrétien déjà âgé ayant de grands enfants, qui se convertit à l'islam pour pouvoir vivre librement avec une femme beaucoup plus jeune que lui – qui a parfois l'âge de ses enfants – subit l'opprobre de sa famille, de même que la jeune femme dont la famille ne reconnaît pas ce mariage surtout si elle est aussi d'origine chrétienne et s'est convertie à l'islam ; dans une société où la famille joue un rôle déterminant, se trouver privé de son soutien est très difficile.

Bien entendu, les rédacteurs de l'arrêté L/R 60 avaient prévu cette situation et l'article 23 (modifié par l'arrêté 146 du 18/11/1938) dispose que dans le cas de conversion de l'époux seul, le premier mariage reste régi par les règles du statut personnel en vertu duquel il a été conclu. On en déduit l'inopposabilité du second mariage à la première famille, c'est-à-dire que la première famille reste la famille légitime et les droits de la seconde famille fondée en contournant les règles communautaires chrétiennes du mariage et du divorce, ne pourront pas diminuer les droits de la première famille ; la seconde famille n'est pas illégitime, mais elle ne pourra obtenir l'ensemble des droits auxquels elle aurait pu prétendre si elle était légitime. Cette situation est difficile à vivre pour les familles. Et ceci pour plusieurs raisons : il faut déterminer les montants des pensions à verser à la première famille, l'épouse ne peut pas se remarier même en se convertissant, et les enfants du premier lit sont en concurrence avec les enfants du second lit.

Mais la situation se complique encore après le décès. Si deux familles parfaitement légitimes au regard de leurs communautés respectives et à l'égard de l'État, s'affrontent, y en aurait-il une plus légitime que l'autre ? Quel tribunal va déterminer les successibles et quelles seront leurs parts ? La Cour de cassation a longtemps hésité mais semble ces dernières années avoir opté pour une solution d'équité. Elle avait décidé dans un premier temps que la deuxième famille serait privée de toute part dans la succession du mari. Elle a, par la suite, opéré un revirement et a décidé que les familles se partageraient la succession à égalité. Pour ce faire, elle a tiré argument de la quotité disponible de moitié prévue par la loi sur les successions des non-mahométans de 1959 et l'a attribuée en vertu d'un testament tacite à la famille musulmane. Cette moitié, une fois déterminée, sera partagée entre les membres de la deuxième famille en vertu du droit musulman. La solution a l'avantage d'inclure dans le partage la seconde épouse[149]. L'arrêt du 13 mars 2000 a même admis que le partage qui avait déjà été réalisé devant le tribunal de la communauté sunnite auprès duquel la demande avait d'abord été présentée était parfaitement opposable dans le cadre de la loi de 1959. Les familles des sociétés multiculturelles souffrent de ces recompositions.

Statut personnel civil

À l'occasion de la publication d'une circulaire du ministère de l'Intérieur le 11 février 2009, un débat intéressant a été remis à l'ordre du jour. La question a une incidence en droit de la famille musulmane car il permettrait un évitement de l'application du droit musulman, notamment en matière de succession et de filiation, à condition que le mariage ne soit pas ou n'ait pas été célébré devant les juridictions musulmanes.

---

149 Dans le sens de l'inopposabilité totale Cass. civ. 2^{e}ch. N. II, 18 décembre 1981, *POEJ*, 1981, p. 381 et s. (Affaire *Najjar*) et surtout *contra*, position actuelle, Cass. civ. 2e civ. N.30/1989 du 8 novembre 1989 (Affaire *Murr*) *RTD civ.*, 1992, p. 667 n. 18 et plus récemment Cass. civ. 5e ch. arrêt n. 26/2000 du 13 mars 2000.

L'article 11 de l'arrêté 60 L/R du 13 mars 1936 reconnaît la possibilité pour une personne d'abandonner purement et simplement sa communauté, à la suite d'une procédure qui doit être suivie devant le service de l'état civil. Un Libanais est ainsi autorisé à ne plus avoir de confession. Nous sommes toujours devant l'attitude du législateur décrite plus haut : l'État garantit la liberté de conscience, y compris pour celui qui ne veut pas faire partie d'une communauté. Cependant, il n'y a qu'un corps de règles encore imparfait pour accueillir celui qui décide de n'appartenir à aucune communauté. Le législateur ne veut en aucun cas donner l'impression qu'il l'encourage dans cette voie.

Dans l'ensemble, les services de l'état civil ne facilitent pas l'omission de la mention de la communauté. Les conversions vers une autre communauté leur semblent plus « acceptables ». En effet, les fonctionnaires de l'état civil sont surpris par les demandes, puisqu'il n'y a pas au Liban de réglementation civile générale du statut personnel. La circulaire du ministère de l'Intérieur est venue rappeler que les fonctionnaires devaient faciliter ces demandes. Quel sera alors le statut personnel de la personne qui n'appartient plus à aucune communauté ?

Les personnes sans confession seront assimilées aux non musulmans et soumises à la loi civile, aux termes des articles 10 et 17 de l'arrêté 60 L/R. Même si cette législation civile du statut personnel se réduit à un seul texte, elle régit une grande partie des questions de statut personnel. En effet, la loi sur les successions des non-mahométans de 1959 est considérée comme un début de réglementation civile, car elle ne régit pas seulement la dévolution successorale mais aussi les modes d'établissement de la filiation naturelle et la reconnaissance du statut d'enfant adoptif[150]. L'administration des biens des mineurs est soumise à la loi du 2 avril 1951 et à la compétence des tribunaux civils. Les incapacités relèvent des dispositions, encore en vigueur, de la *majallah*.

Le mariage civil n'a pas encore reçu de cadre mais il peut être contracté à l'étranger et transcrit sur les registres de l'état civil libanais ; les litiges qui pourraient en résulter relèvent de la compétence des tribunaux libanais civils qui appliquent la loi du lieu de célébration du mariage. Ces dispositions qui s'appliquent aux non musulmans seront étendues sans hésitation aux personnes sans communauté[151] déclarée, puisqu'elles sont aussi non musulmanes.

Ces positions n'éliminent pas les difficultés, par exemple celles liées à l'empêchement des non musulmans de succéder aux musulmans. Mais les autorités

150 Le texte de l'article 23 de la loi de 1959 parle bien d'adoption ou *tabannî* et non pas de *kafâla*.

151 Les réticences des services de l'état civil avaient été écartées dès le 20 novembre 1969 par la Cour d'appel de Beyrouth : « Attendu que la religion constitue une relation entre l'individu et son Dieu, différente de celle qui relie l'individu avec l'État ; qu'il est inutile dans les rapports de l'individu avec l'État de révéler publiquement la religion des individus qui doit se manifester suffisamment à travers leurs actions sans être l'objet d'une mention sur les registres publics… Que la demande présentée à la Cour ne vise pas à faire déconsidérer les croyances religieuses, mais à écarter toute différence ou discrimination entre les citoyens ; qu'elle ne porte pas atteinte à l'ordre public, et aux lois fondamentales de l'État et qu'elle peut être satisfaite… ».

religieuses musulmanes n'ont pas jugé que ces mesures portent atteinte à la prérogative des communautés, car elles ont souligné que l'établissement de la qualité de musulman ne résultait pas de l'inscription sur les registres de l'état civil, mais de la déclaration devant témoins de sa foi. Le musulman, qui n'a pas de mention de sa communauté sur les registres de l'état civil, peut donc rester musulman et être soumis au droit musulman appliqué par sa communauté, s'il en fait le choix.

Il est aisé de voir alors les conflits qui risquent de surgir. À titre d'exemple, un musulman de naissance qui aurait fait omettre la mention de sa communauté sur les registres d'état civil, pourrait contracter un mariage civil qui relèverait des tribunaux civils en cas de divorce ou en matière de filiation, mais il pourrait aussi redevenir musulman pour succéder à ses parents.

C'est pour cette raison que le droit de la famille au Liban évolue si doucement : le fait de pouvoir éviter l'application des règles communautaires par le biais de « manipulations » juridiques, permet de ne pas affronter les difficultés et les contraintes liées aux règles communautaires. La complexité du tissu social et religieux, du système de statuts personnels communautaires, ainsi que les moyens offerts par les textes de lois ont produit une culture de l'évitement qui ne peut être effacée.

Conclusion

Un double constat s'impose. D'abord, les juridictions communautaires musulmanes ne dégagent pas de solutions spécifiques aux tribunaux libanais. Il n'y a pas de développement de la doctrine hanafite propre aux juridictions libanaises musulmanes. Les tribunaux jafarites sont sensibles aux positions de la doctrine jafarite dans le monde et s'en distinguent très peu. Interrogés, leurs magistrats souhaitent « accompagner l'évolution de la vie (*ḫayât*) »[152], mais pas au détriment des règles sacrées, notamment celles dérivées du Coran. Les tribunaux sunnites ont la même attitude sur ce point ; on leur reproche leur immobilisme et malgré leur souhait de rester à l'écoute des secousses du monde profane, leurs décisions ne répondent pas toujours aux difficultés posées par un monde en mutation. Les solutions dégagées par les tribunaux des communautés sunnite et shiite restent très classiques et font preuve de rigidité dans l'application des préceptes. Quant aux tribunaux druzes, leur position reste prudemment proche de celle des tribunaux sunnites, même s'ils tentent une modernisation de leurs textes, en arguant que les juges des tribunaux communautaires druzes ne sont pas des religieux (initiés) et qu'ils ont donc une approche plus sécularisée du droit de la famille.

Dans le même temps, les associations, la grande majorité des femmes et toutes les parties intéressées de la société civile qui sont pressées de réformer

152 Réponse de Shaykh 'Adil Hariri, *op.cit.*

disent comme Balzac dans *le Médecin de campagne* : « La tendance des lois doit être en raison inverse de la tendance des mœurs [...]. Un peuple qui a quarante mille lois n'a pas de loi » et pressent les institutions étatiques de forcer le pas vers une « laïcisation » ou une « sécularisation » du système, qui réduirait les discriminations.

Au Liban, pays méditerranéen, « chacun est tel que le définissent les relations familiales : père, mère, épouse, fils, fille. Ils passent de la position d'objet de tutelle à celle de sujet des obligations, des devoirs, des responsabilités, des pouvoirs. La fréquence des échanges culturels, l'assiduité des rapports commerciaux et sociaux ont déterminé à travers les siècles un enchevêtrement réciproque des différentes formes familiales et une convergence vers un monde commun de sentir[153] ». Cette vision est vraie dans sa première partie parce que les relations familiales définissent les Libanais, et la communauté est aussi une famille. Elle est aussi vraie dans sa seconde partie, parce qu'au Liban il existe des échanges culturels et sociaux entre les différentes communautés et les rapports tissés entre ces communautés construisent des règles de vie en commun.

L'islam a perçu dès l'origine que la famille occupe une place particulière dans le système juridique et que c'est un domaine où le religieux a vocation à s'appliquer avec le plus de force. C'est pour cela que le droit de la famille cristallise les débats sur la séparation du spirituel et du temporel, et il est peu probable que sous la pression des contraintes matérielles et sociales, les juridictions communautaires musulmanes fassent preuve de beaucoup de souplesse. Plus modestement et plus efficacement que de trouver des règles générales, les communautés préfèrent rechercher des modes de compréhension pour l'avenir, en s'attachant aux réalités de fait et aux règles concrètes et non à des principes juridiques généraux qui souvent faussent et figent le réel.

D'ailleurs les plus modérés pensent que « la laïcisation est dangereuse, concrètement inefficace si elle fait table rase du passé et, si sous le masque trompeur de l'unité elle prétend pouvoir substituer à des traditions enracinées des textes nouveaux qui ne trouvent pas leur écho dans le mode de vie, les coutumes et les croyances des populations auxquelles l'État s'adresse[154] ». La richesse de l'humanisme tient à sa diversité. L'uniformité est le contraire de la modernité. Montesquieu a, à cet égard, annoncé la jeunesse du monde : « Il y a des centaines d'idées d'uniformité qui saisissent quelques fois les grands esprits [...], mais qui frappent infailliblement les petits [...]. La grandeur du génie ne consisterait-elle pas

153 Piergiorgio Solinas, *in* Fernand Braudel (sous dir), *La Méditerranée, Les hommes et l'héritage*, Paris, Flammarion, collection Champs, 1986. p. 80 et s.

154 « Statut personnel et laïcité au Liban et dans les pays arabes » Conférence du 23 mars 1969, *in* Pierre Gannagé, *Le pluralisme des statuts personnels, op.cit.*

mieux à savoir dans quels cas il faut l'uniformité et dans quels cas il faut la différence ? »[155].

S'il est un droit et un endroit où la prudence est de mise, c'est le droit musulman au Liban. Les influences religieuses et culturelles, d'une part et les influences géopolitiques[156] d'autre part, ne permettent d'entreprendre que la politique des petits pas et la culture de l'évitement. Éviter l'affrontement et instiller des modifications graduelles peut aussi aboutir à une mutation profonde de la société.

Résumé : Les musulmans du Liban, appartenant à trois courants de l'islam, sunnite, shiite et druze, appliquent au mariage et à ses effets, notamment le divorce, la filiation, l'adoption, et les successions, des solutions du droit musulman dégagées par des tribunaux communautaires propres à chacune des communautés. Le droit musulman dont les sources se retrouvent principalement, mais pas seulement, dans le Coran, reçoit en matière de statut personnel des applications diverses selon les différentes écoles de l'islam. Mis à l'épreuve de la cohabitation avec des lois d'origine séculière et du contrôle d'un État religieusement neutre, le droit musulman tel qu'appliqué aujourd'hui au Liban a-t-il subi une transformation qui prenne en compte les acquis sociaux actuels, notamment quand il s'agit du statut de la femme et de la filiation ?

Mots-clés : société multicuturelle, droit libanais, femmes musulmanes, droit de la famille, filiation, succession.

Current Developments in the Status of the Person among the Muslim Communities of Lebanon

Abstract: Lebanese Muslims belong one of three branches of Islam (Sunni, Shi'a and Druze). Tribunals apply Islamic law according to their respective community associations with regard to marriage and related questions (notably divorce, filiation, adoption, and succession). The sources of Islamic law are found mainly but not exclusively in the Q'uran; with regard to matters of personal status, Islamic law also draws on diverse applications from the various schools of Islam. Tested by living alongside laws of secular origin and the authority of a religiously neutral state, has Islamic law – as currently applied in Lebanon – undergone a transformation that takes into account social gains, particularly regarding the status of women and issues of filiation?

Keywords: Multicultural society, Lebanese law, Muslim women, family law, filiation, succession.

155 Montesquieu, *Esprit des lois*, LXIX, Ch. 18 : « Des idées d'uniformité ».

156 « L'évolution des communautés religieuses est plutôt devenue une variable subordonnée à l'évolution socio-économique générale de la société et aux soubresauts de la géopolitique mouvementée de la région ». Georges Corm, *Le Liban contemporain, Histoire et société*, édition actualisée, éditions la Découverte, Poche, Paris, 2005.

3. Peines d'adultères (zinâ)

Nisrin Abu Amara

Régulation juridique et sociale de la criminalité liée à « l'honneur » en Jordanie et dans les territoires palestiniens occupés

L'approche juridique vis-à-vis des crimes basés sur le genre, et particulièrement le viol et le crime dit « d'honneur », démontre qu'il s'agit autant d'une question politique que d'un problème relatif à la moralité et à la sexualité féminine[1]. Par crime dit « d'honneur », on se réfère généralement à l'assassinat ou à la tentative d'assassinat d'une jeune femme par un ou plusieurs de ses proches, suite à une liaison extra-maritale supposée, ou à un comportement social ressenti comme une offense aux valeurs familiales et tribales[2]. Jusqu'à récemment, les Codes pénaux de nombre de pays du Proche-Orient et d'Europe, permettent de sanctionner légèrement les auteurs de ces crimes, quitte à les exempter de peine (article 340 du Code pénal jordanien).

Cette approche juridique n'est pas l'apanage des pays arabo-musulmans. Les Codes jordaniens, égyptiens, libanais et palestiniens ressemblent, pour des raisons historiques, aux Codes européens dont ils s'inspirent, principalement du Code pénal napoléonien qui n'a été aboli qu'en 1975 (par l'article 17 de la loi 617/75)[3]. Ainsi, l'article 324 du Code pénal napoléonien facilite la peine de l'époux qui a tué son épouse, dans des circonstances d'adultère : « Pourra bénéficier d'une excuse absolutoire quiconque, ayant surpris son conjoint en flagrant délit d'adultère ou de rapports sexuels illégitimes avec un tiers se sera rendu coupable sur la personne de l'un ou de l'autre de ces derniers, d'homicide ou de lésion non prémédités.

1 Catherine Warrick, "The vanishing victim: Criminal law and Gender in Jordan". *Law and Society Review*, 2005. vol. 39, n°2, p. 315-348.

2 Le Fond de population des nations unies (UNFPA) estime à 5 000 par an le nombre de femmes victimes des crimes dits « d'honneur » dans le monde. Bien que le Pakistan et la Jordanie soient principalement visés par l'attention des médias internationaux, ces crimes se produisent parmi des communautés d'origine et de confessions religieuses différentes. Dans le monde arabe et musulman, ces crimes se sont également produits parmi les communautés chrétiennes et druzes au Liban, en Palestine, en Israël.

3 Ce Code a également été appliqué jusqu'à récemment en Espagne, au Portugal, et en Italie.

L'auteur de l'homicide ou de la lésion pourra bénéficier d'une excuse atténuante s'il a surpris son conjoint avec un tiers dans une attitude équivoque »[4].

Alors que cet article a été aboli en France suite à la lutte des mouvements féministes, en Jordanie, en Égypte comme en Palestine et au Liban[5], le débat sur l'amendement de ces Codes est toujours actuel. En revanche, la permissivité juridique à l'égard des auteurs de ces crimes dans ces pays est renforcée par l'existence d'un système tribal qui tend à réconcilier les familles concernées au détriment des femmes souvent culpabilisées et renvoyées chez leur mari ou dans leur famille d'origine[6].

Ces questions, objet d'une attention médiatique internationale accrue depuis les années 1990, provoquent un débat politique et social, particulièrement en Jordanie. Dans ce pays, les dispositifs juridiques relatifs à ces crimes ont été examinés à plusieurs reprises suite aux pressions des ONG jordaniennes et au soutien de la famille royale, et ils ont été réexaminés par les députés du Parlement jordanien en juin 2009, en vue d'un amendement possible.

Dans cet article je proposerai une analyse du débat politique actuel sur ce sujet, en Jordanie et dans les territoires palestiniens, à partir d'une présentation critique des dispositifs juridiques et du Code pénal de ces pays. Cette analyse concerne essentiellement le discours des différents acteurs qui jouent un rôle central dans ce débat : l'État, les ONG de femmes et les membres conservateurs de ces sociétés[7].

Deux remarques importantes s'imposent lorsqu'on parle de la Jordanie et des territoires palestiniens. Tout d'abord, ces deux pays présentent de nombreuses similitudes du point de vue culturel et juridique, du fait de leur proximité géographique et de leur histoire commune. La Jordanie a ainsi reçu de nombreux refugiés palestiniens lors des différentes étapes du conflit israélo-palestinien, à partir de la guerre d'indépendance de 1948[8], ces refugiés vivant souvent dans des camps défavorisés sur le plan économique et social. Comme Stéphanie Latte Abdallah l'a montré, les valeurs familiales de « l'honneur » de la famille ont été renforcées dans ce contexte de guerre et d'exil conséquemment à la perte de la

---

4 Lama Abu-Odeh, "Crimes of Honour and the construction of gender in Arab societies". In Mai Yamani, (ed), *Feminism and Islam – legal and literary perspective*. London, Garnet publishing limited, 1996, p. 144.

5 Ces articles concernent également d'autres pays du Proche-Orient : article 548 en Syrie, article 309 en Irak, article 153 au Koweït, et article 70 à Bahreïn.

6 Nadera Shalhoub-Kevorkian, "Femicide and the Palestinian criminal justice system: Seeds of change in the context of State building?" *Law and Society Review*, 2002. Vol. 36, (3), p. 577-605.

7 Cet article est fondé, en partie, sur ma thèse de doctorat : *Du fait divers au débat public : Représentations médiatiques, sociales et politiques actuelles des violences faites aux femmes en Égypte, en Jordanie et dans les territoires palestiniens*, Thèse dirigée par Monsieur Léon Gani. Soutenue le 3 décembre 2008 à l'Université Paris Descartes, 389 p.

8 Michael Dumper, *The future for Palestinian refugees: toward equity and peace*, Boulder (Colo.), L. Rienner publ., 2007, 233 p.

terre[9]. En deuxième lieu, dans les territoires palestiniens[10], le conflit israélo-palestinien constitue un obstacle majeur à une évolution indépendante du système juridique qui se trouve dans un état de construction et de déconstruction perpétuelle[11], ce qui est également attribué aux fractions qui divisent les partis palestiniens.

Néanmoins, les changements récents sur la scène sociale et politique de ces deux pays suggèrent des transformations du système juridique, en vue d'une pénalisation plus sévère des auteurs des crimes faits aux femmes. Ces évolutions provoquent des polémiques dans lesquelles s'affrontent les activistes en faveur des droits des femmes et les membres conservateurs, généralement hostiles à cette cause. Les acteurs principaux de ce débat sont les membres des associations, notamment l'Union des femmes jordaniennes, l'ONG palestinienne pour les droits de femmes (WCLAC), des avocats comme Asma Khadr – militante jordanienne d'origine palestinienne, active notamment avec des ONG palestiniennes. Aidées par une coopération régionale grandissante et des financements provenant de sources européennes, ces militantes tentent d'imposer leur point de vue en proposant des amendements, se fondant sur les droits humains et sur les conventions internationales dont la Convention pour l'abolition de toutes les discriminations contre les femmes[12].

Avant d'entrer dans le fond de ce débat, présentons d'abord les fondements des dispositifs juridiques concernant les crimes dits « d'honneur » et le viol en Jordanie et dans les territoires palestiniens.

Entre la loi, la coutume et la famille : l'oubli des victimes de viol et des crimes dits « d'honneur » en Jordanie et dans les territoires palestiniens occupés

Le Code pénal jordanien, appliqué aussi en Cisjordanie, se fonde en partie sur le Code français et sur le Code pénal ottoman. Il est fondé sur une conception conservatrice de la moralité et de la sexualité qui se traduit par une répression

---

9 Stéphanie Latte Abdallah, *Femmes réfugiées palestiniennes*, Paris, Presses Universitaires de France, 2006, 244 p.

10 Dans cet article, nous nous référons plutôt à la Cisjordanie où le Code pénal est inspiré du Code jordanien (article 340). La loi jordanienne a été appliquée en Cisjordanie, qui était sous contrôle jordanien, alors que Gaza, sous contrôle égyptien, a été influencée par la loi égyptienne.

11 Asma Khadr, *La loi et l'avenir des femmes*. Jerusalem, Women's Center for Legal Aid and Counselling (WCLAW), 1998 (en arabe). 80 p.

12 Depuis 2003, le réseau régional nommé « *Salma* » – qui renvoie à un prénom féminin évoquant la paix – regroupant l'Égypte, la Jordanie, les territoires palestiniens, le Liban et le Maghreb, a élaboré un projet de loi pour la prévention des violences familiales et conjugales, adopté récemment par le Parlement jordanien par la loi 6/2008. Ce projet élaboré par l'avocate et militante des droits des femmes, Asma Khadr, a été soutenu par des activistes féministes dans les territoires palestiniens, ainsi qu'en Égypte.

inégale des comportements sexuels masculins et féminins subversifs. L'incrimination de l'adultère constitue un exemple édifiant, car l'adultère des hommes et des femmes fait l'objet d'une peine discriminatoire. En Jordanie et en Cisjordanie, l'infidélité de l'épouse est sanctionnée plus sévèrement : de six mois à deux ans de prison, alors que l'homme infidèle bénéficie d'une peine moins lourde : de trois mois à un an de prison[13]. Ce dispositif contient une autre règle discriminatoire car l'adultère de l'homme n'est jugé que s'il a lieu dans le foyer conjugal. En effet, ce dispositif fait partie de l'héritage du Code pénal français napoléonien, par l'intermédiaire du Code ottoman. L'article 337 du Code napoléonien attribuait à l'épouse adultère une peine de trois mois de prison jusqu'à deux ans, alors que l'homme était puni d'une amende, seulement dans le cas où l'adultère était pratiqué au domicile conjugal (article 339 du Code napoléonien).

Les crimes dits « d'honneur »

Confrontés aux assassinats liés à « l'honneur » de la famille, certains juges en Jordanie comme en Cisjordanie, attribuent une exemption de peine ou une réduction de peine aux auteurs de ces crimes, conformément à l'article 340 du Code pénal jordanien (numéro 16, 1960) qui est intitulé « excuse in murder » (excuse au meurtre) et à l'article 98 de ce Code qui est intitulé « fit of fury » (accès de rage).

Un autre aspect qui aboutit à une atténuation des peines concerne l'âge de l'auteur du crime. En effet, l'exécution du crime dans ces deux pays est souvent confiée au plus jeune membre de la famille qui recevra une peine moins grave[14], alors que plusieurs membres de la famille sont généralement impliqués dans la préméditation. Après avoir commis le crime, certains meurtriers bénéficient du soutien financier de leur famille.

Comme le Code pénal ottoman dont il s'inspire, le Code jordanien permet de protéger les pères, les frères ou tout autre parent ayant commis le meurtre de leur proche, suite à un adultère soupçonné ou réel. Subséquemment, l'article 340 permet de libérer les auteurs d'assassinat, ainsi que d'atténuer la peine des meurtriers d'une parente dans le cas d'une « attitude équivoque » de la femme, c'est-à-dire, dans une situation qui peut impliquer l'adultère, comme le fait pour une femme de se retrouver seule avec un homme dans un endroit caché. En effet, cela permet au juge d'interpréter certains comportements féminins indépendants (par exemple de partir vivre avec son fiancé) comme étant contraires à la « morale ». Le double standard est explicite car cet article n'est appliqué qu'aux

---

13 Asma Khadr, *La loi et l'avenir des femmes*, Jérusalem, Women's Center for Legal Aid and Counselling (WCLAW), 1998, (en arabe), 80 p.

14 Manar Hasan, "The politics of Honor: the Patriarchy, the State and the Murder of women in the name of 'family's honor'", *Journal of Israeli History*, 2002, vol. 21, p. 1-37.

femmes adultères, ce qui exclut les crimes commis par les épouses, dans le cas de l'adultère de leur époux.

Mais, l'article 340 n'a pas toujours été la référence ultime dans procès des crimes dits « d'honneur » en Jordanie[15]. L'article 98 qui traite du vol, de l'assassinat et du viol, est beaucoup plus fréquemment appliqué[16], comme c'est aussi le cas en Cisjordanie[17]. Cet article permet d'accorder des allégements après avoir « prouvé » que l'assassinat a été commis par l'auteur dans un état de rage, et que l'assassinat suivait un acte « dangereux » et « injuste » de la part de la victime[18]. Ainsi, le fait que la victime soit enceinte en dehors du mariage a été qualifié selon les juges d'« agression envers l'honneur de la famille », et la femme apparaît alors comme « un danger » à l'ordre social[19]. Par conséquent, le père, qui a assassiné sa fille dans un « accès de rage » (condition posée par l'article 98), a bénéficié d'une réduction de peine, conformément à cet article.

Jusqu'au début des années 2000, la réponse étatique à ces violences se résumait à l'ouverture de centres de détention pour les femmes menacées, conformément à l'article 7 de la loi pour la prévention des crimes de 1954, qui accorde au gouverneur le droit de placer une femme en prison pour sa propre protection avec des détenues « régulières ». En 1997, vingt-cinq femmes ont été mises en détention provisoire, et en juin 2006, trente femmes l'ont été[20].

Le viol

En Jordanie, comme dans les territoires palestiniens, le viol est souvent considéré comme un « déshonneur » pour la famille. Les jeunes femmes qui ont été violées sont souvent menacées et dans certaines circonstances, elles peuvent être tuées par leurs proches, sous prétexte de rétablir leur « honneur ». C'est le cas d'une jeune fille jordanienne de 16 ans qui a été violée en 1998 par son beau-frère lors de sa visite chez sa sœur. C'est le propre frère de cette jeune fille qui s'est ensuite chargé de l'assassinat de sa sœur avec une arme à feu. Il n'a été condamné

---

15 Lama Abu-Odeh, "Crimes of Honour and the construction of gender in Arab societies", in Mai Yamani. (ed), *Feminism and Islam – legal and literary perspective*. London, Garnet publishing limited, 1996, p. 157.

16 *Ibid.*, Catherine Warrick, "The vanishing victim: Criminal law and Gender in Jordan", *Law and society review*. 2005, vol. 39, n°2, p. 315-348.

17 Nadera Shalhoub-Kevorkian, "Femicide and the Palestinian criminal justice system: Seeds of change in the Context of State Building?", *Law and society review*. 2002, vol. 36, (3), p. 577-605.

18 Lama Abu-Odeh, "Crimes of Honour and the Construction of Gender in Arab societies" in Mai Yamani (ed), *Feminism and Islam – legal and literary perspective,* London, Garnet publishing limited, 1996, p, 158.

19 *Ibid.*

20 Stéphanie Latte Abdallah, *Femmes réfugiées palestiniennes,* Paris, Presses Universitaires de France, 2006, 244 p.

qu'à six mois de prison pour ce crime, pour lequel il n'a exprimé aucun regret[21]. Comme l'explique Catherine Warrick[22], les lois mises en place pour réguler ces questions morales et politiques mènent à la disparition des droits des femmes, considérées comme complices du crime dont elles sont victimes.

L'existence de lois sévères punissant le viol et l'inceste par une peine de trois ans jusqu'à l'emprisonnement à perpétuité, voire la peine de mort[23], n'empêche pas l'existence de pratiques traditionnelles de médiation. De telles pratiques tentent de rechercher des solutions afin de ménager les enjeux familiaux, plutôt que de considérer les droits des victimes ; selon cette vision, le viol est perçu comme une atteinte à la réputation de la famille plutôt que comme un crime entraînant de graves dommages physiques et psychologiques chez les victimes. Ainsi, les articles 285 et 286 du Code jordanien, appliqués notamment en Cisjordanie, condamnent l'auteur d'un inceste à cinq ans de prison, mais la plainte doit être déposée par un proche et non par la victime. Cela rend l'application de cette peine peu réalisable du fait des enjeux familiaux en cause, qui peuvent mener à une aggravation des violences subies par la victime.

Parfois, le droit pénal ainsi que le droit coutumier considèrent le viol comme un enjeu familial, la loi prenant en compte l'argument de « l'honneur de la famille ». Dans ces mécanismes juridiques et sociaux, les droits des victimes disparaissent au profit d'une exigence familiale visant à « sauver la face ». Les besoins des victimes sont alors totalement ignorés, celles-ci étant même souvent contraintes à vivre avec l'agresseur. Le droit coutumier (*'urfi*), comme Nadera Shalhoub-Kevorkian l'a démontré concernant les territoires palestiniens, encourage la « médiation ». Dans ces circonstances, la police, en coopération avec les chefs tribaux, considère le mariage avec le violeur comme une solution destinée à rétablir « l'honneur de la famille »[24]. La loi conforte ces pratiques coutumières : ainsi, l'Égypte jusqu'en 1999 (article 291 du Code pénal de 1937), la Jordanie encore aujourd'hui (article 308 de l'année 1961) et les territoires palestiniens jusqu'en 2005[25], ont des dispositifs juridiques permettant au criminel d'échapper à la peine dans le cas où il se marie avec sa victime.

---

21 Le *Nouvel Observateur*, 8 novembre 2001 n°1931. « Notre époque. Quand en Jordanie, la « tradition tue » le cauchemar du crime d'honneur ».

22 Catherine Warrick, "The vanishing victim: Criminal law and Gender in Jordan", *Law and Society Review*. 2005, vol. 39, n°2, p. 315-348.

23 Articles du Code égyptien 267, 290 et 214, articles 292 du Code pénal jordanien, et l'article 257 du nouveau Code pénal palestinien.

24 Nadera Shalhoub-Kevorkian, "Femicide and the Palestinian criminal justice system: Seeds of change in the context of State building?", *Law and Society Review*, 2002, vol. 36, (3), p. 577-605.

25 L'article a été aboli par le nouveau Code pénal (abrogé en 2005), mais le mariage du violeur à sa victime est néanmoins pratiqué par certaines familles, qui considèrent le sujet comme une « affaire familiale » et qui n'ont donc pas recours à la loi.

L'indulgence des tribunaux vis-à-vis de ces crimes peut aussi être attribuée aux juges qui, souvent, ne mettent pas en question les valeurs sociales patriarcales[26] et subissent des pressions sociales venant de la communauté. L'adhésion de certains juges à ces valeurs patriarcales est expliquée par un magistrat jordanien de la Haute cour criminelle, Muhammad 'Ajarma, par rapport à une logique de renversement des rôles entre les victimes et les coupables. Ainsi, la femme est rendue « coupable » et « complice » de ce crime alors que l'auteur du crime est considéré comme étant « victime » de pressions sociales : « Personne ne veut vraiment tuer son épouse, sa fille ou sa sœur. Mais, parfois, c'est la société qui le force à le faire, parce que les gens n'oublieront pas. Parfois, il y a deux victimes : la victime assassinée et l'assassin »[27].

Toutefois, la conception juridique ne reflète pas complètement l'approche sociale vis-à-vis de ces crimes. Depuis les années 1990, des critiques de plus en plus fortes s'élèvent contre ces violences, et contre les facteurs culturels et juridiques qui permettent leur reproduction. Ces approches alternatives s'expriment surtout dans l'espace associatif féminin et dans les médias, à l'exemple du quotidien anglophone *Jordan Times*, des sites internet comme le site jordanien *Aman*[28] et des émissions de télévision sur les chaînes satellitaires consacrées à ces questions[29].

La centralité de la famille dans le débat public sur le Code pénal jordanien

La campagne contre les crimes dits « d'honneur » et pour l'amendement de l'article 340 du Code pénal jordanien a été initiée en 1998 par des associations de femmes, dont l'Union des femmes jordaniennes, des activistes des droits de l'Homme, ainsi que la journaliste Ranâ al-Husaynî et l'avocate Asma Khadr, et le Comité national jordanien pour les femmes présidé par la princesse Basma, sœur du roi Husayn de Jordanie alors décédé. Cette mobilisation illustre la façon dont la société civile et les médias peuvent influencer la politique d'un pays dans lequel la démocratie est limitée par un système politique où les représentants « tribaux » sont majoritaires[30]. Une lecture de la presse jordanienne et particulièrement du quotidien anglophone *Jordan Times* permet de décrire l'évolution de la campagne

---

26 Nadera Shalhoub-Kevorkian,. "Femicide and the Palestinian criminal justice system: Seeds of change in the context of state building?", *Law and Society Review*, 2002, vol. 36, (3), p. 577-605.

27 Fadia Faqir, "Interafamily femicide in defence of honour: the case of Jordan", *Third World Quarterly*, 2001, vol. 22, n°1, p. 60.

28 http://www.amanjordan.org/

29 Notamment la chaîne qatarienne *al-Jazira* dans une émission que j'évoquerai par la suite, et également *Qatar TV*, LBC (Liban).

30 Stefanie Eileen Nanes, "Fighting Honor Crimes: Evidence of Civil Society in Jordan", *Middle East Journal*, 2003, vol. 57, n°1, p. 112-129 ; Stéphanie Latte Abdallah, « Le débat sur la criminalité liée à l'honneur en Jordanie : le genre comme enjeu politique et question sociale », *Monde arabe Maghreb-Machrek*, n°179, avril-juin 2004, p. 29-45.

pour l'amendement du Code pénal. Ainsi, dans un article du 22 novembre 1999, les journalistes notent que le ministre de la Justice, poussé par la volonté de la famille royale, a promis d'appliquer les amendements de la loi concernant ces crimes, afin d'assurer l'attribution de peines plus lourdes

Il faut situer le soutien de la monarchie à cette initiative dans le contexte des intérêts politiques et économiques de l'État jordanien face aux pressions internationales dans lesquelles les médias locaux et occidentaux jouent un rôle central, la monarchie souhaite garder son image démocratique afin de conserver ses relations avec l'Occident[31]. La couverture médiatique locale de la journaliste Ranâ al-Husaynî a été suivie d'une couverture internationale dont un reportage sur les crimes dits « d'honneur » sur la chaîne américaine CNN, ce qui a attiré l'attention médiatique internationale vis-à-vis de ces violences. S'agissant des meurtres dits « d'honneur », l'opinion publique internationale se focalisait principalement sur le contexte jordanien[32] mais aussi sur le contexte pakistanais[33]. Sur le plan local, Ranâ al-Husaynî, publiait depuis 1994 des rapports sur les décisions des procès relatifs à ces crimes dans le quotidien anglophone *Jordan Times*, ce qui lui a valu plusieurs prix pour les droits de l'homme en 1998, mais également des critiques de ceux qui craignaient de voir ainsi se ternir l'image de la Jordanie[34].

En 1999, le Comité indépendant pour la campagne contre les crimes dits « d'honneur » est créé à l'initiative de Ranâ al-Husaynî, du pharmacien Bâsil Burqan, ainsi que de l'avocate Asma Khadr, ancienne présidente de l'Union des femmes jordaniennes. Le comité, composé de douze jeunes Jordaniens issus de la classe moyenne, la plupart d'origine palestinienne, mobilisent d'une façon volontaire le soutien du public à travers une pétition publiée dans la presse locale réclamant l'abolition de l'article 340 du Code pénal. Le quotidien *Jordan Times* encourage la signature de la pétition, qui, à la fin de la campagne comptait plus de 15 000 signatures[35]. Un nouveau projet de loi a alors été élaboré et déposé par le comité national des femmes jordaniennes avec le soutien de la princesse Basma. Il proposait de remplacer les lois actuelles par des peines aggravées pour les auteurs

---

31 Stefanie Eileen Nanes, "Fighting Honor Crimes: Evidence of Civil Society in Jordan", *Middle East Journal*, 2003, vol. 57, n°1.

32 *Le Monde* a publié plusieurs articles sur les crimes dits « d'honneur » durant cette période dont : « Le 'crime d'honneur' reste légalement toléré en Jordanie - Des dizaines de femmes au comportement 'immoral' sont tuées chaque année ». 4 décembre 1999. De Georges Marion (envoyé spécial à Amman) ; « Tuées pour l'honneur » le 4 avril 2001, par Florence Beaugé.

33 Une série d'articles et de reportages ont été réalisés sur ces crimes dans le contexte pakistanais dont celui publié dans le *Monde* : « Meurtres d'honneur au Pakistan », 21 mars 2002, par Erich Incyan. Et celui publié dans le *Figaro* : « Tuées au nom de l'honneur des hommes », 24 octobre 2003 par Véronique Boulinguez.

34 Qantara, « Les crimes d'honneur en Jordanie ». (Ressource internet). 1er janvier 2004. Consulté le 1er mai 2008.

35 Stefanie Eileen Nanes, "Fighting Honor Crimes: Evidence of Civil Society in Jordan", *Middle East Journal*. 2003. vol. 57, n°1, p. 112-129.

de viol suivi d'assassinat, de viol incestueux ou d'enlèvement, ainsi que de pénaliser l'adultère de l'homme et de la femme (de un à trois ans de prison). Cette dernière proposition reflète une volonté de conserver certaines valeurs traditionnelles dans le but d'acquérir la légitimité du public et des députés dont la majorité est conservatrice.

En 2001, en l'absence du Parlement, ces amendements ont été validés par le vote du Sénat en tant que lois dites « temporaires ». Mais dès la reconstitution du Parlement, ces lois seront rejetées à deux reprises à la quasi unanimité ; un seul député a voté en faveur de cet amendement. Par ailleurs, l'amendement proposé est jugé insatisfaisant par l'Union des femmes jordaniennes, car il s'agit d'amoindrir les allégements de peines prévues par l'article 340 sans toucher à l'article employé le plus fréquemment dans ces crimes (l'article 98), ainsi que d'unifier les peines des auteurs d'un crime conjugal, qu'il s'agisse d'homme ou de femme ayant assassiné leur conjoint/e suite à un adultère.

Comme les médias locaux et internationaux l'illustrent, ce projet a suscité de fortes polémiques et a révélé les contradictions de la société jordanienne. Les journalistes Ranâ al- Husaynî et Dîmâ Hamdân[36], dans un article concernant le refus des députés jordaniens d'accepter ce projet de loi, exposent le conflit existant entre les courants libéraux jordaniens et les groupes conservateurs. Ces derniers font souvent un amalgame entre les droits des femmes et un « néo-colonialisme occidental ». Ainsi, les journalistes citent les propos du député 'Abdul Karim Dughmî, qui déclarait que « le projet de loi (pour l'annulation de l'article mentionné) visait la légalisation de l'adultère et la destruction des valeurs islamiques ». De même, les propos de Mahmûd Kharabsha, le rapporteur du comité des affaires légales du Parlement jordanien, exprimait son attachement aux valeurs traditionnelles et sa crainte d'une modernisation de la Jordanie, en énonçant : « Ce projet est un des documents les plus dangereux examinés par le Parlement, parce qu'il concerne nos femmes et notre société, dans l'ombre des menaces de la globalisation ». Le seul député se déclarant pour l'annulation de l'article 340 était Nashât Hamârna, affilié à la gauche, qui affirmait qu'il condamnait fortement le Code pénal actuel.

Des oppositions à l'amendement de ce Code ont été notamment formulées par le *Front d'action islamique*, groupe affilié au mouvement panislamique des *Frères musulmans*, dans le journal jordanien *as-Sabîl*, le 15 février 2000, dans lequel l'article 340 est identifié comme le gardien des valeurs morales arabes et islamiques. Le terme d'« honneur » est mentionné dans le sens où il s'agit d'une valeur inséparable de l'identité arabe et musulmane qui est lié au comportement sexuel des femmes. En revanche, l'annulation de cet article est assimilée à « la violation des lois divines, l'encouragement de l'adultère, et le massacre du sens islamique de l'honneur » (*as-Sabîl*, 15 février 2000).

---

36 *Jordan Times*. 5 août 2003, «Midsummer nightmares». Rana al-Husseini et Dima Hamdan.

Cependant, le refus du Front islamique n'a pas été partagé par tous les représentants religieux dont certains, comme 'Abdul Salâm al-'Abadi, ministre des Affaires islamiques, qui soutenait l'amendement de la loi actuelle, tout comme Nawâl Fâ'ûrî affiliée au parti du Front islamique, qui fut nommée plus tard par le gouvernement pour diriger un foyer d'accueil réservé aux femmes menacées[37].

L'argument religieux, comme dans le débat sur la loi du divorce (*khul'*) ou sur l'excision en Égypte, a été déployé dans deux sens, afin de soutenir ou de critiquer la loi en question : certains représentants religieux considéraient que les crimes dits « d'honneur » n'ont aucun fondement religieux, alors que d'autres, non seulement des membres du Front islamique, mais également des députés laïcs nationalistes, justifiaient la présence de l'article 340 pour préserver la moralité de la société et une identité arabo-musulmane.

Le conflit entre ces deux tendances a été exposé dans un reportage de la chaîne Qatarienne *al-Jazira*, consacré au sujet des crimes dits « d'honneur » le 8 décembre 2003[38], dans le cadre de l'émission « Seulement pour les femmes » (*Lil Nissâ' Faqat*) avec la participation d'une députée affiliée au Parti islamique du travail (*Hayyât al-Mussama*), qui avait refusé l'amendement de l'article 340 du Code pénal jordanien.

L'émission est introduite par une réaffirmation des valeurs patriarcales, suivie d'un questionnement énoncé timidement par la présentatrice (Lûna ash-Shabal) concernant la légitimité de la valeur de « l'honneur », par une formulation qui démontre les difficultés de contester ce sujet dans une chaîne panarabe dont la réputation est en jeu : « Premièrement, nous voulons affirmer que l'adultère, le déshonneur, le manque de respect à la réputation et l'immoralité, sont des crimes ... des crimes qui nuisent, mais ... est-ce qu'il est légitime d'exploiter les questions d'honneur pour commettre des crimes qui touchent à la vie d'un être humain ? ».

Après cette introduction politiquement correcte, la présentatrice donne la parole à la députée jordanienne du Parti islamique du travail (*Hayyât al-Mussama*), qui monopolise la première partie de l'émission. Refusant d'admettre l'existence des crimes dits « d'honneur » en Jordanie, la députée relie le débat sur ce sujet à « une tentative de ternir l'image de son pays ». Elle justifie son refus d'amender l'article 340 par des arguments sur la stabilité de la famille jordanienne, faisant référence au sens commun pour lequel les valeurs familiales sont primordiales. L'amendement de l'article 340 est perçue par la députée comme une tentative de « briser la famille jordanienne » : « Non seulement les islamiques le disent, mais également d'autres députés jordaniens refusent cet amendement (de l'article 340), parce qu'il protège la famille. À quoi pourrais-je m'attendre, si un mari voit son

---

37 Stéphanie Latte Abdallah, « Politiques de la protection contre les violences », *Naqd*, n°22/23, *Femmes et Citoyenneté,* Automne/hiver 2006, p. 193-212.

38 Cette émission a été suivie plus tard par une autre émission sur les crimes dits « d'honneur » dans la chaîne anglophone *al-Jazira*.

épouse ou une des femmes de sa famille en situation d'adultère ? Qu'il lui présente des excuses pour l'avoir dérangée ! ».

La rhétorique de la députée jordanienne repose sur un argument moral et religieux qui condamne l'adultère comme un crime. La présentatrice qui souhaite garder ce consensus sans toutefois légitimer le meurtre, ne contredit pas cette croyance, mais refuse de légitimer les violences liées à « l'honneur », et fait appel au référent religieux coranique. La présentatrice cite alors à son tour des versets coraniques qui interdisent le meurtre d'un être humain. Ce défi est suivi d'une confrontation intense autour de l'interprétation coranique de l'adultère, révélant ainsi l'hégémonie de la religion comme fondement moral et légal.

En revanche, ce débat révèle l'enjeu politique autour des différentes façons de « lire » les textes religieux. Même si la députée présente des arguments « religieux », la crédibilité de son discours est mise en question par la même référence, lorsque la présentatrice cite les versets de la sourate coranique *al-nûr* (« la lumière ») qui exige le témoignage de quatre témoins masculins pour punir l'adultère, ce qui rend le châtiment de l'adultère quasiment impossible[39]. Ensuite, le discours de la députée a été critiqué par la journaliste et activiste Ranâ al-Husaynî, qui intervient lors de l'émission par un appel téléphonique. En tant que membre fondatrice du Comité jordanien contre les crimes dits « d'honneur », Ranâ al-Husaynî, exprime son regret face à ce qu'elle appelle la « trahison des députés femmes jordaniennes » : « Malheureusement, ce qui est encore plus inquiétant, c'est que deux députées ont refusé l'amendement et que deux autres ont manqué la séance du Parlement… J'espère qu'une de mes sœurs députées qui se trouve actuellement dans votre studio va réfléchir de manière nouvelle à ces lois, car nous ne cherchons pas à détruire la famille, mais au contraire, nous voulons l'améliorer ».

Comme le montre le débat sur ces crimes dans cette émission, la lutte contre les crimes dits « d'honneur » dans le contexte jordanien comme dans d'autres pays au Moyen-Orient, est loin d'être terminée. En Jordanie, l'émergence d'un débat politique et social concernant ce sujet « tabou », a été vite modérée par le double refus des députés du Parlement jordanien d'abroger l'article 340 permettant l'acquittement des auteurs des crimes dits « d'honneur », article qui est notamment appliqué dans le système judiciaire palestinien. L'oubli momentané de ce débat sur l'article 340 en Jordanie est attribué par Stéphanie Latte Abdallah[40] à la

39 Le Coran (*al-Qur'ân*) (traduit de l'arabe), Régis Blachère, Paris, M. Besson, 1957. Sourate IV, verset 15-19.

40 Stéphanie Latte Abdallah, « Le débat sur la criminalité liée à l'honneur en Jordanie : le genre comme enjeu politique et question sociale », *Monde arabe Maghreb-Machrek*, n°179, avril-juin 2004, p. 29-45.

détérioration de la situation politique dans les territoires palestiniens durant la deuxième *Intifada*[41].

Néanmoins, depuis 1998, le gouvernement jordanien tente, sous l'influence du ministère des Affaires sociales de trouver des solutions pour assurer la protection des femmes menacées de violence. Répondant à l'absence d'institutions d'accueil pour les femmes en danger, en 1998, le gouvernement élabore un nouveau projet pour la fondation d'un centre d'hébergement pour les femmes, financé par des organismes européens. La nomination d'une femme d'orientation politique islamique à la tête de ce centre, Nawâl al-Fâ'ûrî, est considérée par Stéphanie Latte Abdallah[42] comme un choix politique délibéré du gouvernement de contrôler l'action du mouvement laïc de l'Union des femmes jordaniennes. La loi récente 48/2004 prévoit par ailleurs de rechercher des solutions étatiques pour la protection des femmes.

Ces évolutions révèlent l'influence des associations de femmes jordaniennes qui ont réussi à faire passer un nouveau projet de loi contre les violences familiales – présenté par l'avocate et activiste Asma Khaḏr – qui a été adopté par le gouvernement en janvier 2008[43]. Ce projet, accepté par le Parlement[44] représente une prise de conscience vis-à-vis du caractère particulier des violences faites aux femmes. Au-delà de la détention des auteurs de violences conjugales – d'un mois à six mois de prison dans le cas de récidive en plus d'amendes – et de dispositifs juridiques qui visent à renforcer l'efficacité et la rapidité de l'activité policière sur le terrain, le projet de loi veut favoriser la création de comités de conciliation familiale, ainsi que la sensibilisation des agents socio-médicaux et des agents de police. Enfin, le projet prévoit une formation pour les auteurs de violences, afin qu'ils prennent conscience de la gravité de leurs crimes. Ces dispositifs devront être établis dans le respect des Codes actuels – y compris du Code pénal qui n'a pas été amendé – et sont pris en charge par le ministère du Développement dirigé par la ministre Hâla Laṯûf.

On remarque également une détermination de certains représentants du système juridique d'appliquer des peines dissuasives, comme l'indique la déclaration du procureur général 'Abdullat qui affirme avoir l'intention de reconsidérer les jugements relatifs aux crimes dits « d'honneur » ayant abouti à une

---

41 La deuxième *Intifada* renvoie aux événements ayant marqué le soulèvement des Palestiniens à partir de septembre 2000, en référence à la première *Intifada* déclenchée en 1987.

42 Stéphanie Latte Abdallah, « Le débat sur la criminalité liée à l'honneur en Jordanie : le genre comme enjeu politique et question sociale », *Monde arabe Maghreb-Machrek*, n°179, avril-juin 2004, p. 29-45.

43 Loi 6 (2008), signée par le roi et les ministres le 5 février 2008, suite à l'acceptation des députés et du sénat, publiée dans le *Journal officiel* p. 821-828.

44 *Aman* (site d'information jordanien). « La loi sur la violence familiale agit sur la victime et le criminel : le Parlement jordanien a abrogé la loi dernièrement ». janvier 2008. Munîr Da'bas, (en arabe).

peine de trois mois à sept ans (*Jordan Times*, 4 janvier 2008). Soulignons que cette prise de conscience difficilement acquise et toujours partielle est le fruit d'une résistance des associations de femmes jordaniennes contre l'idéologie familiale traditionnelle.

De la même manière, le débat sur cette question dans les territoires palestiniens est principalement mené par les ONG de femmes palestiniennes qui investissent le terrain, en coopérant avec les ONG régionales dans des circonstances de conflit et de guerre que nous préciserons par la suite.

Les associations de femmes palestiniennes face à la loi tribale et un système juridique contesté dans un contexte de conflit et de guerre

Comme en Jordanie, l'évolution du Code pénal palestinien témoigne d'enjeux politiques importants autour de la sexualité féminine et « l'honneur » dans un contexte de lutte pour l'indépendance et pour la légitimation du nouveau système légal palestinien. L'ambiguïté du cas palestinien se retrouve dans les processus historiques et politiques actuels, qui ont mené à la fragmentation du système juridique : il est dérivé en Cisjordanie de la juridiction jordanienne, alors que le système légal à Gaza se base sur la juridiction égyptienne, et que le système à Jérusalem dépend de la juridiction israélienne depuis 1976. Au-delà de la fragmentation territoriale, la loi est un produit des évolutions historiques et politiques, dans la mesure où plusieurs pouvoirs politiques se sont succédés : les Ottomans (1517-1917), le mandat britannique (1917-1948) et l'État israélien après 1948. La fragilité du système juridique est accentuée par le contrôle de l'armée israélienne en certaines zones (comme Hébron) et par une politique de séparation entre les différents territoires palestiniens, à travers le mur de séparation.

Suite à la fragmentation territoriale et au contrôle du système juridique par les différents occupants historiques du territoire palestinien, le système juridique palestinien ne bénéficie pas de la légitimation populaire des Palestiniens qui tendent à recourir au droit coutumier lorsque cela est possible[45]. En revanche, les violences faites aux femmes étant considérées comme un « problème » familial, les familles tentent de les résoudre au moyen de pratiques de « médiation » et de conciliation, qui ont lieu le plus souvent au détriment de la victime.

Le Code pénal palestinien

Le Code pénal palestinien se fonde sur les décisions des Cours de cassation jordanienne et égyptienne. Les articles invoqués sont rarement l'article jordanien 340 qui fait l'objet de controverses et de critiques par les activistes jordaniens. Les allégements de peine du meurtrier sont accordés à partir de l'article 98 qui exige

45 Nadera Shalhoub-Kevorkian, "Femicide and the Palestinian criminal justice system: Seeds of change in the context of state building?", *Law and Society Review*, 2002, vol. 36, 3, p. 577-605.

que l'auteur du crime soit en « accès de rage », suite à un acte perçu comme « dangereux » de la part de la victime. D'autre part, le « pardon » de la famille de la victime constitue également une circonstance atténuante selon les articles 99 et 100[46]. À Gaza, le Code pénal égyptien permet d'alléger les peines d'un homme ayant tué son épouse en situation d'adultère, alors que l'article 340 du Code jordanien appliqué en Cisjordanie élargit ces allégements à tout membre de la famille de la victime qui est complice du crime.

Dans une étude du traitement légal de six crimes dits « d'honneur » en Cisjordanie, Nadera Shalhoub-Kevorkian[47] démontre que l'usage répétitif de ces articles et la domination des valeurs hégémoniques patriarcales aboutissent à nier les victimes et à blanchir les auteurs de ces crimes. L'influence des valeurs patriarcales se reflète notamment dans la terminologie en usage chez les juges, qui font référence à des termes qui soulignent l'importance de « l'honneur » et de la virginité. Ainsi, certains juges évoquent le fait que la victime « n'est pas honorable », ou « est endommagée ». Alors que selon la loi jordanienne en vigueur en Cisjordanie, le procureur doit assumer les tâches d'investigation, interroger les accusés et les témoins, présenter des preuves devant le tribunal et demander la sentence maximale attribuée par la loi s'agissant des crimes dits « d'honneur », Nadera Shalhoub-Kevorkian a démontré que les procureurs manifestent une complaisance envers les auteurs des crimes. Dans les six procès étudiés, les procureurs n'ont pas rassemblé de preuves, ils n'ont pas présenté de témoignages des personnes qui pouvaient apporter des éléments en faveur de la victime, et ils ont suggéré l'usage de circonstances atténuantes pour l'assassin (selon l'article 98)[48].

En Jordanie, les victimes, dont la voix n'a pas été représentée au tribunal sont rendues coupables ; comme l'affirme un juge en Cisjordanie : « Lorsqu'un homme tue un autre homme durant la guerre, cela n'est pas considéré comme un crime, mais de l'héroïsme. Lorsqu'une femme viole le code socioculturel le plus sacré, elle se met en situation de guerre..., et l'auteur n'est pas considéré comme un criminel »[49].

Les conclusions des juges, comme celles de la police, sont influencées par la communauté qui tente de faire pression sur les juges afin d'obtenir des peines allégées, influence qui est aussi exacerbée par l'intervention de responsables locaux et des notables. Ceux-ci tentent par ailleurs une médiation entre les familles, en privilégiant les intérêts patriarcaux. Ces notables justifient leur engagement par

---

46 *Ibid.*, p. 587.

47 *Ibid.*

48 *Ibid.*, p. 593.

49 *Ibid.*, p. 595.

rapport aux lois de régulation jordanienne (la loi de 1954 contre les crimes), qui leur donnent certains pouvoirs pour prévenir les crimes.

La police palestinienne, dont le pouvoir est limité par la politique israélienne[50], coopère souvent avec les chefs locaux afin de trouver une solution satisfaisante du point de vue des familles des jeunes femmes violées. Au-delà des pratiques de médiation, la police symbolise le regard criminalisant de la société en effectuant des contrôles de virginité sur des jeunes filles en danger, ou sur le corps de victimes des crimes dits « d'honneur ». Les résultats de ces contrôles, qui sont souvent requis par les procureurs, sont alors exposés au tribunal comme une preuve pouvant mener à des circonstances atténuantes en faveur du criminel.

Parfois, la police coopère avec des associations de femmes afin de fournir une solution adéquate aux femmes menacées, alors que, dans d'autres cas, ces femmes sont gardées en détention préventive afin d'assurer leur protection[51]. Le Centre d'aide légale et sociale (WCLAC) en Cisjordanie mène depuis 2005 un projet de formation et de sensibilisation pour les agents de police, afin de leur fournir des outils nécessaires pour protéger les femmes victimes de violence lorsqu'il s'agit par exemple d'envoyer des jeunes filles dans un foyer d'accueil. Mais l'insuffisance du nombre de foyers d'accueil et la situation politique qui rend difficile la liberté de mouvement constituent des entraves à la prévention de ces crimes : un seul foyer d'accueil à Nablus peut accueillir vingt-cinq femmes pour une période de six mois, et cela sans leurs enfants. Un foyer de jeunes filles existe à Bethlehem pour les victimes de violences sexuelles et familiales, et un nouveau foyer de jeunes filles à été ouvert à Jénine, financé par le ministère des Affaires sociales.

Comme en Égypte, la politique stricte de ces foyers n'est pas toujours conforme aux intérêts des femmes qui doivent obligatoirement passer des tests sérologiques et des contrôles de virginité et de grossesse. Cela peut sans doute expliquer qu'en 2006, le foyer de Nablus abritait seulement quatre femmes, alors qu'il a la capacité d'en accueillir vingt-cinq. Cette politique moralisatrice impose aux victimes une autre forme de violence, lorsque dans le cas d'un viol, les responsables de ces foyers tentent de marier les jeunes filles avec leur violeur, ou le cas échéant, à un autre homme, considérant que c'est la meilleure solution pour les femmes et pour leur famille[52].

---

50 Ainsi, à Hébron, ville palestinienne de Cisjordanie toujours contrôlée par l'armée israélienne, la police palestinienne ne peut entrer sans la permission de l'armée.

51 Notamment, une équipe de police de femmes en Cisjordanie n'a pas de mandat pour réagir à ces situations.

52 Human Rights Watch, *A question of security – violence against Palestinian women and girls*, november 2006, vol. 18, n°7(E), 101 p.

La société civile et les institutions étatiques palestiniennes face aux violences faites aux femmes

Comme dans le cas jordanien, les crimes et les violences faites aux femmes dans les territoires palestiniens ne bénéficient pas d'un soutien social absolu. Les associations de femmes, des activistes des ONG locales et internationales dont le WCLAC de Cisjordanie et le mouvement de femmes palestiniennes travailleuses, militent contre ces crimes en coopérant avec les médias, en organisant des colloques et des conférences, ainsi qu'en mettant en œuvre des actions politiques fondées notamment sur la loi.

En parallèle, des initiatives locales et régionales sont réalisées pour améliorer les droits des femmes au Proche-Orient. Dans les territoires palestiniens, les activistes et les associations de femmes, dont le Centre pour le soutien légal des femmes (WCLAC)[53] et le Comité technique pour les affaires féminines (WATC[54]) proposent de nouveaux projets de lois abolissant les dispositifs juridiques permettant l'acquittement et l'allégement de peine des auteurs des crimes dits « d'honneur ». Le WCLAC coopère étroitement avec le centre palestinien des médias ainsi qu'avec d'autres médias[55] pour sensibiliser l'opinion publique au sujet des lois discriminatoires aux femmes.

Le WATC est une coalition non-gouvernementale, fondée en 1992 par trois comités de femmes palestiniennes. Il a été dirigé au départ par Zahîra Kamâl, ancienne membre de l'organisation des femmes travailleuses, affiliée à la FIDA (Union démocratique palestinienne), et membre de la Commission internationale des femmes palestiniennes et israéliennes (IWC)[56]. En plus des objectifs visant à renforcer le rôle politique et social des femmes et d'éliminer les discriminations fondées sur le genre, l'objectif déclaré du WATC est d'influencer activement le processus législatif en faveur des droits des femmes, par exemple en revenant sur la loi qui obligeait toute femme à avoir préalablement l'accord de son mari ou de son père pour obtenir un passeport. D'autres activités sous l'égide de l'organisme international qu'est l'UNIFEM (Fonds des nations unies pour les femmes)[57], consistait à mener une campagne contre la violence par le biais des médias et

---

53 *Women's Center for Legal Aid and Counselling*–Cisjordanie et Jérusalem.

54 *Women's Affairs Technical Committee.* Cette coalition, créée dans le but de s'assurer que les droits des femmes soient pris en compte par la nouvelle entité législative palestinienne, est composée actuellement de femmes des six partis politiques principaux, d'associations de femmes, du Centre de recherche sur le genre de l'université de Beir Zeit (Cisjordanie) et des organisations pour les droits de l'homme.

55 Par exemple, TV *Al Quds Education, Radio Sawt Falastîn et TV Palestine.*

56 L'IWC était fondé en 2005 avec le soutien de l'UNIFEM (Fonds des nations unies pour le développement des femmes).

57 Abréviation pour *United Nations Development Fund for Women.*

d'activités culturelles et artistiques (« a life free of violence » : « une vie sans violence »).

L'influence du WATC sur la fondation d'un système juridique palestinien s'est reflétée dans l'intégration des dispositions sur l'égalité de genre, tout d'abord dans la déclaration d'indépendance de 1998, et ensuite dans les documents préparatoires de la Constitution palestinienne. Dans ces documents, l'égalité entre les sexes est affirmée (article 8 et article 19) et assurée par des recommandations pour promouvoir l'égalité de genre, dans les articles 22 et 23. L'article 22 dispose que les femmes ont les mêmes droits, libertés et devoirs que les hommes, notamment en ce qui concerne l'héritage. L'article 23 affirme le droit des femmes à participer activement dans les domaines sociaux, politiques, culturels et économiques. Selon cet article, la loi doit abolir les pratiques contraires à ce principe et sanctionner toute violation de ces droits[58].

Le projet de « Parlement modèle » démontre l'activisme des associations palestiniennes qui ont su s'imposer dans le processus législatif : en 1998, après la constitution du premier Conseil législatif, les mouvements de femmes ont organisé des réunions informelles afin d'examiner les projets de lois existants et proposer de nouveaux projets de lois avec pour objectif d'amender les lois discriminatoires à l'égard des femmes. Un des documents qui a guidé le « Parlement modèle » est « la loi et le futur de la femme »[59]. Ce texte a été rédigé par Asma Khadr, avocate jordanienne d'origine palestinienne ; elle a été porte-parole du gouvernement jordanien et est aujourd'hui directrice du Mouvement national jordanien ainsi que coordinatrice de l'ONG pour les droits des femmes *Sisterhood is a global Institute* (« la solidarité féminine est une entreprise globale »). Le document demandait l'unification du Code de la famille, l'encouragement de la participation politique des femmes et l'amendement d'articles discriminatoires à l'égard des femmes comme ceux relatifs à l'héritage. En revanche, les membres du « Parlement modèle » ont proposé de ne pas définir l'adultère comme un crime, mais seulement comme une raison valable de divorce pour le mari. Les références justifiant ces amendements se fondent aussi bien sur la loi musulmane ou *Shâri'a* que sur la Déclaration universelle des droits de l'homme.

Les femmes activistes qui ont mené ce projet ont été vivement critiquées par certains représentants religieux de Cisjordanie, qui ont contesté le droit des citoyens et particulièrement des femmes de mettre en question les aspects fondamentaux de la religion et de la loi. Ces critiques ont été reprises par la presse locale qui a publié un document contestant l'initiative du « Parlement modèle », intitulé « La femme arabe et la conspiration de la femme laïque ». Au-delà des

---

58 *Constitution of the State of Palestine*. Third Draft, 7 March 2003, revised in March 25, 2003.

59 Asma Khadr, *La loi et l'avenir des femmes,* Jérusalem, Women's Center for Legal Aid and Counselling (WCLAW), 1998. En arabe. 80p.

amendements du Code de la famille, ces critiques concernaient les amendements du Code pénal concernant le contrôle de la sexualité féminine et l'adultère (*zinâ*).

Depuis les élections législatives de 2006 où le parti islamique du Hamas a conquis le pouvoir législatif avec 74 représentants sur un total de 132, on constate une aggravation permanente de la situation politique intérieure et extérieure, due également à la politique militaire israélienne, aux conflits internes, ainsi qu'à l'arrêt de l'assistance internationale. La question des violences faites aux femmes, qui a acquis une certaine visibilité suite à l'action des ONG et du WATC, est plus difficile à évoquer dans une situation politique dans laquelle la violence est quotidienne. Malgré l'action continue des ONG locales et internationales pour sensibiliser le public à ces problèmes, les changements politiques, le conflit israélo-palestinien, ainsi que les divisions politiques intérieures entre les deux partis dominants, empêchent l'élaboration d'une politique cohérente contre les violences faites aux femmes. Certaines activistes comme Samia Bamyâ témoignent d'un pessimisme et d'un recul dans les activités des associations de femmes dont le WATC : « Auparavant, notre stratégie visait l'Autorité palestinienne et toutes les institutions. Dans le domaine de la législation – où les femmes avaient mené un travail important – nous avons décidé que, contrairement aux périodes précédentes, nous ne présenterions pas de nouveaux projets de loi, nous tenant prêtes, s'il y avait des projets contraires aux intérêts des femmes, à peser dans le débat pour empêcher toute régression. Il s'agit d'une stratégie plus préventive qu'offensive afin de ne pas perdre ce que nous avons acquis ».

L'ancienne ministre des Affaires féminines (2003-2006), Zahîra Kamâl, membre d'associations de femmes, active dans un parti politique « modéré » (Fédération démocratique palestinienne) a condamné catégoriquement les crimes dits « d'honneur ». Durant son mandat, le ministère des Affaires féminines a publié un communiqué de presse qui condamne ces crimes et qui appelle à amender le Code pénal attribuant des allégements de peine aux auteurs des crimes dits « d'honneur ». Il s'agissait aussi de mener des enquêtes approfondies sur ces crimes et de proposer un projet de loi, avec la coopération du ministère de l'Intérieur, dont l'objectif était la protection des femmes[60]. Cependant, les projets de lois pour le Code de statut personnel et le Code pénal élaborés par les associations comme WCLAC, avec le soutien d'avocats comme Asma Khadr n'ont pas été pris en compte par le premier Conseil législatif élu en 1996.

Bien que la politique menée par la ministre Maryam Sâlah (2006-2007) d'orientation conservatrice islamique, diffère de celle qui la précède, elle a déclaré à plusieurs reprises la nécessité d'un dialogue avec les associations de la société civile et la prise en compte de différentes sources de législation, y compris

---

60 Jeannette Blom, *Entretien avec Zahira Kamal. Nous ne sommes pas au programme des hommes.* Newsletter n°10 de l'Unesco - Secteur des sciences sociales et humaines. Septembre 2005, Lien internet : http://portal.unesco.org/shs/fr/ev.php-*URL_ID=10515&URL_DO=DO_PRINTPAGE&URL_SECTION=201.html*

islamique, pour amender le Code pénal, afin d'aggraver les peines des auteurs des crimes dits « d'honneur »[61]. Dans la même ligne que ses prédécesseurs, lors d'une conférence de presse sur les crimes dits « d'honneur » – « l'assassinat des femmes : à qui la responsabilité ?[62]» –, la ministre actuelle Khulûd D'aibes Abû Dayyah du parti du Fatah, évoquait la nécessité de l'adoption d'une série de mesures concernant l'amendement du Code pénal et la création d'un projet de loi pour la protection des femmes, suivies de la mise en œuvre de mesures pour la prévention de ces violences.

Le débat sur le nouveau projet de Code pénal palestinien (2003)

Le nouveau projet d'unification de la loi pénale promulgué par le Conseil législatif en avril 2003 – dont la mise en œuvre a été retardée – a provoqué un débat public dans lequel les défenseurs des droits des femmes s'opposent aux représentants islamistes. L'importance de ce débat qui engage les associations de femmes et les médias se reflète notamment dans l'initiative du WCLAC aux femmes de Cisjordanie d'organiser en 2005 un concours d'articles de journalistes concernant les discriminations contre les femmes dans le Code pénal palestinien, surtout en ce qui concerne les allégements des peines des auteurs de crimes dits « d'honneur »[63].

Le débat sur ce Code s'avère déterminant, car les deux partis opposés, fondamentalistes religieux d'un côté et partis modérés de l'autre, souhaitent à travers ce projet imposer une vision différente de la société palestinienne et des femmes palestiniennes.

D'une part, les fondamentalistes souhaitent un État fondé sur une vision puritaine de la religion. Bien que présentes sur le plan économique et politique dans le parti du Hamas, les femmes, selon cette vision, doivent conserver et perpétuer leur rôle traditionnel au sein de la famille. D'autre part, les associations de femmes palestiniennes définissent leur lutte pour les droits des femmes comme inséparable de la lutte pour un État palestinien indépendant et démocratique fondé sur la suprématie de la loi. Ces associations fondent leurs demandes d'égalité de genre sur deux sources qu'elles s'efforcent de concilier, malgré les contradictions apparentes : la loi musulmane ou *Sharî'a* et les conventions internationales sur les

---

61 Al-Hayyât Al-Jadida. « Dans une rencontre avec la ministre des Affaires des femmes Syam : nous appelons les associations civiles et gouvernementales à coopérer avec le ministère pour amender les lois discriminant les femmes », mai 2005, (en arabe).

62 Amin (site palestinien d'informations sur internet), *Inauguration d'une campagne contre la violence contre les femmes. Statistiques : une recrudescence des crimes dits « d'honneur »*, (traduction de l'arabe), juillet 2007, par Tareq Zyâd.

63 Les articles gagnants et d'autres articles présentés au concours sont publiés dans l'ouvrage suivant paru en 2006 : Khalil Shahin (ed), *Les discriminations contre les femmes dans le code pénal palestinien. Articles présentés par des journalistes dans le cadre du concours du centre pour le soutien légal et social aux femmes en 2005*, 2006, Cisjordanie, WCLAC (Women's Center for Legal Aid and Counselling). 156 p.

droits humains, comme la Convention pour l'élimination de toutes les discriminations à l'égard des femmes (CEDAW).

On remarque dans ce nouveau projet de Code pénal (2003), l'influence des législateurs égyptiens et jordaniens qui ont coopéré dans le processus législatif. Suivant l'initiative jordanienne d'amender l'article 340 du Code pénal – amendement qui n'est toujours pas validé par le Parlement jordanien –, les législateurs palestiniens ont tenté « d'élargir » la réduction de peine dans le cas d'un crime conjugal pour le motif d'adultère, afin qu'elle soit appliquée également aux femmes auteurs de crime conjugal : l'article 235 du nouveau Code pénal palestinien attribue un allégement de peine, allant jusqu'à un an de prison, à un homme ou à une femme ayant tué son conjoint après l'avoir vu dans une situation adultérine[64]. Ce dispositif contient néanmoins une discrimination qui se rapporte au lieu du crime : s'agissant de l'assassinat du mari, la femme n'est excusée que si l'adultère de son époux s'est produit dans le domicile conjugal. Par contre, cette condition n'est pas précisée pour l'assassinat de la femme adultère par son époux, ce qui signifie que le mari bénéficie de l'allégement quel que soit le lieu du crime conjugal. Pour cette raison le Code a été contesté par les associations de femmes[65].

Cependant, le projet palestinien comporte plusieurs avancées par rapport au Code jordanien. En premier lieu, l'article hérité du Code jordanien se rapportant aux crimes dits « d'honneur » (article 340) a été aboli, soulignant l'influence de l'engagement des associations de femmes palestiniennes contre ce dispositif. En deuxième lieu, le projet de Code pénal palestinien se rapproche plutôt du système pénal égyptien qui attribue l'allégement aux époux, mais non aux proches de la victime. Par contre, le Code jordanien, même après l'amendement proposé, attribue l'allégement aux crimes commis sur des femmes ayant un lien de parenté avec l'auteur du crime (sœur, cousine ...). L'amendement du Code palestinien indique donc la volonté du législateur de délégitimer les crimes dits « d'honneur ».

On peut affirmer néanmoins que le contrôle familial est remplacé par un contrôle étatique accru sur la sexualité des hommes et des femmes. Ainsi, le projet de loi palestinien élève la peine prévue contre l'adultère (*zinâ*) de l'époux ou de l'épouse. Le projet prévoit jusqu'à cinq ans de prison pour les époux, homme ou femme, engagés dans une relation en dehors du système matrimonial, à condition que l'adultère soit prouvé par le témoignage de quatre témoins masculins, ou le témoignage des personnes concernées, ou par la présence policière à l'endroit même où a eu lieu l'adultère.

---

64 *Ṣawt an-Nissa'* (la voix des femmes), *La femme dans le projet du code pénal palestinien.* Ali Abou Hilal (avocat), Ressource électronique. Palestinian Women's information and Media center. Disponible sur: http://pwic.org.ps/makal/makal%20104.html (Consulté le 12 mai 2008).

65 L'alinéa 1 de l'article 235 attribue un allégement de peine à celui qui a assassiné son épouse après l'avoir surprise en flagrant délit d'adultère quel que soit l'endroit. Contrairement à cet article, l'alinéa 2, qui s'applique au mari adultère, évoque une réduction de peine pour celui-ci seulement si son épouse a été témoin de l'acte d'adultère au domicile conjugal.

D'autre part, la volonté d'éradiquer les viols et particulièrement l'inceste se manifeste par l'aggravation des peines prévues contre ces délits : alors que le Code jordanien appliqué en Cisjordanie (article 292) prévoit cinq ans de prison dans le cas de viol, le projet de loi palestinien augmente cette peine de trois à quinze ans, tandis que les auteurs d'inceste sont punis d'une peine à perpétuité (article 257-259).

En revanche, on remarque la criminalisation des comportements sexuels « subversifs » lorsque la sexualité en dehors du mariage est considérée comme un crime contre l'ordre social. Ainsi, l'article 258 punit les hommes et les femmes engagés dans une relation sexuelle en dehors du mariage d'une peine de prison dont la durée varie entre une semaine et trois ans. L'origine de ce dispositif comme celui punissant l'adultère se rapporte à la référence religieuse coranique. L'article 278 du projet suit ces prescriptions en exigeant le témoignage de quatre témoins masculins, ou la confession d'une des personnes concernées, ou une preuve écrite. Il faut noter que les conditions réunies pour appliquer ces peines, comme précisées dans le Coran pour le châtiment originel de la flagellation, rendent l'application de cette peine difficile. Cependant, même si ces dispositions ne sont pas appliquées, leur présence dans le Code pénal témoigne d'une volonté de limiter la liberté sexuelle, en particulier pour les femmes.

La condamnation de la prostitution comme un crime fait l'objet d'une section intitulée « la débauche et l'immoralité » (*al-baghâ wa fasad al-akhlaq*). Elle attribue des peines lourdes contre les femmes engagées dans la prostitution, sans inclure les personnes qui engagent leurs services. Les articles 372-562 du projet de loi punissent d'une façon unilatérale toute femme qui exerce cette « débauche » (*al-baghâ*) de sa propre volonté, à sept ans de prison et à une amende de 5 000 dinars, de même que toute personne responsable de réseaux de prostitution. Mais aucune loi ne prévoit une peine similaire pour les hommes engagés dans la prostitution ou pour les hommes qui font appel à des prostituées. L'absence de ces dispositions a provoqué des critiques provenant d'associations de femmes dont le WCLAC qui a proposé d'inclure des articles pour punir les clients des prostituées et aggraver la peine des responsables d'exploitation sexuelle à une peine de perpétuité, lorsqu'il s'agit de membres de la famille de la personne exploitée. L'avocate Sanâ 'Arnaki, conseillère légale au ministère des Affaires féminines, a critiqué ce dispositif dans un entretien : « Il n'y a aucun doute que la femme ne pratique pas la prostitution avec elle-même mais avec un homme, il s'ensuit que l'absence d'article qui criminalise son partenaire est une preuve flagrante de discrimination dans le projet de loi »[66].

---

66 Saed Abu Farha, « Dans le contexte de recrudescence d'assassinats des femmes, et l'ancienneté de la loi, les observateurs : le projet pénal palestinien est faible et discriminatoire » In : Khalil Shahin (ed), *Les discriminations contre les femmes dans le code pénal palestinien, articles présentés par des journalistes dans le cadre du concours du centre pour le soutien légal et social aux femmes en 2005*. Cisjordanie : WCLAC (Women's Center for Legal Aid and Counselling), 2006, (en arabe), p. 37-43.

Ce projet révèle donc une situation contradictoire concernant les violences faites aux femmes : alors que ce projet soustrait les dispositions du Code jordanien relatives aux crimes dits « d'honneur » et aggrave les peines de viols et d'inceste contre les femmes, il tente de réduire la liberté sexuelle des femmes et des hommes. L'existence d'un double standard concernant la sexualité, qui apparaît clairement à travers la pratique du contrôle de la virginité, suppose que la transgression sexuelle féminine est moins tolérée que la transgression sexuelle masculine, moins probable du fait de la liberté sexuelle accordée à l'homme dans les prescriptions religieuses. Cette inégalité se reflète également dans les dispositions sur la « débauche et l'immoralité », lorsque la définition de l'immoralité est unilatérale puisque seule la femme est condamnée et non son partenaire.

Contrarié par ce Code, le ministère des Affaires féminines a coopéré avec des associations pour le droit des femmes afin de proposer un projet de loi alternatif au Conseil législatif, mais celui-ci n'a pas tenu compte de ses propositions. Les critiques principales formulées par le ministère et les associations de femmes visaient les articles concernant la prostitution, l'adultère comme circonstance atténuante du crime conjugal, ainsi que la condamnation de l'adultère comme crime. Amjad Zidât, directeur du département pour l'observation des législations relatives au genre, au sein du ministère des Affaires féminines en 2005, témoigne des difficultés de promouvoir les projets et les amendements proposés par le ministère : « Depuis la création du ministère à la fin de 2003, nous œuvrons de toutes nos forces pour amender le projet de loi pénale, mais nous étions confrontés, et nous le sommes toujours, à la mentalité patriarcale du premier conseil législatif et à son refus d'accepter tout amendement qui est en dehors de la religion »[67].

Conclusion

Dans cet article, on a pu constater la contribution des associations jordaniennes et palestiniennes au débat sur les violences faites aux femmes et particulièrement celles visant la sexualité féminine, comme les crimes dits « d'honneur », le harcèlement sexuel, le viol. Dans ces deux contextes, on remarque la contribution de la solidarité régionale entre les associations de femmes et les activistes au débat sur les violences fondées sur le genre. Des initiatives régionales soutenues par des organismes internationaux ont entrainé un débat visant à changer l'approche juridique des violences faites aux femmes. Ainsi, la coopération des réseaux (comme *Salma*), d'activistes et des membres de la famille royale, dans le contexte jordanien, ont contribué à l'adoption du projet de loi contre

---

67 Khalil Shahin (ed), *Les discriminations contre les femmes dans le code pénal palestinien, articles présentés par des journalistes dans le cadre du concours du centre pour le soutien légal et social aux femmes en 2005.* Cisjordanie ? WCLAC (Women's Center for Legal Aid and Counselling), 2006, (en arabe) ? 156 p.

les violences domestiques, validé en janvier 2008. Ce projet est en cours de débat dans le contexte palestinien, à cause d'un contexte politique moins favorable à ces revendications. Dans le cas palestinien, l'identification de la cause féministe avec la cause nationale a contribué au renforcement des associations de femmes. Mais, après avoir acquis certains droits et une légitimité politique, la cause des violences faites aux femmes semble délégitimée en raison de la situation politique détériorée, du conflit israélo-palestinien, et des rivalités entre les deux partis dominants dans les territoires palestiniens que sont le Hamas et le Fatah.

La lutte contre les articles relatifs aux crimes dits « d'honneur », en Jordanie comme dans les territoires palestiniens, semble être périlleuse. L'importance accordée à « l'honneur » et aux valeurs familiales traditionnelles représente un obstacle à l'amendement de ces articles. Reste à savoir si les débats actuels et les efforts mis en œuvre par les ONG de femmes pour délégitimer ces valeurs, pourront influencer le processus de législation en cours, sachant qu'en Jordanie, le Parlement devra réexaminer ces lois, en particulier l'article 340 du Code pénal, au cours de l'année 2009. Un tel débat est déterminant pour l'avenir des femmes jordaniennes et palestiniennes. Dans les deux cas, les élus devront choisir entre une société ultra-conservatrice dans laquelle les droits des femmes seront restreints aux domaines économique et éducatif, ou bien une société égalitaire fondée sur l'égalité des sexes dans les sphères privées et publiques. Une réponse partielle à cette question est fournie par 'Ayda Sayf ad-Dawla[68] – ancienne directrice de l'ONG égyptienne *Nadîm*[69] qui s'occupe de la réhabilitation des victimes de violences – au sujet de l'initiative régionale d'établir une loi pour la prévention des violences faites aux femmes, déjà abrogée en Jordanie, et en cours d'examen dans d'autres pays au Moyen-Orient dont l'Égypte et les territoires palestiniens : « Une fois le projet finalisé par le Parlement, il est généralement différent du projet constitué au départ… les complots et les intérêts politiques, religieux et culturels influencent le résultat final… à cause de tout cela notre projet et ses objectifs devraient être clairs, et particulièrement en ce qui concerne le droit des femmes en tant qu'êtres humains, à une vie sans violence et discrimination… Ce projet sera sûrement retardé pendant des années, durant lesquelles il y aura besoin d'un effort dans le monde arabe pour former l'opinion publique afin d'encourager le respect des États à l'égard de leur citoyens et de leur humanité… car lorsque le projet sera promulgué il atteindra nos objectifs, aidé par une opinion publique qui reconnaîtra

68 Lors d'une rencontre de ce réseau à Aman en juin 2007. Ce projet a été réalisé dans le cadre du projet européen « une vie sans violence », financé par la Commission européenne. Aman, *La Jordanie : des débats houleux sur la loi contre les violences faites aux femmes,* 26 janvier 2007, Ressource électronique. *Shurûq al- Aqrabawi.* En arabe.

69 *An-Nadîm* est une association pour les femmes victimes d'abus sexuels. Sa directrice, 'Ayda Sayf ad-Dawla, est une militante active impliquée dans des différents projets liés aux droits des femmes en Égypte.

les souffrances des femmes et leur oppression, et décidé à mettre fin à cette oppression...[70]».

Résumé : La question de la criminalité faite aux femmes, objet d'une attention médiatique internationale accrue depuis la fin du XXe siècle, suscite un débat juridique, social et médiatique au Moyen-Orient. Dans cet article est proposée une analyse du débat politique actuel sur ce sujet en Jordanie et dans les territoires palestiniens. Nous verrons que ces évolutions provoquent des polémiques dans lesquelles s'affrontent les activistes en faveur des droits des femmes et les membres conservateurs, généralement hostiles à cette cause. Les différentes initiatives, aidées par une solidarité régionale grandissante et des financements de l'étranger, ont mené à de véritables changements dans ce domaine, par exemple, la loi pour la prévention des violences familiales votée en janvier 2008 par le Parlement jordanien. Néanmoins, la régulation juridique discriminatoire de la sexualité et de la criminalité faite aux femmes continue à privilégier une vision inégalitaire des rapports hommes-femmes au sein du couple et de la famille.

Mots-clés : droits des femmes, Code pénal, criminalité, honneur, Moyen-Orient.

Legal and Social Regulation of "Honour" Crimes in Jordan and the Palestinian Occupied Territories

Abstract: The question of crimes against women – the focus of international media attention since the end of the twentieth century – has given rise to legal, social and media debate across the Middle East. This article offers an analysis of the current political debate on this subject in Jordan and in the Palestinian territories. We shall see that these developments have provoked polemics – pitting activists in support of women's rights against conservatives, who are generally hostile on this question. Various initiatives, aided by growing regional solidarity and foreign funding, have yielded real changes – for example, Jordan's law for the prevention of family violence, passed by the parliament in January, 2008. Nevertheless, discriminatory regulation of sexuality and of crimes against women continues to privilege a vision of inequality with regard to relationships between men and women as couples and within the family.

Keywords: women's rights, Penal Code, criminality, honour, Middle East.

---

70 Shurûq Al-Aqrabawi, *Des débats échauffés sur la loi contre la violence faite aux femmes*. *Aman* (site internet d'information, en arabe), juin 2007.

Rubya Mehdi

The Protection of Women (Criminal Laws Amendment) Act, 2006 in Pakistan

The theme of this article is the process of creation of the Protection of Women Act (PWA) 2006, a legal instrument which is at the forefront of some positive indications regarding legislation on women's rights in Pakistan[1]. Despite the generally conservative social and legal environment for human rights in general, and women's rights in particular, recent legal reforms, show that Islamic legal processes are sites of negotiation of social orders. While laws may be contradictory, reflecting multiple interests and institutions, or even ineffective at protecting women, the process of reform demands serious analysis.

It is important to situate these reforms in the broader context of Islamic legal processes worldwide. As law has been a major instrument used by Islamist for contesting the legitimacy of the secular state and society and for reconstructing the society according to their vision. Women rights have often been diminished in these contexts of islamization of law.

Moreover, these point not only to the liberal or conservative tussle discussed later in this article but also to contradictions within the state itself, where on one hand it claims to work for the protection of women and on the other hand takes away the protection through this or other similar clauses. The PWA 2006 is not the only example of the passing of «compromising» laws regarding women in Pakistan as there is a more recent exemple in the form of the Prevention of Domestic Violence Bill 2009. Prior to this domestic violence Bill, a woman abuse and harassment case was not legally recognised in Pakistan. In August 2009 the Domestic Violence Bill was set to become law[2], a welcomed step to strengthen women's human rights. However, the bill passed is far from satisfactory for the

1 I am grateful to the Department of Cross-Cultural and Regional Studies, University of Copenhagen, for funding this research and I would like to thank head of departement Ingolf Thuesen for his support for my work. I am also obliged to Dr. Muhammad Khalid Masud (Chairman) and the library staff of the Council of Islamic Ideology (CII) for facilitating my work at their library in Islamabad, Pakistan.

2 Domestic Violence, hidden in nature and considered as a private matter involves physical, sexual, emotional, social, economic and physiological abuse committed by a person. There is a need to provide legal mechanism for protection of victims of domestic violence inline with the provision of the Constitution of the Islamic Republic of Pakistan. To address this alarming issue a Proposed Domestic Violence against Women and Children (Prevention and Protection) Bill, 2007; is being forwarded to the Cabinet for approval.

women and civil society of Pakistan. The following is the most objectionable section of the proposed bill: «Whoever gives an application to the court containing information about the commission of domestic violence, which he knows or as reason to believe to be false, shall be punished with simple imprisonment for a term which may extend to six months or with a fine, which may extend to Rs [(rupees)] 50 000». The civil society in Pakistan fears that practically no aggrieved party, victim or complainant will ever file a case of violence against women for the fear of reactionary punishment or that they will be accused as under the *zina* ordinance.

Since 1972, seven countries, Libya, Pakistan, Iran, Sudan, Northern Nigeria, United Arab Emirates and Kelantan, (one of the federal states of Malaysia) have enacted legislation to reintroduce Islamic criminal law. Recently Indonesia is in the process of passing similar laws on adultery, fornication and rape[3]. Saudi Arabia is the unique example of a Muslim country where application of Islamic criminal law has been in place without interruption by western influences.

In this context, recent developments in Pakistan require critical study, for it is the only country where steps were taken to reverse the controversial Islamization of the criminal laws dealing with adultery, fornication, rape and the false accusation of these crimes. The need for study of these reforms becomes even more important when considered from the perspective of reversing the enactment of Islamization of laws. While illustrating the process of reform of the above mentioned laws in Pakistan this article argues that the reforms are half-hearted, feeble, and full of lacunas.

Hudûd Ordinance, Human Rights and Women

Before the implementation of the *hudûd* Ordinances in 1979, most of the laws, since 1947 in Pakistan, continued from the British period. Pakistan Penal Code did not prescribe punishments for women for sexual crimes. The offence of adultery did not prescribe any punishment for the female co-accused. Moreover adultery was a matter for private complaint and did not leave the police free to take action. It was a bailable offence and the complainant could withdraw the allegations.

Despite its failings as legal instrument, the great significance of the Protection of Women Act (PWA) of 2006 is that ironically it has shattered the myth of the infallibility of *hudûd* Ordinances by initiating an amendment. The «myth of infallibility» has its roots in the whole doctrine of *hudûd* (singular: *hadd*

3 Indonesia's province of Aceh has passed a new law that imposes severe sentences for adultery, rape, homosexuality, alcohol consumption and gambling. The legislation was passed unanimously by Aceh's regional legislature. The law will be effective in 30 days with or without the approval of Aceh's governor. However, the latest news is that the national government of Indonesia may review this new law in Aceh.

meaning limit) which points towards specific offences like drinking of alcohol, theft and unlawful sexual intercourse, etc. for which limits and fixed punishment have been defined in the Qur'an and traditions of the Prophet. Another element has been added to this definition is that *hadd* crime is a violation of a claim of God *i.e.*, violation of a public interest (deterrence from acts that are harmful to humanity) which is differentiated from claims of men like homicide and wounding which requires retaliation. Sentences for *hadd* crimes are regarded as fixed by God therefore and considered to be immutable and infallible.

The Muslim jurists have claimed that the corporal strict punishments are not meant to be implemented but exist only as a warning or rhetorical device while people should not be punished with fixed but with discretionary punishments (*tâ'zîr*). The fact that *hadd* punishments are not meant to be implemented is reflected in the difficult standard to obtain a conviction under *hadd*. This is achieved by 1) the strict rules of evidence for proving these crimes 2) the extensive opportunities to use the notion of uncertainty as a defence; and 3) defining the crime very strictly, so that many similar acts fall outside the definition and cannot be punished with fixed penalties, but only at the qadi's discretion (*tâ'zîr*) (Peters 2005: 54-55).

On the other hand the *ḫudûd* laws were enacted in the form of «ordinances» in Pakistan by the military regime of General Zia ul-Haque, with the wider message that these laws were immutable as they are given by God and God's laws can not be changed. The salient feature of the law of *hadd* crimes was completely overlooked in Pakistan that they are there not for implementation but for deterrent purpose and a very high standard was to be met before its implementation. In Pakistan as well as some other Muslim countries the corporal punishments are widely employed for transgressions of norms of personal conduct and honesty with regard to sex, alcohol and property. They have been controversial because of the corporal nature, unequal application especially with regard to women, and their reliance on accusation by another person that is not always verifiable. Since its implementation in some Muslim countries where it has made women victim of these laws it has not only become controversial within the Muslim countries but also it has become a symbol of Islam as a repressive religion.

In Pakistan, the various regimes have been reluctant and resistant to redress legal injustice created by the *ḫudûd* ordinances. Even the so called democratic governments (Pakistan People Party and Pakistan Muslim League – Nawaz group) took no steps to remove these laws from the statute books because of the fear of the right wing parties. This was the reason that in spite of serious concern for women the *zinâ* Ordinance has been the law in Pakistan for 27 years. *Zinâ* is the offence of illicit sexual relations i.e. sexual intercourse between persons who are not married to each other. This term includes adultery, fornication, prostitution and homosexuality.

PWA 2006 was initiated under the military regime of Prevaiz Mushraf promulgated in order to redress the legal injustices that were created by the *zinâ* Ordinance. It took almost a full year to pass the Women Protection Act 2006 to pass. It was not an easy process to draft and propose the PWA 2006. During the process many compromises were made with the conservatives' viewpoints and therefore the PWA 2006 has been able to address only some aspects of the glaring injustice and discrimination meted out to women. Many other reforms are left out in the process of compromises.

A brief introduction to *hudûd* Ordinances

The *hudûd* ordinances were introduced in 1979 by General Zia ul-Haq during his drive for Islamization in Pakistan. On the 9th of February 1979, five presidential decrees were enacted that included: Offences against Property (Enforcement of *hadd*) Ordinance, Offences of *zinâ* (Enforcement of *hadd*) ordinance, Offences of *qazf* or false accusation of *zinâ* (Enforcement of *hadd*) Ordinance, Prohibition (Enforcement of *hadd*) Ordinance. The last ordinance marks the Execution of the Punishment of Whipping Ordinance, 1979, that set out the procedure for public lashing. This was repealed in 1996 by the Abolition of Whipping Act, that abolished whipping for all offences except those mentioned in the 1979 *hudûd* Ordinances (Peters 2005: 156). These laws were drafted under the guidance of Ma'ruf ad-Dawalibi who was adviser to the king of Saudi Arabia (Interview Justice Majida Rizvi July 2008).

It should be noted that previous to Islamization of laws, inherited pieces of legislations (Pakistan Penal Code of 1860, The criminal Procedure Code of 1989 and the Evidence Act of 1872) from the British colonial rule have been the statutory basis of the criminal law of Pakistan. In the civil law side, the Muslim Family Laws Ordinance 1961 was a progressive piece of legislation. This legislation reaffirmed the reforms made during the British rule in India and made further reforms. The Muslim Family Laws Ordinance before and after its enactment has been challenged by the Islamists and during the Islamization of 1979, it again became a point of opposition. The civil society and progressive women consider the period of Islamization as two steps backward for women's rights in Pakistan (Mumtaz, Khawar and Farida Shaheed 1987).

Immediately after Islamization in Pakistan, judicial institutions were set up to support/implement the new legal framework. In 1980 a Federal Shariat (*Sharî'a*) Court (FSC) was established to hear appeals in *hudûd* cases. Later a Shariat (*Sharî'a*) Court was also granted the jurisdiction to strike down laws found to be repugnant to Islam and to lay down guidelines for Islamizing the law under review.

The Offences of *zinâ* (Enforcement of *hadd*) ordinance, 1979, and Offences of *qazf* (false accusation of *zinâ*) (Enforcement of *hadd*) Ordinance, 1979, were the two ordinances which dealt with sexual crimes. All sex outside of marriage was made a serious penal offence punishable with heinous punishments under the *zinâ* Ordinance, while false accusations of *zinâ* (sex outside of marriage) were made punishable under the *qazf* Ordinance. The important impact of PWA in 2006 reforms and amendments was only made in Offences of *zinâ* (Enforcement of h̲add) Ordinance, 1979 and in Offences of *qazf* (Enforcement of *h̲add*) Ordinance, 1979. All the other ordinances remain un-amended. Now the question is: What made it possible to amend these two ordinances? Or what was the problem with the *zinâ* (Enforcement of *h̲add*) Ordinance (1979) and Offences of *qazf* (Enforcement of *h̲add*) Ordinance (1979)?

Zinâ ordinance is an extremely important law, both for those who favour its implementation and opponents because:

1) The worst thing in the *zinâ* Ordinance was that if a woman reported a case of rape she was prosecuted for adultery
2) Stigma of being charged with *zinâ* leaves no place for a woman to live in a Pakistani society, especially rural
3) The misuse of the law in such cases has made it an instrument of oppression in the hands of vengeful former husbands and other members of society.

There were various problems in the substantive as well as the procedural parts of *zinâ* Ordinance. In their practical application, in Pakistan as elsewhere, these laws have been used in fact to deny women access to justice, further victimize them and exert extreme gendered inequalities in the social regulation of sexuality.

First, rape or sex without consent (*zinâ bil jabr*), and adultery or sex with consent (*zinâ bil raza*), were placed on the same footing subjecting both to the same kind of proof and punishment. This invariably has facilitated abuse where a woman who failed to prove the crime of rape was often prosecuted for *zinâ*. The requirement of proof for the maximum punishment of rape (*zinâ bil jabr*) being the same as that for sex with consent (*zinâ bil raza*). The victim of rape had to produce four pious, honest, upright (who meet the requirements of *tazkiya ash-shahud*) and adult male Muslim witnesses to prove the offence; in reality it was impossible for a victim of rape to prove her case against the perpetrators. As no rapist would commit the crime in front of four male witnesses, moreover men rarely speak out against other male members of a community.

The major issue for judicial process is verification of a woman's rape accusation. Other issues include ambiguity in what is allowed, and in the definition of marriage. Where a case of rape against a man had failed for dearth of required proof but sexual activity was confirmed by medical examination or on account of pregnancy or otherwise, the woman was punished for *zinâ* not as *h̲add* – four pious male eye witnesses were not made available by the victim of rape – but as punishment of *tâ'zîr*. *Tâ'zîr* is the discretionary power of a Muslim judge which he can use for offences where *hadd* or fixed punishment does not apply. In some cases, her complaint, at times, was deemed a confession. As a result, there were a vast number of cases where victims of rape were imprisoned and punished under accusations of *zinâ*. After the promulgation of this ordinance women had become more reluctant than before to bring a case of rape into court. View the following example of two famous cases that illustrates the nature of the problems faced by women victims of sexual abuse.

Safia Bibi was a blind girl who became pregnant as the result of a rape. Her father registered a case of rape against her employer and the employer's son. The two men were acquitted due to lack of evidence while Safia was found guilty of illegal sexual relations on account of her pregnancy. Her bringing the case to the court was taken as a confession of Safia's crime. She was sentenced to three years imprisonment and fifteen lashes in public, and a fine of 1 000 rupees – for poor people in Pakistan it is a sum difficult to manage. Safia was sentenced while she was pregnant; later her child died soon after[4]. A similar type of case is that of Zafran Bibi who was sentenced to be stoned to death. She accused a person for raping her as the result of which she became pregnant. She herself was married however, her husband was in prison. The accused was acquitted for want of evidence while the trial court found her pregnancy a conclusive proof of her guilt. However on appeal the Federal Shariat (*Sharî'a*) Court acquitted Zafran Bibi also because of the fact that legitimacy of the child was accepted by her husband[5].

It should be noted that there are numbers of cases where a subordinate court convicted a woman who came with a case of rape on the basis of her pregnancy, however such convictions were often set aside by the superior judiciary. Moeen H. Cheema a professor of law says: «Repeated errors by the trial courts are due in part to the continuing inability of the Federal Shariat (*Sharî'a*) Court to harmonise its jurisprudence. The Federal Shariat (*Sharî'a*) Court has continuously failed to refer to its own previous judgements, indicating that the relevant precedents have not been widely publicised, studied and brought to the court's attention by advocates (Cheema, 2006).

However another writer has articulated the matter more forcibly: «But what is more unsatisfactory is that despite the consistent pattern of reversals and admonishment by the appellate courts, the trend continues unabated as does the human suffering it entails. Complete disregard for basic human rights and social implications for the accused is the repetitive trend emerging from this research[6]. The constant stream of appeal cases where women's reputation are tarnished forever for being implicated in *zinâ* is made all the more stark where the male co-

---

4 *Safia Bibi v. The State* PLD 1985 FSC 120, Safia Bibi v The State PLD 1986 SC 132.

5 *Mst. Zafran Bibi v. The State* PLD 2002 FSC 1.

6 *Rashid Ahmed v. The State* 1996 PCrLJ 612; *Asghar Ali v. The State* 1996 PCrLJ 1678; *Lala v. The State PLD* 1987 SC 414 (Shariat Appellate Bench); *Abdul Majeed v Ghulam Yaseen* 1997 PCrLJ 896 (Federal Shariat Court); *Ayoob and 8 Others v. The State* 1996 PCrLJ 642 (Federal Shariat Court); *Major Nasir Mehmood and another v. State and 9 Others* 2002 PCrLJ Lah 408.

accused is acquitted for want of evidence while the woman is convicted for her pregnancy» (Ali, 2007: 398).

There are also examples of cases such as Sakina versus the State[7] where the court reversed the conviction for *zinâ* because in the absence of proof of her consent she could not be held to have committed the offence of *zinâ*. These examples illustrate, among other things that a penal statute must be clear and unambiguous. The object of enforcing an act is to protect the unwary and unsuspecting citizens from unwittingly falling foul of penal laws. Instead of marking the boundaries between the permitted and the prohibited with clarity, the *zinâ* Ordinance was ambiguous.

Another problem with the *zinâ* Ordinance was that it defined «marriage» only as a registered marriage while in most rural areas in Pakistan, both marriage (*nikâh*) and divorces may not be registered. This makes it difficult for a person charged with *zinâ* to establish «valid marriage» as a defence. Non-registration has its civil consequences that are sufficient; and failure to register a marriage (*nikâh*) or have a divorce confirmed should not entail penal consequences. Similar issues were faced by women where a triple divorce or *talaq* was pronounced. In such cases the woman was made to return to her parental home. She went through her period of *'idda*, the standard period of time, which is usually three months, during which a woman should not remarry after divorce or death of her husband. The family arranged another match; and, the woman was to be re-married. Often at this point, the ex-husband came forward to claim that she was still his wife. Here the local authorities do not confirm the divorce thereby providing grounds for the ex-husband to launch a *zinâ* prosecution.

This is in consonance with the Islamic norm that *hadd* should not be imposed whenever there is any doubt about the commission of the offence. The misuse of the law in such cases had made it an instrument of oppression in the hands of vengeful former husbands and other members of society

One of the procedural problems with *zinâ* Ordinance was that arrest warrants were issued when a complaint was filed with the police. This is why a large number of women complainants were imprisoned without any proof of their guilt. Many were accused by their annoyed husbands or fathers or brothers on account of the women's desire to marry according to their own choice. In one case for example a First Information Report (FIR) was registered by the father against his daughter and her husband for the crime of *zinâ* to punish his daughter who had married a man of her own choice[8].

---

7 *Sakina v The State* FSC.

8 *Mst Humaira Mehmood v. The State* (PLD 1999 Lah 494). Also see *Lubna and others v Government of Punjab* (PLD 1997 Lah 180) and *Qaiser Mehmood v. M Shafi and another* (PLD 1998 Lah 72).

The Offence of *qazf* Ordinance, passed together with *zinâ* ordinance which was promulgated by General Zia ul Haque as a safety valve which punishes against the false accusation of *zinâ,* was weak and ineffective.

Comparative overview of *zinâ* (adultery and fornication) and rape in The Offence of *Zinâ* (Enforcement of *hadd*) Ordinance 1979

Division of offender *muhsan* (married) and non-*muhsan* (unmarried)	Proof for *zinâ* and rape liable to *hadd* (Punishment for offences fixed by God)	Punishment for *zinâ* and rape liable to *hadd*	Proof for *zinâ* and rape liable to *tâ'zîr* (Punishment of offences not fixed by God)	Punishment for *zinâ* and rape liable to *tâ'zîr*
Married offender (adultery) muhsan	Proof for *zinâ-hadd* a) Confession of the crime b) Four truthful adult male Muslim eye-witnesses	Punishment for *zinâ-hadd* Stoning to death at a public place	Proof for *zinâ-tâ'zîr* No standard of proof is provided ; at the discretion of the judge	Punishment of *zinâ- tâ'zîr* A maximum of 10 years imprisonment, 30 lashes and a fine
Unmarried offender (fornication) (non-muhsan)	Proof for *zinâ-hadd* a) Confession of the crime b) Four truthful adult male Muslim eye-witnesses	Punishment for *zinâ-hadd* One hundred lashes at a public place	Proof for *zinâ-tâ'zîr* ; No standard of proof is provided ; at the discretion of the judge	Punishment of *zinâ- tâ'zîr* a maximum of 10 years imprisonment, 30 lashes and a fine
Rape (*zinâ bil jabr*)				
Married rapist (*muhsan*)	Proof for Rape-*hadd* a) Confession of the crime b) Four truthful adult male Muslim eye-witnesses.	Punishment for Rape-*hadd* Stoning to death at a public place	Proof for Rape-*tâ'zîr* : No standard of proof is provided ; at the discretion of the judge	Punishment of Rape-*tâ'zîr* Imprisonment for not less than 4 and not more than 25 years and 30 lashes
Unmarried rapist (Non-*muhsan*)	Proof for Rape-*hadd* a) Confession of the crime b) Four truthful adult male Muslim eye-witnesses	Punishment for rape-*hadd* One hundred lashes at a public place and other punishments including death sentence	Proof for Rape-*tâ'zîr* No standard of proof is provided ; at the discretion of the judge	Punishment of Rape-*tâ'zîr* Imprisonment for 25 years and 30 lashes

Reforms implemented prior to the promulgation of PWA 2006

President Prevaiz Mushraf promulgated the Code of Criminal Procedure (Amendment) Ordinance 2006 followed by the passing of PWA 2006. An amendment to section 497 the Code of Criminal Procedure entitled a bail in non-bailable cases with the exception of some offences. As a result 1, 200 women were released from prisons across the country following a Presidential Order. On the 8th of July 2006 the ordinance amended the Criminal Procedure Code so that a bail became the right of a woman accused of any crime except that involvement in terrorism, financial corruption and murder or a crime punishable with death, or a minimum of ten years imprisonment. A famous human rights jurist, Asma Jahangir says: «Both the government and the right-wing religious parties have expediently seized upon the PWA to lend weight to their populist agendas. The government has finally shown a plausible accomplishment to justify its claim of pursuing an agenda of 'enlightened moderation'» (Jahangir, 2006: 6)

The fact is that the government used this event for political purposes rather than making it beneficial for women prisoners. It was a dramatic event where ceremonies were held in prisons for women who were to be released; and they were presented with clothes and bangles and sweets, yet they received pittance for money in the name of allowance to begin new lives. Moreover, and more dangerously, families and the larger society were not sensitized to the needs and safety of the released prisoners. However, this was a good political strategy for Mushraf and his regime trying to win popularity by showing concern for thousands of women sitting in prisons some with their small children and awaiting justice. Since the *zinâ* ordinance was passed, the injustice it created was taken up by civil society, human rights activist, lawyers and artist and writers. It has been the theme of many theatre plays and films but no change has been brought. Suddenly this act of Mushraf also shocked many that how to give credit to a military dictator for at least «partially reversing» the affects of *zinâ* ordinance.

In most cases, the released women refused to go back to their homes out of fear of retribution, death or other difficulties that they were likely to face in a society that had earlier rejected them or was incapable of protecting them. A majority of such women were eventually handed over to the women crisis centres (Darul Aman: «house of protection») as the stigma of being charged with *zinâ* leaves no place for a woman to live in a Pakistani society, especially rural. It must be noted that a large majority of the cases that were filed under the original *ḫudûd* laws were filed by the close relatives of women that included parents against whose will the women had chosen to marry or husbands who wanted to get rid of their existing wives to remarry. Such parents or husbands are known never to visit imprisoned women, so it was highly unsafe for women to return to their families and the larger society that had punished them with their own rules of honour and revenge. Indeed there are examples where the women were murdered by their families upon their return from the prison[9].

What has the PWA 2006 done?

As is mentioned above, the PWA 2006 has amended only two ordinances, those of *zinâ* and *qazf* while the remaining ordinances are still practiced in their original form. The worst thing in the *zinâ* Ordinance was that if a woman reported a case of rape she was prosecuted for adultery. This has been stopped by the PWA 2006 through clear distinction between *tâ'zîr* and *hadd* in the *zinâ* Ordinance. All the clauses from section 11 to section 16 and some others dealing with kidnapping, abduction prostitution and buying and selling of women were omitted or taken away and added to the Pakistan Penal Code (PPC). These sections were a part of the Pakistan Penal Code prior to 1979 and they have been restored back to the Pakistan Penal Code.

The procedural changes introduced relate mainly to the procedure of filing a complaint for *zinâ* in order to discourage false accusation. Previously when a complaint was filed with the police, arrest warrants were issued. Now summons are issued so that, unless and until the case is proved, no one is sent to prison. Now through section 203 (a) (b) and (c) the jurisdiction of the police has been taken away ; and any complaint regarding *zinâ* or *qazf* has to go to the District or Session judge along with the statement of the four witnesses. If the judge finds that the complaint is genuine, then only the application is accepted, and summons are issued for arrest. This is a great relief for women, as previously any women could be accused of *zinâ* and put into prison until the case came to the court. Now women can no longer be arrested and imprisoned on mere accusations. The result is that false accusations of *zinâ* against women have dropped dramatically.

By contrast, the *qazf* ordinance has been amended in a slipshod manner and effectiveness of change is yet to be tested (Jahangir 2006a: 10).

9 This amendment to the Code of Criminal Procedure invites another criticism where it is feared that the drug mafias are now using more women for drug peddling because a woman can get a bail within days of her arrest.

Comparative Overview of reforms introduced by the Protection of Women Act 2006

Ordinance	Crime	<u>h</u>*add* : Proof and Punishment	*tâ'zîr* : Proof and Punishment	Protection of Women Act Impact
The offence of *zinâ* (Enforcement of <u>h</u>*add* Ordinance) 1979	1) *zinâ*	*zinâ-<u>h</u>add* Proof : a) Confession b) Four truthful adult male Muslim eye-witnesses. Punishment : 100 lashes for minors and stoning to death for adult married people	*zinâ-tâ'zîr* Proof : No standard of proof is provided; at the discretion of the judge. Punishment : 10 years imprisonment, 30 lashes	1) All offences except hadd punishment for *zinâ* moved to Pakistan Penal Code 2) Made punishment for *zinâ* liable to *tâ'zîr* punishable up to 5 years and made it bailable
	2) *zinâ bil jabr* (rape)	*zinâ bil jabr* (rape) Same as above	*zinâ bil jabr* (rape) Imprisonment for not less than 5 and not more than 25 years and 30 lashes	1) <u>h</u>*add* punishemt for rape repealed 2) All sexual act of penetration against females under 16 years to be considered rape 3) Marital rape becomes an offence 4) Complaints of rape cannot be converted into charges of *zinâ*
	3) Kidnapping, abducting or inducing women to compel for marriage		Life and 30 lashes	Removed under Pakistan Penal Code
	4) Kidnapping or abducting in order to subject person to unnatural lust		25 years and fine	Removed under Pakistan Penal Code
	Selling person for the purposes of prostitution		Life and 30 lashes	Removed under Pakistan Penal Code

	Buying person for the purposes of prostitution		Life and 30 lashes	Removed under Pakistan Penal Code
	Cohabitation caused by a man deceitfully inducing a belief of lawful marriage		Imprisonment of 25 years and 30 lashes	Removed under Pakistan Penal Code
	Enticing or taking away or detaining with criminal intent a woman		Imprisonment of 7 years and 30 lashes	Removed under Pakistan Penal Code

Is the PWA 2006, a step forward to strengthen women's human rights in Pakistan?

The question that occupies one's mind is as follow: is there or can there be, any step forward on the path to strengthen women's human rights while the country is ravaged by terrorism and Islamism on the one hand, and is tormented by the worst economic crisis on the other. Amid this chaos, there seems to be steps taken for women in a positive dimension. This section presents an evaluation of these reforms.

The PWA 2006 is an important step in minimizing the injustice done by General Zia's Islamization drive. However, the Act retains the overall framework introduced by Zia (Jahangir, 2006a). This is an unsatisfactory situation as women's rights activist have advocated that the ordinance should be totally repealed. Justice Majida Rizvi, who is known as pro-women's rights, points to the following three major shortcomings in the Protection of the Women Act of 2006 (Justice Majida Rizvi, 2008).

Firstly, the definition of «adult» is the same as it was in the *zinâ* ordinance where a female adult is either 16 years of age or has «attained puberty». This is in contradiction with other prevalent laws of the country, for example the age of majority under family laws is 16 for females, 18 for males whereas the Majority Act prescribes the age of majority for males and females as 18 years. Moreover, the Act does not distinguish between juvenile and adult offenders under its definition of «fornication».

Secondly, the PWA 2006 retains legal discrimination against women and religious minorities whose status as witnesses under the *ẖudûd* ordinances has been retained and cases of *ẖudûd* offences cannot be heard by non-Muslim judges. In other words, the Protection of Women Act continues to discriminate against minority population groups who are not treated as equal citizens.

Thirdly, the PWA 2006 retains the corporal *ẖadd* punishments of stoning to death. Though stoning to death is never executed in Pakistan and the only punishment which in fact has been practised is lashing, the fact that corporal punishment is in the statute books is a matter of grave concern. In the words of Asma Jahangir: «Their endorsement justifies Zia's Islamization process and more importantly leaves the temptation for the orthodoxy to agitate for their implementation at an appropriate moment in time» (Jahangir, 2006a and 2006b: 9).

The steps taken by the PWA 2006 for improving the situation of women are very feeble. The laws passed are full of loopholes and lacunas. The enactment of the PWA 2006 gives rights with one hand and takes them back with another. Still in the PWA 2006 efforts are at least made to improve the situation of women. The main reasons for creating and instituting such feeble laws may lie in the strong tussle between the liberals pushing for reforms, and the conservatives bidding to block those reforms. There are various additional categories that have contributed to the liberal forces in this process but are not represented in the main stream politics of the country; among them are the secularists who demanded an outright repeal of the *ḫudûd* Ordinances (Bari, 2004, 2006). This resulted in half hearted reforms with compromises.

It should be noted that the civil society demanded the complete repeal of the ordinance. There were also clashes between the government and Muttahida Majlis-i-Amal (MMA), «United Front for Action», – a coalition of religio-political parties representing the conservatives and the clerics –, who opposed it, that began when the government gave indications of considering to repeal the laws; and ended with efforts to create a «consensus» on amendments. The Pakistan People Party, The Awami National Party and the Muttahida Qaumi Movement (MQM), «United National Movement», – a middle of the road political party representing middle class based in urban areas of Sindh province – were all in favour of the original draft of the amendments – Criminal Law Amendment (Protection of Women) Bill 2006 – proposed by the Select Committee. It should be remembered however, that after the draft bill was finalised by the Select Committee appointed by the Parliament, the government agreed to go for another round of negotiations and amendments through an extra-parliamentary forum.

This is the main reason why the «civil society» of Pakistan blames the government for giving such liberty and license to the conservative viewpoint represented by right wing parties to meddle with the parliament-approved proposed amendments. It should also be remembered that NGO's supporting right wing parties also built pressure through protests and demonstrations against the passing of PWA 2006 Bill. Their protests contributed in creating a situation of uncertainty among the general public. The right wing though, not represent the popular opinion especially on the PWA Bill 2006 but the right wing parties were to a certain degree successful in hijacking the process of consultation.

This points not only to the liberal or conservative tussle discussed earlier but also to contradictions within the state itself, where on the one hand it claims to work for the protection of women and on the other hand takes away the protection through this or other similar clauses.

Abstract: This article addresses the 1979 criminal law of Pakistan dealing with rape, adultery and fornication. In 2006, the "law for the protection of women" [amending the 1979 law] was said to invert the process known as "the islamization of penal law"; however, this legislation bears on only certain aspects of injustices and discrimination suffered by women. A critical analysis of "the law for the protection of women" shows that numerous reforms were set aside in the compromise effected between Pakistan's religious parties and the conservative political parties.

Keywords: Pakistan, women, criminal law, rape, adultery.

La protection des femmes : l'amendement de la loi pénale (2006) au Pakistan

Résumé : L'article traite des lois pénales sur le viol, l'adultère et la fornication édictées en 1979 au Pakistan. Cependant, un changement a été apporté inversant le processus dit « d'islamisation de la loi pénale » par la loi dite de « protection des femmes » de 2006. Cette législation ne s'est attachée qu'à quelques aspects de l'injustice et de la discrimination subie par les femmes. Une analyse critique de « la loi de protection des femmes » montre que de nombreuses réformes furent écartées dans le compromis opéré entre les partis religieux et les partis politiques conservateurs au Pakistan.

Mots-clés : Pakistan, femmes, droit pénal, viol, adultère.

References

ALI, Shaheen Sardar (2007) «Interpretative strategies for women's human rights in a plural legal framework: Exploring judicial and state responses to Hudood laws in Pakistan». In Anne Hellum, Julie Stewart, Shaheen Sardar Ali and Amy Tsanga (eds.) *Human rights, plural legalities and gendered realities: paths are made by walking*, Published by Sourthern and Eastern African Regional Centre for Women's Law (SEARCWL).

BARI, Farzana (2006) «Politics of the *Hudood* Ordinance», *The Daily News*, 1 Oct 2006.

BARI, Farzana (2004) «The Politics of *Hudood*», *The News* 12-10-2004.

CHEEMA, Moeen H. (2006) «Is pregnancy proof of *Zinâ*?» *Daily Time*, 14 Oct.

JUSTICE MAJIDA RIZVI, Interview july 2008, *Herald*.

JAHANGIR, Asma (2006a) «What the Protection of Women Act does and what is left undone», In *State of Human Rights in 2006*, Human Rights Commission of Pakistan, Lahore, Pakistan.

JAHANGIR, Asma (2006b) «Why blame the MMA?» *Daily Times*, 6th september 2006.

JAHANGIR, Asma. And H. JILANI (1990), *The Hodood Ordinance: a divine sanction*? Rohtas books, Lahore.

MEHDI, Rubya (1994), *The Islamization of the law in Pakistan*, Curzon, Richmond.

MEHDI, Rubya (1990), «The offence of rape in the Islamic law of Pakistan». *International Journal of the Sociology of Law*. Vol 18, Number 1, Feburary.

MUMTAZ, Khawar and Farida SHAHEED (1987) *Women of Pakistan*, Zed Books Ltd, London.

PETERS, Rudolph (2005), *Crime and Punishment in Islamic Law: Theory and practice from the sixteenth to the Twenty-first Century*, Cambridge University Press.

REHMAN, I.A. (2006), «Drama over *Hudood* laws», *The Daily Dawn*.

THE COUNCIL OF ISLAMIC IDEOLOGY (2007) *Hudood Ordinance 1979: A Critical Report*. Government of Pakistan.

Cases

Abdul Majeed v. Ghulam Yaseen 1997 PCrLJ 896 (Federal Shariat Court)
Asghar Ali v. The State 1996 PCrLJ 1678
Ayoob and 8 Others v. The State 1996 PCrLJ 642 (Federal Shariat Court)
Mst Humaira Mehmood v. The State (PLD 1999 Lah 494)
Lubna and others v. Government of Punjab (PLD 1997 Lah 180)
Lala v. The State PLD 1987 SC 414 (Shariat Appellate Bench)
Lubna and others v. Government of Punjab (PLD 1997 Lah 180)
Major Nasir Mehmood and another v. State and 9 Others 2002 PCrLJ Lah 408
Safia Bibi v. The State PLD 1985 FSC 120
Safia Bibi v. The State PLD 1986 SC 132
Qaiser Mehmood v. M Shafi and another (PLD 1998 Lah 72)
Rashid Ahmed v. The State 1996 PCrLJ 612
Sakina v. The State FSC
Mst. Zafran Bibi v. The State PLD 2002 FSC 1

Legislation

The Offence of *Zinâ* (Enforcement of *hadd*) Ordinance, 1979
The Offence of *Qadfh* (Enforcement of *hadd*) Ordinance, 1979
The Offences against Property (Enforcement of *hadd*) Ordinance, 1979
Prohibition (Enforcement of *hadd*) Ordinance, 1979
Execution of the Punishment of Whipping Ordinance, 1979
Repealed in 1996 by the Abolition of Whipping Act
The Protection of Women (Criminal Laws Amendment) Act, 2006
The Prevention of Domestic Violence Bill, 2009

4. Conflits de lois en France

Marie-Claude Najm

Le sort des répudiations musulmanes dans l'ordre juridique français. Droit et idéologie(s)

Mode de dissolution du mariage exclusivement tributaire de la volonté unilatérale et discrétionnaire du mari, l'institution de la répudiation comporte deux défauts majeurs : elle est contraire au principe d'égalité des époux ; elle est source d'instabilité de l'union conjugale. Au regard des droits occidentaux, bien moins attachés que par le passé à l'idée de permanence de l'institution matrimoniale, c'est le premier de ces défauts qui apparaît le plus choquant.

Le divorce étant obligatoirement judiciaire en France, les problèmes soulevés par la répudiation unilatérale ne se posent qu'à l'occasion de la reconnaissance des « répudiations importées », c'est-à-dire celles qui ont été prononcées à l'étranger. Si l'on fait abstraction de la jurisprudence relative aux répudiations unilatérales du droit judaïque – dont les tribunaux français ont jadis eu à connaître en raison de la soumission des communautés juives du Maghreb au droit hébraïque traditionnel – les problèmes soulevés par la répudiation unilatérale concernent essentiellement la répudiation islamique, encore en vigueur dans la plupart des pays musulmans ainsi qu'au Liban[1]. Les faits soumis aux tribunaux français sont pratiquement toujours semblables : l'épouse, abandonnée par son mari, demande au juge français du domicile de prononcer le divorce ou de condamner le mari à contribuer aux charges du mariage ; le mari s'empresse alors de produire un acte de répudiation homologué par la justice de son pays, obtenu à l'issue d'un « voyage de répudiation » ou parfois même par procuration faite à un parent résidant sur place. On voit ainsi comment dans un pays d'immigration comme la France, le jeu du conflit de lois peut conduire à l'intrusion d'une institution profondément inégalitaire, en application du statut personnel étranger ; encore faut-il que l'ordre juridique français accepte d'accueillir ces répudiations importées.

À cet égard, l'évolution de la jurisprudence française au cours des trente dernières années révèle un durcissement progressif des exigences de l'ordre public, au terme d'un parcours pour le moins erratique au cours duquel les tribunaux ont

---

1 Les répudiations étudiées dans cet article et dont la reconnaissance est demandée en France, ont été toutes prononcées en application du droit musulman selon les écoles sunnites.

oscillé, en éprouvant toutes les demi-mesures, entre la reconnaissance et le rejet. Cette évolution en dents de scie qui semble enfin stabilisée n'est pas réellement surprenante, tant les impératifs en jeu sont délicats à mettre en œuvre dans les rapports entre systèmes juridiques reposant sur des traditions culturelles différentes. De fait, le sort réservé à la répudiation de droit musulman en France dépasse de loin la problématique juridique, dévoilant un double conflit de valeurs dont la solution comporte une forte charge symbolique à l'intérieur comme au-delà des frontières françaises.

Un parcours erratique

L'évolution de la jurisprudence française sur la reconnaissance des répudiations musulmanes en France peut être ramenée, en schématisant, à deux grandes étapes qui comportent à leur tour certaines variantes. Dans une première étape, que l'on peut qualifier de « libérale », la jurisprudence a largement accueilli les répudiations musulmanes dans l'ordre juridique français. Ce laxisme ayant été fortement critiqué, la Cour de cassation a entamé au début des années 1990 un revirement qui a emprunté à son tour plusieurs formes, en une valse-hésitation qui paraît s'être aujourd'hui arrêtée. Ainsi, après avoir été largement tolérée, la répudiation unilatérale du droit musulman semble définitivement « répudiée »[2].

La répudiation tolérée

Le relatif libéralisme des conditions d'accueil des décisions étrangères dans l'ordre juridique français a permis de reconnaître les décisions étrangères constatant une répudiation de droit musulman. Cette reconnaissance a également été facilitée par la conclusion de la Convention franco-marocaine du 10 août 1981 relative au statut des personnes et de la famille et à la coopération judiciaire.

Reconnaissance des répudiations favorisée par un relatif libéralisme des conditions d'accueil des décisions étrangères en France

Pour qu'un jugement étranger puisse être reconnu et produire effet en France, il doit satisfaire aux cinq conditions suivantes[3] : la première condition est la compétence du tribunal étranger qui a rendu la décision ; cette compétence indirecte du juge étranger est considérée acquise dès lors que le litige se rattache d'une manière caractérisée au pays dont le juge a été saisi, qu'il n'existe pas de compétence exclusive des tribunaux français et que le choix du tribunal étranger

2 L'expression est empruntée à P. Wautelet, « La répudiation répudiée », *Revue de la Faculté de droit de Liège*, 2004, 257.

3 Conditions posées par le célèbre arrêt *Munzer* : Cass. civ., 7 janv. 1964, *R.* 1964. 302, note H. Batiffol, *J.* 1964. 302, note B. Goldman, *JC.P* 1964. II. 13590, note M. Ancel.

n'a pas été frauduleux[4]. La deuxième condition est la régularité de la procédure suivie devant ce tribunal étranger ; il s'agit d'un contrôle de l'ordre public de procédure, visant à s'assurer du respect des droits de la défense[5]. La troisième condition est l'application de la loi compétente d'après les règles françaises de conflit[6]. La quatrième condition est la conformité à la conception française de l'ordre public international. La cinquième condition est l'absence de fraude à la loi.

C'est sur ce fondement que la Cour de cassation française a pu amorcer, avec l'arrêt *Rohbi*[7], un mouvement très favorable à la reconnaissance des répudiations musulmanes en France[8]. En effet, concernant le contrôle de la compétence du juge étranger d'abord, il est acquis qu'en matière de divorce la compétence des tribunaux français – édictée à l'article 1070 du nouveau Code de procédure civile – n'est pas exclusive[9], de sorte qu'elle ne fait pas obstacle à la compétence concurrente du juge étranger qui a constaté la répudiation. En outre, le juge étranger étant celui de la nationalité des époux, la condition de lien caractérisé avec le litige semble bel et bien réalisée.

Quant au contrôle de la loi appliquée par le juge étranger – loi qui devait normalement coïncider avec celle qui est désignée par le droit français –, il a été constamment jugé que l'article 310 alinéa 2 du Code civil français[10], qui soumet le divorce à la loi française lorsque les deux époux sont domiciliés en France, doit être cantonné aux hypothèses dans lesquelles le divorce est directement demandé aux tribunaux français[11]. Par conséquent, l'application de la loi nationale commune

---

4 Civ. 1e, 6 fév. 1985, *Simitch*, *R.* 1985. 369 et chr. Ph. Francescakis p. 243, *J.* 1985. 460, note A. Huet, *D.* 1985. 469 note J. Massip.

5 Civ. 1e, 4 oct. 1967, *Bachir*, *R.* 1968. 98, note P. Lagarde, *J.* 1969. 102, note B. Goldman.

6 Cette condition de conformité au système français de solution des conflits de lois a été récemment supprimée : Civ. 1e, 20 février 2007, *Cornelissen*, *R.* 2007. 420, note B. Ancel et H. Muir Watt.

7 Civ. 1e, 3 nov. 1983, *Rohbi*, *R.*1984. 325, 1e esp., note I. Fadlallah, *J.* 1984. 329, note Ph. Kahn, *JCP* 1984. II. 20131, concl. Gulphe ; 8 déc. 1987, *Mediane*, *R.* 1989. 733, 1e esp., note M.-L. Niboyet-Hoegy ; 6 juillet 1988, *Boujlifa*, *R.*1989, p. 733, 2e esp., note M.-L. Niboyet, *J.* 1989. 63, note F. Monéger.

8 Ce mouvement a sans doute été encouragé par l'article de I. Fadlallah, « Vers la reconnaissance de la répudiation musulmane par le juge français ? », *R.* 1981, 17. Évoquant le passage du droit français d'une conception institutionnelle à une conception contractuelle du mariage depuis la loi du 11 juillet 1975, de nature à atténuer les différences avec le mariage musulman, l'auteur avait suggéré que certaines répudiations islamiques pourraient être tolérées en France dès lors qu'elles s'accompagneraient de garanties, essentiellement financières, à l'instar de celles que le droit français confère à l'époux assigné en divorce dans un divorce pour rupture de la vie commune.

9 Civ. 1e, 6 janv. 1987, *Zouaoui*, *R.* 1988. 337, note Y. Lequette, *J.* 1988. 435, 2e esp., note J.-M. Jacquet, *D.* 1987. 467, note J. Massip ; 15 juin 1994, *R.* 1996. 127, note B. Ancel.

10 Aujourd'hui devenu l'article 309 alinéa 2 du Code civil.

11 Civ. 1e, 25 fév. 1986, *Shafa*, *R.* 1987. 103, note F. Monéger ; 22 avril 1986, *Riahi*, *R.* 1987. 374, note P. Courbe, *J.* 1987. 629, note Ph. Kahn. La solution est compatible avec l'objectif de l'article 310 du Code civil, destiné aux demandes en divorce présentées devant le juge français.

étrangère par le juge étranger ayant constaté la répudiation ne pouvait constituer un motif de refus de reconnaissance de la décision étrangère.

Enfin, concernant la conformité de la décision étrangère à l'ordre public, il est également de jurisprudence constante, en application de la théorie de l'effet atténué de l'ordre public, que la réaction à l'encontre d'une disposition contraire à l'ordre public est d'intensité variable selon qu'il s'agit d'acquérir un droit en France ou simplement de laisser se produire en France les effets d'un droit régulièrement acquis à l'étranger[12]. Dans le premier cas, l'ordre public qui joue dans son effet « plein » conduira à évincer la loi étrangère contraire aux valeurs du for, c'est-à-dire, en l'occurrence, à celles du système juridique français. Dans le second cas, en raison de l'éloignement de la situation par rapport à l'ordre juridique français – puisque le droit est acquis à l'étranger et que seule sa reconnaissance en France est sollicitée – l'ordre public joue dans son effet « atténué » et ne s'opposera donc pas à l'accueil du jugement étranger. La répudiation invoquée par le mari étant constatée, par définition, dans un jugement étranger, le droit est considéré comme ayant été acquis à l'étranger, ce qui lui permet de bénéficier de cet effet « atténué » de l'ordre public.

Ainsi, la combinaison de ces divers facteurs – contrôle libéral de la compétence internationale indirecte, cantonnement de l'article 310 alinéa 2 du Code civil aux hypothèses dans lesquelles le divorce est demandé directement en France, effet atténué de l'ordre public – a pu conduire les tribunaux français à reconnaître de manière assez libérale les répudiations prononcées à l'étranger, alors même que le couple était établi en France. Cette tendance a été renforcée par la Convention franco-marocaine de 1981.

Reconnaissance des répudiations favorisée par l'entrée en vigueur de la Convention franco-marocaine du 10 août 1981

La Convention franco-marocaine du 10 août 1981 relative au statut des personnes et de la famille et à la coopération judiciaire est le fruit de la réforme française du divorce opérée par la loi du 11 juillet 1975, plus précisément de l'article 310 du Code civil français. En effet, cette convention a été voulue par le Maroc afin de soustraire les époux marocains domiciliés en France à l'empire de l'article 310 du Code civil, dont l'alinéa 2 soumet à la loi française du divorce tous les époux domiciliés en France, quelle que soit leur nationalité. Du côté français, on y a vu l'occasion – déçue au demeurant – d'obtenir la collaboration marocaine en matière de rapatriement des enfants issus d'unions mixtes franco-marocaines et retenus au Maroc contre la volonté d'un de leurs parents[13].

---

12 Civ. 1e, 17 avril 1953, *Rivière*, *R.* 1953. 412, note Batiffol, *J.* 1953. 860, note Plaisant.

13 F. Monéger, « La Convention franco-marocaine du 10 août 1981 relative au statut des personnes et de la famille et à la coopération judiciaire », *R.* 1984, p. 29 et 267 ; P. Decroux, « La Convention franco-marocaine du 10 août 1981 relative au statut des personnes et de la famille et à la coopération judiciaire », *J.* 1985, 49.

L'article 9 de la Convention soumet la dissolution du mariage à la loi de l'État dont les deux époux ont la nationalité. L'article 13 de la Convention assimile, au point de vue de leurs effets en France, les « actes constatant la dissolution du lien conjugal homologués par un juge au Maroc » (comprendre : les répudiations) aux jugements de divorce. Ce texte, qui semble faire abstraction du caractère extrajudiciaire de la répudiation, interdirait donc *a priori* d'opposer l'ordre public aux répudiations marocaines, du moins en raison du caractère extrajudiciaire et inégalitaire de l'institution. C'est ainsi que de nombreuses répudiations marocaines ont été reconnues sur le fondement de cette lecture libérale de la Convention franco-marocaine, laquelle à son tour a favorisé l'accueil des répudiations musulmanes en général : « On assistait ainsi à une curieuse escalade dans la tolérance : la Convention franco-marocaine de 1981 avait créé un contexte favorable à l'adoption de la jurisprudence *Rohbi*, et celle-ci favorisait à son tour une interprétation libérale de l'article 13 de la Convention »[14].

Si les répudiations musulmanes ont pu être tolérées en France à la faveur de la contractualisation du mariage en droit interne français, on ne peut oublier pour autant qu'elles traduisent une prérogative exclusivement maritale, et donc inégalitaire, ce qui constitue une différence fondamentale avec le droit français. La répudiation musulmane heurte l'une des valeurs essentielles du droit français, à savoir le principe d'égalité des époux.

Prenant conscience du laxisme de la jurisprudence *Rohbi*, d'autant plus choquante que les « répudiateurs » bénéficiaient de l'effet atténué de l'ordre public alors même qu'ils étaient domiciliés en France avec leur famille[15], la haute juridiction a engagé dès la fin des années 1980 un mouvement en sens contraire visant à mettre fin à la reconnaissance des répudiations unilatérales en France.

La répudiation « répudiée »[16]

La Cour de cassation a emprunté plusieurs voies, de la plus souple à la plus radicale, pour mettre un frein à la reconnaissance des répudiations musulmanes en France. On peut distinguer, à ce jour, non moins de quatre étapes dans ce parcours chaotique : après l'amorce du revirement, sa consolidation par un rejet radical des répudiations au moyen du principe d'égalité des époux, puis une phase de repli avant le retour du principe d'égalité, encadré toutefois par une condition de proximité.

---

14 Y. Lequette et B. Ancel, *Grands arrêts de la jurisprudence française de droit international privé*, obs. sous arrêts n°63-64, p. 583-584.

15 Prise de conscience à laquelle la doctrine a fortement contribué, en envisageant plusieurs procédés pour neutraliser les effets d'une répudiation prononcée dans ces conditions : v. par exemple M.-L. Niboyet, note préc. sous Civ. 1e, 8 déc. 1987 et 6 juillet 1988 ; I. Fadlallah, note préc. sous arrêt *Rohbi*, R. 1984, p. 336.

16 V. *supra*, note n°3.

Première phase : l'amorce du revirement

Dans un mouvement progressif de durcissement des exigences du système juridique français, la Cour de cassation a tenté de neutraliser les effets en France d'une répudiation prononcée à l'étranger.

Certaines décisions ont d'abord eu recours à l'instrument classique de la fraude au jugement, afin de sanctionner le « voyage de la répudiation » fait par le mari dans son pays dans le but de mettre en échec une procédure diligentée contre lui en France[17]. En réalité, cette situation a pu être qualifiée de « fraude à l'intensité de l'exception d'ordre public »[18], puisque la fraude permet en l'espèce de contourner l'intervention de l'ordre public dans son effet plein en France.

La Cour de cassation a ensuite fait appel à l'ordre public procédural, rejetant les décisions étrangères qui avaient constaté la répudiation sans que l'épouse n'ait été légalement citée ou représentée afin de faire valoir ses prétentions et ses défenses[19].

Enfin, la Cour de cassation a eu recours à l'ordre public alimentaire, pour rejeter la décision constatant la répudiation en application d'une loi qui privait la femme de tout secours pécuniaire après divorce[20].

Mais ces décisions ne constituaient qu'une étape vers une position plus radicale de la haute juridiction.

Deuxième phase : le rejet radical des répudiations sur le fondement du principe d'égalité des époux

Après avoir visé l'ordre public procédural et l'ordre public alimentaire, la Cour de cassation a écarté les répudiations sur le fondement de l'ordre public substantiel, c'est-à-dire en s'appuyant sur des considérations de fond et non seulement sur des exigences purement procédurales.

Dans deux arrêts *al-Madani*[21] et *Kari*[22], la haute juridiction vise, à côté des textes exprimant l'ordre public procédural (dont elle aurait pu se suffire), l'article 5

---

17 Civ. 1e, 1er mars 1988, *Senoussi*, *R.* 1989. 721, note A. Sinay-Cytermann, *D.* 1988. 486, note J. Massip ; Civ. 1e, 4 mai 1994, *Asfi*, *R.* 1995. 104, 1e esp., note J. Déprez ; 13 déc. 1994, *Yjjou*, *J.* 1995. 343, 1e esp., note Ph. Kahn.

18 I. Fadlallah, note précitée sous l'arrêt *Rohbi*, *R.* 1984, p. 336.

19 Civ. 1e, 6 juin 1990, *Akla*, *R.* 1991. 594, 1e esp., note P. Courbe, *D.* 1990. som. 263, obs. B. Audit ; 26 juin 1990, *R.* 1991. 594, 2e esp., note P. Courbe ; 1er juin 1994, *El-Madani*, *R.* 1995. 105, 2e esp., note J. Déprez, *D.* 1995. I. 263, note J. Massip, *Defr.* 1995. art. 36024, note J. Massip ; Paris, 20 déc. 1994, *Sefiani*, *J.* 1995. 343, 3e esp., note Ph. Kahn ; Civ. 1e, 31 janv. 1995, *Kari*, *R.* 1995. 569, note J. Déprez, *J.* 1995. 343, 2e esp., note Ph. Kahn. V. déjà, Civ. 1e, 18 déc. 1979, *Dahar*, *R.* 1981. 88, 2e esp., et chron. I. Fadlallah p.17, *D.* 1980, 2e esp., note E. Poisson-Drocourt.

20 Civ. 1e, 16 juillet 1992, *Nori*, *R.*1993. 269, note P. Courbe, *JCP* 1993. 22138, note J. Déprez, *D.* 1993. 476, note K. Saidi, *Defr.*1993. 35484, note J. Massip ; 7 nov. 1995, *D.* 1996 som. 170, obs. B. Audit, *G.P.* 1996. 2. panor. 166, *Defr.* 1996. 36354, obs. J. Massip.

21 Civ. 1e, 1er juin 1994, *El-Madani*, *R.* 1995. 105, 2e esp., note J. Déprez, *D.* 1995. I. 263, note J. Massip, *Defr.* 1995. art. 36024, note J. Massip.

du Protocole n° VII, additionnel à la Convention européenne des droits de l'homme, du 22 novembre 1984, qui consacre l'égalité des droits et devoirs des époux.

Un arrêt rendu le 11 mars 1997 parachève l'évolution[23] : il confirme les deux arrêts précédents en faisant figurer le principe d'égalité des époux parmi les exigences de l'ordre public international ; mais contrairement à ces deux décisions, il ne mentionne même pas les conditions procédurales dans lesquelles la répudiation a été obtenue à l'étranger, de sorte qu'« il n'est plus possible de limiter le visa de l'article 5 du protocole 7 à une exigence de loyauté procédurale »[24]. Cette décision signifie que toutes les répudiations – du moins celles auxquelles la femme n'a pas consenti – sont désormais contraires à l'ordre public international français car elles heurtent le principe d'égalité des époux.

La solution mérite d'être approuvée, car le recours au principe d'égalité est parfaitement fondé. De fait, si la contractualisation du mariage et la simplification du divorce en France – notamment avec l'introduction par la loi du 24 mai 2004 du divorce pour altération définitive du lien conjugal – empêchent aujourd'hui d'opposer l'ordre public au caractère unilatéral de la répudiation[25], son caractère discriminatoire encourt toujours les foudres de l'ordre public. La répudiation est en effet contraire, par sa nature même, au principe d'égalité : le caractère discrétionnaire et discriminatoire de l'institution ne peut être atténué ni par le juge, qui se borne à « constater » la répudiation prononcée par le mari et ne peut qu'en aménager les conséquences financières, ni par la femme dont l'opposition éventuelle est dépourvue d'effet juridique. En outre, la solution fondée sur le principe d'égalité a le mérite d'être d'application générale, en ce sens qu'elle évite de distinguer entre les répudiations marocaines et les autres répudiations.

Troisième phase : un mouvement de repli

C'est au moment où la jurisprudence semblait fixée que la Cour de cassation amorce un très net mouvement de reflux, d'abord timidement[26], ensuite plus nettement dans l'arrêt *Douibi* en accueillant une répudiation constatée par un

---

22 Civ. 1e, 31 janv. 1995, *Kari*, *R.* 1995. 569, note J. Déprez, *J.* 1995. 343, 2e esp., note Ph. Kahn. Dans le même sens, Civ. 1e, 19 déc. 1995, *Fazouane*, Bull. civ. I, n° 469, p. 326.

23 Civ. 1e, 11 mars 1997, *D.* 1997. 400, note M.-L. Niboyet, *JCP* 1998. I. 101, obs. H. Fulchiron.

24 M.-L. Niboyet, *D.* 1997, p. 401.

25 En effet, le divorce pour altération définitive du lien conjugal peut être prononcé par le juge à la demande de l'un quelconque des époux, dès lors que la vie commune a cessé depuis deux ans, ce qui consacre donc une sorte de divorce par répudiation unilatérale en droit français. Il en va de même pour le pacte civil de solidarité (PACS), introduit dans le Code civil par la loi du 15 novembre 1999, et auquel chaque partenaire peut mettre fin unilatéralement et discrétionnairement par simple signification dont copie est adressée au greffe du tribunal d'instance et sans garantie pécuniaire.

26 Civ. 1e, 5 janv. 1999, *D.* 1999. 671, note critique E. Agostini, *JCP* 2001. I. 293, p. 252, obs. critiques M. Farge, *Dr. fam.* 2000, n° 54, note H. Fulchiron (l'arrêt refuse effet à la répudiation au motif que la femme n'avait pas été appelée à la procédure).

jugement algérien, au motif que le choix du tribunal étranger n'a pas été frauduleux, que chaque partie avait fait valoir ses prétentions et ses défenses et que l'épouse avait obtenu des avantages financiers, à savoir des dommages-intérêts pour divorce abusif, une pension de retraite légale et une pension alimentaire d'abandon[27]. L'arrêt est particulièrement explicite puisque la Cour de cassation, non seulement s'abstient d'évoquer l'article 5 du protocole n°VII pourtant expressément invoqué par le pourvoi, mais encore approuve les juges du fond de ne pas avoir opposé l'ordre public à la répudiation algérienne. Évacuant le raisonnement en termes de droit fondamental à l'égalité, la Cour de cassation cantonne les exigences de l'ordre public à des impératifs d'ordre processuel et alimentaire.

La solution a été généralement mal accueillie par la doctrine de droit international privé, et pour cause. Le respect des droits de la défense est dénué en l'espèce de portée pratique dès lors qu'il ne permet pas à l'épouse de s'opposer à la répudiation. Quant aux compensations financières attribuées à l'épouse répudiée, elles sont généralement dérisoires. Ainsi dans l'affaire *Douibi*, il a été relevé que le montant total des indemnités allouées à l'épouse n'excédait pas l'équivalent de 4 000 francs français[28]. La pension alimentaire fixée par le juge étranger paraît d'autant plus insuffisante qu'elle est destinée à s'exécuter en France où le coût de la vie est plus élevé, alors même que la femme se trouve dans l'impossibilité de faire jouer les solidarités familiales traditionnelles qu'elle aurait pu trouver dans son pays d'origine pour remédier à son indigence et à sa peine.

La haute juridiction devait toutefois, heureusement, revenir à une position plus exigeante.

Quatrième phase : le retour du principe d'égalité, encadré par une condition de proximité résultant de la nationalité française ou du domicile en France

Par cinq arrêts rendus le 17 février 2004 et portant les marques des arrêts de principe, la Cour de cassation réintègre le principe d'égalité des époux, proclamé par l'article 5 du protocole n°VII additionnel à la Convention européenne des droits de l'homme, au sein de l'ordre public international français, dès lors que les époux, ou du moins la femme, sont domiciliés en France[29]. C'est dans ce sillage

---

27 Civ. 1e, 3 juillet 2001, *Douibi*, *R.* 2001. 704, note critique L. Gannagé, *D.* 2001. 3378, note critique M.-L. Niboyet, *J.* 2002. 181, note critique Ph. Kahn, *JCP* 2002. II. 10039, note Th. Vignal ; *Petites affiches*, 2002. 11, note P. Courbe.

28 L. Gannagé, *R.* 2001, p.709. De fait, dans la plupart des pays, les garanties pécuniaires de l'épouse répudiée se limitent en pratique au montant de la dot différée (*mahr mu'akhar*) : voir par exemple, au Liban, Tribunal *sharh'i* sunnite de Beyrouth, 3 mai 1999, *Semaallah/Chebib*, inédit (en l'espèce, un montant total et définitif de 1 500 000 livres libanaises, c'est-à-dire l'équivalent d'environ 700 euros).

29 Civ. 1e, 17 février 2004, *R.* 2004. 424, note P. Hammje, *J.* 2004. 867, note G. Cuniberti et 1200, note L. Gannagé, *D.* 2004. 824 concl. Cavarroc et chr. Courbe p. 815, *JCP* 2004. II. 10128, note H. Fulchiron, *G.P.*, sept.-oct. 2004, p. 3367, note M.-L. Niboyet, *RTDCiv.* 2004. 367, obs. J.-P. Marguénaud.

que s'inscrivent les arrêts rendus par la Cour de cassation ces dernières années. Dans plusieurs décisions, la haute juridiction, visant l'article 5 du Protocole n°VII – avec, selon les cas, l'article 16-d de la Convention franco-marocaine du 5 octobre 1957 ou l'article 1er-d de la Convention franco-algérienne du 27 août 1964, qui réservent le jeu de l'ordre public international – affirme solennellement que « la décision d'une juridiction étrangère constatant une répudiation unilatérale du mari sans donner d'effet juridique à l'opposition éventuelle de la femme et privant l'autorité compétente de tout pouvoir autre que celui d'aménager les conséquences financières de cette rupture du lien matrimonial, est contraire au principe d'égalité des époux lors de la dissolution du mariage, que la France s'est engagée à garantir à toute personne relevant de sa juridiction, et donc à l'ordre public international », et ce dès lors que les époux, ou l'un d'entre eux, étaient de nationalité française[30] ou domiciliés en France[31].

Par cette référence à la nationalité ou au domicile en France, la haute juridiction subordonne le jeu de l'ordre public à une condition de rattachement avec le territoire français. Cette exigence de proximité avec l'ordre juridique français, à travers la nationalité française ou le domicile en France, conduit ainsi à cantonner l'application des normes fondamentales – ici, du principe d'égalité – aux seules relations enracinées dans le milieu social français. Ainsi, la nationalité française ou le domicile en France de l'une des parties semble désormais nécessaire pour déclencher l'intervention de l'ordre public, alors que cette référence n'était pas mentionnée dans l'arrêt précité du 11 mars 1997.

Le recours à l'ordre public de proximité permet de remédier aux conséquences choquantes de l'effet atténué de l'ordre public, lorsque la répudiation est prononcée à l'étranger à l'encontre d'une épouse domiciliée en France. Ainsi, alors que l'application traditionnelle de l'effet atténué de l'ordre public avait permis d'accueillir une répudiation intervenue à l'étranger lorsque les deux époux résidaient en France – c'était le cas dans l'arrêt *Douibi* – l'ordre public de proximité empêche désormais ce résultat, puisque la nationalité française ou le domicile en France de l'une des parties déclenche l'intervention de l'ordre public et fait obstacle à la reconnaissance de la répudiation étrangère dans ces conditions. La solution adresse également un message de dissuasion aux maris tentés par les

---

30 Civ. 1e, 22 mai 2007, inédit (dans le cas de deux époux de nationalité française) ; Civ. 2e, 14 mars 2002, *JCP* 2002. II. 10095, note H. Fulchiron (un seul des époux de nationalité française). La Convention franco-marocaine établit d'ailleurs une distinction selon la nationalité, française ou marocaine, de la femme répudiée, puisque la répudiation d'une femme française ne peut produire effet en France qu'à la demande de cette dernière (art.13, §2) ou du moins avec son consentement. Voir, à l'étranger, un arrêt invoquant l'ordre public pour refuser de reconnaître la répudiation prononcée au Caire par un mari égyptien à l'encontre de sa femme allemande : Cour supérieure de Bavière, 30 nov. 1981, *IPRax* 1982. 104, note Henrich p. 94 (citée par P. Lagarde, « La théorie de l'ordre public international face à la polygamie et à la répudiation. L'expérience française », *Mélanges F. Rigaux*, Bruylant, Bruxelles, 1993, p. 271).

31 Civ. 1e, 19 septembre 2007 et Civ. 1e, 20 février 2008, inédits (domicile des deux époux en France) ; Civ. 1e, 17 octobre 2007, inédit (domicile d'un seul des époux en France).

répudiations expéditives à l'étranger, en leur indiquant que la démarche sera dépourvue d'effet en France.

Ainsi envisagé, et comparé à la théorie de l'effet atténué, l'ordre public de proximité conduit à étendre le domaine de l'exception d'ordre public. Il serait néanmoins préférable de considérer, à l'instar du Code belge de droit international privé[32], que la protection que confère l'ordre public bénéficie à toute femme dont la loi nationale ou la loi de résidence interdit la répudiation, et non seulement à l'épouse belge ou qui réside en Belgique ; on exigerait alors l'absence de proximité avec tout État ignorant la répudiation.

Au contraire, lorsque sont invoqués en France les effets d'une répudiation survenue à l'étranger à un moment où les deux époux y étaient domiciliés, la faiblesse des liens avec le territoire français justifierait alors l'intervention de l'effet atténué de l'ordre public[33]. Dans cette hypothèse, la norme étrangère est, certes, toujours contraire en soi aux valeurs de l'ordre juridique français, mais elle est simplement tolérée en raison de l'enracinement de la situation dans l'ordre juridique étranger. En réalité, il s'agit d'hypothèses très rares car dans la plupart des cas les juridictions françaises sont saisies par les membres d'une famille installée en France[34].

Quoi qu'il en soit, désormais la cause est entendue : la haute juridiction entend bien opposer le principe d'égalité des époux, fut-ce en l'encadrant par la condition de proximité, aux répudiations musulmanes importées en France. Subsistent cependant, dans quelques arrêts, certaines ambiguïtés. De fait, alors que dans deux des cinq arrêts du 17 février 2004 (n°256 et 258), la Cour de cassation évacue la référence à l'ordre public procédural – bien davantage, elle refuse de donner effet à la décision constatant la répudiation même lorsque celle-ci résulte d'une procédure loyale et contradictoire[35] – d'autres arrêts visent le principe d'égalité conjointement avec les exigences fondamentales de procédure : l'épouse

---

32 Article 57 de la loi du 16 juillet 2004 portant Code de droit international privé. Sur cette loi, voir J.-Y. Carlier, « Le Code belge de droit international privé », *R.* 2005. 11.

33 On pourrait alors, dans cette hypothèse, s'inspirer de la proposition avancée par R. E-Husseini (*Le droit international privé français et la répudiation islamique*, LGDJ, 2002), qui consiste à dissocier le prononcé de la répudiation – acte quasi public constitutif – et les effets de celle-ci – fixés par jugement –, ce qui permettrait de reconnaître le prononcé de la répudiation et donc d'éviter un divorce boiteux, tout en opposant si nécessaire l'ordre public aux conséquences de la répudiation afin de protéger les intérêts de l'épouse.

34 C'est ce qui a conduit M. Fulchiron (*JCP* 2002. II. 10095, p. 1142) à proposer de cantonner le jeu de l'ordre public déclenché par la résidence habituelle en France aux seules hypothèses dans lesquelles la répudiation intervient en riposte à une instance en divorce ou en contribution aux charges du mariage intentée par l'épouse en France. La distinction nous paraît discutable, car l'épouse répudiée alors qu'elle n'a pas, ou pas encore, intenté une action en France, n'en mérite pas moins protection.

35 C'est-à-dire une procédure dans laquelle les parties ont été mises en mesure de faire valoir leurs prétentions et leurs moyens de défense et de discuter ceux de la partie adverse.

doit avoir été légalement citée ou représentée[36]. Le fondement de l'article 5 n'est pas exclusif ; il vient au soutien des exigences relatives aux droits de la défense. La question mérite donc d'être posée : le respect de l'ordre public procédural peut-il mettre la répudiation à l'abri de l'ordre public, de sorte que le visa de l'article 5 du protocole 7 pourrait être limité à une exigence de loyauté procédurale ? En d'autres termes, si l'épouse a pu faire valoir ses prétentions et défenses lors de la procédure ouverte à l'étranger, la répudiation peut-elle être reconnue pour autant ? La Cour suprême aurait-elle donc conservé quelque nostalgie pour la jurisprudence *Douibi* ? La crainte est assurément excessive : en effet, l'arrêt *Douibi* avait fait totalement abstraction du principe d'égalité, alors que depuis 2004 la Cour de cassation n'a cessé d'ériger le principe d'égalité en composante fondamentale de l'ordre public ; en outre, contrairement à l'arrêt *Douibi*, la haute juridiction ne mentionne plus la question des garanties financières accordées à la femme. S'agit-il alors simplement d'une attitude de prudence permettant à la Cour de cassation d'éviter le rejet systématique des répudiations musulmanes par le recours au principe d'égalité ? Ou alors, de manière plus prosaïque, la Cour de cassation préfère-t-elle esquiver une motivation « désobligeante » à l'égard de l'État d'origine, comme une voix autorisée a pu le révéler[37] ?

De telles considérations, pour pragmatiques qu'elles soient, nous paraissent fâcheuses car la question admet difficilement les demi-mesures. En effet, de deux choses l'une :

Soit le refus d'accueillir les décisions étrangères constatant une répudiation unilatérale repose sur le principe d'égalité des époux ; dans ce cas, aucune répudiation ne peut être accueillie dans l'ordre juridique français, car les garanties procédurales ou financières ne sauraient purger l'institution du vice d'inégalité qui lui est intrinsèque. Seul l'acquiescement de l'épouse permettrait d'accueillir la répudiation, en l'assimilant au divorce par consentement mutuel. Cette lecture intransigeante du principe de l'égalité des époux est inévitable dès lors que la répudiation est confrontée dans sa nature même au principe d'égalité, même si le résultat en est connu d'avance. C'est en ce sens que peuvent être compris l'arrêt du 11 mars 1997 et les arrêts de rejet n°256 et n°258 du 17 février 2004.

---

36 V. par exemple, Civ. 1e, 3 janv. 2006, *Boulaarasi c. Maktoubi*, *R.* 2006. 627, note M.-C. Najm. L'ordre public procédural est même visé dans l'un des arrêts du 17 février 2004 (n° 259).

37 J. Lemontey, « Le volontarisme en jurisprudence : l'exemple des répudiations musulmanes devant la Cour de cassation », communication au Comité français de droit international privé, séance du 1er avril 2005, *TCFDIP*, année 2004-2005, p. 63 et s. Présentant la matière avec le souci de révéler « le non-dit de la Cour de cassation », le président Lemontey justifie l'éclipse du principe d'égalité dans les arrêts du 3 et 12 juillet 2001 (alors même que ce principe était expressément visé par le pourvoi) par des considérations de pragmatisme et de réalisme : « La Cour de cassation continue, dans toute la mesure du possible, à ne pas appliquer ces textes [article 5 du protocole n°VII] lorsque d'autres moyens, fussent-ils moins fondamentaux, permettent d'aboutir au même résultat mais sont moins désobligeants pour l'État d'origine ».

– Soit le refus d'accueillir les décisions étrangères constatant une répudiation unilatérale repose sur une appréciation plus concrète des circonstances dans lesquelles la répudiation a été prononcée puis constatée (ordre public procédural) ainsi que des conséquences de la répudiation telles qu'aménagées par le juge étranger (ordre public alimentaire) ; dans ce cas, la référence au principe d'égalité des époux manque de cohérence au regard du raisonnement suivi, à moins de considérer que ces garanties procédurales et alimentaires rendent la répudiation égalitaire, ce qui procède d'une confusion entre deux exigences qui ne se situent pas sur le même plan. Dans cette perspective, et pour critiquable qu'elle soit sur le fond, la solution de l'arrêt *Douibi* peut se prévaloir d'une certaine cohérence. L'absence de référence à l'article 5 du protocole n°VII (en dépit du pourvoi) était justifiée dans l'optique pragmatique de la Cour qui réduit l'ordre public aux exigences d'ordre procédural et alimentaire et évacue le principe d'égalité. Seules sont alors rejetées les répudiations les plus choquantes : celles qui sont faites dans le but exclusif d'échapper aux conséquences d'une condamnation en France, celles qui méconnaissent les droits de la défense, ou encore celles qui n'assurent pas les avantages financiers minimaux à l'épouse répudiée. L'égalité est ici appréciée sur le plan des effets de la répudiation, mais s'agit-il encore d'égalité ?

En définitive les deux branches de l'alternative peuvent être défendues, selon que l'on prône l'affirmation ferme des droits fondamentaux ou le pragmatisme d'une solution plus casuistique. Mais la combinaison des deux séries d'exigences – qui ne sont pas de même nature – retire inévitablement à l'article 5 sa cohérence. Il faut par conséquent que la Cour de cassation éclaire davantage les justiciables sur la portée qu'elle entend conférer au principe d'égalité des époux : s'agit-il d'un principe qui, à lui seul, doit conduire au refus d'accueillir les répudiations ?

La question mérite d'autant plus d'être posée que certains demeurent attachés à une analyse casuistique des situations litigieuses, qui laisserait la porte ouverte à l'accueil éventuel de certaines répudiations. On avance à l'appui de cette idée la nécessité de concilier la défense des valeurs de l'ordre juridique français, avec l'ouverture aux systèmes juridiques étrangers et la tolérance due à des traditions culturelles différentes. Par où l'on touche au débat de valeurs sous-jacent à la question.

Un double conflit de valeurs

Le sort réservé aux répudiations musulmanes dans l'ordre juridique français est le révélateur d'un double débat de valeurs. En effet, sur le terrain du droit international privé, il met en lumière le tiraillement entre deux impératifs : celui de préserver la cohésion et les valeurs de l'ordre juridique français d'une part et celui de favoriser l'harmonie internationale des solutions d'autre part. Ensuite et surtout, sur un terrain proprement idéologique, la question met en exergue la conception même que l'on se fait des droits de l'homme dans les relations entre systèmes juridiques imprégnés de traditions culturelles différentes ; elle oppose alors, au sein des sociétés occidentales comme des sociétés musulmanes, les tenants du relativisme culturel à ceux qui prônent la vocation des droits de l'homme à l'universalité.

Cohésion interne de l'ordre juridique français et harmonie internationale des solutions

Les exigences de la vie internationale prescrivent de régler les situations juridiques internationales de telle manière que la solution soit, autant que possible, identique à celle donnée dans les autres États intéressés au litige. Cet objectif d'harmonie internationale des solutions, que la facilité des déplacements rend encore plus impératif à l'époque contemporaine, est particulièrement nécessaire dans le droit de la famille. En effet, l'état des personnes s'accommode mal d'une « validité géographiquement limitée ». Autant que possible, le droit international privé doit s'efforcer d'éviter les situations boiteuses, c'est-à-dire celles qui sont reconnues dans l'un des pays concernés mais non dans l'autre, tel un individu considéré marié dans un pays et divorcé dans l'autre, ou un lien de filiation établi dans un pays et dénié dans l'autre. La nécessité de concilier les exigences de cohésion interne avec les impératifs de l'ordre international commanderait alors de ne pas rejeter systématiquement les répudiations musulmanes. En d'autres termes, l'exigence de coordination des systèmes juridiques devrait conduire à relativiser l'application des droits fondamentaux.

Tenant compte de ces considérations, une doctrine autorisée prône une appréciation casuistique et pragmatique des répudiations musulmanes. Cette attitude s'appuierait sur un usage rigoureux du mécanisme de l'ordre public, lequel doit faire l'objet d'une appréciation *in concreto*[38]. Cela signifie qu'il est possible, à certaines conditions, de reconnaître les répudiations musulmanes en France, puisque les tribunaux apprécient concrètement, selon les circonstances de l'espèce, la manière dont la loi musulmane autorisant la répudiation a été appliquée. Mais l'argumentaire le plus décisif se situe à un niveau supérieur : on invoque ainsi le souci d'éviter la fermeture systématique de l'ordre juridique français aux normes musulmanes[39]. Dans cette optique, on a pu considérer que la conception française de l'égalité entre l'homme et la femme, « construite en termes d'identité de droits et de devoirs », pourrait heurter les conceptions des sociétés musulmanes

38 D. Carreau, P. Lagarde et H. Synvet, *Encycl. Dalloz, Répertoire de droit international*, Cahiers de l'actualité 2002-1, p. 6.

39 H. Fulchiron, note sous Civ. 2e, 14 mars 2002, *JCP* 2002. II. 10095, p. 1140. Voir également, qualifiant l'examen *in abstracto* qui s'est imposé dans la jurisprudence belge depuis 2002 de « repli nationaliste » de la part des pays européens face au statut personnel musulman : A. Moulay R'chid, intervention dans le cadre du colloque « Le nouveau Code de la famille marocain. Son application en Belgique », Facultés universitaires Saint-Louis, Belgique, 2 décembre 2005, cité *in* M.-C. Foblets et M. Loukili, « Mariage et divorce dans le nouveau Code marocain de la famille : quelles implications pour les Marocains en Europe ? », *R.* 2006, p. 521 et s., sp. p. 533.

traditionnelles qui conçoivent l'égalité « en termes de spécificité et de complémentarité des statuts de l'homme et de la femme »[40]. Compris de manière abstraite et absolue, le principe d'égalité pourrait ainsi faire tâche d'huile et envahir de nombreuses autres institutions du droit de la famille. Il pourrait être opposé, par exemple, à la mise sous tutelle des femmes mariées, aux règles gouvernant la garde des enfants, à l'attribution de l'autorité parentale au père... De proche en proche, toutes les institutions, ou presque, du droit musulman pourraient être jugées contraires à la conception française de l'ordre public international. D'où la nécessité de mettre un frein à l'envahissement des relations internationales par les droits fondamentaux, pour éviter le cloisonnement des ordres juridiques et favoriser l'harmonie internationale des solutions[41].

Si une telle intention est assurément louable, il est cependant permis de penser que la voie choisie sacrifie un peu facilement les exigences de cohésion de l'ordre juridique français. En effet, l'appréciation *in concreto* conduit à réintroduire les considérations fondées sur les droits de la défense et les garanties pécuniaires accordées à la femme répudiée, dont le caractère illusoire a été maintes fois relevé[42]. En outre, en supposant même que les garanties concédées à la femme soient effectives, cette solution reste contraire au principe d'égalité. Enfin, la crainte de l'envahissement du droit international privé par le principe d'égalité, à la faveur de la jurisprudence relative aux répudiations, est excessive. De fait, si la répudiation est choquante, c'est parce qu'elle est attentatoire à la dignité de la femme ; elle ne participe pas de l'essence de la distribution des droits et des devoirs dans le mariage musulman et on sait qu'elle était même abhorrée du Prophète.

En revanche, des règles comme celles qui autorisent le mari à fixer le domicile conjugal ou qui réservent au seul père le droit de donner son nom à ses enfants, apparaissent moins choquantes car elles correspondent à un mode d'organisation de la famille dans lequel la fonction de chef de famille est assumée par le mari et le père, ce qui lui confère des prérogatives – qu'il doit exercer dans l'intérêt de la famille – tout en mettant à sa charge de lourdes obligations. Cette hiérarchie dont le but est d'assurer la paix et l'ordre au sein de la cellule familiale était d'ailleurs connue de l'ensemble des droits européens il y a une quarantaine d'années encore, de sorte qu'il est difficile de considérer que ces règles ébranlent la structure même de la société française. Il est en revanche choquant d'admettre que des femmes étrangères établies avec leur famille en France puissent se faire répudier par leurs époux.

---

40 H. Fulchiron, note sous Civ. 1e, 17 fév. 2004, *JCP* 10128.

41 Voir, sur cette « voie du relativisme et de l'appréciation *in concreto* », illustrant « la fonction médiatrice de l'ordre public » en présence du conflit de cultures, les observations du premier président de la Cour de cassation, M. Guy Canivet, *in* « La convergence des systèmes juridiques du point de vue du droit privé français », *RIDC* 2003. 7, sp. p. 21 et s.

42 L. Gannagé, *R.*, 2001, p. 709.

Cette position pourrait-elle être assouplie à l'avenir, à la lumière des récentes réformes législatives du droit de la famille dans certains pays arabes ? Certains estiment que la jurisprudence du 17 février 2004 serait inopportune à l'égard des répudiations prononcées en application des nouvelles lois, lesquelles pourraient être accueillies dans l'ordre juridique français : « Ces cinq arrêts n'ont pu prendre en considération (...) les réformes législatives adoptées au Maroc, en février 2004 et en Algérie, en mars 2005. Une fois ces réformes ancrées dans la pratique, on peut espérer que la Cour de cassation ne sera pas insensible à ces évolutions (...). Ainsi seraient réconciliés dans leur cohérence le principe d'égalité et l'harmonie internationale des solutions »[43].

Une telle conclusion est assurément hâtive. De fait, à l'examen des nouvelles dispositions législatives, l'on est bien obligé de constater que les réformes entreprises se limitent à aménager les modalités et les effets de la répudiation, sans lui substituer une véritable procédure judiciaire de divorce. Ainsi, le nouveau Code de la famille marocain du 3 février 2004[44] maintient la répudiation, en dépit de la terminologie trompeuse de la traduction française officielle qui évoque un « divorce sous contrôle judiciaire »[45]. La nouvelle loi ne supprime pas le droit unilatéral et discrétionnaire du mari de répudier son épouse, elle se contente de le subordonner à l'obtention d'une autorisation du tribunal afin de permettre à la femme d'être entendue et de garantir ses droits et ceux de ses enfants (article 79 et suivants). De fait, le tribunal ne donnera l'autorisation de dresser l'acte de répudiation ou *talaq* que si le mari a consigné au secrétariat-greffe une somme d'argent, fixée par le tribunal, couvrant les droits de l'épouse – reliquat de la dot le cas échéant, pension alimentaire pendant le délai de viduité (*'idda*) et don de consolation[46] – et la pension alimentaire due aux enfants[47]. Le juge ne dispose donc pas du pouvoir de contrôler ou d'annuler la volonté de l'époux. La

---

43 J. Lemontey, « Le volontarisme en jurisprudence : l'exemple des répudiations musulmanes devant la Cour de cassation », communication au Comité français de droit international privé, séance du 1er avril 2005, *Travaux du Comité français de droit international privé*, année 2004-2005, p.63 et s., sp. p. 71. V. aussi : H. Fulchiron, note sous Civ. 1e, 17 fév. 2004, *JCP* 10128 ; P. Hammje, *R.*, 2004, p. 434.

44 Dahir n°1-04-22 du 3 février 2004 portant promulgation de la loi n°70-03 portant Code de la famille, version française publiée au *Bulletin officiel* n° 5358 du 6 octobre 2005.

45 M.-C. Foblets et M. Loukili, « Mariage et divorce dans le nouveau Code marocain de la famille : quelles implications pour les Marocains en Europe ? », *R.* 2006, p. 521 et s., spécialement p. 525 : « Le lecteur non arabisant risque de s'y tromper... L'exemple type de ce genre de divergences terminologiques qui risquent de prêter à confusion est le terme *talaq* (répudiation), qui a été traduit en français par *divorce sous contrôle judiciaire* » ; A. Mezghani, « Quelle tolérance pour les répudiations ? », *Revue internationale de droit comparé*, 2006, p. 61 et s., spécialement p. 64 : « Il est donc clair qu'il s'agit de répudiation et non comme on voudrait le suggérer, par des traductions inexactes, de divorce. C'est le sens originel du terme *Talak*. L'action menée par l'épouse pour obtenir la dissolution du lien matrimonial est appelée *Tatlik*. C'est seulement dans le cadre d'un système juridique qui ignore la répudiation que le terme *Talak* prend le sens d'un divorce. C'est le cas en droit tunisien ».

46 Articles 83 et 84.

47 Article 85.

solution n'est pas vraiment surprenante, dès lors que la réforme se situe dans la continuité du droit musulman classique[48]. En outre, les droits financiers de l'épouse ne sont pas améliorés par rapport au système précédent. Des observations similaires peuvent être faites pour la réforme du droit algérien de la famille du 27 février 2005[49], dont la principale référence reste la loi musulmane ou *Sharî'a* et qui laisse subsister la répudiation[50]. Enfin, la loi égyptienne du 29 janvier 2000 se contente de consacrer la possibilité connue du droit classique musulman du *khul'*, par lequel l'épouse rachète sa liberté matrimoniale[51], sans supprimer pour autant la répudiation.

Même prononcée sous l'empire des nouvelles dispositions, la répudiation n'en demeure donc pas moins contraire au principe de l'égalité des époux. Or l'égalité des époux, et plus généralement de l'homme et de la femme, fait incontestablement partie des valeurs fondamentales de la société française. Les juridictions françaises sont responsables, pour les femmes qui sont sous leur juridiction, du respect des normes fondamentales. En limiter l'application au prétexte du statut personnel d'origine, conduit à distinguer entre deux catégories de femmes vivant en France, celles qui sont égales aux hommes et celles qui sont maintenues dans un statut d'inégalité sous couvert du respect du statut d'origine. On perçoit alors, en filigrane, un débat de valeurs autrement plus important. Derrière la nécessité de respecter l'harmonie internationale des solutions, se profilent parfois des impératifs d'ordre idéologique : droit à la différence, relativisme culturel et défaut d'universalité des droits de l'homme…

Relativisme culturel et vocation des droits de l'homme à l'universalité

La question de l'accueil des répudiations en France dépasse la dimension purement technique du problème juridique soulevé. Le soubassement politique et sociologique d'une telle controverse, dans le contexte délicat de l'immigration en France et du débat relatif au multiculturalisme, a des répercussions directes sur le terrain de l'intégration des femmes musulmanes installées en France et rejaillit sur l'évolution du droit au sein des sociétés musulmanes elles-mêmes.

---

48 M.-C. Foblets et M. Loukili, *op. cit.*, p. 524 : « En cas de silence ou d'insuffisance de la règle écrite le législateur invite les juges à recourir au rite malékite et à l'effort jurisprudentiel (*Ijtihad*), terme purement islamique (…). Le nouveau Code se situe dans la continuité de l'ancien, puisqu'il reste inspiré des mêmes sources ».

49 Ordonnance n°05-02, *JORA* n°15 du 27 février 2005 ; Loi d'approbation n° 05-09 du 4 mai 2005, *JORA* n°43 du 22 juin 2005.

50 K. Saïdi, « La réforme du droit algérien de la famille : pérennité et rénovation », *Revue int. dr. comp.* 2006, p.119 s., sp. p. 136.

51 Article 20 de la loi n° 1 du 29 janvier 2000, *JO* 2000, n° 4.

Incidences sur la situation des femmes musulmanes en France

Pour approuver ou justifier l'accueil des répudiations musulmanes en France, on a pu évoquer le refus de l'ethnocentrisme et le respect des législations et des cultures étrangères. D'éminents magistrats de la Cour de cassation ont critiqué « la tentation universaliste des droits de l'homme » : « Imposer à l'encontre de jugements venus d'ailleurs des valeurs perçues comme impératives suppose en effet qu'elles aient une égale vocation à s'appliquer dans toutes les traditions juridiques. La légitimité d'une position aussi absolutiste est discutable. Elle revient à postuler l'universalité des droits de l'homme, à s'opposer au relativisme culturel, à refuser toute concession à la diversité... Les droits de l'homme ne sont que l'expression d'une certaine culture juridique régionale et n'ont pas vocation à faire systématiquement obstacle à toute reconnaissance de situations acquises sous l'empire d'une loi ou par le truchement d'un jugement provenant d'une culture profondément différente »[52]. On avance ainsi le souci de ne pas vouloir imposer aux autres le modèle culturel français ou européen : « Nous ne sommes pas la Cour européenne des droits de l'homme et nous n'avons pas pour mission d'instaurer des standards de civilisation, ce que fait abusivement la Cour de Strasbourg »[53].

À pousser le raisonnement à son terme, il faudrait par respect des cultures étrangères s'interdire de juger les lois étrangères à l'aune des valeurs occidentales[54]. Or un tel argument est de nature à désamorcer l'intervention de l'ordre public en droit international privé, puisque celle-ci permet par définition au juge saisi d'évincer une norme étrangère, qu'il s'agisse d'une règle ou d'une décision, lorsque celle-ci se révèle contraire aux valeurs de l'ordre juridique dont il relève. L'argument procède en outre d'une confusion relative à la signification de l'ordre public en droit international privé : celui-ci ne consiste pas à modifier ou à anéantir la norme étrangère, mais simplement à refuser de lui donner effet dans l'ordre juridique du juge saisi.

En outre, comme le rappelle M. Déprez, « le respect de l'autre ne passe pas nécessairement par la conservation de son statut familial d'origine en terre étrangère... De toutes les causes que les musulmans sont légitimement en droit de plaider au nom de la revendication identitaire et du respect de leur culture, celle de la polygamie et de la répudiation n'est certainement pas la meilleure »[55].

---

52 G. Canivet, « La convergence des systèmes juridiques du point de vue du droit privé français », *op. cit.*, p. 20.

53 J. Lemontey, « Le volontarisme en jurisprudence : l'exemple des répudiations musulmanes devant la Cour de cassation », *op. cit.*, p. 77.

54 J.-Y. Carlier, « La reconnaissance en Belgique des répudiations unilatérales intervenues au Maroc ou l'ordre public répudié ? », *JT* 1985, p. 106-107 : « Ce n'est pas à dire que le principe d'égalité des sexes n'est pas un principe fondamental. C'est dire qu'il ne nous appartient pas de juger une législation étrangère, par ailleurs encore en pleine évolution ».

55 J. Déprez, « La réception du statut personnel musulman en France », *Cahiers des droits maghrébins*, vol.1, n°1, 1995, p. 19, sp. p. 63.

Enfin et surtout, l'argument du respect du statut personnel d'origine rejoint les diverses thèses multiculturalistes selon lesquelles il conviendrait, dans une société multiculturelle, de reconnaître et de consacrer le droit à la différence. Or ces thèses portent en elles un risque insidieux : par souci de respecter l'identité culturelle originelle et le droit à la différence, elles finissent par figer l'individu dans un statut prédéterminé, souvent ancien et dont certains aspects sont devenus archaïques[56]. En contribuant à la création, à terme, de véritables ghettos légaux, le multiculturalisme se mue inévitablement en communautarisme.

Certains auteurs, notamment des sociologues ou des spécialistes de philosophie politique, nient toutefois ce lien entre la thématique multiculturelle et le communautarisme[57]. Proposant de reconnaître des « droits culturels individuels » – qu'il s'agisse de minorités ou de diverses catégories d'étrangers – et d'inscrire, dans les grands textes internationaux, « l'affirmation des droits individuels à l'identité culturelle », ces auteurs se défendent d'être communautaristes, car ils réservent les droits culturels aux seuls individus, alors que le communautarisme accorde des droits au groupe et donc « enferme dans une identité collective » (Alain Touraine). Mais l'argument nous paraît spécieux. D'où proviendraient ces revendications culturelles, qui se traduiraient en normes, sinon des communautés elles-mêmes, auxquelles l'individu appartient et qui lui transmettent leurs traditions ? Les droits culturels ne peuvent se définir que par référence à une culture ; or le propre d'une culture est d'être partagée, elle ne peut pas être individuelle. Ensuite, à supposer que cela soit soutenable, comment résoudrait-on d'éventuels conflits entre ces différents « droits culturels individuels » ? Comment trancher le litige, par exemple, entre un mari qui revendique l'application d'une règle sur le fondement de son droit culturel individuel et son épouse qui en invoque une autre ?

Par ailleurs, lorsqu'il justifie l'accueil de règles et d'institutions profondément inégalitaires ou archaïques, l'esprit de « tolérance » dont se flatte le discours relativiste masque mal une véritable condescendance à l'égard des cultures étrangères[58]. Alors que ce sont les femmes étrangères elles-mêmes qui s'insurgent contre la pratique de la répudiation, celle-ci leur serait imposée par « tolérance » pour leur culture... Le discours relativiste fournit alors le soubassement théorique d'un enfermement de l'individu dans sa culture et sa religion. Ce faisant, il fait abstraction d'une double réalité : celle de la spécificité des individus au sein de leur environnement social et culturel, et celle de leur possible aspiration à certaines valeurs universelles.

---

56 Pour une critique des théories relativistes, voir S. Abou, *Cultures et droits de l'homme*, Leçons prononcées au Collège de France en mai 1990, Hachette, Paris, 1992, p. 114.

57 A. Renaut et A. Touraine, *Un débat sur la laïcité*, éd. Stock, 2005, *op. cit.*, p. 95 et s.

58 A. Mezghani, « Quelle tolérance pour les répudiations ? », *op. cit.*, p. 61 : « Il y a de la condescendance lorsque la tolérance consiste seulement à autoriser ce qu'on est en droit d'interdire ou de réprimer ».

Incidences sur l'évolution du droit au sein des sociétés musulmanes

Le traitement réservé aux répudiations musulmanes dans les pays occidentaux comporte une forte charge symbolique pour l'avenir du droit de la famille dans les sociétés musulmanes. De fait, « dans un monde ouvert, il n'est pas indifférent pour un ordre juridique de savoir si ses institutions sont reçues à l'étranger. Les systèmes occidentaux ... ne peuvent oublier que dans les sociétés musulmanes la quête de modernité est réelle. L'accueil fait aux répudiations renforce le conservatisme et affaiblit les courants modernistes »[59].

C'est ainsi qu'à l'époque où la Cour de cassation française accueillait ouvertement les répudiations musulmanes, la doctrine tunisienne, en particulier, lui avait reproché de tolérer une institution de plus en plus contestée à l'intérieur des États musulmans, prenant ainsi le contre-pied des mouvements de réforme amorcés dans le monde musulman et mettant en porte-à-faux la jurisprudence tunisienne qui refuse de donner effet aux répudiations musulmanes[60]. En effet, le Code de statut personnel tunisien ayant aboli la répudiation, les tribunaux tunisiens ont opposé l'ordre public aux répudiations étrangères dont la reconnaissance était demandée en Tunisie[61]. Pour ce faire, les tribunaux tunisiens se sont appuyés sur la Constitution tunisienne et les instruments internationaux de garantie des droits de l'homme : « Attendu que la répudiation qui constitue une mode classique et religieux de dissolution du lien matrimonial, basé sur la volonté unilatérale de l'époux sans égard à l'intérêt de la famille, heurte l'ordre public international tunisien ainsi qu'il ressort de l'article 6 de la Constitution, des articles 1, 2, 7 et 16 de la Déclaration universelle des droits de l'homme et des articles 1, 2 et 16-1-c de la Convention des Nations Unies de 1979 sur l'élimination de toutes les formes de discrimination à l'égard des femmes ... »[62].

Plus récemment, la cour d'appel de Tunis n'a pas hésité à affirmer que « les dispositions du Code tunisien du statut personnel doivent être interprétées conformément à la Constitution et non par rapport à la *Sharî'a* islamique », pour en déduire que « le mariage entre la musulmane et le non-musulman est valable et qu'il y a successibilité entre le musulman et le non-musulman »[63]. La motivation transcende ainsi la question des divers empêchements pour disparité de culte et se

---

59 A. Mezghani, « Quelle tolérance pour les répudiations ? », *op. cit.*, p. 68-69.

60 K. Meziou et A. Mezghani, « Les musulmans en Europe. L'application de la loi nationale au statut personnel : essai de clarification », *Cahiers des droits maghrébins*, 1995, n°1, p.71. V. également A. Mezghani, « Le juge français et les institutions du droit musulman », *J.* 2003. 721.

61 Trib. 1e inst. Tunis, 19 avril 1977, *RTD* 1977. 91, note Mezghani, *J.* 1979. 952, obs. M. Charfi ; Cass. civ. tunis., 16 juin 1987, *BCC* 1987. 223 ; Trib. 1e inst. Tunis, 19 nov. 1991, *RTD* 1993. 429 (partie arabe) ; Trib. 1e inst. Tunis, 27 juin 2000, *RTD* 2000. 425, note M. Ben Jemia.

62 Trib. 1e inst. Tunis, 27 juin 2000, précité.

63 Cour d'appel de Tunis, 6 janvier 2004, confirmé – mais au terme d'une motivation plus prudente – par la Cour de cassation le 20 décembre 2004, *JDI* 2005. 1193, note S. Ben Achour.

rattache à une interprétation résolument moderne du Code de statut personnel, libérée de l'influence de l'islam et fondée sur les droits fondamentaux.

L'on a assurément raison de dénoncer l'interprétation extensive et absolutiste qui est parfois faite des droits fondamentaux dans les pays occidentaux[64]. Toute autre chose est de prôner un relativisme radical qui récuse l'idée de l'application des droits de l'homme à des personnes relevant, de par leur loi nationale, d'un système culturel différent. Le principe de l'égalité des sexes n'est certes pas consacré, loin de là, dans tous les pays du monde. Il fait cependant partie d'un pivot de principes fondamentaux qui sont solennellement affirmés par des instruments non seulement régionaux, comme la Convention européenne des droits de l'homme, mais aussi proprement internationaux comme la Déclaration universelle des droits de l'homme, la Convention des Nations unies de 1979 sur l'élimination de toutes les formes de discrimination à l'égard des femmes…

Or le discours relativiste bloque, ou du moins retarde, les avancées de ce principe d'égalité dans le monde. Prôner, sous couvert de pragmatisme et d'harmonie internationale des solutions ou encore de droit à la différence, le relativisme des valeurs et des droits de l'homme, c'est contribuer indirectement à l'immobilisme du droit de la famille dans les pays d'Orient, en versant de l'eau au moulin du discours identitaire exacerbé qui, au nom du respect des traditions culturelles, refuse toute velléité de réforme. À tel point qu'on a pu dénoncer à cet égard « une sorte d'alliance inattendue qui unit, du côté du monde arabe, les courants conservateurs et du côté de l'Europe, les partisans d'un relativisme radical des droits de l'homme »[65]. Ce relativisme radical soutenu par certains en pays d'Occident est le pire message adressé au courant moderniste qui se bat, dans des sociétés rongées par l'autoritarisme ou le fanatisme, pour promouvoir la démocratie et les droits de l'homme.

S'il paraît donc juste de repenser la notion même des droits de l'homme en Occident[66], il faut également combattre les théories radicales qui conduisent à priver des hommes et surtout des femmes, au nom de la tolérance due à leur culture, de certains droits fondamentaux. La relativité des cultures est un fait indéniable, mais elle ne doit pas interdire la recherche et l'affirmation d'un noyau dur de droits fondamentaux qui reposeraient, en définitive, sur le principe suprême du respect de la

---

64 Y. Lequette, « Le droit international privé et les droits fondamentaux », in *Libertés et droits fondamentaux* (dir. Cabrillac, Frison-Roche et Revet), Dalloz, 14e éd., 2008, p. 99 s.

65 L. Gannagé, « Le relativisme des droits de l'homme dans l'espace méditerranéen. Regards du Proche-Orient sur la reconnaissance en France des répudiations de droit musulman », *Revue internationale de droit comparé*, 2006, p. 101 et s.

66 Y. Lequette, *op. cit.*, n°227 : « Définissant les fondements intangibles d'une société, la qualification droit fondamental ne devrait jamais être appliquée à des règles qui ne sont que l'écume d'une époque. Le jeu de l'exception d'ordre public international pourrait être, pour le bien même de la notion, (…) le moyen d'identifier parmi les droits dits fondamentaux ceux qui méritent réellement cette qualification. (…). En tous domaines, l'inflation a pour corollaire la dévaluation ».

dignité humaine. Or une femme que son époux peut répudier comme bon lui semble est, quelle que soit sa nationalité, une femme privée de dignité[67].

Résumé : Mode de dissolution du mariage exclusivement tributaire de la volonté unilatérale du mari, la répudiation islamique heurte le principe d'égalité des époux qui fait partie des valeurs fondamentales du droit français. Quel est alors le sort réservé, dans l'ordre juridique français, aux répudiations prononcées à l'étranger en application du droit musulman ? À cet égard, l'évolution de la jurisprudence française au cours des trente dernières années révèle un durcissement des exigences de l'ordre public, au terme d'un parcours erratique oscillant entre la reconnaissance et le rejet. Cette évolution en dents de scie qui semble aujourd'hui stabilisée n'est pas réellement surprenante, tant les impératifs en jeu sont délicats à mettre en œuvre. En effet, l'accueil réservé à la répudiation de droit musulman en France dévoile, au-delà de la technique juridique, un double conflit de valeurs. Sur le terrain du droit international privé, il met en lumière le tiraillement entre deux impératifs : celui de préserver la cohésion et les valeurs de l'ordre juridique français d'une part, celui de favoriser l'harmonie internationale des solutions d'autre part. Ensuite et surtout, sur un terrain proprement idéologique, la question touche à la conception même que l'on se fait des droits de l'homme dans les relations entre systèmes juridiques de traditions culturelles différentes ; elle oppose alors les tenants du relativisme culturel à ceux qui prônent la vocation des droits de l'homme à l'universalité.

Mots-clés : islam, répudiation, divorce, égalité des sexes, universalisme, communautarisme.

Muslim Repudiations in the French Legal System: Law and Ideologies

Abtract: A form of marriage dissolution initiated exclusively and unilaterally by the husband, Islamic repudiation tests the principle of equality between spouses that figures among the fundamental values of French law. What status does French law accord repudiations pronounced abroad under Islamic law? The development of French jurisprudence on this question over the past thirty years shows a consolidation around the exigencies of public policy, following an erratic course of pendulum swings between recognition and rejection. That the jurisprudence has apparently now stabilized in this way is not surprising, even if intricate questions remain from a practical standpoint. Beyond legal technicalities, the reception accorded Muslim repudiation in France reveals a double conflict of values. In the field of private international law, it illuminates the tension between two priorities: on the one hand, the cohesion and values of French law, and on the other hand, the international harmonization of legal outcomes. In ideological terms, the question touches on the very concept of human rights and its status between different legal systems and cultural traditions – accordingly, dividing advocates of cultural relativism from those who defend human rights as universal.

Keywords: Islam, repudiation, divorce, gender equality, universalism, communitarianism.

Principales abréviations :
R. : Revue critique de droit international privé
J. : Journal de droit international (Clunet)
D. : Recueil Dalloz

67 Manuscrit remis en juin 2009.

Laurence Brunet

La réception en droit français des institutions familiales de droit musulman : vertus et faiblesses d'un compromis

Un homme polygame d'origine musulmane décède en France et sa seconde épouse avec laquelle il a vécu jusqu'à son décès demande le partage de la pension de réversion entre les deux veuves ; un couple venu d'un pays musulman et vivant en France se déchire, la femme forme une demande en divorce contre son époux devant un tribunal français, le mari s'esquive brièvement dans son pays d'origine et en rapporte une décision de répudiation pour tenter de paralyser la procédure intentée contre lui en France ; une mère non mariée et de nationalité étrangère vit en France avec son enfant, elle assigne devant la justice française le père supposé, pour faire établir sa paternité à l'égard de son enfant, quand sa loi nationale lui interdit une telle action ; un Français musulman se voit confier la charge d'un enfant dans un pays musulman qui interdit l'adoption mais permet son recueil légal (*kafâla*)[1], il ramène l'enfant en France et demande au juge français de transformer ce recueil en adoption. Autant de configurations régulièrement soumises à l'appréciation des tribunaux français, autant d'occasions pour le système juridique français, de facture laïque, d'être confronté à des institutions étrangères de nature religieuse, inconnues ou contraires à l'évolution du droit de la famille en France, et plus largement en Occident. L'importante immigration en provenance de pays musulmans alimente ainsi un contentieux familial original où doivent s'articuler des conceptions souvent antinomiques, entre les deux rives de la Méditerranée, de l'individu et de sa place dans la cellule familiale.

Qu'il soit question du statut personnel de l'enfant et de la loi applicable à une action introduite devant un tribunal français pour établir sa filiation comme une action en recherche de paternité ou une requête en adoption, ou qu'il s'agisse de la reconnaissance en France des effets d'une situation constituée dans un pays musulman telle un mariage polygamique ou une répudiation, le juge est chaque fois amené à délimiter le degré d'acceptation de règles ou de procédures issues du droit musulman dans l'ordre juridique français. Ainsi, doit-il appliquer la loi nationale de la mère, ressortissante d'un pays du Maghreb, désignée par les règles du droit international privé français pour régir la filiation, alors pourtant que cette loi

---

1 Cf. M. Boulenouar Azzemou, « Recueil légal (*kafâla*) et droit(s) positif(s) », *Droit de la famille*, n° 1, Dossier *Kafâla*, n°3, 2009, p. 17-22.

prohibe l'établissement forcé de tout lien de filiation en dehors du mariage[2] ? Ou bien, saisi d'une demande de conversion en adoption d'une *kafâla* prononcée en territoire musulman, le juge doit-il s'en tenir à la loi nationale de l'enfant ainsi recueilli, auquel renvoie le droit français, même si celle-ci interdit expressément l'adoption d'un enfant ? Ou encore, le juge doit-il donner effet en France, en les validant, à des actes comme le double mariage d'un homme ou à des décisions telles la répudiation émanant d'autorités musulmanes sans contrôler leur régularité et surtout sans s'assurer que leur application ne heurte pas les principes fondamentaux de l'ordre juridique français ?

Le droit français offre au juge des règles pour déterminer la loi compétente lorsque la situation litigieuse, de dimension internationale, suscite la concurrence entre différentes législations nationales ayant vocation à s'appliquer. On les désigne comme des règles de conflits de lois. De même, lorsqu'un jugement étranger est invoqué devant lui, le juge dispose d'un cadre, forgé au cours du temps par la hiérarchie judiciaire, qui lui permet de vérifier la conformité du jugement étranger à certaines conditions posées à sa réception dans l'ordre juridique français. C'est la matière des conflits de juridictions. Il ne s'agit pas en effet pour le juge français de réformer la décision rendue à l'étranger.

Mais, dans un cas comme dans l'autre, le juge est en charge d'une évaluation délicate pour lequel il est, le plus souvent, démuni de repères précis : il doit en effet vérifier que l'application de la loi étrangère compétente dans le cas dont il est saisi ou la mise en œuvre de la décision étrangère qui lui est soumise ont des effets concrets compatibles avec les valeurs jugées fondamentales par la société française aujourd'hui. C'est donc au juge français qu'il revient d'apprécier le seuil de tolérance du droit français à l'égard de règles étrangères ou de situations juridiques importées de pays aux traditions très différentes, où la religion reste une source d'inspiration forte du droit.

À lui d'évaluer si des institutions familiales musulmanes aussi hétérodoxes pour le droit positif français que la privation de toute filiation pour un enfant né hors mariage et qui n'a pas fait l'objet d'un aveu de paternité légitime, le recueil d'un enfant par *kafâla*, la répudiation d'une épouse ou le mariage polygamique peuvent être reconnus en France, à partir du moment où des ressortissants étrangers résidant sur notre territoire en invoquent l'application devant lui.

Directement, dans le cadre d'une action judiciaire qui renvoie à la loi nationale d'une des parties de statut musulman, ou indirectement, par le détour d'une demande de reconnaissance d'une situation déjà acquise dans un pays musulman, le juge est donc en charge d'assurer la cohésion de notre ordre juridique en refusant des pratiques étrangères qui portent atteinte à des valeurs

---

2 Cf. E. Rude-Antoine, « Les systèmes de droit musulman et le statut de l'enfant », in L. Khaïat et C. Marchal (dir), L'enfant en droit musulman (Afrique, Moyen-Orient), Société de législation comparée, Paris, 2007, p. 45-60, spéc. p. 50. ; F.-P. Blanc, *Le droit musulman*, Dalloz, Paris, 2008, p. 89-90.

fondamentales. Il a en effet la possibilité soit d'invoquer la contradiction avec l'ordre public international français pour écarter la loi étrangère normalement applicable, en lui substituant alors la loi française, soit de s'opposer à la réception de la décision étrangère en ne lui reconnaissant aucune validité dans l'ordre juridique français. C'est là faire jouer l'ordre public international français comme une exception par rapport au droit étranger ou à la décision rendue dans un autre pays qui devraient être accueillis par les juges français, en vertu des règles du droit international privé. Cette exception d'ordre public international, dont le contenu est propre à la sphère des relations internationales, perturbe un idéal d'harmonie qui postule l'équivalence des valeurs entre les différents systèmes.

Le viatique fourni au juge par la loi pour déclencher une telle exception est toujours resté assez maigre. La sauvegarde des valeurs fondamentales de l'ordre juridique français est en grande partie laissée à l'appréciation du juge. Pour autant, les décisions des tribunaux français révèlent-elles des désordres et des discordances selon l'institution familiale de droit musulman considérée ? Il semble bien plutôt que les solutions dessinent un ensemble assez cohérent, pour ce qui concerne tout au moins les quatre pratiques du droit familial musulman mentionnées, d'où se dégagent des critères récurrents de mise en œuvre de l'ordre public international français. Certes le contrôle hiérarchique exercé par la Cour de cassation y est pour beaucoup dans l'élaboration des conditions d'intervention du mécanisme de l'ordre public. Par ailleurs, la loi est venue, concernant spécifiquement l'adoption internationale, apporter sa contribution à la construction d'un tel régime général de l'ordre public international français.

Mais l'enjeu en ces matières ne se réduit pas à la question technique des conditions d'éviction des règles étrangères. Avec l'opposition de l'ordre public international français se jouent l'intégration des populations immigrées d'origine musulmane sur le territoire français et le degré de tolérance du droit français à l'égard de phénomènes culturels qui lui sont profondément étrangers et qui trouvent aujourd'hui le soutien de revendications communautaristes. On renvoie ici à l'affaire qui a fait grand bruit concernant l'annulation du mariage pour mensonge de l'épouse sur sa virginité.

Le tribunal de grande instance de Lille avait admis, le 1er avril 2008, que le mari pouvait demander la nullité du mariage, à laquelle acquiesçait la femme, en raison d'« une erreur sur les qualités essentielles de la personne », sur le fondement de l'article 180 du Code civil. C'est la crainte d'une dérive communautariste dans l'interprétation et l'application des règles du droit français qui a justifié l'appel du ministère public contre ce « jugement irrigué de sentiment religieux »[3]. La Cour d'appel de Douai infirmait alors le jugement de première instance le 17 novembre 2008 en un temps record, comparé aux délais habituels de procédure. Mais la polémique médiatique et politique flambait, surtout après les déclarations

3 F. Rome, « La mariée avait un vice cachée… », *Dalloz*, Editorial, 2008, p. 1465.

compassionnelles du Garde des sceaux de l'époque. Les juges d'appel ont affirmé que « la virginité n'est pas une qualité essentielle de la personne », sous-entendant qu'elle n'est pas, en droit positif français, une qualité objectivement et socialement déterminante au regard du mariage[4]. Ils ont ainsi entendu réaffirmer que la conception civile et républicaine du mariage s'oppose « au mariage sur mesure », « configuré selon ce qu'impose sa tradition, sa religion ou sa coutume »[5].

Une autre dimension politique innerve la question du régime de l'exception d'ordre public international français. Sa portée dépasse le seul périmètre national de la politique d'intégration des immigrés. Elle est de nature plus strictement internationale. Selon en effet l'amplitude des modes d'intervention de l'exception d'ordre public, le message délivré aux pays d'où proviennent les institutions familiales litigieuses n'est pas le même. Le rayonnement en dehors des frontières des valeurs et des principes fondamentaux français est ainsi fonction des conditions, plus ou moins restrictives, dont dépend la mise en œuvre de l'ordre public international par le juge français. À ces modalités est en réalité subordonnée l'ambition universaliste, ou au contraire la vocation relativiste, dont la France entend assortir les droits fondamentaux qu'elle promeut dans son ordre juridique interne, et au tout premier chef l'égalité, celle entre les hommes et les femmes, celle entre les enfants, qu'ils aient été conçus ou non dans le cadre d'un mariage. Face à un tel choix, la jurisprudence française a clairement opté pour le relativisme. La loi est au demeurant venue ponctuellement montrer la voie aux juges qui auraient trouvé à redire. Pour autant, la conjonction de la loi et de la jurisprudence en ce domaine est loin d'emporter l'adhésion de tous, surtout lorsque l'option retenue conduit à sacrifier l'intérêt de l'enfant.

Après avoir dégagé, par delà la diversité des situations soumises aux tribunaux français, la similarité de la solution retenue aussi bien pour le statut matrimonial que pour le statut familial, on présentera les enjeux et les limites de la position relativiste adoptée par le droit français.

Statut matrimonial et validation d'un ordre public de proximité

L'institution coranique de la polygamie est certainement celle dont la réception en France a représenté le plus grand défi car à aucune époque elle n'a été pratiquée dans la société française nourrie de principes judéo-chrétiens[6]. Ces

---

4 Cf. V. Larribau-Terneyre, note sous Douai 17 novembre 2008, *Droit de la famille* 2008, n° 12, comm. n°167, p. 22-24 : on trouvera dans cette note les références aux nombreux commentaires juridiques suscités par cette affaire.

5 J. Hauser (2009), note sous Douai, 17 novembre 2008, *Revue trimestrielle de droit civil*, n° 1, p. 99.

6 Il est vrai cependant que l'on a pu comparer la polygamie à la situation d'hommes divorcés et mariés (« polygamie successive »), d'autant que le droit français admet le partage de la pension de réversion après décès du mari, entre l'épouse et l'ex-épouse si celle-ci ne s'est pas remariée après le divorce (cf. Y. Lequette, *Revue critique de droit international privé* 1989, p. 73, note sous Cass. civ. 1ère,

situations intéressent les tribunaux français dès lors qu'un homme originaire d'un pays musulman épouse successivement deux femmes comme le lui permet son statut personnel, et vient ensuite résider en France jusqu'à sa mort avec sa seconde épouse. Certes les cas (visibles) de polygamie ont vocation à disparaître. Désormais, en vertu des règles du Code de l'entrée et du séjour des étrangers, l'état de polygamie constitue un obstacle insurmontable à l'installation ou au maintien sur le territoire français. L'individu polygame ne peut obtenir de carte de résident ou, si elle lui a déjà été délivrée, il peut se la voir retirer[7]. Parallèlement, le bénéfice du regroupement familial ne peut être accordé qu'à une seule épouse et à leurs enfants communs[8]. Se présentent toutefois encore devant les juges français des situations de polygamie qui sont le produit d'un passé assez lointain[9].

Quelle est alors la réaction de l'ordre public international français ? La jurisprudence, fixée de longue date, est en la matière constante. Du moment que le second mariage d'un homme a été célébré sans fraude à l'étranger et en conformité avec son statut personnel autorisant la polygamie, sa validité est reconnue par l'ordre juridique français. L'ordre public n'intervient ici qu'avec un effet atténué, dans la mesure où la situation polygamique a été initiée à l'étranger, sans fraude au droit français, entre trois conjoints ou plus, de nationalité étrangère. Le droit international privé considère en effet que la contradiction entre une norme étrangère et l'ordre public international français est appréciée avec plus ou moins de rigueur selon qu'il s'agit de réclamer des droits en France et d'obtenir ainsi un nouveau statut dans l'ordre juridique français dans l'ordre juridique français ou seulement de reconnaître sur le territoire français une situation déjà acquise à l'étranger. Dans ce dernier cas, l'ordre public français est atteint de manière amoindrie ou atténuée. Sa capacité d'interposition à l'application du droit étranger est dès lors affaiblie. On ne peut donc opposer l'exception d'ordre public à la réception en France de la situation valablement constituée à l'étranger. On désigne ce raisonnement par l'expression « théorie de l'effet atténué de l'ordre public ».

Appliquée à une famille polygamique qui s'est formée dans un pays musulman, la théorie de l'effet atténué de l'ordre public permet l'acquisition de droits en France au profit de la seconde épouse : ainsi la Cour de cassation a-t-elle

6 juillet 1988, aff. *Baaziz*). Cette solution, si elle est équitable au regard des droits acquis par la première épouse sur la retraite de son mari pendant le temps qu'a duré le premier mariage, n'en aboutit pas moins à une répartition de la pension qui s'apparente à celle opérée entre les deux épouses d'un homme polygame. Par ailleurs, les ressortissants français de Mayotte pouvaient jusqu'à loi du 21 juillet 2003 être polygames s'ils n'avaient pas renoncé à leur statut local musulman.

7 Article L 314-5 du Code de l'entrée et du séjour des étrangers et du droit d'asile (CESA).

8 Selon l'article L. 411-7 CESA, « lorsqu'un étranger polygame réside en France avec un premier conjoint, le bénéfice du regroupement familial ne peut être accordé à un autre conjoint. Sauf si cet autre conjoint est décédé ou déchu de ses droits parentaux, ses enfants ne bénéficient pas non plus du regroupement familial ».

9 Pour une affaire récente à ce sujet, voir Cass civ. 2ème, 14 février 2007, *Revue critique de droit international privé* 2007, p. 933, note B. Bourdelois.

reconnu à la seconde épouse le droit à une créance alimentaire dont le mari est débiteur au titre de sa contribution aux charges du ménage[10] ; de même a-t-elle admis que la seconde épouse d'un homme de nationalité étrangère polygame ainsi que ses enfants légitimes puissent prétendre aux droits reconnus au conjoint survivant par la loi successorale française[11].

La question du partage entre les deux épouses du droit à une pension en tant que veuve a été régulièrement soumise aux juges et c'est à cette occasion que la Cour de cassation est venue compléter le régime de l'effet atténué de l'ordre public international français. Il est acquis que le versement de la pension de réversion doit être partagé entre les deux épouses du défunt, sous réserve que les deux femmes soient originaires d'un pays musulman[12]. Il faut toutefois préciser que les droits prévus au titre de la sécurité sociale ne sont pas ouverts à la seconde épouse : plusieurs épouses ne peuvent être prises en compte pour l'ouverture des droits à l'assurance maladie. Une seule épouse peut l'être, celle qui le demande en premier ou celle qui vit en France, si l'autre réside à l'étranger[13].

En revanche si la première épouse est française, l'exception de l'ordre public international français retrouve du service. La Cour de cassation a en effet jugé que « la conception française de l'ordre public international s'oppose à ce que le mariage polygamique contracté à l'étranger par celui qui est encore l'époux d'une Française produise des effets à l'encontre de celle-ci »[14]. Il s'agit ici de protéger la première femme française des conséquences préjudiciables pour elle qui résulteraient en l'espèce de l'application de la théorie de l'effet atténué de l'ordre public.

On voit comment un second facteur, celui de la proximité avec l'ordre juridique français, est introduit pour corriger l'appréciation de l'éloignement initial, c'est-à-dire la constitution à l'étranger de la situation polygamique d'avec le système juridique français. Un tel éloignement qui, de prime abord pouvait justifier la non-opposition de l'ordre public français à la reconnaissance en France du second mariage. Les effets découlant du second mariage sont ainsi neutralisés parce que la première épouse était française et que celle-ci s'était retrouvée, sans pouvoir rien y redire, dans une union polygamique proscrite par le droit français. La nationalité française de la première épouse constitue un élément de proximité avec la France qui permet ainsi de pallier la défaillance de l'ordre public qui ne

---

10 Cass. civ (1ère sect.), 28 janvier 1958 et 19 février 1963, aff. *Chemouni*, in B. Ancel et Y. Lequette, *Les grands arrêts de la jurisprudence française de droit international privé*, Dalloz, 2006, n°30-31.

11 Cass. civ. 1ère, 3 janvier 1980, aff. *Bendeddouche*, in *Les grands arrêts de la jurisprudence française de droit international privé*, *op. cit.*, n° 61.

12 Cass. civ 1ère, 22 avril 1986, *Revue critique de droit international privé* 1987, p. 374, note P. Courbe ; Cass. civ. 2ème, 14 février 2007, précité.

13 Cass. soc.8 mars 1990, *Revue critique de droit international privé* 1991, p. 694, note J. Déprez.

14 Cass. civ. 1ère, 6 juillet 1988, aff. *Baaziz*, arrêt précité.

pourrait intervenir si l'on s'en tenait à la théorie de l'effet atténué. Les intérêts de la femme française seraient alors affectés. La nationalité française de l'une des épouses impliquées crée avec l'ordre juridique français un rattachement suffisamment étroit pour que le juge interpose l'ordre public international français alors même que la localisation étrangère de la seconde union polygamique aurait dû permettre sa reconnaissance en France.

Le même raisonnement préside au recours à l'exception d'ordre public français quand il s'agit de reconnaître en France des répudiations prononcées dans un pays musulman. La répudiation est l'institution musulmane qui a le plus occupé les tribunaux français, devant lesquels elle a été invoquée comme une parade à une procédure de divorce introduite en France. Le scénario est toujours le même au sein des couples étrangers résidant en France, originaires d'un même pays musulman : au moment où la femme délaissée forme contre son mari une demande en divorce ou en contribution aux charges du mariage devant les juges français, celui-ci fait un rapide séjour dans le pays de leur nationalité commune afin de faire homologuer devant les autorités locales la répudiation de son épouse, permise par sa loi nationale. Par cet expédient produit au cours de la procédure de divorce en France, le mari entend se soustraire aux contraintes financières qui pourraient résulter du jugement sur la contribution à l'entretien du ménage ou du prononcé d'un divorce à ses torts[15].

L'effet à accorder à de telles répudiations, valablement prononcées à l'étranger, a suscité une jurisprudence hésitante et sinueuse. La Cour de cassation s'est d'abord montrée favorable à la reconnaissance des répudiations en se fondant, comme pour le mariage polygamique, sur la théorie de l'effet atténué de l'ordre public, notamment dans la période qui a suivi l'entrée en vigueur de la Convention franco-marocaine de 1981. Cette Convention relative au statut des personnes et de la famille et à la coopération judiciaire, cherchait à assimiler les répudiations marocaines à des divorces de façon à désamorcer l'intervention de l'ordre public international français. Le souci de se conformer à cette Convention s'est transformé en zèle : toutes les répudiations, même si elles ne venaient pas du Maroc, ont fini par être accueillies en France, paralysant les procédures judiciaires françaises respectueuses de l'égalité des parties.

La discrimination ainsi indirectement admise en France entre l'homme et la femme suscita une forte contestation, d'autant que celui qui avait répudié sa femme continuait de vivre sur le sol français. Un mouvement jurisprudentiel en sens inverse s'amorça de manière hésitante. Après bien des atermoiements[16], ce mouvement aboutit à refuser fermement l'accueil des répudiations prononcées à

---

15 Si la répudiation s'accompagne de subsides versés à l'épouse répudiée, les conséquences financières sont en tout cas plus favorables au mari que celles qui résulteront d'une procédure de divorce ou d'une action en contribution aux charges du mariage.

16 Sur l'évolution de la jurisprudence de la Cour de cassation, voir T. Azzi, note sous Cass. Civ. 1ère, 10 mai 2006, (arrêt n° 2), *La Semaine juridique* 2006.II.1065.

l'étranger : « Même si elle résultait d'une procédure contradictoire et loyale, la décision constatant une répudiation unilatérale du mari sans donner d'effet juridique à l'opposition éventuelle de la femme et en privant l'autorité compétente de tout pouvoir autre que celui d'aménager les conséquences financières de cette rupture du lien conjugal était contraire [...] à l'ordre public international »[17]. La Cour de cassation affermit ici le contenu de cette notion d'ordre public en y intégrant expressément la Convention européenne des droits de l'homme et l'un de ses protocoles additionnels (n° 7, art. 5) qui reconnaît spécifiquement l'égalité des époux durant le mariage et lors de sa dissolution. La haute juridiction judiciaire rappelle que la France s'est engagée à garantir le respect de ces textes européens à toute personne relevant de sa juridiction. Elle n'hésite pas non plus, pour mettre à l'écart les conventions bilatérales de coopération judiciaire que la France a signées avec certains pays musulmans, à affirmer que l'exception de l'ordre public international français a nécessairement été réservée par ces conventions[18].

Toutefois, cette audace est assortie de quelques précautions : pour enrayer ici le mécanisme de l'effet atténué de l'ordre public et justifier sa pleine intensité, la Cour de cassation prend soin d'insister sur les points d'ancrage de la situation litigieuse avec l'ordre juridique français. Il faut que la femme[19], sinon les deux conjoints[20], soit domiciliée en France ou soit de nationalité française, quand bien même le couple résiderait dans un pays musulman[21]. Peu importe donc que la répudiation ait été constatée dans un pays musulman conformément à la loi nationale du mari. La logique de l'effet atténué de l'ordre public est ici supplantée par les exigences de l'ordre public de proximité : si les liens des parties en litige sont suffisamment caractérisés avec la France, tels le domicile commun des époux, ou de la femme sur le territoire français, ou encore la nationalité française des parties, l'exception d'ordre public international joue à plein. Il ne s'agit pas de faire par principe barrage en France aux répudiations prononcées et homologuées à l'étranger, mais d'évaluer si, en fonction de la localisation concrète de chaque cas considéré, la répudiation doit être rejetée en raison de l'atteinte portée au principe fondamental, en droit positif français, de l'égalité des époux.

Le raisonnement est donc le même qu'en matière de polygamie : l'ordre public international français peut venir troubler le respect des configurations

---

17 Cass. civ. 1ère, 17 février 2004 (5 arrêts), *Dalloz* 2004, note F. Cavarroc ; *La semaine juridique* 2004. II. 10128, note H. Fulchiron ; note P. Hammje ; S. Prigent (2004), cf. « Répudiations musulmanes : effets des jugements étrangers en France », *Droit de la famille*, n° 4, p. 4-6.

18 Cf. P. Courbe (2004), « Le rejet des répudiations musulmanes », *Dalloz*, chr. p. 815-820.

19 Cass . civ. 1ère, 17 février 2004 (arrêt n° 4), précité.

20 Cass . civ. 1ère, 17 février 2004 (arrêts n° 3 et 5), précité ; Cass. Civ. 1ère, 3 janvier 2006, *Revue critique de droit international privé* 2006, p. 627, note M.-C. Najm ; Cass. Civ. 1ère, 20 septembre 2006, *Bulletin*, 1993, I, n° 64 ; Cass. civ. 1ère, 20 février 2008, inédit, consultables en ligne sur le site Legifrance.

21 Cass. civ. 1ère, 10 mai 2006, arrêt précité.

familiales constituées à l'étranger, que favorisait précisément le mécanisme de l'effet atténué de l'ordre public, lorsque la situation envisagée par le juge présente des liens de proximité avérés avec le territoire français. La reconnaissance de ces institutions matrimoniales propres au droit musulman et inconnues du droit français, que sont le mariage polygamique et la répudiation, passe donc par un compromis : tout dépend de l'étroitesse du rattachement de la femme, dont le statut matrimonial est affecté, à la France. Si l'épouse, ou la première des épouses, est de nationalité française ou réside en France, la répudiation étrangère ou le second mariage d'un homme polygame seront privés d'effet. La même approche se découvre à propos du statut familial de l'enfant.

Statut familial de l'enfant et consolidation de l'ordre public de proximité

La confrontation avec la tradition musulmane se produit d'une manière particulière lorsqu'il s'agit de déterminer le lien de filiation d'un enfant. Aucune décision n'a alors été rendue à l'étranger, aucune situation n'est déjà constituée. Le cas de figure est le suivant : une femme célibataire originaire d'un pays musulman mais résidant en France accouche d'un enfant et agit devant les tribunaux français en recherche de paternité contre un père prétendu, qui le plus souvent vit aussi sur le territoire français. Avant toute chose, les juges doivent déterminer la loi applicable à une telle demande, dans la mesure où la loi française et la loi du pays d'origine de la mère sont potentiellement applicables. Or, la règle de conflit français, consignée dans le Code civil (art. 311-14 du Code civil) tranche en faveur de la loi personnelle de la mère au jour de la naissance de l'enfant. Peu importe que celle-ci change sa nationalité par la suite et qu'elle obtienne la nationalité française, c'est au jour de la naissance de l'enfant qu'il faut se placer pour déterminer sa loi personnelle.

Dans les cas ainsi soumis aux tribunaux français, la loi applicable à l'action en recherche de paternité introduite par la mère au nom de son enfant était la loi d'un pays musulman. Une telle action était dès lors vouée à l'échec. En effet, le droit musulman interdit l'établissement forcé de la paternité, et par ailleurs l'égalité des filiations en mariage et hors mariage est totalement inconnue. « La filiation dans l'Islam est conçue et représentée comme un effet de la loi, et non comme un statut assis sur un fait biologique »[22]. Les relations hors mariages sont tenues pour des actes illicites ; aussi la filiation en dehors du mariage, nécessairement irrégulière, ne peut être établie.

La prééminence de la filiation légitime s'accompagne toutefois d'une élasticité de l'institution qui permet d'éviter qu'il y ait trop d'enfants privés des bienfaits de la légitimité : d'abord le droit musulman ne s'embarrasse pas toujours de la vraisemblance et on y a vu des enfants naître en mariage, avec l'accord du

---

22 G. Kessler et G. Salamé, note sous Cass. civ 1ère, 10 mai 2006, *Dalloz*, 2006, p. 2890-2893.

mari, au terme de grossesses qui pouvaient durer de deux à sept ans ; ensuite « le père peut reconnaître pour sien et faire entrer dans la famille légitime un enfant né en dehors de ses unions légales, de ses cellules conjugales »[23]. Cependant en l'absence d'artifice et du bon vouloir du mari, l'enfant né en dehors du mariage demeure dans un statut très précaire. Si la mère est veuve elle peut toujours reconnaître l'enfant comme si elle l'avait eu avec son mari décédé depuis[24]. Mais les effets de cette reconnaissance de maternité sont limités. La voie est donc fort étroite pour établir la filiation d'un enfant illégitime. Aussi de tels enfants sont-ils souvent abandonnés[25], même s'ils ne sont pas pour autant laissés sans protection[26].

À l'opposé, l'évolution du droit français de la filiation a été guidée par le souci de faire disparaître toutes les inégalités entre les enfants légitimes et les enfants « naturels » qui sont nés en dehors du mariage, notamment en reconnaissant de plus en plus largement à ces derniers un droit à faire établir en justice leur filiation paternelle. La dernière réforme du droit de la filiation, opérée par l'ordonnance du 4 juillet 2005[27], achève ce mouvement vers l'égalité des naissances, en supprimant toute distinction entre filiation légitime et filiation naturelle.

Le juge français ne peut-il dès lors être tenté de refuser l'application d'une loi étrangère, pourtant désignée par sa règle de conflit de lois, si celle-ci méconnaît une telle égalité et empêche l'enfant né en dehors du mariage de réclamer en justice l'établissement de sa filiation paternelle ? L'ordre public français commande-t-il d'écarter la loi musulmane, compétente dans le cadre de l'action relative à la filiation dont il est saisi, dès lors que cette loi impose une discrimination préjudiciable à l'enfant illégitime qui ne peut accéder à un statut familial protecteur, même si le lien de filiation avec la mère est établi ?

Dans un premier temps, la Cour de cassation n'a pas admis une telle interposition de l'ordre public. Elle a considéré en effet que « les lois étrangères qui prohibent l'établissement de la filiation naturelle ne sont pas contraires à la conception française de l'ordre public international dont la seule exigence est d'assurer à l'enfant les subsides qui lui sont nécessaires »[28]. Puis, dans un second temps, elle a infléchi sa position sans pour autant opérer un revirement complet. Elle a jugé en effet que si ces lois prohibitives ne heurtent pas en principe l'ordre public, « il en est autrement lorsque ces lois ont pour effet de priver un enfant français ou résidant habituellement en France, du droit d'établir sa filiation ; dans ce cas, cet ordre public s'oppose à l'application de la loi étrangère normalement

---

23 E. Rude-Antoine, article précitée, 2008, p. 50.

24 Cf. F.-P Blanc, *op. cit.*, 2007, p. 89.

25 Sur la situation en Algérie voir M. Boulenouar Azzemou, article précité, 2009, p. 18, voir aussi H. Péroz, « La filiation de l'enfant de statut prohibitif », *Droit de la famille*, n° 7-8, 2009, chr. n° 26, p. 9-12.

26 Cf. E. Rude-Antoine, article précité, 2008, p. 56-57.

27 Cette ordonnance a été ratifiée par la loi du 16 janvier 2009.

28 Cass. civ. 1ère, 3 novembre 1988, *Revue critique de droit international privé*, p. 495, note J. Foyer.

compétente »[29]. En l'espèce, une femme de nationalité tunisienne avait accouché en France d'une fille puis, deux ans après la naissance, elle avait assigné en recherche de paternité et en paiement d'une pension alimentaire, un homme de nationalité algérienne qui avait été son concubin ; l'enfant avait obtenu un certificat de nationalité française et résidait en France depuis sa naissance. Tant la nationalité de l'enfant que son lieu de vie rattachaient la situation soumise aux juges au territoire français.

On retrouve un raisonnement familier : le trouble provoqué par l'application du droit familial musulman doit être évalué à l'aune des liens entretenus par la situation considérée avec le territoire français avant que l'exception de l'ordre public ne puisse être opposée. La contradiction avec les valeurs essentielles de la société française ne suffit pas ; la loi étrangère ne sera évincée, au profit de la loi française, que si la situation en cause se rattache de manière privilégiée au territoire français.

Cette solution a reçu récemment une confirmation dans un cas où faisaient précisément défaut les conditions de proximité nécessaires à l'intervention de l'ordre public international français. Une femme de nationalité algérienne avait accouché en Algérie où elle avait continué de vivre avec sa fille. En qualité de représentante légale de son enfant, elle avait quelque temps après assigné un homme français devant les juridictions françaises en recherche de paternité. La Cour de cassation a censuré la décision d'appel qui avait écarté la loi algérienne au motif que l'égalité entre enfants légitime et naturel rend la loi algérienne contraire à l'ordre public français. La haute juridiction judiciaire entend imposer aux juges français un recours modéré à l'ordre public dans sa dimension internationale.

Si le principe d'égalité des filiations ne souffre plus d'exceptions dans les relations de droit interne, en revanche dans les relations de droit international il ne prévaut que s'il existe des points de contact significatifs avec le territoire français. Le droit de l'enfant à établir sa paternité, largement consacré dans le droit positif de la famille, ne s'exporte dans les relations internationales qu'avec prudence, lorsqu'il existe un ancrage suffisant avec le territoire français. Or en l'espèce l'enfant n'avait pas la nationalité française et il ne résidait pas en France. Le supposé père de nationalité française échappait dès lors à tout risque d'établissement forcé de sa paternité et de condamnation à une pension alimentaire.

Il faut en effet remarquer que la solution retenue ici par la Cour de cassation est plus rigoureuse pour l'enfant que celle dégagée initialement. La possibilité que des subsides nécessaires à l'entretien de l'enfant puissent être accordés restait ouverte. Dans cette dernière décision, une fois écartée la contradiction avec l'ordre public français, la Cour de cassation ne mentionne nullement la possibilité de mettre à la charge du père présumé le paiement d'une créance alimentaire pour

---

29 Cass. civ. 1ère, 10 février 1993, *Revue critique de droit international privé*, p. 620, note J. Foyer ; *Dalloz* 1994, p. 66, note J. Massip.

l'enfant[30]. Il n'y aurait donc plus dans l'ordre public un noyau dur, au service de la protection matérielle de l'enfant, qui échapperait au fonctionnement « proximiste » de la notion qui couvre désormais tout le champ du droit familial : ce ne sont pas les seules valeurs protégées par l'ordre public français qui commandent le rejet du droit étranger mais les proches liens du cas considéré avec le territoire français.

Mariage polygamique, répudiation, ignorance de l'établissement forcé de la filiation paternelle : une même matrice façonne la réponse du droit français confronté, à l'occasion de litiges de nature internationale, à ces trois institutions pratiquées de longue date dans les pays musulmans mais récusées en droit positif français. Une même méthode est préconisée pour calibrer le seuil d'intolérance à partir duquel l'exception d'ordre public interviendra pour empêcher ces trois institutions familiales de droit musulman de produire des effets dans l'ordre juridique français : qu'il s'agisse de corriger la théorie de l'effet atténué de l'ordre public, lorsque la situation a été valablement constituée à l'étranger, ou de canaliser son effet plein qui conduit à évincer la loi étrangère normalement compétente, l'approche des juges est constante. La seule contradiction avec le principe de l'égalité entre les époux ou entre les filiations ne suffit pas. Tout dépend de la proximité de la situation internationale avec la France. Il faut que la partie dont le statut est fragilisé ou précaire – la première épouse en cas de second mariage polygamique de son mari, l'épouse répudiée, ou l'enfant dépourvu de filiation paternelle – soit français ou réside sur le territoire français.

Le même raisonnement s'étend-il à une autre institution familiale de droit musulman, la *kafâla*, forme de recueil légal, inédite en France, d'un enfant ? Les cas où le juge français a eu à connaître de la *kafâla* se sont multipliés car cette institution a été fréquemment utilisée comme un tremplin possible vers l'adoption d'un enfant musulman recueilli par une personne française célibataire ou mariée, en dépit de l'interdiction de toute adoption formulée par le droit musulman[31].

À la fin des années 1980, la Cour de cassation avait élaboré un système favorable à l'adoption d'un enfant originaire d'un pays musulman remis à un couple de Français. Le montage faisait peu de cas de la prohibition d'origine religieuse frappant l'adoption d'enfants musulmans. La Convention de la Haye du 29 mai 1993 sur la protection des enfants et la coopération en matière d'adoption internationale, entendit moraliser l'adoption internationale et s'opposer à de telles pratiques. Elle prévoit ainsi que les adoptions internationales ne peuvent avoir lieu que si les autorités compétentes de l'État d'origine ont établi que celui-ci est adoptable (art. 4, a). L'application de cette Convention de La Haye, recommandée d'abord par voie de circulaire, suscita tant de résistances que la loi dut finalement

---

30 Cf. T. Azzi, note précitée, 2008.

31 Cf. T. Oubrou, « La *kafâla* et la *sharia* », *Droit de la famille*, n° 1, dossier *kafâla*, n° 2, 2009, p. 10-16 et M. Boulenouar Azzemou, article précité, 2009.

intervenir[32]. La loi du 6 février 2001 relative à l'adoption internationale est venue adresser aux tribunaux français une interdiction formelle de prononcer l'adoption d'un mineur étranger « si sa loi personnelle prohibe cette institution, sauf si ce mineur est né et réside habituellement en France » (art. 370-3 al. 2 du Code civil). C'est là une consécration légale de l'ordre public de proximité. Cette clause spéciale d'ordre public permet de s'affranchir des dispositions prohibitives de la loi nationale de l'enfant si celui-ci est rattaché au territoire français par sa naissance et par sa résidence[33]. La nouvelle règle n'en limite pas moins, de manière très restrictive, la possibilité d'adopter un enfant originaire d'un pays musulman, même assortie de la réserve de l'ordre public de proximité qui permet de s'affranchir de l'interdiction de la loi. La résistance perdura donc, avec le soutien d'une large partie des juges.

Les tentatives destinées à permettre l'adoption d'un enfant de statut prohibitif, en dépit de l'opposition de la loi française, ont alors consisté à assimiler la *kafâla* à l'adoption. Elles se sont sans exception heurtées à l'intransigeance de la Cour de cassation venue ainsi prêter main forte à la loi : toute transformation de la *kafâla* en adoption est désormais refusée[34]. Du point de vue d'une stricte orthodoxie juridique, il n'y a là rien d'étonnant. La *kafâla* est une mesure de protection infantile principalement destinée aux enfants musulmans d'origine inconnue et abandonnés – pour l'essentiel, des enfants illégitimes qui n'ont pas fait l'objet de reconnaissance de paternité ou de maternité dans le cadre du mariage –, toutefois elle s'étend aussi aux enfants dont la filiation est connue si leurs parents y consentent ; la *kafâla* permet à une personne ou une famille musulmanes de recueillir un enfant, de l'élever, de lui donner éventuellement son nom, voire de le rendre bénéficiaire d'un legs successoral mais elle exclut par essence la création d'un lien de filiation.

Cette forme, notariée ou judiciaire, de recueil est trop originale pour correspondre à une catégorie du droit français : elle rentre malaisément dans le moule de la délégation d'autorité parentale ou dans celui de la tutelle, bien que ce soient là les formes d'équivalence préconisées par le ministère de la Justice[35] ; ce qui est certain en revanche, c'est qu'elle ne peut être confondue avec une adoption,

---

32 Cf. sur le droit antérieur à la loi de 2001, E. Fongaro, note sous Cass. civ. 1ère, 9 juillet 2008, *Journal de droit international*, 2009, p. 154-171 ; H. Péroz, article précité, 2009, p. 10.

33 Cf. P. Courbe, « L'ordre public de proximité » in *Le droit international privé : esprit et méthodes, Mélanges en l'honneur de P. Lagarde*, Dalloz, 2005, p 227-239, spéc. 230 ; P. Hammje, « L'intérêt de l'enfant face aux sources internationales du droit privé », *ibidem*, 2005, p. 365-381, spéc. p. 375-377.

34 Cf. P. Murat, « Le refus de la transformation en adoption », *Droit de la famille* n° 1, dossier *Kafâla*, n° 8, 2009, p. 37-41.

35 Cf. A Gouttenoire et M. Lamarche, « La recherche d'équivalent : l'autorité parentale », 2009 ; J.-M. Plazy, « La recherche d'équivalent : la tutelle », *Droit de la famille*, n° 1, Dossier *Kafâla*, 2009, n°9 et 10.

même en la forme simple[36], comme l'ont parfois prétendu certaines juridictions pour circonvenir la prohibition légale française. L'identité de leur finalité, soit la protection de l'enfant, ne permet pas d'occulter la radicale différence, entre la *kafâla* et l'adoption, en ce qui concerne les modalités de prise en charge de l'enfant. La Cour de cassation le rappelle avec fermeté et constance pour faire pièce aux stratégies de contournement de la loi prohibitive française[37].

D'autres arguments ont ensuite été développés afin de tenter d'élargir, au-delà du périmètre de proximité que constituent la nationalité française et la résidence en France de l'enfant, le champ de l'ordre public susceptible d'entraîner l'éviction de la loi personnelle de l'enfant prohibant son adoption. L'intérêt supérieur de l'enfant musulman recueilli par *kafâla* à être adopté en France a ainsi pu être invoqué pour disqualifier la loi personnelle de l'enfant. L'intérêt supérieur est en effet aujourd'hui une notion consacrée par la Convention internationale relative aux droits de l'enfant qui peut être directement invoquée par les plaideurs au soutien de leur prétention.

Peine perdue, la Cour de cassation a de nouveau apporté un soutien indéfectible au législateur en insistant sur l'acception exclusivement « proximiste » de l'ordre public susceptible de permettre le rejet de la loi personnelle de l'enfant musulman interdisant son adoption : « La loi a entièrement verrouillé la marge d'appréciation des juges quant à la compatibilité des lois prohibitives à l'ordre public international français »[38]. Seuls des points d'attache caractérisés avec le territoire français justifient, selon la loi française de 2001, d'opposer la contradiction de l'ordre public. La Cour de cassation entend que les juges saisis de requêtes en adoption d'enfants musulmans se limitent à un usage de proximité de l'exception d'ordre public, tel que défini par la loi[39].

Que ce soit à l'occasion de l'application de la loi d'un pays musulman ou de la reconnaissance d'une décision qui y a été rendue, une même démarche anime-telle les juges français qui ont à connaître des institutions familiales de droit musulman ? Leur appréhension est-elle la même qu'il soit question de mariage polygamique, de répudiation, d'interdiction d'imposer l'établissement de la filiation paternelle ou de prononcer son adoption après une *kafâla* ? Concernant les

36 Le lien adoptif se substitue à la filiation d'origine, qui disparaît, dans l'adoption plénière alors qu'il s'ajoute à la filiation d'origine, qui est maintenue, dans l'adoption simple.

37 Cass. civ. 1ère, 10 octobre 2006, *Droit de la famille,* 2007, n° 4, comm. n° 96, p. 51, note M. Farge ; H. Fulchiron, « Adoption sur *kafâla* ne vaut », *Dalloz*, 2007, chr. p. 816-821.

38 Cf. E. Fongaro, note précitée, 2009, p. 162.

39 Cass. civ. 1ère, 9 juillet 2008, *Droit de la famille,* 2008, n° 9, comm. n°133 p. 37, note M. Farge ; Cass. civ. 1ère, 25 février 2009, *La semaine juridique,* 2009.II.10072, note A. Gouttenoire : dans les motifs de cet arrêt, la Cour de cassation prend toutefois soin de souligner que la Convention de New York mentionne la *kafâla,* comme l'adoption, parmi les formes de protection qui préservent l'intérêt supérieur des enfants privés de leur milieu familial.

trois premières de ces institutions familiales, les tribunaux les amputent de tout ou partie de leurs effets sur le territoire français, alors que la prohibition de l'adoption semble être au contraire accueillie favorablement. Mais cette différence n'est qu'une apparence et elle ne résiste pas à une juste appréciation des conditions qui, pour chacune des pratiques concernées, déterminent sa tolérance ou son rejet par l'ordre juridique français. Pour la prohibition de l'adoption après une *kafâla*, elle est pareillement écartée par le jeu de l'ordre public de proximité. Sitôt que les liens avec le territoire français sont suffisants en raison de la nationalité et de la résidence de l'enfant, c'est la loi française elle-même qui prévoit l'éviction du statut étranger qui interdit l'adoption.

Ce panorama sur la réception des institutions familiales de droit musulman offre donc une perspective cohérente du droit français, qui s'articule sur la construction d'un régime commun de l'ordre public de proximité : la norme étrangère n'est supplantée par les prescriptions de l'ordre public qu'en cas de proximité concrète de la situation considérée avec le territoire français. Si l'homogénéité et la prévisibilité des solutions doivent être saluées, elles ne sauraient masquer les options politiques et idéologiques qui en cimentent le soubassement. L'unité méthodologique qui gouverne le recours à l'ordre public international français dans les différentes hypothèses envisagées est, en effet, le résultat du choix opéré en faveur du relativisme culturel.

Le choix du relativisme culturel à l'épreuve

Le souci des juges comme celui du législateur est, dans ces matières, de protéger l'enfant et la femme au statut fragilisé ou défaillant dès lors qu'ils ont des liens privilégiés avec le territoire français. Pour l'enfant privé de filiation, il s'agit de remédier à l'inadaptation de la loi étrangère, désignée par la règle française de conflit de lois, qui prohibe l'établissement forcé de la paternité, dès lors que celui-ci se rattache par sa nationalité ou sa résidence à la France. Pour celui qui a déjà été accueilli au terme d'un acte de *kafâla*, l'intention des juges est similaire. C'est la protection individuelle de l'épouse qui est recherchée par les juges en matière de répudiation : en effet, à une époque où les déplacements et les voyages sont faciles, le détournement de la théorie de l'effet atténué de l'ordre public et l'impuissance qui en résulte à protéger la femme vivant en France et répudiée par son mari expliquent le recours à l'ordre public de proximité. L'approche est la même pour le mariage polygamique : si l'exception d'ordre public est invoquée pour bloquer les effets du second mariage, « ce n'est pas parce qu'un tel mariage heurte notre modèle matrimonial, mais parce que la femme française mérite une attention particulière »[40].

---

40 P. Courbe, article précité, 2005, p. 237.

La fonction assumée ici par l'ordre public est moins la sauvegarde des valeurs essentielles de la société française que la protection, au nom de ces valeurs, des individus dès lors que l'intensité de leurs liens avec le territoire français le requiert. L'étude des modes d'intervention de l'ordre public révèle que la Cour de cassation n'entend pas promouvoir dans les relations privées internationales le rayonnement des principes fondamentaux du droit positif français, mais en assurer le bénéfice protecteur aux individus qui ont des attaches fortes avec le territoire français. L'ambition n'est pas de rejeter les institutions musulmanes, ignorées ou réprouvées par le droit français, au nom de l'universalité du principe d'égalité entre l'homme et la femme, de celui de l'égalité entre les filiations, ou encore de l'intérêt de l'enfant. Ce serait se placer sur le terrain du conflit de civilisations, ce que la haute juridiction comme le législateur cherchent précisément à éviter.

La construction d'un régime commun de l'ordre public de proximité introduit de la relativité dans la défense du modèle matrimonial et familial français : l'intolérance à l'égard de systèmes étrangers n'est pas causée, ou en tout cas pas seulement, par le degré de dissemblance, en valeur absolue, entre les pratiques françaises et les pratiques étrangères, mais par le trouble qui peut concrètement en résulter sur le sol français dès lors que des individus, intégrés d'une manière ou d'une autre à la société française, peuvent en subir les conséquences. Telle est la fonction d'étalonnage assignée aux conditions de nationalité et de résidence en France auxquelles est subordonné, pour l'enfant en quête de filiation comme pour l'épouse rejetée, l'éviction de la loi étrangère normalement compétente au profit des dispositions françaises, ou le rejet de la situation déjà constituée à l'étranger.

Le droit français a donc choisi la voie de la modestie quand il s'agit d'étendre l'application de ses principes d'ordre public aux rapports privés qui peuvent se nouer entre des Français et des ressortissants étrangers. Il peut y avoir là un paradoxe à l'origine de critiques dont la solution française fait aujourd'hui les frais.

L'ordre public familial est en effet innervé depuis plusieurs années par les droits de l'homme et les valeurs consacrées par des conventions internationales. Comment l'ordre public peut-il se nourrir de droits fondamentaux considérés comme universels et, dans le même temps, se contenter d'une application de proximité[41] ? Ainsi, comment, d'un côté, le principe d'égalité entre les époux ou entre les filiations peut-il être revêtu d'une valeur absolue par le droit français et tenu pour un principe commun aux nations par des textes de portée internationale auxquels la France est partie prenante[42], et comment, de l'autre, les juges peuvent-ils admettre, dès lors qu'ils sont saisis, que ces principes doivent céder devant

41 Cf. T. Azzi, article précité, 2006, M.-C. Najm, note précitée, 2006.

42 Notamment, la Convention européenne de sauvegarde des droits de l'homme, signée en 1950 et entrée en vigueur en France en 1974 et la Convention internationale des droits de l'enfant, signée et entrée en vigueur en 1990.

certaines institutions de droit musulman discriminatoires au prétexte que les liens avec le territoire français sont insuffisants ?

C'est une telle tension que l'on perçoit dans certains des arrêts précédemment cités relatifs à la réception en France de la répudiation prononcée à l'étranger. On se souvient que le rejet de cette institution a été fondé sur sa contradiction avec le principe d'égalité des époux, consacré dans un des protocoles additionnels de la Convention européenne de sauvegarde des droits de l'homme. La Cour de cassation rappelle expressément que la France s'est engagée à garantir les droits et libertés, définis par la Convention, à toute personne relevant de sa juridiction. Une telle affirmation « devrait, logiquement, valoir pour toute femme en situation de saisir les juridictions françaises quel qu'ait été son domicile au moment où elle fut répudiée »[43]. La Cour de cassation n'en a pas moins réservé les bienfaits du principe d'égalité aux femmes ayant des attaches fortes avec la France. On a pu voir là une incohérence. La logique des droits de l'homme ne doit-elle pas en effet profiter à tous, sans considération de nationalité et de résidence ?

C'est ce que préconise une certaine partie de la doctrine qui dénonce le relativisme cultivé par le droit français en s'abritant derrière l'ordre public de proximité[44]. Dans une conception relativiste des relations internationales, il n'est pas question de faire prévaloir son système sur celui des autres pays. Mais, pour ses détracteurs, l'approche relativiste conduit à « tolérer la discrimination au nom du droit à la différence », dès lors qu'il n'existe pas de liens étroits avec la France[45]. L'arrêt de la Cour de cassation, précédemment mentionné, concernant une action en recherche de paternité peut en effet laisser insatisfait : l'ordre public n'est pas opposé à la loi algérienne, qui interdit l'établissement forcé de la filiation paternelle, au motif que l'enfant n'est pas français ni ne réside en France. Pourtant, en l'espèce, le père supposé est français. C'est permettre à cet homme français de se soustraire à bon compte à ses responsabilités, alors que, si le litige avait eu une dimension nationale, il aurait dû, au moins, affronter les risques d'un procès en recherche de paternité.

L'équilibre recherché par le droit français en ce domaine est forcément délicat : d'un côté, le refus de la tentation impérialiste et de l'application hégémonique des valeurs françaises, de l'autre, le souci de renforcer le respect des droits de l'homme et d'en étendre les applications effectives. Le défi s'énonce comme un oxymore : il s'agit d'appliquer de manière relative des droits

---

43 J.-P. Marguénaud, *Revue trimestrielle de droit civil* n°2, 2004, p. 368-369 ; voir aussi pour une argumentation proche, P. Hammje, « L'intérêt de l'enfant face aux sources internationales », article précité, 2004, p. 379-380.

44 Cf. A. Mezghani, « Le juge français et les institutions du droit musulman », *Journal de droit international privé*, 2003, p. 721-765, spéc. p. 759-765 ; A. Mezghani, « Quelle tolérance pour les répudiations ? », *Revue internationale de droit comparé*, 2006, p. 61-71.

45 L. Gannagé, « Rapport de synthèse » in *L'enfant en droit musulman (Afrique, Moyen-Orient)*, *op. cit.*, 2008, p. 417-432, spéc. p. 428-429.

universels[46]. La conciliation de ces deux ambitions antinomiques suppose d'accepter certains arbitrages. Pour s'autoriser, dans les relations entre ressortissants français et étrangers, à faire prévaloir ses modèles et ses principes sur les pratiques étrangères, le droit français vérifie que la protection des individus ayant des liens privilégiés avec le territoire national l'exige. Quelle autre mesure, juste et efficace, trouver entre un relativisme radical, au nom d'un respect absolu des identités culturelles, et une expansion sans limite des droits de l'homme dans les relations internationales, dont, au demeurant, il n'est pas assuré qu'elle contribue à encourager la modernisation des sociétés musulmanes[47] ?

Certes, il ne s'agit pas pour autant d'ignorer les femmes ou les enfants étrangers, domiciliés partout ailleurs qu'en France, qui sont laissés pour compte par une telle approche relativiste et « proximiste ». Mais, à y regarder de près, les cas sont-ils nombreux ? Le périmètre, délimité par les conditions de proximité qui déclenchent l'interposition de l'ordre public international français, laisse-t-il tant de personnes hors de la protection du droit français ? On peut en douter. Sitôt que la première épouse est française, le second mariage polygamique ne peut plus avoir de conséquence à son encontre. Pour écarter les effets de la répudiation ou la loi qui interdit l'établissement de la filiation, il suffit que la partie à protéger soit française ou réside sur le territoire français[48]. Dès lors que le juge saisi aura reconnu sa compétence juridictionnelle, les conditions ne seront-elles pas d'ores et déjà remplies pour faire jouer l'ordre public contre une institution musulmane qui porterait atteinte aux droits fondamentaux de celui ou de celle qui l'a saisi ?

Le système français pourrait ainsi constituer un compromis acceptable s'il n'y avait les dispositions légales sur l'adoption internationale. La cohérence du système est en effet prise en défaut dans ce domaine. Certes, dans son principe, le raisonnement pour évincer la loi étrangère qui prohibe l'adoption, au rebours de la conception française de l'intérêt de l'enfant, est le même : c'est bien à l'ordre public de proximité que recourt la loi, qui a reçu le soutien sans faille de la Cour de cassation. Cependant là où, pour les autres institutions matrimoniales ou familiales étudiées, les conditions de déclenchement de l'ordre public de proximité sont alternatives ou simples, pour l'adoption d'un enfant musulman, elles sont cumulatives.

Pour tenir à distance la loi étrangère qui interdit l'adoption de l'enfant recueilli en *kafâla*, la loi de 2001 (art. 370-3 du Code civil) exige, on l'a vu, à la fois que l'enfant soit né et qu'il réside habituellement en France. Pourquoi ici cette double

---

46 Cf. T. Azzi, article précité, 2006.

47 En sens contraire, A. Mezghani, « Quelle tolérance pour les répudiations ? », 2006, p. 69.

48 Certes, le champ couvert par l'ordre public de proximité pourrait être plus large, à l'instar du droit belge qui refuse l'accueil de la répudiation à la moindre proximité de la situation avec un État ignorant cette forme de dissolution du mariage (Loi du 16 juillet 2004 portant Code de droit international privé, art. 57).

exigence, au détriment de l'enfant remis en *kafâla*, alors que dans les trois autres cas envisagés, un seul critère de proximité, unique ou alternatif, tel que la nationalité ou la résidence, de la femme ou de l'enfant concernés, conditionne la mise en œuvre de l'ordre public ? Dans l'hypothèse où l'enfant est né de parents inconnus et a été abandonné avant d'être remis en *kafâla*, ce qui constitue la situation la plus courante, le centre de sa vie et de ses intérêts est indéniablement en France. Même s'il ne séjourne pas depuis longtemps sur le territoire national lorsque la requête en adoption est introduite devant les juges français par ceux qui l'ont accueilli, une analyse réaliste de la situation impose de considérer que l'enfant réside habituellement en France : il est totalement pris en charge sur le territoire français et ne gardera que peu de liens avec son pays d'origine. Pourquoi le droit français ne se contente-t-il pas de cette résidence pour écarter la loi musulmane qui prohibe l'adoption[49] ? Faute de pouvoir être adopté, l'enfant se retrouve dans une situation assez incertaine, en ce qui concerne notamment son droit au séjour et le bénéfice des droits sociaux, eu égard aux atermoiements des juges administratifs et à l'enchevêtrement ajouté aux lacunes, des dispositions sociales[50]. On peut s'étonner que le critère de la résidence ne permette pas de faire écran à la loi étrangère hostile à l'adoption, alors que, par ailleurs, le seul motif de la résidence en France, en alternance avec la nationalité de l'enfant, suffit à disqualifier la règle musulmane, tout aussi prohibitive, qui empêche la recherche en justice de la paternité. Dans les deux cas, il s'agit bien cependant de créer un lien de filiation.

On peut donc être surpris de la différence de traitement entre des procédures comparables. Cette différence est d'autant plus curieuse que si, dans les deux cas, l'établissement de la filiation en France peut aboutir à un statut familial boiteux – autrement dit qui restera ignoré par le pays musulman dont la loi aura été évincée –, il est tout de même remarquable, pour ce qui concerne l'adoption internationale, que les autorités musulmanes agissent de connivence. Les pays musulmans acceptent de confier en *kafâla* un enfant à des ressortissants français en sachant que leur intention est d'en demander l'adoption une fois qu'ils seront rentrés en France[51]. Ces autorités étrangères demanderaient même à ceux qui recueillent l'enfant d'être titulaires d'un agrément français en vue de l'adoption, alors que ce n'est en principe pas nécessaire. Aussi, a-t-on pu se demander « si c'était bien à la

---

49 Cf. A. Gouttenoire, note précitée, 2009.

50 O. Dubois, « La *kafâla* et le juge administratif : court séjour au pays de l'insécurité juridique », *Droit de la famille*, n° 1, 2009, Dossier *Kafâla*, n° 5, p. 22-24 ; M. Badel et O. Pujolar, « *Kafâla* et droits sociaux », *ibidem*, 2009, p. 25-30. Voir en dernier lieu, Cass. civ. 2ème, 11 juin 2009, note A. Devers, *Droit de la famille*, 2009, n° 9, p. 40-41, à propos du bénéfice, pour un enfant ayant été recueilli par *kafâla*, de l'allocation de base de la prestation d'accueil du jeune enfant dont le régime doit être fixé par différence avec l'adoption. Sur les autres embarras pratiques dans la vie quotidienne, voir M. Farge, note précitée, 2008.

51 La complicité des autorités algériennes a été ainsi invoquée dans l'arrêt de la Cour d'appel censuré par la Cour de cassation le 9 juillet 2008 (arrêt précité) : c'était là un des motifs invoqués par les juges du second degré de juridiction pour prononcer l'adoption plénière de l'enfant algérien.

France de se faire la gardienne du dogme des autres »[52]. C'est en tout cas vers la recherche d'accords de coopération négociés avec les autorités des deux principaux pays concernés, le Maroc et l'Algérie, que renvoie le rapport Colombani sur l'adoption. Mais il est regrettable que ce rapport n'ait pas fustigé l'incohérence du régime général de l'ordre public de proximité construit par le droit international privé français lorsqu'il est appliqué à l'enfant recueilli en *kafâla*[53].

Dégager, en matière de statut personnel et familial, une méthode commune qui cherche un équilibre entre la défense des droits fondamentaux, consacrés par les sociétés occidentales, et la tentation de leur promotion impérialiste, dans les relations internationales avec des pays aux traditions juridiques divergentes, est assurément une ambition louable. Encore faut-il que la juste mesure ainsi fixée soit pareillement mise en œuvre quelle que soit l'institution familiale étrangère considérée.

Résumé : Le propos de cette étude est de tenter de dégager le degré d'accueil du droit français à l'égard de pratiques et de normes musulmanes stigmatisées dans la société française. Le sort en France de quatre institutions familiales est ici envisagé : le mariage polygamique, la répudiation, l'interdiction de l'établissement forcé de la filiation hors mariage, l'interdiction de l'adoption. Le problème se pose devant les tribunaux français lorsqu'il s'agit de faire reconnaître en France une situation constituée à l'étranger. Ainsi du mariage polygamique, célébré dans un pays musulman, d'un homme qui ensuite a vécu et est décédé en France, ou encore de la répudiation prononcée au Maroc ou en Algérie d'une femme musulmane qui vit en France. La question est similaire lorsqu'il s'agit de faire établir la filiation d'un enfant qui, en vertu des règles de son statut de droit musulman, ne peut faire établir sa paternité hors mariage en justice ou être adopté par un individu français. Au stade de la réception de ces institutions musulmanes en France, c'est la question de leur conformité à l'ordre public international français qui est déterminante. En effet le mécanisme de l'ordre public international français fixe le seuil à partir duquel l'institution étrangère est rejetée.
La position des juges est marquée par le souci de n'écarter l'application des règles étrangères qu'aux situations qui ont des liens étroits avec le territoire français. Cette conception « proximiste » de l'ordre public milite en faveur d'une approche relativiste des divergences entre les systèmes juridiques. Le compromis ainsi atteint présente l'avantage de la modération mais il peut aussi aboutir à un traitement discriminatoire de certains enfants laissés sans filiation. L'enfant abandonné dans un pays musulman et recueilli par un couple français ne peut en effet bénéficier d'un statut familial protecteur en France.

Mots-clefs : polygamie, répudiation, filiation, adoption, *kafâla*, approche relativiste.

---

52 Cf P. Murat, « Le refus de la transformation en adoption », article précité, 2009, p. 38-39.

53 Rapport sur l'adoption, Mission confiée par le président de la République et le Premier ministre à J.-M. Colombani, 2008, http://lesrapports.ladocumentationfrancaise.fr/BRP/084000162/0000.pdf.

Laurence Brunet

The Reception of Islamic Family Law in France: The Strengths and Weaknesses of a Compromise

Abstract: The aim of this study is to assess the extent to which French law recognizes Muslim norms and practices that are widely stigmatized in French society. The article focuses on four family institutions and their reception in France: polygamous marriage, repudiation, the ban on establishing filiation outside of marriage, and the ban on adoption. The problem arises for French tribunals when they are confronted with situations that originated abroad. For example, a man may have married polygamously in a Muslim country, subsequently living and dying in France. Or a Muslim woman living in France may have been repudiated in Morocco or in Algeria. Similarly, a matter may involve a child who, by virtue of the rules affecting his or her status under Islamic law, may not establish filiation outside of a legal marriage, or be eligible for adoption by a French person. The criterion for the reception of these Islamic institutions in France is their conformity with French international public policy. In effect this policy sets the threshold for accepting or rejecting foreign institutions. The position of judges is marked by their concern to limit the rejection of foreign rules to those situations in which there are direct ties to French territory. This "proximist" concept of public policy militates in favor of a relativistic approach to differences between legal systems. The compromise attained in this way offers the advantage of moderation but it may also result in the discriminatory treatment of certain children left without filiation. A child left without parents in a Muslim country and taken into guardianship by a French couple cannot currently benefit from the full protective status of the family under French law.

Keywords: polygamy, repudiation, filiation, adoption, *kafâla,* relativism.

5. Une forme d'adoption sans filiation : la kafâla

Émilie Barraud

La filiation légitime à l'épreuve des mutations sociales au Maghreb

Les États indépendants d'Afrique du Nord ont établi un système de droit familial, ou Code du « statut personnel »[1], qui est soit relativement dégagé de la loi islamique, comme c'est le cas en Tunisie, soit en partie inspiré de la coutume et du droit musulman, comme c'est le cas des Codes marocain et algérien de la famille de rite malékite, respectivement, la *Mudawwana* ou Code de statut personnel marocain de 1958 et le *Qânûn al-usra* ou Code de la famille algérien de 1984. Ces législations règlent toutes les relations d'ordre privé et correspondent au droit applicable en matière d'alliance, de filiation, de testament et de succession[2].

Au cours des années 1970, le juriste Borham Atallah[3] observait que les systèmes juridiques des pays de l'Afrique méditerranéenne n'échappaient pas, en ce qui concerne certains aspects, « à l'influence du droit français et à son esprit laïcisant », reconnaissant toutefois que le droit de la famille était le domaine le moins affecté par « l'acculturation juridique qu'ont connue ces pays à la suite de leur intégration dans la sphère du capitalisme européen »[4]. Plusieurs décennies après la parution de cet article, les législations adoptées ont connu diverses réformes, « alors qu'un processus de mondialisation est en cours, imposant plus ou moins directement l'adoption de conceptions déclarées, non plus comme européennes ou occidentales, mais comme universelle telles que les droits de la personne en général et ceux de la femme et de l'enfant en particulier »[5].

---

1 La catégorie du statut personnel, au sens qui lui est donné dans un système confessionnel, englobe l'ensemble du droit des personnes (statut individuel) et de la famille (alliance, filiation). L'expression « statut personnel » appartient au domaine du droit international privé. Son contenu est en revanche déterminé par le droit interne.

2 Le droit de la famille au Maghreb est codifié séparément du Code civil.

3 Professeur en droit civil, Universités d'Alexandrie et de Paris.

4 Atallah, 1975, 301.

5 Mahieddin, 2007, 97.

Cette étude se propose d'examiner certains aspects de ces nouvelles législations qui ébranlent les visions traditionnelles de la filiation et posent la question d'une redéfinition sociale de celle-ci au Maroc, en Algérie et en Tunisie[6].

La preuve scientifique face au concept de filiation légitime

Le système de filiation au Maghreb : patrilinéarité, alliance et consanguinité

L'article deuxième du Code algérien déclare que la famille est la cellule de base de la société et se compose de personnes unies par les liens du mariage et par les liens de parenté ; la parenté présentant trois aspects, *nasab* (filiation), *musâhara* (alliance) et *ridâ'a* (parenté de lait). L'organisation générale de la famille au Maghreb consacre les liens agnatiques. Le système de filiation est patrilinéaire ; la transmission passe par le père, l'individu appartient au groupe de son père et acquiert une légitimité uniquement à l'égard du père. Toute la structure sociale est fondée sur la généalogie des lignes masculines avec des pères qui font autorité, et des fils qui leur succèdent. C'est en citant les noms de ses ascendants mâles (*nasab*[7]) qu'une personne se définit socialement et assure sa légitimité ; la filiation, c'est autrement dit, « l'histoire du nom »[8].

Le Code marocain (Livre III, Partie I, art. 142) précise par ailleurs que la filiation naît de la procréation de l'enfant par ses parents. Elle est conçue comme un événement naturel qui peut être légitime « sur la base d'une situation permettant les relations sexuelles entre l'homme et la femme », c'est-à-dire le mariage légal, ou illégitime hors de ce cadre. La transmission du nom est l'un des effets produits par la filiation légitime, et dans ce système où se confondent l'hérédité et l'héritage, « tout pouvoir de succession héréditaire se fait par le nom »[9]. En somme, la filiation légitime concerne un enfant né d'un homme et d'une femme mariés et ayant une vie conjugale commune au moment de la grossesse. L'enfant acquiert une légitimité uniquement par le père. Il est en outre reconnu comme l'enfant biologique de sa mère, mais cette reconnaissance maternelle n'est pas suffisante ; la filiation maternelle est une filiation par exclusion ou forclusion. Toutefois, et il s'agit là d'un changement remarquable, la réforme du Code algérien

---

6 Cet article s'inscrit dans le cadre d'une recherche de doctorat en anthropologie débutée en 2005 et portant sur l'adoption et la *kafâla* dans l'espace migratoire franco-maghrébin. Elle est basée sur une enquête ethnographique multi-située (Maroc, Algérie, Tunisie, France) ; des investigations menées dans les hôpitaux, les structures d'accueil des enfants abandonnés, les associations d'aide aux mères célibataires, les tribunaux et les ministères de la Santé, de la Justice, de la Solidarité nationale. L'essentiel de ce travail de terrain a ainsi consisté en des entretiens enregistrés avec les différents acteurs et observateurs de l'abandon et de la *kafâla* : assistantes sociales, psychologues, juristes, mères célibataires, adoptants et agents officiels.

7 Le *nasab* qualifie la liste des prénoms du père et du grand-père précédés de *ibn* (fils de).

8 Saadi, 1991, 57.

9 Saadi, 1991, 56.

de la famille de 2005 prévoit, dans son article 44, la reconnaissance de maternité permettant aux mères célibataires qui ne veulent pas abandonner leur enfant d'établir un lien de droit avec lui[10]. Ce dernier peut désormais bénéficier du patronyme de sa mère.

La filiation ne peut être réduite à sa seule composante biologique. Le lien biologique et ses effets que l'on retrouve normalement dans la filiation légitime (succession, devoir d'entretien) ne sont pas reconnus en dehors du cadre du mariage. Ce rejet de la filiation illégitime démontre que la notion arabo-musulmane de sang diffère de sa conception occidentale. Les études de Corinne Fortier consacrées aux substances vitales que sont le lait, le sang et le sperme dans les sociétés musulmanes, montrent que le sang – associé au foie, conçu comme « l'organe vital » et « le siège de l'affection » – n'est pas le véhicule de la filiation en islam mais apparaît comme « la métaphore des relations de parenté »[11]. La notion de « fils » (*ibn*) s'entend comme un concept juridique, non biologique.

Le recours aux tests ADN au Maroc et en Algérie

Les droits algérien et marocain envisagent la filiation comme un des effets du mariage dans les mêmes termes que la loi islamique. Mais les progrès récents de la science ont conduit à la mise en œuvre d'importantes modifications. Depuis quelques années se pose en effet la question des expertises médicales désormais prévues par la loi. Un test ADN[12] négatif ouvre-t-il sur une annulation de la filiation légitime ? Inversement, un résultat positif peut-il permettre son établissement ? Pendant longtemps, les tribunaux ont refusé de tenir compte des expertises médicales, présentées dans le cadre d'une procédure légale de « désaveu de paternité », au motif qu'elles n'étaient pas formellement prévues par la loi. Qu'en est-il depuis la récente intégration de techniques scientifiques dans le droit ?

En 1997, au Maroc, fut créé un laboratoire national de la police scientifique devenu la référence en matière de tests ADN relatifs aux affaires de filiation. Il est en effet régulièrement sollicité par le Parquet pour effectuer des expertises génétiques dans le cadre d'enquêtes criminelles, mais aussi pour élucider des affaires de filiation contestées. Le Code marocain, réformé en 2004, prévoit en effet la possibilité de recourir à la science pour prouver ou contester la filiation dans le cadre strict du mariage et dans le cas d'une grossesse qui survient en cours de fiançailles (articles 16 ; 153 ; 156). Le législateur ne mentionne pas les grossesses résultant d'un viol, les mères célibataires, les enfants illégitimes ou les recherches posthumes de paternité. En outre, les questions relatives au principe de consentement et d'inviolabilité du corps humain ainsi qu'au rôle exact tenu par le

---

10 Aït Zaï, 2007, 146.

11 Fortier, 2001, 128-130.

12 L'ADN ou acide désoxyribonucléique est une molécule qui porte l'information génétique et constitue le génome des êtres vivants. Transmis lors de la reproduction, il est le support de l'hérédité.

juge, qui a seul le pouvoir d'appréciation en la matière, demeurent en suspend. Selon la présidente de la section du droit de la famille au tribunal de Casablanca, ces tests auraient tendance à être plus facilement autorisés lorsqu'il s'agit de prouver la filiation. La loi serait en revanche plus exigeante dans le cadre de contestations de paternité, afin de ne pas ébranler la stabilité des familles, que le Code a justement pour fonction de préserver.

À ce jour, il apparaît que les tests ADN n'ont pas révolutionné la filiation au Maroc en ce qu'elle demeure définie juridiquement. L'affaire B., « père malgré lui », l'illustre, traduisant cette propension de la justice marocaine à donner la priorité à la filiation juridique au détriment du lien génétique. Mohamed B., franco-marocain, a effectué des tests ADN en France, lesquels ont apporté la preuve qu'il n'était pas le père biologique d'une fillette née après son divorce et qu'il avait dû reconnaître[13]. Au regard des résultats, le tribunal de Mulhouse en 1999 s'est prononcé en faveur du plaignant et a annulé la filiation, mais le tribunal d'Al-Jadida[14] au Maroc a refusé en 2000 la demande de rejet de la filiation. À cette époque, les tests ADN n'étaient pas permis par la loi marocaine, le juge considère que ces tests n'ont alors aucune valeur juridique : « Le jugement est basé sur des analyses biologiques ; or, ces dernières sont contraires non seulement à la tradition musulmane mais à la loi marocaine ». Le jugement est confirmé au motif que « la naissance de l'enfant est intervenue dans l'année du divorce, il est attribué automatiquement à l'ex-époux », comme le stipule l'article 76 de l'ancienne *Mudawwana*. Quatre ans plus tard, et après la réforme de la *Mudawwana* – la nouvelle version insère l'expertise scientifique parmi les preuves susceptibles d'annuler une filiation –, le plaignant dépose une autre demande d'exécution du jugement du tribunal de Mulhouse, en vain. Le tribunal d'Al-Jadida persiste à rejeter la preuve scientifique. Mohamed B. demeurera, aux yeux du droit marocain, le père d'une fillette qui n'est pas de ses gênes. En définitive, il apparaît que l'usage des tests ADN au Maroc est tributaire d'une nécessaire adaptation juridique dans le domaine de la filiation.

L'article 40 du Code algérien – ordonnance du 14 mars 2005 modifiant et complétant la loi du 9 juin 1984 – permet également au juge de « recourir aux moyens de preuves scientifiques en matière de filiation ». Il autorise l'utilisation de toutes les techniques d'examen actuelles qui vont de l'analyse du sang qui permet l'établissement de la preuve négative de paternité, au test ADN qui permet d'établir

---

13 Mohamed B. et Laila L., Franco-Marocains résidant en France, ont divorcé en février 1996. La divorcée est alors enceinte. La petite fille, A., naît en septembre 1996. La mère obtient la garde de l'enfant et une pension alimentaire. Quelques mois après la naissance, Mohamed B. conteste la filiation arguant que le bébé aurait été conçu vers le début du mois de décembre 1995. Or, affirme-t-il, il aurait quitté définitivement le domicile conjugal en novembre de cette même année et il n'aurait eu aucune relation sexuelle avec sa femme plusieurs mois avant cette date.

14 Le mariage ayant eu lieu au Maroc, le divorce aussi ; c'est le tribunal d'Al-Jadida qui devait trancher définitivement sur cette question.

la preuve positive de la paternité. Le droit algérien admet donc la recherche de la preuve biologique de la filiation. L'application de cette disposition s'avère toutefois limitée dans la mesure où l'individu a droit au respect de son intégrité physique (selon l'alinéa 1er article 34, Constitution de 1996), et peut, à ce titre, refuser une prise de sang ou un prélèvement de tissus. Seule la jurisprudence permettra de savoir comment sera commenté un tel refus. En outre, la loi ne précise pas dans quelles circonstances et à quelles conditions peut être menée une analyse biologique en vue de la confirmation ou non d'une filiation.

En définitive, comme son homologue marocain, le législateur algérien admet la preuve de la filiation par le recours aux moyens scientifiques, sans toutefois réfuter le concept de filiation légitime du Code, ne précisant pas si ce recours peut être fait en dehors de l'existence du mariage. Les mères célibataires, condamnées par la loi, reniées par la société et contraintes à l'abandon de leur enfant illégitime, sont-elles implicitement ciblées par cet article susceptible de leur donner la possibilité de poursuivre le père présumé de l'enfant né hors mariage et de le contraindre à une reconnaissance ? Si la recherche en paternité n'est pas encore expressément admise par la loi algérienne, le ministre de l'Emploi et de la Solidarité nationale, M. Ould Abbès, a confirmé lors d'un colloque organisé à l'occasion de la journée internationale de la famille en mai 2006, le recours des autorités concernées aux moyens scientifiques pour prouver l'affiliation parentale, usant même de « menaces » à l'adresse des pères biologiques qui refuseraient de prendre en charge leur progéniture, ce qui préfigure des changements à venir dans le traitement juridico-social de l'enfant illégitime.

La reconnaissance des enfants illégitimes en Tunisie

À ce jour, seul l'État tunisien a osé ce saut dans l'inconnu que représente la reconnaissance de la filiation illégitime en promulguant la loi de 1998, modifiée en 2003, relative à l'attribution d'un nom patronymique aux enfants abandonnés et de filiation inconnue (loi n° 98-75 du 28 novembre 1998 et loi n 200351 du 7 juillet 2003)[15]. Cette particularité législative donne le droit aux enfants abandonnés à une identité complète et donc à une reconnaissance facilitant leur intégration au corps social. Ces mesures visent en effet à supprimer la catégorie des enfants nés de père inconnu, sans nom, ni filiation. Les politiques publiques ont admis qu'il n'était pas dans l'intérêt de la société, voire dangereux pour elle, de créer des « parias », « incapables sociaux », « délinquants en puissance » ; l'objectif étant d'intégrer au corps social des individus jusqu'alors relégués aux marges de la société. La grande innovation de ces lois tient aux moyens scientifiques utilisés pour faciliter l'établissement du lien de paternité, la science ayant jusque-là servi à la rupture de ce lien au moyen de l'analyse de sang.

---

15 Loi n° 1998-0075 du 28 octobre 1998 relative à l'attribution d'un nom patronymique aux enfants abandonnés ou de filiation inconnue, modifiée par la loi n° 2003-0051 du 7 juillet 2003, *Journal Officiel* p. 2119.

Une femme qui accouche d'un enfant naturel à l'hôpital a le devoir de révéler l'identité du géniteur, mais elle a néanmoins le droit de refuser et de transmettre son propre nom à l'enfant. Sous ordre du procureur de la République, le père présumé est recherché et soumis à un test ADN qui, s'il s'avère positif, permet à l'enfant de bénéficier de la filiation de son géniteur sans que ce dernier n'ait à le reconnaître. Par cette loi qui fait entorse à la légitimité en admettant une filiation qui ne dépend pas du lien conjugal, la Tunisie fait figure d'exception. N'étant cependant pas intégrée au Code du statut personnel et n'ayant pas conduit à une révision des dispositions relatives à la filiation, elle pose un ensemble de questions « douloureuses », notamment celle de l'héritage, qui explique son caractère discret, confus et lacunaire, de même que l'emploi de l'euphémisme et le silence politique qui l'accompagne, la loi n'ayant fait l'objet d'aucun débat public[16].

Suite à la promulgation de la loi, l'Institut national de protection de l'enfance de Tunis a enregistré une baisse des admissions d'enfants abandonnés estimée à peu près à deux sur cinq. Ce phénomène serait lié à l'influence des belles-mères, lesquelles auraient fait pression sur leurs fils pour qu'ils épousent la jeune mère célibataire ; solution préférable à l'offense que représente une visite de la police. Méconnaissant les subtilités de la loi, elles n'imaginaient pas que le fils pouvait reconnaître l'enfant sans épouser sa mère, donner son nom à cet enfant sans pour autant devenir son véritable père. Par la suite, la parade de certains hommes fut d'arguer qu'au regard de la Constitution, l'État n'avait pas le droit de faire subir de mauvais traitements aux personnes. Désormais, pour le juge, un homme qui refuse un test ADN est présumé être le père de l'enfant et doit, s'il ne l'est pas, faire lui-même la preuve du contraire.

Aujourd'hui, nous pouvons encore difficilement évaluer la portée de ces lois qui tendent à responsabiliser les pères. Tout enfant a désormais droit à une identité complète, réelle ou fictive (effet de la loi 2003), mais cette procédure de recherche et d'attribution d'un nom peut s'échelonner sur six à douze mois. Le premier effet visible de la loi est donc le rallongement du temps de vie des enfants abandonnés en institution[17], ce qui n'est pas sans conséquence pour leur développement psychomoteur et ce qui limite, par ailleurs, considérablement leur possibilité d'être adopté. Le deuxième effet visible est le taux de reprise par la mère de naissance. Depuis 1998, près d'un tiers d'entre elles gardent l'enfant qu'elles envisageaient d'abandonner.

Les mères célibataires ont en outre la possibilité de demander une « aide à l'éducation » ou « allocation familiale » pour l'enfant, une pension alimentaire qui

---

16 Mezghani, 2005.

17 Avant la loi de 1998, les enfants adoptables étaient âgés de près de trois mois. Désormais, ils ont plus de six mois, voire plus d'un an. Pour prétendre à un enfant jeune, il doit être trouvé ou né d'un inceste ; dans ce cas, même si on connaît l'identité du père, on attribue une identité fictive à l'enfant.

sera versée par le géniteur après que le juge ait statué. Aux yeux de la société, ces enfants naturels, issus du « désordre » ou *zinâ*[18], seront considérés comme des enfants de divorcés, tandis que le statut déshonorant de mère célibataire évoluera, de par cette pension auxquelles elles ont désormais droit. Cette loi prévient donc à la fois l'exclusion de la mère célibataire par sa famille et l'abandon de son enfant pour cause d'illégitimité.

La composante biologique de la filiation

Les techniques autorisées de procréations médicalement assistées

Au Maghreb, seule l'union matrimoniale permet de reconnaître les fruits issus de la procréation sexuelle. Mais la filiation légitime repose également sur le lien biologique, réel ou présumé, comme le confirme l'adage « l'enfant du lit ou de la couche », métaphore des relations sexuelles, et comme en témoignent les règles précises encadrant les procréations médicalement assistées. Depuis la promulgation de l'ordonnance du 27 février 2005 venue apportée des modifications au Code algérien de la famille, l'insémination artificielle, jusqu'alors régie par la loi sur la protection et la promotion de la santé, par le Code de déontologie médicale et le droit religieux, est désormais prise en charge par le législateur[19]. Si les couples confrontés à des difficultés de procréation peuvent solliciter l'assistance médicale, la technique a toutefois pour seul but de pallier la stérilité d'un couple légitimement uni par le mariage. Le sperme est conçu en islam comme « le principe vital de descendance », tenant un rôle de création durant les phases de conception, de gestation et de lactation (le lait est indirectement déterminé par le sperme) ; l'enfant est, autrement dit, « le produit du sperme de son père », il appartient à son groupe de filiation patrilinéaire[20]. Dès lors, dans le cadre des procréations médicalement assistées, partant du principe que le sperme est le véhicule de la filiation, seul le liquide séminal de l'époux peut être utilisé pour féconder l'ovule de l'épouse ; il n'existe par ailleurs aucune banque de sperme en Algérie et au Maroc. Si un enfant était conçu par l'intermédiaire d'un don de semence, il serait assurément considéré comme illégitime, ce cadre s'apparentant à celui de l'adultère[21].

---

18 Il y a *zinâ* lorsque les règles du mariage ne sont pas respectées et que les interdits matrimoniaux ont été enfreints.

19 Mahieddin, 2007, 127.

20 Fortier, 2001, 102-116 ; 2007, 29.

21 Fortier, 2007, 29-31.

L'interdit de l'adoption au Maroc et en Algérie

Le juridique seul ne suffit donc pas à établir la filiation. L'interdiction de l'adoption confirme cette impossibilité de construire la parenté sur un fondement strictement juridique. Les Codes marocain et algérien de la famille prohibent en effet la filiation adoptive. Selon l'article 149 de la Partie II du Livre III de la *Mudawwana* actuelle, qui reprend mot pour mot[22] l'article 83, alinéa 3 du *Dahir* ou décret royal marocain du 18 décembre 1957 : « L'adoption n'a aucune valeur juridique et n'entraîne aucun des effets de la filiation »[23]. L'article 46 du Code algérien dispose formellement que « l'adoption (*tabanni*) est interdite par la *chari'a* et la Loi ». Les nouveaux amendements n'ont apporté aucune modification en ce domaine.

La famille au Maghreb est fondée sur les liens procréatifs et la légitimité résultant du mariage. Elle est le fruit d'une union matrimoniale, entre un homme et une femme, dans le cadre de laquelle naissent des enfants, préférentiellement de sexe masculin, qui assurent la continuité du patrilignage. C'est par la filiation légitime que se perpétuent les rapports sociaux, c'est encore par elle que les individus peuvent confirmer leur appartenance à la collectivité, c'est-à-dire à la communauté des croyants ou *umma'*.

Dès lors que le lien filial repose sur la nécessaire coïncidence du biologique et du juridique, la fiction de l'adoption, en tant qu'acte juridique établissant entre l'adopté et l'adoptant des relations de droit analogues à celles qui résultent de rapports de descendance, transgresse cette vision. L'interdit vise à prévenir la menace d'une pratique adoptive qui concurrencerait le mariage dans la conception et la légitimation du groupe de parenté et entend confirmer la primauté des droits des « consanguins ». Autrement dit, l'interdiction de l'adoption peut s'interpréter comme un moyen de défendre les liens de descendance et d'engendrement, comme une façon de protéger un certain modèle familial, et, par extension, la société tout entière, la famille étant l'élément de structuration de la société.

Notons que l'interdit est aussi religieux. La pratique adoptive était une affaire courante en Arabie avant que les préceptes du Coran ne la réglementent[24]. Un homme adoptait un fils destiné à porter son nom et à lui succéder. Le Prophète

---

22 Les termes de l'article 83 du Code du statut personnel et des successions (*Mudawwana*) ont été strictement repris lors de la rédaction du Code de la famille de 2004, qui ne connaît donc aucune évolution sur ce point.

23 En revanche, certaines dispositions s'en rapprochent : il existe les mesures d'adoption dite de « gratification » ou testamentaire. Elles n'établissent pas de lien de filiation mais par le moyen du *tanzîl*, une institution d'héritier, l'adoption de gratification permet de favoriser un enfant recueilli par une personne qui le traite comme son fils. L'enfant est placé au rang d'héritier du premier degré, mais il ne peut bénéficier de l'héritage de son adoptant que dans la limite prévue par le testament. Cette institution est considérée comme un legs qui ne dépasse le tiers de la masse successorale qu'avec le consentement des héritiers légaux.

24 Pesle, 1919.

de l'islam, peu avant la Révélation, a également usé de cette mesure de stratégie familiale, en adoptant un fils nommé Zayd. Mais, alors que la société de l'époque (VIIe siècle) est en proie aux changements sous l'impulsion d'aspirations « modernes », l'organisation de la famille est revisitée par le Prophète[25]. Trois versets de la sourate XXXIII sont réservés à la parenté élective et remettent en question l'adoption, lorsqu'elle établit des liens équivalents à ceux de la filiation. On retient du verset 4 que : « [...] Dieu ne loge pas deux cœurs au-dedans de l'homme ; non plus qu'Il ne fait vos fils de ceux que vous adoptez [...] »[26]. Le verset 5 pointe du doigt l'erreur de ceux qui autrefois changeaient le nom de l'adopté (voir *infra*). Quant au verset 37, il fait référence à un épisode de la vie du Prophète et l'autorise à épouser la femme de son fils adoptif : « [...] Aussi quand Zayd eut cessé les rapports avec elle, Nous te la fîmes épouser, de sorte qu'il n'y ait pas de gêne pour les croyants quant aux épouses de leurs fils adoptifs une fois que ces derniers ont cessé les rapports avec elle »[27]. En dépit d'interprétations divergentes, l'adoption fut dès lors supprimée, et reléguée au rang des interdits.

La reconnaissance de la filiation adoptive en Tunisie

La prohibition juridique de l'adoption se retrouve dans la plupart des pays musulmans[28], à quelques exceptions près, puisque l'Indonésie et la Turquie, la Somalie et le Liban, tout comme la Tunisie ont légalisé cette pratique. Au regard du droit islamique classique, l'adoption tunisienne s'entend là encore comme une innovation complète. Elle crée un véritable lien de filiation entre adoptant et adopté qui ont l'un vis-à-vis de l'autre les droits et les devoirs réciproques de parents et d'enfants légitimes[29]. Comme au Maroc et en Algérie, le droit tunisien défend une même conception de la famille dont la fondation et l'accroissement ne sont possibles qu'à la condition de découler de liens procréatifs issus d'un mariage légitime. La légalisation de l'adoption en Tunisie témoigne cependant d'une volonté de privilégier des valeurs et des intérêts autres, dans la prise en compte de nouvelles réalités sociales. En premier lieu, le Code du statut personnel tunisien, promulgué le 13 août 1956, s'inscrit dans un contexte historique et politique particulier. Au lendemain de l'indépendance, Habib Bourguiba[30] réforme en profondeur l'État, le droit et les institutions de la société, entendant assurer son

---

25 Conte, 1991, 74 ; Tillion, 1966, 170 ; Pesle, 1919, 26.

26 Berque, 1990, 447.

27 Berque, 1990, 451-552.

28 L'Afghanistan, l'Arabie-Saoudite, le Bahreïn, le Bangladesh, Brunei, l'Égypte, les Émirats arabes unis, l'Irak, l'Iran, la Jordanie, le Koweït, la Mauritanie, l'Oman, le Pakistan, Qatar, la Syrie, le Yémen.

29 Pruvost, 1977, 1996, Bel Haj Hamouda, 1996.

30 Notons que Bourguiba, qui est volontairement l'auteur de cette loi, a été avocat en France et fût donc fortement influencé par le droit français des années trente. Il fut en outre père d'une fille par adoption, adoption qu'il a par ailleurs révoquée, enfreignant ainsi la loi, vingt-cinq ans plus tard.

accès à la modernité et notamment révolutionner le statut des femmes tunisiennes, en s'autorisant les méthodes de l'« interprétation réflexive » ou *ijtihâd*[31]. La loi sur l'adoption est le fruit de cette politique moderniste et de cet effort d'adaptation par le raisonnement des prescriptions des textes sacrés et de la législation aux besoins modernes de la société.

En effet, l'État s'est retrouvé confronté dès les premières années de son indépendance au problème de l'enfance sans famille qui est le résultat de profondes mutations socio-économiques. Cette nouvelle réalité sociale nécessitait, dans l'intérêt général, un nouveau cadre juridique. Face à l'existence des enfants orphelins et abandonnés, l'État est intervenu pour organiser une prise en charge et leur assurer, soit une famille de substitution par le biais de l'adoption, soit un foyer d'accueil par la tutelle officieuse ou *kafâla*. Par cette loi[32], la primauté fut donnée à la protection de l'enfance sans famille, quitte à transgresser cette vision de la famille « consanguine » fondée par le mariage, que le Maroc et l'Algérie entendent défendre en prohibant l'adoption. Notons que cette règle prohibitive a néanmoins toujours été subtilement contournée par des familles soucieuses d'avoir un enfant. En Algérie et au Maroc, en dépit de l'interdiction, des pratiques sociales proches de l'adoption existaient sous deux formes principales : le don traditionnel intrafamilial d'enfant et les adoptions pleines et officieuses (« supposition » et « substitution » d'enfant[33]).

Enfance illégitime et abandon

De la sexualité hors mariage à l'enfance abandonnée

La Tunisie n'est en outre pas le seul pays d'Afrique du Nord à avoir été confronté au problème des enfants illégitimes et abandonnés. Depuis plusieurs dizaines d'années, les pays du Maghreb sont l'objet de transformations sociales et économiques qui dépassent largement les cadres nationaux. Ces processus, décrits plus généralement comme un phénomène de mondialisation, ont conduit à l'émergence de nouvelles configurations familiales, affectant à la fois les structures et les relations au sein de la famille. Sont également apparus de nouveaux rapports

---

31 L'*ijtihâd*, que l'on peut traduire par la « production d'un effort rationnel », qualifie « l'action de tendre toutes les forces de son esprit jusqu'à leur extrême limite afin de pénétrer le sens intime de la *Shari'ah* pour en déduire une règle conjecturale applicable au cas concret à résoudre ». Ce terme sous-entend l'idée d'un raisonnement humain qui n'est toutefois pas destiné à créer des normes. Il renvoie à des décisions juridiques prises sans support textuel et rendues par sentiment de justice. Il s'agit pour le juriste de procéder par analogie, d'examiner la raison de la loi religieuse, de préférer une norme à une autre ou de combler des lacunes, en tenant compte de l'intérêt général, Aldeeb Abu-Sahlieh, 2006.

32 Articles des sections I, II et III de la loi n° 58-27 du 4 mars 1958 relative à la tutelle publique, à la tutelle officieuse et à l'adoption.

33 Il y a supposition d'enfant lorsqu'une femme prétend qu'elle a accouché sans que ce soit la vérité. La substitution consiste en une manipulation de l'identité d'un enfant, à qui l'on attribue celle d'un autre, mis au monde par une autre femme

de genre, le développement de nouvelles pratiques sexuelles et matrimoniales. On a vu aussi émerger de nouvelles catégories de populations, notamment féminines, lesquelles posent la délicate question du célibat féminin, de la sexualité « hors mariage » et du statut de la mère célibataire.

Il y a encore plus de vingt ans, tout était mis en œuvre pour rendre impossible l'existence des mères célibataires. Comme l'expose Farida Chabib Zidani, la société mariait les filles à un âge précoce, expédiait les divorces, remariait hâtivement les femmes veuves ou divorcées, tolérait les mariages polygames, si bien qu'il était « exceptionnel de trouver entre la puberté et la ménopause une femme célibataire, veuve, divorcée, donc sans mari »[34]. Or dans ce contexte de mutations et de crise socio-économique, de nombreux changements affectent la vie familiale. On constate par exemple un net recul de l'âge du mariage. Le Maghreb est actuellement la région d'Afrique où il est le plus tardif. Ce phénomène accélère en outre une baisse de la fécondité caractéristique de l'ensemble du Maghreb depuis plus de vingt ans. Avec une proportion considérable de jeunes célibataires, on aboutit à des situations où les normes sociales sont de plus en plus défiées, notamment en milieu urbain. Bien que le tabou de la virginité avant le mariage soit très tenace, beaucoup de jeunes n'attendent plus l'union civile et religieuse pour expérimenter des relations sexuelles, sachant que beaucoup sont peu ou pas informés des conséquences[35], et qu'ils n'ont pas aisément accès aux méthodes contraceptives. Dès lors la maternité célibataire connaît au Maroc et en Algérie depuis plus de trente ans une croissance exceptionnelle, dont le corollaire est l'abandon d'enfants pour cause d'illégitimité.

Le renoncement par abandon demeure, avec l'infanticide, l'une des seules alternatives lorsqu'une femme, qui n'a pas eu accès à la contraception et dans des pays qui condamnent le recours à l'avortement, met à terme une grossesse hors mariage. Auparavant et jusque dans les années 1970, face au cas exceptionnel de maternité « interdite », on usait de croyances licites légitimantes tels que « l'enfant endormi »[36]. S'il advenait qu'une femme mariée soit enceinte alors que le mari était absent depuis plus de neuf mois, la tradition confortée par certains juges locaux ou cadis, permettait le recours à cette croyance, admise par les différentes écoles juridiques[37]. Ce subterfuge licite, qui joue des incertitudes du temps de la grossesse, agréait la concession de paternité à des maris absents ou décédés. Il

---

34 Chabib Zidani, 1992, 57.

35 De nombreux praticiens, gynécologues, obstétriciens et travailleurs sociaux algériens évoquent un nombre conséquent de jeunes filles qui tombent enceintes tout en demeurant vierges. L'interdit de la sexualité prénuptiale s'est en effet focalisé sur la pénétration vaginale. Les jeunes gens respectent cet interdit et expérimentent une vie sexuelle qui exclut la pénétration, n'imaginant pas que ces rapports sexuels superficiels puissent être féconds.

36 Colin, 1998 ; Fortier, 2001.

37 La durée maximale de grossesse fut établie à deux ans pour les hanafites, quatre ans pour les chaféites et les hanbalites, et de quatre à cinq ans pour les malékites.

permettait aux femmes de choisir le père de leurs enfants et pouvait conduire une lignée paternelle à reconnaître le fruit d'une relation illégitime. Cette mesure de tolérance a toutefois perdu de son efficacité au cours des années 1980 pour laisser place à davantage de rigorisme et de brutalité. Le délai maximal de grossesse fut réformé. Les Codes algérien, marocain et tunisien le fixent désormais à dix mois. Une femme célibataire enceinte d'un « fœtus de la honte » n'a bien souvent d'autre choix que de renoncer à cet enfant. L'abandon dans le secret se présente comme un moyen d'effacer le fruit de la transgression, d'éviter l'opprobre que suscite les grossesses hors mariage, d'échapper aux foudres de l'entourage et à l'exclusion familiale, d'espérer avoir un avenir décent en tant que femme, soit se marier et devenir mère légitimement.

Un phénomène non quantifié et non quantifiable

Au même titre que le suicide, l'enfance illégitime, « dans les pays arabo-musulmans, berbères et africains en général est frappée d'un tabou multidimentionnel (éthique, politique, théologique), assourdissant et aveuglant », c'est pourquoi « les sources statistiques ne peuvent être fiables »[38]. Actuellement en Algérie, les naissances d'enfants illégitimes avoisineraient les 5 000 à l'échelle du pays[39] (sur 800 000 naissances annuelles). Le ministère de l'Emploi et de la Solidarité nationale estime par ailleurs à près de 3 000 par an le nombre d'enfants abandonnés à la naissance, un chiffre demeuré étonnamment stable depuis sept décennies. Toutefois, le taux de natalité étant décroissant, si le pourcentage des abandons fait preuve de constance c'est que les naissances illégitimes croissent. L'ensemble des enfants abandonnés ne passe en outre pas systématiquement par le circuit officiel et tout laisse à penser que le « chiffre noir », englobant notamment les arrangements officieux entre un couple et une mère célibataire (supposition d'enfant, fraude à l'état civil), est considérable.

En Tunisie, l'Office national de la famille et de la population avance le chiffre de 1 660 cas par an, ce qui représente moins de 1% des naissances totales. À l'instar de ses voisins, le Maroc ne dispose pas de statistiques fiables en la matière ; il n'existe par ailleurs aucun relevé officiel[40]. Comme le souligne Mustapha Nasraoui à propos de la Tunisie : « Les institutions officielles se sentiraient gênées, mal à l'aise dans une opération de recensement d'un phénomène considéré comme scandaleux, traduisant plutôt la débauche et la dégradation des mœurs »[41].

---

38 Chachoua, 2008, 387.

39 Rapport final du Centre national d'études et d'analyses pour la population et le développement, 2001, *Les enfants abandonnés pour cause de célibat maternel et les mères célibataires,* Alger.

40 Faute de statistiques élaborées, nous ne pouvons nous référer qu'à des indicateurs et nous en remettre aux quelques données récoltées par les ONG, les associations et institutions publiques.

41 Nasraoui, 1990, 139.

Encadrement de la maternité célibataire et de l'enfance abandonnée

Abandon secret et adoption sous l'Algérie colonisée

Selon l'*Annuaire statistique algérien*[42], on dénombrait en 1936 sur tout le territoire 1 397 naissances illégitimes, dites « indigènes »[43]. Sur l'Algérie entière, de 1939 à 1947, les naissances illégitimes, dites « musulmanes », passent de 1 410 à 4 249[44]. En 1952, elles avoisinent soudainement les 5 000 (4 945 sur 334 873 légitimes). Avant la parution du Code de la santé publique en 1976, qui a abrogé la législation française applicable jusqu'alors, l'assistance publique était régie par le décret du 6 mars 1907[45] qui permettait l'application en Algérie de la loi du 27 juin 1904, laquelle organisait en France l'assistance aux enfants en détresse. Dès 1943, alors que les abandons d'enfants se multiplient, un projet de décret portant sur l'extension en l'Algérie de la réglementation européenne en matière d'aide sociale à l'enfance se prépare[46]. Une lettre datée du 29 octobre 1958, rédigée par le général d'armée Salan à l'adresse du président du Conseil[47], rappelle qu'en Algérie, habituellement, « les abandons d'enfants sont plus rares qu'en France, mais les évènements des quatre dernières années ont replongé maintes populations dans l'ambiance d'une ère médiévale : disparition prématurée des chefs de famille, inquiétudes, instabilités ».

De ce constat, et attendu que l'abandon devient un phénomène préoccupant, les autorités françaises décident d'aménager des maisons maternelles et des foyers d'accueil des pupilles, ainsi que d'organiser, comme en France depuis 1941, l'accouchement confidentiel, plus communément appelé accouchement « sous X ». Les femmes algériennes ont depuis cette date la possibilité d'accoucher sous la protection du secret dans les hôpitaux. Parmi ces nourrissons nés « sous X », certains sont adoptés illégalement avec la complicité du personnel paramédical. Quant à ceux qui restent à l'hôpital, plus de la moitié décèdent lors de la première année. Quelques rares autres sont adoptés légalement par légitimation adoptive. Notons que l'accouchement « sous X », qui met sous scellé la filiation d'origine,

42 Archives consultées en février 2006 à Alger. L'annuaire statistique de l'Algérie nous informe sur les naissances légitimes et illégitimes ainsi que sur l'assistance aux enfants privés de famille (admissions, placements) de 1926 à 1960.

43 Est qualifié d'« indigène » le naturel ou le natif du pays. En contexte colonial, le sénatus-consulte du 14 juillet 1865 a réuni sous le même vocable d'« indigène » juifs et musulmans. En droit colonial, il désigne la situation juridique imposée aux colonisés sous la médiation d'un Code qui assure d'une césure entre l'État colonisateur et la population vivant sur le territoire annexé.

44 Notons que ces 4 249 naissances illégitimes se comptent aux côtés de 326 552 légitimes et représentent donc un petit pourcentage de 1,3 % de naissances illégitimes « officielles ».

45 Le décret dégage la procédure à suivre en cas d'abandon. Il est complété par l'art. 58 du Code civil sur les enfants trouvés.

46 Projet de décret consultable aux Archives d'Outre-mer d'Aix-en-Provence.

47 Lettre consultable aux Archives d'Outre-mer d'Aix-en-Provence.

est une institution complémentaire avec la légitimation adoptive (1939) ou l'adoption plénière (1966).

Abandons massifs d'enfants et interdit de l'adoption après l'indépendance

Au lendemain de l'indépendance, le droit algérien emprunte les techniques juridiques françaises. Le législateur algérien reconduit la législation en vigueur avant 1962, sauf dans ses dispositions contraires à la souveraineté. L'adoption est ignorée mais, selon Nadia Younsi Haddad, ni la législation, ni la jurisprudence ne porte atteinte aux situations acquises auparavant[48]. Les adoptions prononcées antérieurement ne sont pas remises en cause, afin que les familles qui en ont bénéficiées préservent leur tranquillité. La légitimation adoptive est encore pratiquement en vigueur en 1966 quand une circulaire administrative est adressée aux mairies pour ordonner de faire valoir la loi islamique[49]. Toutefois, de 1966 à 1984, les contrats de placement des enfants abandonnés stipulent encore la mention : « placé en vue d'adoption », et comportent la mention sans réserve selon laquelle : « l'adoption définitive sera réalisée dès la parution du Code de la Famille »[50]. Mettant un terme à de nombreuses années d'incertitudes : peut-on ou non adopter ?, le Code de 1984 confirmera l'interdiction de l'adoption, malgré la croissance des naissances illégitimes anonymes.

Les statistiques nationales algériennes indiquent qu'en 1960, 3 106 pupilles – soit des enfants trouvés, abandonnés ou orphelins – ont été placés dans les seules villes d'Alger, d'Oran et de Constantine. La juriste Nadia Aït Zaï annonce 6 000 enfants abandonnés sur tout le territoire en 1969, et 6 706 l'année suivante[51]. En 1972, la ville d'Alger accueille à elle seule 1 300 enfants abandonnés[52]. En seize ans, de 1964 à 1979, le nombre d'enfants abandonnés sur Alger est multiplié par quinze[53]. Selon Badra Moutassem-Mimouni, le nombre général d'enfants assistés en Algérie est estimé à 20 000 en 1989[54].

Leur prise en charge se résume à quelques initiatives de chefs de services de maternité, lesquels utilisaient au bénéfice de ces enfants des « queues de budget », pris sur des crédits réservés à des services tel que le nettoyage. Ne disposant d'aucun budget spécifique pour s'occuper de ces enfants, les maternités les transfèrent vers les dix pouponnières nationales existantes. Les moyens tant

48 Younsi Haddad, 1999, 10.

49 Aït Zaï, 1988, 30.

50 Aït Zaï, 1996, 96.

51 Aït Zaï, 1988, 2.

52 Ce chiffre est peu significatif car Alger recevait les mères célibataires de l'ensemble des autres villes.

53 Á la fin de l'année 1980 le nombre d'abandons d'enfants par jour à Alger est estimé entre 40 et 50. Zemmour-Khorsi, 1994, 363.

54 Moustasem-Mimouni, 2001, 107 ; 33.

matériels qu'humains manquent. Le personnel, insuffisant, jeune et inexpérimenté, se montre en outre hostile à s'occuper des « enfants du désordre » ; un constat qui peut être fait tant en Algérie, au Maroc qu'en Tunisie. En quelques mois de vie en institution, ils deviennent sujets à de graves troubles psychologiques et psychomoteurs[55]. Les pouponnières enregistrent des taux de décès records, que l'on justifie par l'idée de « carence affective ». En douze ans, de 1977 à 1988, la pouponnière d'Oran accueille 1 966 enfants dont 1 084 meurent (55%) : « Si ce taux n'atteint que 25% (ce qui est déjà énorme) en 1977, il va doubler en 1983 (53,5%) », atteindre les 78% en 1984 et rester « en progression constante pour atteindre près de 80% en 1986 »[56]. Dans les préfectures ou *wilâya* de l'intérieur, les chiffres sont tout autant « spectaculaires et angoissants »[57]. Les survivants sont maintenus dans leur lit toute la journée, « et c'est un miracle qu'il y en ait qui arrivent à survivre dans de pareilles conditions », souligne Badra Moutassem-Mimouni à leur propos.

L'accouchement confidentiel en Algérie

Actuellement, l'accouchement « sous X » est toujours en vigueur en Algérie sous la forme d'« une pratique » ou d'une « tolérance ». En 1976, le législateur algérien produit un système juridique qui organise l'abandon de l'enfant et sa prise en charge par des institutions étatiques, selon les articles 243-247 du Code de la santé publique. Bien qu'abrogé en 1985, le Code de la santé publique de 1976 demeure la seule source de référence réglementaire en matière d'abandon à la naissance, pour compenser le vide juridique qui s'est instauré[58]. Les mères célibataires bénéficient de dispositions leur permettant d'accoucher dans le secret, en d'autres termes, d'être accueillies en centre hospitalier dans des conditions sanitaires convenables. En pratique, les services de la protection sociale se réfèrent à l'ancien Code abrogé. Les travailleuses sociales le verbalisent en terme de « tradition ». L'accouchement « sous X » est donc organisé en Algérie bien qu'il n'existe pas de législation sanitaire en la matière.

Afin de se soustraire au risque d'être identifiées, les parturientes célibataires accouchent dans l'hôpital d'un département autre que celui dont elles sont originaires. Leur état civil, ainsi que leur dernière adresse sont consignés dans un dossier tenu secret. Personne, pas même l'enfant, n'a accès à ce dossier. Il est pour cela erroné de penser que le secret sur les origines est une particularité française. Les États arabo-musulmans font partie des pays où il est le mieux préservé. Et si,

---

55 Moutassem-Mimouni, 2001, 102.

56 Zemmour-Khorsi, 1994, 364. Moutassem-Mimouni, 2001, 109.

57 Dans la *wilâya* de Tiaret, 54 enfants abandonnés et 46 décès en 1986 ; 102 enfants abandonnés et 56 décès en 1988 (Boucepci, 1990, 983-984).

58 Depuis l'abrogation du Code de la santé publique, la loi sanitaire a disparu mais l'état civil et le ministère de l'Intérieur reconnaissent l'accouchement « sous X ».

en France, il se lève péniblement, au Maroc et en Algérie l'opinion publique oppose encore de vives résistances à cette levée du secret, lequel protège le géniteur, mais aussi la mère, son groupe familial et les filles de ce groupe, qui ont été discrédité(e)s par l'attitude d'une des leurs.

L'abandon au Maroc : répression, évasion et exposition

Au Maroc, antérieurement aux années 1980, l'abandon était toléré par certaines maternités, notamment celle de Rabat et d'Agadir. Après l'accouchement, les mères révélaient leur intention d'abandonner leur enfant à l'assistante sociale et signaient sur place un acte d'abandon. À cette époque, les arrangements officieux entre un couple et une mère célibataire étaient courants. Un consensus général laissait libre court à ces initiatives. En 1978, puis en 1983, le Secrétaire général du gouvernement transmet une circulaire aux établissements hospitaliers, aux services de l'aide sociale et de l'état civil. Les autorités entendent limiter les adoptions pleines et officieuses, contrôler tant l'abandon que le placement des enfants. Toute parturiente doit être identifiée avant son admission, les assistantes sociales sont sommées de déclarer les naissances illégitimes vouées à l'abandon, et toutes les mères célibataires doivent être présentées devant la loi. Certains centres hospitaliers respectent la règle et sont de fait soigneusement évités par les parturientes.

Une enquête a été menée en 1990 par la Ligue marocaine pour la protection de l'enfance. Elle est fondée sur 115 cas de mères célibataires. Rabat constitue le centre qui a fourni le plus grand nombre de femmes enquêtées, soit 42,6% contre 1,7% à Casablanca. La même année, le Centre pour enfants abandonnés de Rabat admet 320 enfants, contre 106 pour celui de Casablanca. Une assistante sociale de Rabat, en guise d'explication, admet que les maternités de cette ville ont pris le parti de « régler les problèmes socialement ». Les femmes seules sont reçues sans intention de dénonciation. L'information a parfaitement circulé : les femmes se déplacent et viennent de très loin pour régler leurs problèmes d'enfant à Rabat.

En revanche, toutes les maternités exigent une déposition systématique d'identité de la mère[59] et n'ont en outre plus la possibilité d'admettre l'abandon de l'enfant qui devient une pratique réglementée, une procédure que seule la police peut conduire jusqu'au juge. Dans ce cadre, une mère qui avoue à l'assistante sociale son projet d'abandon d'enfant contraint cette dernière à engager une procédure auprès du juge des mineurs, chargé de statuer sur le sort de l'enfant. Dès que l'acte d'abandon est signé en présence de la police, il est enregistré au tribunal, et l'enfant est officiellement déclaré abandonné. Si l'enfant est relativement protégé, sa mère encourt une peine de prison. En théorie, toutes les femmes célibataires qui accouchent à la maternité sont signalées à la police. On établit un

---

59 En général, les femmes remettent un nom de père et une adresse qui se révèlent erronés lorsque la police enquête. Elles peuvent également donner la carte nationale d'une sœur ou d'une cousine, ou prétexter avoir oublié leurs papiers. Les femmes sont souvent admises en urgence à la maternité, au seuil de la phase expulsive de l'accouchement.

constat de prostitution, l'enfant constituant la preuve vivante du délit. Ce constat est transmis au palais de justice où la femme sera jugée pour débauche. Il n'est toutefois pas exclu que certains juges fassent désormais preuve de clémence[60].

Les femmes marocaines enceintes d'un enfant illégitime accouchent généralement très loin de leur lieu de résidence. Elles choisissent un établissement qui admet et ne dénonce pas les femmes seules. Elles accouchent de façon naturelle, souvent dans la douleur. Pour ne pas éveiller de soupçons, elles allaitent leur enfant à moins qu'elles ne prétendent devoir reprendre hâtivement le travail. En l'espace de quelques heures, elles disparaissent, prétextant qu'elles se rendent aux toilettes, qu'elles raccompagnent une visite à la sortie, ou qu'elles vont chercher leurs papiers d'identité, délaissant l'enfant sur le lit. On les appelle les « évadées » et on les recherche activement[61].

Par ailleurs, depuis les années 1980, un phénomène tend à se banaliser au Maroc, il s'agit de l'exposition de nourrissons dans les espaces publics ; dans une moindre mesure l'Algérie et la Tunisie sont aussi concernés. Après une délivrance sauvage dans la rue, un jardin, ou des sanitaires, le nouveau-né est laissé dans un lieu où il a peu de chance de survivre : sous une voiture, parmi les ordures, dans un terrain vague peu fréquenté, près d'un réseau ferré, camouflé dans les recoins d'un trottoir ou d'une rue. Il s'agit bien souvent d'un infanticide indirect puisque l'exposition se solde par une mort quasi-certaine.

Le phénomène est préoccupant si l'on examine le nombre d'expositions dans des lieux dangereux. À Rabat, plus de la moitié des enfants recueillis ont été trouvés dans la rue (52%). Ils sont souvent malades ou handicapés et décèdent à l'orphelinat. De 1990 à 2001, la structure d'accueil de cette même ville dénombre ainsi plus de 700 décès sur près de 2 627 admissions, soit un taux de 27%, qui atteint certaines années les 40%. Dans le meilleur des cas, l'enfant peut être déposé devant la porte d'une femme connue pour sa stérilité, au seuil d'une mosquée ou d'un *hammam*, près d'un endroit très fréquenté (gare, souk) ou d'une villa luxueuse. Les abandons dits « tardifs », qui ont lieu plusieurs jours ou plusieurs mois après la naissance, sur la voie publique ou bien dans un hôpital d'enfants, à la suite d'une hospitalisation prolongée, sont plus rares que les abandons précoces. Les mères célibataires doivent se débarrasser le plus rapidement possible de celui qui incarne la faute sexuelle qu'elles ont commise, pour recouvrer tout aussi vite

---

60 Renseignements obtenus auprès d'un jeune avocat proche de l'association marocaine « Solidarité Féminine » et d'une femme célibataire (divorcée), adoptante en *kafâla* et professeur de droit à l'Université de Casablanca.

61 Dès la découverte du « délit », l'assistante sociale de la maternité appelle la police qui se déplace pour faire un constat d'abandon consistant à prendre des photographies et des renseignements. Ensuite la protection civile fait un constat commun à la police et à la maternité, et réalise le transfert de l'enfant vers une institution. D'après les données recueillies à la petite maternité des Orangers de Rabat et au centre hospitalier de Souissi de la même ville, les évasions constituent un à deux cas par mois, et sont l'œuvre de femmes qui viennent généralement de localités lointaines (Salé, Marrakech, Kénitra).

une vie sociale acceptée. D'après une étude réalisée à Rabat, 83% des enfants abandonnés le seraient avant l'âge de trois mois, dont 61% dès la naissance[62].

La *kafâla* en faveur de l'enfant abandonné et illégitime

La kafâla *algérienne dans le Code de la famille de 1984*

Au cours des années 1970, sur le plan intellectuel, une prise de conscience est engagée en Algérie. En 1972 a lieu, sous la diligence du Centre international de l'enfance et du ministère de la Santé publique, un colloque sur « les enfants privés de famille au Maghreb ». On parle pour la première fois de méthodes de prise en charge, tendant à faire accepter l'idée d'un encadrement juridique spécifique. Le législateur algérien, confronté au phénomène d'abandons massifs d'enfants illégitimes, se voit contraint d'admettre l'existence de cette situation et d'élaborer une solution juridico-sociale qui ne remette toutefois pas en cause le système social existant. Il est impensable, au sein d'une collectivité qui nourrit l'image d'une société ordonnée, conforme à certains principes musulmans, d'accorder une quelconque forme de légitimité tant à la mère célibataire qu'à l'enfant naturel.

Le législateur a donc dû faire preuve de subtilité, emprunter des chemins détournés et en premier lieu user de l'euphémisme pour ne jamais nommer, dans aucun texte, ces catégories sociales « illégitimes ». La morale est sauve lorsque l'enfant illégitime, sans nom ni filiation, est évoqué par les expressions « enfant abandonné » et « enfant assisté », à travers lesquelles la responsabilité sociale est induite. Il peut aussi être nommé : « enfant privé de famille », « enfant sans soutien familial », expressions qui admettent la notion d'injustice et qui appellent une réparation.

Contourner « l'ordre du sacré », c'est aussi confiner ces catégories sous la « rubrique des maux sociaux » et avoir recours « au cadre du médical et du pathologique » pour les traiter[63]. La filiation hors mariage sera d'abord traitée dans le Code de la santé publique de 1976. Un chapitre réparti en quatre sections prévoit notamment des mesures de protection des mères célibataires, esquisse d'une reconnaissance officielle de leur existence[64], et apporte quelques éléments de protection à l'enfant, autorisant la recherche de paternité et posant les premiers jalons d'une procédure de placement nommée *kafâla*. Le droit l'emporte donc sur la pression sociale et religieuse.

Mais les conservateurs manifesteront de telles oppositions que ces mesures ne seront jamais appliquées. Une loi sur la protection de la santé abrogera en 1985 les dispositions de 1976 relatives aux mères célibataires, pour finalement revenir

62 Iraqi, 2002, 137.

63 Saadi, 1991, 63.

64 Aide matérielle allouée à la mère célibataire en prévention de l'abandon, possibilité d'accoucher anonymement, admission précoce à l'hôpital, déclaration des enfants assistés, immatriculation, tutelle, foyer d'accueil et placement familial administratif.

au concept de famille légitime du Code. En février 1986, à la demande de l'État, la Commission économique et sociale du Comité central rend un rapport intitulé *Enfance abandonnée, une réalité explosive*, dressant le bilan alarmant des vingt-quatre dernières années de gestion des enfants abandonnés. Le 4 février 1984, l'agrément n°103 de la *wilâya* d'Alger légalise la création de l'Association d'aide aux enfants et familles d'accueil bénévoles. Les objectifs visés renouent avec ceux du Code de 1976 et l'association s'attelle à solutionner nombre de problématiques sociales et juridiques. Elle pallie notamment le manque d'infrastructures et crée en 1987 la pouponnière *Janna al-Khayr* ou « Le paradis du bonheur » à Hadjout (ville située à 75 km à l'ouest d'Alger). Deux ans plus tard, elle fait construire la pouponnière *Âmal* ou « L'espoir » à Palm Beach (station balnéaire située à 20 km à l'ouest d'Alger), la première à appliquer le modèle hongrois de maternage dit « Loczy »[65]. En 1984, le Code de la famille est promulgué. Il déclare la filiation adoptive interdite, mais prévoit en revanche, en faveur de « l'enfant mineur » de filiation « connue ou inconnue », une institution de substitution et officialise ainsi « le recueil légal » ou *kafâla*[66].

La kafâla *marocaine dans une loi sur l'enfance abandonnée de 1993*

Comme son homologue algérien, le législateur marocain confronté au problème de l'enfance abandonnée s'est attelé à élaborer un cadre juridique. Le recueil légal ou *kafâla* est consacré en 1993 par une loi isolée relative aux enfants abandonnés[67]. Il s'agit d'un événement remarquable dans la mesure où c'est désormais une loi publiée dans le *Bulletin officiel* et soumise à l'opinion publique qui régit la situation des enfants abandonnés. Par cette loi, le Parlement reconnaît publiquement l'existence d'une crise au sein de la société, et par là même, implicitement, sans non plus les nommer, l'existence des enfants naturels. Cette loi constitue une avancée législative considérable dans la mesure où elle concourt à reconnaître une réalité sociale qui ne correspond pas à l'idéal social admis qui a pour pivot la question de la légitimité. Mais il s'agit d'une loi isolée. Le Code de la famille ne s'applique qu'aux enfants légitimes de parents vivants et connus. À ce titre, aucune mention n'est faite de l'orphelin, de l'enfant abandonné et sans

65 *Lóczy* est le nom d'une pouponnière hongroise créée en 1947 à Budapest pour les orphelins de guerre. La « maison de Lóczy » est célèbre pour la pédagogie innovante qui a été mise en place par sa directrice, la pédiatre hongroise Emmi Pikler. Cette méthode consiste à créer un repère pour l'enfant, une personne de référence appelée « berceuse » qui s'occupera de lui durant sa toute petite enfance pour les changes, le repas, les jeux d'éveil et le repos, jusqu'à ce qu'il soit adopté. Ce fonctionnement a la particularité de cloisonner les pièces de façon à ce que chaque endroit ait une signification particulière et soit un repère pour l'enfant.

66 Le terme *kafâla* est employé dans la version originale arabe du texte, tandis que dans sa version française, le législateur a opté pour l'expression : « recueil légal », *kafâla* étant inscrit entre parenthèses (art. 116, Code de la famille).

67 *Dahir* portant loi n°1-93-165 du 22 rebia I 1414 (10 septembre 1993) relatif aux enfants abandonnés ; *Bulletin officiel*, n°422°- 27 rebia I 1414 (15-9-93), p. 479.

filiation, ni du mineur recueilli sous *kafâla*. Par cette marginalisation de la législation relative à une catégorie socialement marginale, la morale est sauve et le concept de famille légitime respecté.

Une affiliation partielle

Le recueil légal ou *kafâla*, algérien et marocain, est l'engagement de prendre bénévolement en charge l'entretien, l'éducation et la protection d'un mineur, au même titre que le ferait « un père pour son fils ». Si l'enfant recueilli doit être traité « comme un fils légitime », il n'en est pourtant pas un, et c'est autour des questions de nom et d'héritage que s'inscrit le point de rupture. Le *makfûl* ne prend pas le patronyme et n'hérite pas de son *kafîl*[68]. La *kafâla*, tant algérienne que marocaine, a la particularité d'être provisoire et révocable. Entre la pratique du *fosterage*, qui n'implique pas de changement d'identité, et celle de l'adoption, où un changement définitif d'identité gomme la première appartenance de l'enfant, s'inscrit donc la *kafâla* dans sa définition légale. Ne reconnaissant pas la filiation entre les parents et l'enfant et se limitant strictement au devoir d'éducation[69], il s'agit d'une institution adaptée à la société qui l'a légalisée[70]. La communauté est rassurée car, partiellement affilié, l'enfant recueilli ne menace pas les liens d'engendrement.

Le nom sans la filiation en Algérie

Le problème de la stigmatisation nominale

En Algérie, le mineur recueilli en *kafâla* peut être de filiation connue[71] ou inconnue. S'il est de parents connus, il garde sa filiation d'origine. Dans le cas contraire, il est soumis à l'application de l'article 64 du Code de l'état civil de 1970[72] : « L'officier de l'état civil attribue lui-même les prénoms aux enfants nés de parents inconnus. L'enfant est désigné par une suite de prénoms dont le dernier lui sert de patronyme », et de la loi de 1976[73] en vertu de laquelle le nom

68 L'attributaire du droit de recueil peut toutefois léguer ou faire don dans la limite du tiers de ses biens en faveur de l'enfant. Au-delà de ce tiers, la disposition testamentaire est nulle.

69 Fortier, 2007, 30-31.

70 Tout en répondant aux besoins des enfants sans famille et des couples sans enfant, la *kafâla* ne remet aucunement en cause les principes fondamentaux de modèle familial. Elle le fait toutefois, et constitue en ce sens une véritable révolution, dans le droit qu'elle donne aux femmes célibataires d'y prétendre. La *kafâla* crée ainsi une nouvelle catégorie de mère célibataire, sociale et légale.

71 Dans ce cas, c'est lui qui doit consentir au placement. L'article 124 du Code de la famille algérien précise d'ailleurs que si son père ou sa mère demande un jour sa réintégration dans le foyer, il lui appartient à lui seul : « S'il est en âge de discernement, d'opter pour le retour ou non chez ses parents ».

72 Ordonnance 70-20 du 19 février 1970 relative à l'état civil, *Journal Officiel* 1970, p. 233.

73 Ordonnance 76-7 du 20 février 1976 portant obligation du choix d'un nom patronymique aux personnes qui en sont dépourvues (art. 1), *Journal Officiel* 1976, p. 214.

patronymique devient obligatoire pour toute personne qui en est dépourvue. Dans les faits et avant 1992, les enfants n'étaient inscrits à l'état civil qu'au moment de leur placement en famille.

Nadia Aït Zaï note que le législateur algérien a fait montre d'une véritable ignorance des pratiques, puisque les services de la protection sociale « n'appliquaient jamais le code de l'état civil »[74]. Avant l'heure officielle, ces services pratiquaient des concordances de nom (entre *makfûl* et *kafîl*) lors de l'inscription sur les registres d'état civil. Les assistantes sociales possédaient une liste de patronymes arbitrairement choisis à l'état civil ou dans l'annuaire téléphonique. En accord avec les mairies ou avec les chefs de service, et au moment de déclarer un enfant dont on savait qu'il était définitivement abandonné, elles assignaient un nom choisi sous le sceau du hasard ; hasard qui n'en était pas un lorsqu'elles attribuaient le nom de la future famille d'accueil.

Le nom étant un acte majeur d'intégration familiale et sociale, son absence est lourde de signification. L'absence de nom est un « stigmate nominal », selon la définition qu'en donne Nicole Lapierre à propos des patronymes préjudiciables pour le porteur : « À partir du cadre d'analyse de Goffman, on peut aisément préciser les caractéristiques du stigmate nominal est visible comme un trait physique, héréditaire comme une tare, codé comme un symbole et, de surcroît, cristallisé sur le signe le plus patent de l'identification individuelle et sociale, il enserre l'individu et le déconsidère tout entier [...]. À travers la stigmatisation [...], le nom n'est plus seulement un attribut plus ou moins arbitraire, il devient une essence »[75]. Puisque attribuer un nom c'est donner le droit à l'existence, priver de nom, c'est anéantir l'être social, l'enterrer avant qu'il ne soit né, c'est le réduire à la sauvagerie et à l'animalité, le confiner dans l'oubli : « Le nom n'est pas la simple empreinte d'une graphie sur une carte d'identité. Il est l'enjeu de l'être »[76]. Á ce propos, Corinne Fortier informe d'une pratique particulière à la société maure et relative à l'enfant dépourvu de filiation. Si un enfant ne peut porter le nom d'une lignée patrilinéaire spécifique, il est néanmoins nommé. Désigné par l'appellation « l'enfant d'Adam » (*wuld Adam*), on lui attribue le nom de l'ancêtre premier commun à toute l'humanité[77].

La concordance de nom entre **kafîl** *et* **makfûl** *en 1992*

Si les premiers *kafîl* considèrent leur *makfûl* comme étant pleinement leur fils, la *kafâla* n'en fait qu'un quasi-fils. Bien que n'étant plus sans statut, il demeure un enfant à part, stigmatisé par le port de ses deux ou trois prénoms, dont le dernier fait office de patronyme. Sous l'impulsion de l'AAEFAB (Association

---

74 Aït Zaï, 1988, 189.

75 Lapierre, 1995, 281.

76 Saadi, 1991, 56.

77 Fortier, 2007, 31.

algérienne enfance et famille d'accueil bénévole), le législateur algérien s'est attelé à redresser ce tort par promulgation d'un surprenant décret en 1992. L'amendement sur la concordance de nom est l'aboutissement d'un travail en commun avec le président de l'AAEFAB, le ministère des Affaires sociales et le Conseil supérieur islamique ; l'objectif étant d'assurer au *makfûl* une meilleure intégration sociale et familiale, tout en examinant ce projet à la lumière de la loi musulmane ou *Sharî'a.*

L'interdiction de donner le nom à l'adopté procède d'une certaine interprétation du verset 5 de la sourate XXXIII : « Donnez leur le nom de leur père : c'est plus équitable auprès de Dieu ; si vous ignorez leur père, qu'on les tienne pour vos frères en religion ou pour vos clients »[78]. Mais, le nom tel qu'il était pensé au VIIe siècle en Arabie et le patronyme moderne sont-ils comparables ? À l'époque du Prophète, et avant que l'état civil ne soit introduit par les Français en Algérie (1865), l'appellation d'une personne se composait de plusieurs éléments, dont un prénom suivi du *nasab*, nom généalogique qui consiste à énumérer les prénoms de ses ascendants mâles précédés de *ibn* (fils de). Les opposants au projet ont une vision généalogique du nom et assimilent cette notion à celle de la filiation[79]. Ils refusent l'ambiguïté qui pourrait résulter d'une concordance de nom. L'enfant risquerait de devenir le fils du *kafîl* aux yeux de la collectivité. Autrement dit, ils craignent « un dérapage vers l'adoption »[80].

Les partisans de la concordance ciblent quant à eux le débat sur la notion de « l'interprétation réflexive » ou *ijtihâd,* arguant que l'islam ne peut accomplir sa mission, qui est de fonder un droit vivant capable d'organiser les besoins des sociétés et d'élaborer des solutions adaptées aux problèmes émergents, sans cet effort de réflexion et d'adaptation. En appelant à la conciliation des préceptes coraniques avec les nouvelles exigences sociales, ils développent un raisonnement sur le nom de famille moderne qui, rendu obligatoire pour tout citoyen algérien, a permis de passer « d'une définition traditionnelle de la personne par le *nasab* [...] à une identité personnelle »[81]. Ils parviennent à convaincre qu'une concordance de nom dans le cadre de la *kafâla* n'aurait d'incidence ni sur la filiation, ni sur l'héritage et serait donc conforme à l'esprit du verset qui fonde l'interdit.

---

78 Berque, 1990, 47. Selon la juriste Nadia Aït Zaï, tout est affaire d'interprétation. D'une part, le verset se termine par : « Toutefois nul blâme à vous de l'erreur commise mais seulement de ce qu'aurait délibéré votre cœur. Dieu est Tout pardon, Miséricordieux » ; il n'y a donc pas de condamnation sans appel. En outre, à la lecture du verset 5, on peut remarquer qu'il n'est, *a priori*, pas interdit de donner son nom à un enfant qui en est dépourvu. Ceux dont on ne connaît pas le père doivent pouvoir bénéficier d'un statut identique aux autres musulmans, car tous les croyants sont des frères.

79 Cela est quelque peu contradictoire car la législation islamique n'a jamais connu le nom patronymique, et pourtant, ceux qui refusent de donner le nom à l'enfant sans filiation par référence au verset 5 consacrent de ce fait cette donnée moderne.

80 Pruvost, 1996, 174.

81 Borrmans, 1977, 349.

En août 1991, le ministère des Affaires religieuses s'est adressé au fondateur de l'AAEFAB, après s'être longuement entretenu avec le président de l'Association des savants islamiques (*ulamâ'*), lequel a décrété : « Si cette affiliation n'est pas dans le but de faire bénéficier l'enfant de l'héritage ou de proscrire ce qui ne l'est pas, tel que le mariage avec la fille du père adoptif, il est permis de donner le nom ». L'autorisation de concordance de nom est annoncée par le président du Conseil supérieur islamique en septembre 1991 et le Premier ministre de l'époque signe le décret exécutif le 13 janvier 1992[82]. Il précise que le changement de nom peut être fait au bénéfice d'un enfant mineur né de père inconnu, par la personne l'ayant recueilli légalement, en vue de faire concorder le nom patronymique. Toutefois aucune confusion possible, la concordance n'est pas constitutive de la filiation. Bien qu'intégré dans la famille du *kafîl*, le *makfûl* ne prend pas rang parmi les successibles. Cette mesure « en trompe l'œil », selon les termes de Nadia Aït Zaï, est moins un subterfuge qu'un compromis qui solutionne une problématique sensible, redressant le tort éprouvé tant par le *makfûl* que par son *kafîl*.

Ce décret donne lieu à la retranscription et à la mention marginale sur les registres, les actes et les extraits d'actes d'état civil. Bien que le livret de famille soit un document administratif, une circulaire de la Direction générale des libertés publiques et des affaires juridiques, émise le 28 août 1994, interdit toute retranscription de la *kafâla*[83]. En dépit de cette « anomalie », le décret de 1992 aura des effets manifestes. Le dispositif législatif a contribué à renforcer *makfûl* et *kafîl* dans leur position, en leur épargnant la stigmatisation. En dépit des résistances de certains juges, le ministère de la Justice a enregistré 3 350 changements de noms en 1992 et 3 512 l'année suivante. Tous les acteurs et observateurs de la *kafâla* considèrent ce décret comme le catalyseur d'un changement radical des pratiques et comme une mesure adaptée aux aspirations sociales ; la *kafâla* étant généralement vécue au quotidien comme une adoption totale. Les adoptants considèrent l'enfant comme leur fils. Ils aspirent à ce qu'il hérite et reçoive leur nom. Ils revendiquent une *kafâla* définitive et non révocable.

Réforme de la loi marocaine sur l'enfance abandonnée

Attribution d'une filiation fictive

En vue d'être adaptée à la situation des enfants nés de parents inconnus, dont l'identité se résumait à un matricule ou à un prénom parfois insultant, la loi marocaine sur l'enfance abandonnée fut également réformée pour entrer en vigueur

---

82 Décret exécutif 92-24 du 13 janvier 1992, complément décembre 71-157 du 3 juin 1971 relatif au changement de nom, *Journal Officiel* 1992, p. 113.

83 Et ce, bien qu'une consultation religieuse ou *fatwâ* du Haut Conseil islamique ait accordé l'inscription du nom sur le livret de famille avec mention marginale : « enfant *makfûl* ».

le 13 juin 2002[84]. Ses principaux apports sont la possibilité, comme en Algérie, pour une femme musulmane de prétendre au recueil par *kafâla* (Chap. II, art. 9). En outre, « en vue de protéger son honneur », l'acte de naissance du *makfûl* portera désormais mention de prénoms de père et de mère, choisis par l'officier d'état civil – ce qui correspond à l'attribution d'une filiation fictive –, ainsi qu'un prénom et un nom. L'officier d'état civil indique en marge de l'acte de naissance qu'un nom et des prénoms de parents lui ont été choisis[85] (art. 5), mais ni l'enfant, ni les délégataires ne peuvent obtenir une copie de l'acte faisant état de cette mention marginale.

L'acte de naissance d'un enfant recueilli sous *kafâla* par un couple belge[86] porte, conformément aux dispositions de la loi, deux prénoms (Jabir-Zidane) dont le dernier fait office de patronyme. Un prénom de père comportant l'épithète – '*abd* lui fut attribué ('Abdallah), ainsi qu'un prénom de mère (Maryam). À la rubrique « mention marginale » correspond le terme « néant »[87]. L'intention du législateur est clairement de délivrer aux *makfûl* des extraits d'acte de naissance communs à tous les Marocains.

Levée de l'interdit de concordance de nom entre **kafîl** *et* **makfûl**

Enfin, le paragraphe interdisant à l'enfant abandonné de porter le même nom patronymique que son *kafîl* fut supprimé sans être remplacé par une autorisation légale. Désormais, le *kafîl* désirant changer le nom de l'enfant en vue de le faire concorder avec son propre patronyme peut adresser au Président de la Haute Commission de l'état civil du ministère de l'Intérieur une demande écrite en arabe, expliquant les motifs d'un tel changement, par exemple une meilleure intégration à l'école.

En dépit d'un succès naissant, il n'en demeure pas moins que le nom, dans les sociétés maghrébines, représente une histoire familiale, une fierté, un honneur. Le nom se mérite, comme l'exprime un informateur de Jamila Bargach à propos de l'un de ses fils dont il déplore l'ingratitude[88] ; il faut donc savoir s'en montrer digne. Á ce titre, l'opinion publique marocaine émet de sérieuses réserves quant à la procédure de changement de nom en vue d'une concordance. Certains adoptants, notamment une famille composée de deux enfants biologiques et d'un enfant

---

84 Loi 15-1 relative à la prise en charge des enfants abandonnés promulguée par le *dahir* n° 1-02-172 du 13 juin 2002, *Bulletin Officiel* n°5036 du 15 septembre 2002.

85 L'enfant de père inconnu mais de mère connue peut être déclaré par la mère ; elle choisit un prénom à son enfant, ainsi qu'un prénom de père comprenant l'épithète «'*Abd* », ainsi qu'un nom de famille ; Chap. IV, Art. 16, *Dahir* n° 1-02-239 du 25 rejeb 1423 (3 octobre 2002) portant promulgation de la loi n° 37-99 relative à l'état civil, *Bulletin Officiel* n° 5054 du Jeudi 7 novembre 2002.

86 Jabir, rebaptisé Noah par ses adoptants, fut recueilli en février 2005 à l'âge de trois mois à l'institution « Lalla Maryam » de Rabat par Mylène et Pierre.

87 La loi fut respectée dans son article 21 du chapitre III : « L'ordonnance relative à l'octroi de la *kafâla*, à son annulation ou à sa reconduction doit être consignée en marge de l'acte de naissance [...] Toutefois, la *kafâla* ne doit pas être mentionnée sur les copies des actes [...] ».

88 « Il ne mérite même pas de porter un nom, ni Farid, ni le nom de mon père que je porte avec fierté », Bargach, 2001, 106.

recueilli en *kafâla* à qui ils ont transmis leur nom, se sont vus ouvertement condamnés par l'entourage pour ne pas avoir « respecté la décision de Dieu », qui leur a pourtant donné « de vrais descendants ». Ceux qui envisageaient une concordance en 2005 étaient en outre vivement déconseillés de le faire pour « respecter la vérité des origines », selon les termes de leurs interlocuteurs.

Conclusion

Les récentes mutations sociologiques, les progrès de la science, le phénomène de normalisation juridique et de diffusion de valeurs égalitaires telles que les droits des femmes et des enfants se heurtent au Maghreb à un modèle familial de type patriarcal strictement fondé sur les liens procréatifs et la légitimité résultant du mariage. Les liens étroits tissés entre la religion et le secteur du droit privé font que toute réforme dans ce domaine se présente comme une entreprise des plus complexes. Les législateurs maghrébins sont acculés à s'adapter aux nouvelles contraintes du monde contemporain et aux aspirations modernes de la société sans pour autant renoncer à ce qui fait la spécificité du droit de la famille en pays musulman. Une nouvelle forme d'établissement de la filiation s'appuyant sur le recours à des moyens scientifiques fut introduite dans le droit, sans toutefois que le concept de filiation légitime ne soit remis en cause. Il en résulte d'importants problèmes d'applicabilité. La pratique de l'insémination artificielle a également acquis un statut légal mais a dû s'adapter aux règles et représentations fondant la filiation. Uniquement permise dans le cadre du mariage, elle est en outre soumise à de strictes conditions : recours au liquide séminal de l'époux et à l'ovule de l'épouse à l'exclusion de toute personne étrangère.

Les récentes modifications législatives au Maroc et en Algérie n'ont par ailleurs rien apporté de nouveau concernant la filiation naturelle et la filiation adoptive, toutes deux restent non reconnues. Mais dans un contexte de crise et de profondes mutations sociales, l'institution de la *kafâla* fut aménagée, en 1984 en Algérie et en 1993 au Maroc, pour répondre à la fois à la réalité des enfants sans famille et des couples en mal de parentalité. Ce recueil légal, sans pour autant résoudre les problèmes liés à la filiation, s'entend comme une tentative de reconnaissance et de protection de l'enfant illégitime et abandonné, dans le respect de la morale et des principes fondamentaux régissant la famille. Cette mesure permet la prise en charge d'un enfant dépourvu de nom et de filiation, placé en institution. Par voie du recueil légal, il est réinséré dans la société, lavé d'un passé qui n'est pas pour autant nié : il garde à jamais sa filiation d'origine, quand bien même est-elle inconnue ou fictive. En effet, la *kafâla* n'établit pas de filiation et l'enfant n'a pas vocation à hériter. Les évolutions sociales contemporaines et les changements de représentations à l'égard de l'enfant abandonné ont néanmoins conduit à une révision du modèle de la *kafâla* pour qu'il s'adapte aux nouvelles nécessités et aspirations sociales, quitte à transgresser certaines règles :

concordance de nom entre *makfûl* et *kafîl*, droit des femmes célibataires au statut de *kafîl*. La *kafâla* ne résout toutefois pas le problème de l'abandon en cas de grossesse hors mariage, celui de la marginalisation des mères célibataires et des couples stériles, ni celui de l'inégalité entre hommes et femmes. Seule la volonté d'émanciper les femmes, d'affirmer la liberté des individus et d'égaliser les statuts pourra permettre de redéfinir la filiation, de diluer les frontières entre légitime et illégitime, et permettra ainsi de fonder un lien de filiation juridique sur des bases plus égalitaires, visant à assurer les mêmes effets pour tous les enfants qu'ils soient naturels, adultérins, incestueux, et tous les parents, pères et mères, qu'ils soient célibataires, mariés, concubins ou divorcés.

Résumé : Dans un contexte de globalisation, où se diffusent et s'imposent des normes et des valeurs définies comme occidentales, le droit de la famille dans les pays d'Afrique du Nord, bien qu'apparaissant être le domaine le moins affecté par le processus de normalisation juridique, a connu ces dernières années d'importantes révisions. Cet article propose un examen de quelques-unes de ces récentes modifications législatives qui répondent à de nouvelles nécessités sociales tout en remettant en question les visions traditionnelles de la filiation, posant la question d'une redéfinition sociale et juridique de celle-ci. Dans un premier temps, l'intérêt est porté sur les choix des législateurs algériens, marocains et tunisiens concernant les techniques scientifiques pour établir ou contester la filiation, également en matière de procréation médicalement assistée et de filiation adoptive. Dans un deuxième temps, il s'agit de porter un éclairage sur le traitement politico-social de l'enfance illégitime et abandonnée, sur les efforts législatifs consentis par les autorités algériennes et marocaines, contraintes, par l'ampleur du phénomène, de reconnaître cette catégorie sociale, jusqu'ici invisible et frappée d'ostracisme, sans toutefois porter atteinte au système admis et à la morale.

Mots-clés : filiation, illégitimité, preuve scientifique, adoption, abandon, *kafâla*.

Legitimate Filiation Tested by Social Change in the Maghreb

Abstract : In the context of globalization – which diffuses and imposes norms and values defined as western – family law in North African countries might seem to be the domain least affected by the process of judicial normalization, but in fact this is an area that has seen important revisions in recent years. This article examines some recent legislative changes that respond to new social needs while also calling into question traditional understandings of filiation – raising the question of a social and legal redefinition of this issue. On one level, this question points to the choices of Algerian, Moroccan and Tunisian legislators with regard to scientific techniques for establishing or contesting filiation, as well as in relation to medically assisted procreation and adoption. On another level, it sheds light on the politico-social treatment of illegitimate and abandoned children, on legislative efforts supported by Algerian and Moroccan authorities – who are constrained by the extent of the phenomenon to recognize this social category (until now invisible and hindered by ostracism) yet without addressing the underlying legal and moral issues.

Keywords: filiation, illegitimacy, scientific proof, adoption, abandonment, *kafâla*.

Bibliographie

AÏT ZAÏ (Nadia), *L'enfant abandonné et la loi*, mémoire de Magister Droit, Alger, 1988, 189 p.

AÏT ZAÏ (Nadia), « La *kafâla* en droit algérien », *Les institutions traditionnelles du monde arabe,* Paris, Khartala, 1996, p. 95-105.

AÏT ZAÏ (Nadia), « Vers la citoyenneté », *L'année du Maghreb 2005-2006*, tome 2, Dossier *Femmes, famille et droit au Maghreb*, 2007, p. 139-154.

ALDEEB ABU-SAHLIEH (Sami), *Introduction à la société musulmane, fondements, sources, principes,* Paris, Eyrolles, 2006, 261p.

ATALLAH (Borham), « Le droit de la famille dans les pays de l'Afrique du Nord », *Introduction à l'Afrique du Nord contemporaine,* Paris, Éditions du CNRS, 1975, p. 301-318.

BARGACH (Jamila), *Orphans of Islam, family, abandonment, and secret adoption in Morocco,* Boston, Rowman & Littlefield Publishing group, 2001, 290 p.

BARRAUD (Émilie), « La *kafâla* en migration », AUDEBERT (Cédric), MA MUNG (Emmanuel) (dir.), *Les migrations internationales, enjeux contemporains et questions nouvelles*, Bilbao, Université de Deusto, HumanitarianNet, 2007, p. 55-65.

BARRAUD (Émilie), « Les multiples usages sociaux de la *kafâla* en situation de migration : Protection et non protection des mineurs recueillis », 2007 ; en ligne sur http://www.oijj.org/

BARRAUD (Émilie), « Femmes et famille en mutation dans le champ social de la *kafâla* », 2008 ; en ligne sur http://ramses2.mmsh.univ-aix.fr/Ecole-Doctorale/genre-en-Mediterranee.htm

BARRAUD (Émilie), « Adoption et *kafâla* dans l'espace migratoire franco-maghrébin », *L'année du Maghreb*, CNRS Editions, 2008, p. 471-490.

BEL HAJ HAMOUDA (Ajmi), « À la recherche d'une autre famille : la famille nourricière (cas du droit tunisien) », *Revue Tunisienne de Droit,* 1996, p. 11-25.

BERQUE (Jacques), *Le Coran,* Paris, 1990, Editions Sindbad, 840 p.

BORRMANS (Maurice), *Statut personnel et famille au Maghreb de 1940 à nos jours*, Paris-La Haye, Mouton, 1977, 708 p.

BOUCEPCI (Mahfoud), « L'enfance abandonnée ou l'adoption forclose », *L'information psychiatrique,* vol.66, n°10, 1990, p. 982-988.

CHABIB ZIDANI (Farida), *L'enfant né hors mariage en Algérie,* Alger, Copyright Edition E.A.P., 1992, 291 p.

CHACHOUA (Kamel), « Le suicide en Algérie », BRESC (Henri), DAGHIER (Georges), VEAUVY (Christiane), *Politique et religion en Méditerranée,* Paris, Editions Bouchène, 2008, p. 387-412.

COLIN (Joël), *L'enfant endormi dans le ventre de sa mère. Étude ethnologique et juridique d'une croyance au Maghreb,* Perpignan, PUP, 1998, 383 p.

CONTE (Édouard), « Entrer dans le sang, perceptions arabes des origines », BONTE (Pierre), CONTE (Édouard), HAMES (Constant), WEDOUD OULD CHEIKH (Abdel) (dir.), *Al-ansâb. La quête des origines. Anthropologie historique de la société tribale arabe,* Paris, Editions de la Maison des sciences de l'homme, 1991, p. 55-100.

FORTIER (Corinne), « Le lait, le sperme, le dos. Et le sang ? Représentations physiologiques de la filiation et de la parenté de lait en islam malékite », *Cahiers d'Études africaines,* 161, XLI-I, 2001, p. 97-138.

FORTIER (Corinne), «Blood, Sperm and the Embryo in Sunni Islam and in Mauritania: Milk Kinship, Descent and Medically Assisted Procreation», *Body & Society,* Vol. 13(3), 2007, p. 15-36.

IRAQI (Zineb), *L'enfant abandonné,* Thèse de doctorat de médecine, Université Mohammed V, faculté de médecine et de pharmacie de Rabat, 2002, 166 p.

LAPIERRE (Nicole), 1995, *Changer de nom,* Paris, Stock, 1995, 384 p.

MAHIEDDIN (Nahas), « L'évolution du droit de la famille en Algérie : nouveautés et modifications apportées par la loi du 4 mai 2005 au Code algérien de la famille du 9 juin 1984 », *L'année du Maghreb* 2005-2006, tome 2, 2007, p. 97-138.

MEZGHANI (Ali), « Le droit tunisien reconnaît ses enfants naturels », à propos de la loi n° 98-75 du 28 octobre 1998 relative à l'attribution d'un nom patronymique aux enfants abandonnés ou de filiation inconnue, *Mouvements du droit contemporain,* Mélanges offert au Professeur Sassi Ben Halima, Tunis, Centre de Publication Universitaire, 2005, p. 652-682.

MOUTASSEM-MIMOUNI (Badra), *Naissance et abandon en Algérie,* Paris, Karthala, 2001, 232 p.

NASRAOUI (Mustapha), 1990, « Les enfants abandonnés en Tunisie : analyse de la situation de l'enfant et de la mère », *Cahiers du CERES, série psychologie,* n°7, 1990, p. 139-147.

PESLE (Octave), *L'adoption en droit musulman,* Alger, Montégut, 1919, 126 p.

PRUVOST (Lucie), *L'établissement de la filiation en droit tunisien,* Paris, thèse de doctorat, Droit, tome 1,1977, 537 p.

PRUVOST (Lucie), « Intégration familiale de l'enfant sans généalogie en Algérie et en Tunisie : *kafâla* ou adoption », *Studi arabo-islamici del PISAI,* n°8, Roma, Pontifico istitudo di studi Arabi e d'Islamistica (PISAI), 1996, p. 155-180.

SAADI (Nourredine), « Le nom, le sang ou la filiation exhortée par le droit », *Revue algérienne des sciences juridiques, économiques et politiques,* Vol. 29, n° 1-2, 1991, p. 53-64.

TILLION (Germaine), *Le harem et les cousins,* Paris, Seuil, 1966, 211 p.

TURKI (Rim), « Le tabou de la maternité célibataire dans les sociétés arabo-musulmanes (exemple de la Tunisie) », in EL HAGGAR (Nabil) (dir.), *La méditerranée des femmes,* Paris, l'Harmattan, 1998, p. 133-152.

YOUNSI HADDAD (Nadia), « La *kafâla* en droit algérien », *Revue des sciences juridiques, économiques et politiques,* Vol. 37, n° 4, 1999, p. 7-42.

ZEMMOUR-KHORSI, « Mères célibataires et enfants abandonnés en Algérie », *Journal de Pédiatrie et de Puériculture,* n° 6, 1994, p. 359-366.

Marie-Christine Le Boursicot

La *Kafâla* ou recueil légal des mineurs en droit musulman : une adoption sans filiation

Même si la *kafâla* est désormais mieux connue, non seulement des professionnels de la protection de l'enfance, mais aussi des juristes, il est peut-être hasardeux d'affirmer que c'est une question brûlante et qu'il suffit « d'allumer un poste de radio ou de télévision ou d'ouvrir un journal pour constater cette réalité »[1]. Il semble donc nécessaire de rappeler brièvement ce qu'est la *kafâla* et surtout ce qu'elle n'est pas au regard du droit positif français, question qui est loin d'être simple et qui sera l'objet de notre étude.

La *kafâla*, dans le droit étatique actuel de nombreux pays musulmans, est une mesure d'accueil légal d'un enfant mineur dit *makfûl*, qui n'altère pas sa filiation – biologique[2] ou procréatique –, par une famille, par une organisation ou un établissement, la personne recueillant l'enfant prenant l'engagement, révocable à tout moment et sans motif, de prendre en charge bénévolement son entretien, son éducation et sa protection. Elle s'appuie sur le Coran et sur l'interdiction de l'adoption qui en principe crée un lien de filiation ; la *kafâla* est reconnue distinctement de l'adoption par les conventions internationales notamment la Convention internationale des droits de l'enfant (CIDE) du 20 novembre 1989.

Les versets 4 et 5 de la sourate XXXIII du Coran intitulée « Les factions »[3] énoncent « Dieu n'a pas placé deux cœurs dans la poitrine de l'homme, Il n'a pas fait que vos épouses que vous pouvez répudier soient pour vous comme vos mères, ni que vos enfants adoptifs soient comme vos propres enfants... Appelez ces enfants adoptifs du nom de leurs pères, cela est plus juste pour Dieu ». Le verset 37 de la même sourate (XXXIII) montre que les versets 4 et 5 renvoient à la personne et à la vie intime du Prophète ; après avoir adopté son esclave affranchi Zayd et l'avoir marié à sa cousine Zaynab, il répudia en quelque sorte son fils adoptif et se maria avec Zaynab qui était alors divorcée de Zayd : « Quand Zaïd eut cessé tout

1 C. Duval-Véron et M. Wendling, « Kafâla et droits patrimoniaux » in dossier *kafâla, Jurisclasseur Droit de la Famille*, janv. 2009, p. 30 et s.

2 Nous emploierons le terme biologique de préférence à génétique pour désigner le lien génétique, par opposition au lien de parenté légal c'est-à-dire établi conformément à la loi ; le terme biologique peut en effet s'employer pour les ascendants, descendants et collatéraux.

3 Le Coran, traduction de D. Masson, Paris, Gallimard La Pléiade, 1970, p. 514 et s.

commerce avec son épouse, nous te l'avons donnée pour femme afin qu'il n'y ait pas de faute à reprocher aux croyants au sujet des épouses de leurs fils adoptifs, quand ceux-ci ont cessé tout commerce avec elle. L'ordre de Dieu doit être exécuté ».

L'interdiction de l'adoption repose donc en partie sur la prohibition de l'inceste mais renvoie également à la conception de la filiation dans le droit musulman. La filiation relevant de la seule volonté de Dieu, elle ne peut résulter de la seule volonté humaine et repose sur le fait d'être le fruit d'un couple marié.

Ce principe posé, le recours à la *kafâla*, reconnue par la Convention internationale des droits de l'enfant (CIDE) comme mesure de protection de l'enfant, se voudrait comme l'équivalent de l'adoption pour tous les enfants abandonnés, orphelins et sans famille. Un certain nombre de pays de droit musulman, parmi lesquels l'Algérie et le Maroc ont donc introduit dans leur droit de la famille à la fois l'interdiction du prononcé de l'adoption et le régime juridique, les conditions et effets, du recueil légal de ces enfants, c'est-à-dire la *kafâla*.

Mais ainsi que le soulignent l'ensemble des auteurs, dès lors que les personnes qui désirent recueillir l'un de ces enfants ne résident pas dans un pays pratiquant la *kafâla*, « des problèmes inextricables apparaissent et un gouffre juridique s'ouvre devant eux »[4]. Ce gouffre est d'ailleurs ce qui correspond le mieux au ressenti des familles souvent bi-nationales, franco-marocaines ou franco-algériennes, qui ont recueilli un enfant dans le pays de naissance de leurs parents ou grands-parents et sont confrontées à un labyrinthe juridique dont elles ne perçoivent pas l'issue.

En effet, les juristes français, face à cette institution étrangère, ne peuvent affirmer qu'une seule chose, c'est qu'elle ne correspond pas à l'adoption définie par le Code civil, que ce soit en sa forme plénière ou simple. Au-delà, règne donc l'incertitude juridique, ce qui n'est guère rassurant s'agissant du droit personnel.

La *Kafâla* substitut à l'adoption

Une fois le principe d'interdiction de l'adoption posé, les législateurs algérien et marocain ont entrepris de légiférer sur la *kafâla* afin de poser un cadre juridique pour les enfants abandonnés et sans famille recueillis légalement. Sur certains points, cette mesure de protection se rapproche de l'adoption, mais cela n'est souvent qu'en trompe l'œil, spécialement lorsque la famille recueillante, dite *kafîl*, réside en France.

---

4 Tareq Oubrou, « La kafâla et la sharia », dossier *kafâla, Jurisclasseur Droit de la Famille,* janv. 2009, p. 10 et s.

Le régime juridique de la kafâla défini par les droits algérien et marocain

La *kafâla* en droit marocain

La *kafâla* est régie de manière très détaillée par le *dahir* (décret royal) n°1-02-172 du 13 juin 2002 portant promulgation de la loi relative à la prise en charge des enfants abandonnés.

Les conditions

L'enfant abandonné (article 1er) est le mineur de 18 ans, né de parents inconnus ou d'une mère connue qui l'a abandonné de son plein gré, l'enfant orphelin ou l'enfant dont les parents sont incapables de subvenir à ses besoins ou ne disposent pas de moyens légaux de subsistance, ou ont une mauvaise conduite, notamment lorsqu'ils ont été déchus de leur tutelle légale.

La *kafâla* peut être conférée à des époux musulmans qui ont atteint l'âge de la majorité légale, sont moralement et socialement aptes à assurer la *kafâla*, disposent de moyens matériels suffisants, n'ont pas été condamnés pour infraction à la morale ou commise contre des enfants, ne sont pas atteints de maladie contagieuse ou les rendant incapables d'assumer leur responsabilité ; aucun contentieux ne doit opposer celui qui prend en charge l'enfant, dit *kafîl,* à l'enfant lui-même, dit *makfûl*, ou aux parents de celui-ci. La femme musulmane qui remplit ces conditions peut également se voir confier un enfant en *kafâla.*

Les conditions sont les mêmes pour les établissements publics chargés de la protection de l'enfance ainsi que pour les organismes et associations à caractère social reconnus d'utilité publique aptes à assurer la protection des enfants, à leur donner une bonne éducation et à les élever dans la religion musulmane.

La priorité est donnée aux couples sans enfant, mais le fait d'avoir des enfants ne constitue pas un obstacle à la *kafâla*, à condition que tous ces enfants puissent bénéficier de façon égale des moyens dont dispose la famille.

L'enfant âgé de plus de douze ans doit donner son consentement personnel à la *kafâla*[5].

La procédure

C'est le juge des tutelles qui est compétent en matière de *kafâla*, non seulement pour l'accorder[6] mais pour en assurer le contrôle et prendre les décisions les plus importantes relatives à l'enfant. Avant de l'accorder, le juge procède à une enquête spéciale afin de déterminer si la personne désireuse d'assurer la *kafâla* remplit les conditions légales. Si tel est le cas, il rend une ordonnance et désigne le

5 En droit marocain, l'âge de 12 ans est celui auquel les mineurs sont appelés à consentir à certains actes personnels. En droit français, le mineur de plus de 13 ans doit consentir à son adoption.

6 En droit marocain, il est précisé que le juge accorde la *kafâla*, tandis que le juge français prononce l'adoption.

kafîl tuteur datif[7] de l'enfant pris en charge ; un procès-verbal de remise de l'enfant est établi.

Ce même juge est ensuite chargé de suivre et contrôler la situation de l'enfant et de s'assurer que le *kafîl* honore les obligations qui lui incombent ; pour cela, il peut faire procéder à des enquêtes. Au vu des rapports qui lui sont soumis, le juge peut ordonner l'annulation de la *kafâla* et prendre les mesures utiles à l'intérêt de l'enfant.

Les effets

L'ordonnance du juge accordant la *kafâla* est consignée en marge de l'acte de naissance de l'enfant abandonné, mais elle n'est pas mentionnée sur les copies des actes de l'état civil, puisqu'elle n'affecte pas l'état civil ni de l'enfant, ni de son *kafîl*.

Les obligations du *kafîl* sont d'assurer l'entretien, la garde et la protection de l'enfant jusqu'à sa majorité, si c'est une fille jusqu'à son mariage et au-delà pour les enfants handicapés de l'un ou l'autre sexe.

Le *kafîl* bénéficie des indemnités et allocations sociales allouées aux parents pour leurs enfants par l'État. Il est civilement responsable des actes de l'enfant pris en charge.

S'il décide de faire bénéficier l'enfant d'un don, d'un legs (*tanzîl*) ou d'aumône, le juge des tutelles veille à l'élaboration du contrat nécessaire.

Si le *kafîl* désire s'établir d'une manière permanente à l'étranger, l'autorisation du juge des tutelles est nécessaire. Une copie de cette décision est alors adressée aux services consulaires marocains du pays de résidence qui sont chargés de suivre la situation de l'enfant et d'adresser des rapports au juge.

Le *dahir* du 3 octobre 2002 portant promulgation de la loi n°97.99 relative au changement de nom permet au *kafîl* d'attribuer son nom au *makfûl*, dans le but de coordonner les noms. Les démarches à accomplir sont plus aisées dans l'hypothèse où l'enfant n'a pas d'acte de naissance, car il suffit alors au *kafîl* de faire la demande en préfecture. Dans le cas contraire, si l'enfant a un état civil avec un nom et un prénom qui lui ont été attribués par l'officier d'état civil, la demande devra être adressée à une commission siégeant à Rabat et examinée ensuite au ministère de l'Intérieur. Si la demande est acceptée, le *kafîl* peut alors demander la modification de l'acte de naissance de l'enfant.

Le terme de la kafâla

Le terme normal de la *kafâla* est la survenance de la majorité. La *kafâla* cesse également en cas de décès de l'enfant, des deux époux ou de la femme *kafîl*,

---

7 Le tuteur datif est celui désigné par l'autorité ou le conseil de famille par opposition au tuteur légal désigné par la loi.

de leur incapacité conjointe, de la dissolution de l'organisme ou association assurant la *kafâla*. Le droit de l'assurer peut être annulé en cas de violation par le *kafîl* de ses obligations ou en cas de désistement de celui-ci. Il peut y être mis fin si l'intérêt supérieur de l'enfant l'exige.

En cas de divorce du couple *kafîl*, le juge des tutelles peut décider de maintenir la *kafâla* en la confiant à l'un des époux ou prendre les mesures qu'il estime adéquates, après enquête.

Le juge peut également accorder un droit de visite aux parents de l'enfant, à ses proches, aux époux *kafîl* ou au représentant de l'organisme qui l'avait pris en charge, en tenant compte de l'intérêt de l'enfant et après l'avoir entendu s'il a atteint l'âge du discernement.

En cas de cessation de la *kafâla*, le juge désigne un tuteur datif à l'enfant.

Il est également prévu que par décision du juge, les parents de l'enfant ou l'un d'eux peuvent recouvrer leur tutelle légale, après la cessation des motifs de l'abandon.

Enfin les dispositions pénales qui répriment les parents pour les infractions commises à l'encontre de leurs enfants et celles qui répriment les enfants pour les infractions commises à l'encontre de leurs parents, s'appliquent au *kafîl* et au *makfûl*. L'abstention volontaire d'assistance ou de soins à un nouveau-né abandonné est réprimée pénalement.

La *kafâla* en droit algérien

La *kafâla* est régie par le chapitre du Code la famille intitulé « le recueil légal ».

Les conditions

Les principales conditions sont les mêmes qu'en droit marocain. Le *kafîl* ou recueillant peut être soit un couple marié, soit une personne célibataire ou veuve, femme ou homme à la différence de ce que prévoit le droit marocain. Il doit être musulman, avoir atteint l'âge de la majorité légale, être moralement et socialement apte à assurer la *kafâla*, disposer de moyens matériels suffisants.

La question du consentement de l'enfant en âge de discernement et de son représentant légal n'est pas réglée précisément. L'article 117 du Code de la famille algérien énonce seulement que le consentement de l'enfant est requis quand celui-ci a un père et une mère. Aucune disposition relative au consentement ne vise l'enfant né de parents inconnus. Si l'enfant n'a pas l'âge du discernement, qui est 13 ans en droit algérien[8], le consentement de son tuteur suffit. Pas davantage qu'en droit marocain, le consentement des parents n'est requis.

8 Donc identique au seuil d'âge fixé par le droit français pour le consentement de l'adopté.

La procédure

La *kafâla* est accordée par devant le juge (*kafâla* judiciaire) ou le notaire (*kafâla* notariale), ce qui donne à l'institution un caractère solennel. Le juge ou le notaire est en mesure de vérifier si les conditions du recueil légal sont remplies ; il doit rappeler au *kafîl* la portée de son engagement et s'assurer de l'intérêt de l'enfant.

En vertu du nouvel article 3 ter du Code de la famille révisé en 2005, le ministère public est partie principale dans toutes les instances tendant à l'application de ce Code, de sorte qu'il devrait être appelé à intervenir en cas de *kafâla* judiciaire.

Les effets

Seule la *kafâla* judiciaire fait l'objet d'une certaine publicité puisqu'un extrait du jugement est transmis à l'officier d'état civil aux fins de transcription en marge de l'acte de naissance de l'enfant. Le décret n°92-24 du 13 janvier 1992 a permis au *kafîl* de faire concorder le nom de l'enfant mineur né de père reconnu recueilli légalement avec le sien. Il est intéressant de remarquer que dans ce cas, le consentement de la mère connue et vivante, donné en la forme authentique (c'est-à-dire devant notaire), doit accompagner la requête du *kafîl*. Mais le *makfûl* ne figure pas sur le livret de famille du *kafîl*.

Concernant les obligations du *kafîl*, elles sont semblables à celles énoncées par le droit marocain. Le recueil légal est défini comme l'engagement de prendre en charge l'entretien, l'éducation et la protection d'un enfant mineur, au même titre que le ferait un père pour son fils. Ces termes renvoient aux obligations pesant sur le père à l'égard de son enfant légitime. Le *kafîl* se voit conférer la tutelle légale de l'enfant recueilli et à ce titre a droit aux prestations familiales et scolaires ; il administre les biens de l'enfant au mieux de l'intérêt de ce dernier. Le *kafîl* peut faire un legs (*tanzîl*) d'un tiers de ses biens au *makfûl*.

Le terme de la kafâla

Selon l'article 125 du Code de la famille algérien, la *kafâla* est révocable à tout moment, sur demande du *kafîl* sans qu'il ait à motiver sa décision ou sur demande des parents biologiques connus s'ils sollicitent la restitution de l'enfant. Toutefois, le mineur qui a atteint l'âge de discernement doit alors donner son avis sur le fait de retourner ou non chez ses parents. En raison de ces multiples possibilités de révocation, la *kafâla* constitue un statut précaire pour l'enfant, principalement lorsqu'il a été abandonné et n'a pas de parents connus.

Au contraire du droit marocain, le droit algérien n'envisage pas l'hypothèse du divorce des époux ayant obtenu une *kafâla* conjointe. En cas de décès du *kafîl*, le droit de recueil est transmissible à ses héritiers, s'ils s'engagent à l'assumer.

La kafâla, une notion non qualifiable et non convertible en droit français

Le droit d'entrée et de séjour du *makfûl*

La première question qui se pose est de déterminer si le *kafîl* qui séjourne régulièrement sur le territoire français, qu'il soit ressortissant français ou non, peut revendiquer pour l'enfant qu'il a recueilli le droit de séjourner en France. Le code de l'entrée et du séjour des étrangers et du droit d'asile n'évoquant pas l'institution de la *kafâla*, le juge administratif est assez fréquemment saisi de demandes au titre du regroupement familial ou de titres de séjour pour des mineurs *makfûl*.

Des distinctions s'imposent ici encore entre les enfants algériens et marocains. En effet, le premier avenant du 22 décembre 1985 à l'accord franco-algérien du 27 décembre 1968 avait disposé que les membres de la famille d'un ressortissant algérien pouvant bénéficier du regroupement familial, comprenaient les mineurs de 18 ans dont il avait la charge. Cependant, le troisième avenant du 11 juillet 2001 a ajouté la condition supplémentaire tenant à l'intérêt supérieur de l'enfant, dont l'appréciation est ainsi laissée aux autorités administratives. En revanche, si le *kafîl* est français, il ne peut revendiquer le droit au regroupement familial pour l'enfant qu'il a recueilli.

Dans cette hypothèse et dans toutes les autres, qu'il s'agisse du recueil d'un enfant marocain ou d'un autre pays où l'adoption est interdite, et du recueil par un *kafîl* français ou étranger, le Conseil d'État se réfère essentiellement au droit au respect à la vie privée et familiale prévu par l'article 8 de la Convention européenne des droits de l'homme. L'analyse des nombreux arrêts rendus en la matière[9] montre que le juge administratif s'attache à la preuve de l'existence de la vie familiale qui ne résulte pas de la seule décision de *kafâla* et à l'existence ou non d'une famille biologique pour le *makfûl*. Si celui-ci est orphelin, ou a été abandonné, son seul lien de famille est celui qui résulte de la *kafâla,* aussi lui refuser le visa d'entrée en France porterait atteinte au respect de cette seule vie familiale dont il peut bénéficier. À l'inverse, le juge administratif peut considérer que l'intérêt supérieur de l'enfant est de rester dans son pays de naissance où vit sa famille biologique. Il tient compte également de la délivrance d'un agrément pour adopter si le *kafîl* est français.

Par conséquent, l'ambiguïté du régime de la *kafâla* et de la protection qu'elle est supposée donner à l'enfant apparaît tout d'abord quant au droit de vivre son enfance en France avec la personne qui l'a recueillie. Au surplus, du droit de séjourner en France, vont dépendre en pratique tous les autres droits de l'enfant recueilli et ceux auxquels peut prétendre son *kafîl*, notamment les droits sociaux.

---

9 CE 16 janvier 2006 n°274934 : *Jurisdata* n°2006-069660 ; CE 22 février 2008 n°293833CE 27 juin 2008 n° 291561 : *Jurisdata* n°2008-073781 notamment.

La question des droits sociaux, qui en principe découlent du droit de séjourner en France, est cependant moins problématique que celle relative à l'autorité parentale, aux droits et obligations du *kafîl* et de son protégé.

La *kafâla* et les droits sociaux

On pourrait penser que le droit social étant plus pragmatique que le droit civil, puisqu'il ne se réfère pas systématiquement à l'état civil et à la filiation, mais à une notion de fait, c'est-à-dire la condition d'être personne à charge comme ouvrant droit à la protection sociale, ce droit serait totalement bienveillant envers les enfants recueillis en *kafâla*. En l'état du droit positif et dans les faits, cette affirmation doit être nuancée. D'abord parce que l'ouverture de certains droits est subordonnée à l'existence d'un lien familial juridiquement établi ; il en est ainsi du droit au congé de paternité et au congé d'adoption, du droit à l'allocation de parent isolé et ce, même si les caisses d'allocations familiales versent désormais au *kafîl* la prime d'adoption dépendant de la prestation d'accueil du jeune enfant. Ensuite et surtout, parce que le droit aux diverses prestations sociales est subordonné pour les ressortissants étrangers à la régularité de leur séjour. L'article L. 512-2 du Code de la sécurité sociale dispose que l'allocataire et l'enfant à charge doivent justifier de la régularité de leur séjour en France ; bien plus, il prévoit une liste limitative, fixée réglementairement, des titres et justifications qui peuvent être produits pour attester de la régularité de l'entrée et du séjour des bénéficiaires étrangers et des enfants que ces étrangers ont à charge et au titre desquels des prestations familiales sont demandées – cette liste figure à l'article D. 512-2 du Code de la sécurité sociale.

Ces dispositions sont à l'origine de contentieux entre les familles qui ont recueilli des enfants par *kafâla* et les caisses d'allocations familiales. Dans un avis du 9 juin 2004, la Défenseure des enfants a proposé de ne retenir que la régularité du séjour des parents – et partant du *kafîl* – pour l'attribution des prestations familiales Dans sa délibération du 11 décembre 2006, la Haute autorité de lutte contre les discriminations et pour l'égalité (HALDE), saisie par un ressortissant camerounais auquel la CAF avait refusé d'accorder les prestations familiales pour ses deux enfants entrés sur le territoire français hors de la procédure de regroupement familial, a énoncé que « la condition de régularité du séjour exigée des enfants étrangers pour ouvrir droit aux prestations familiales peut être qualifiée de discriminatoire » et a préconisé la modification de l'article L. 512-2 du Code de la sécurité sociale et la suppression de l'article D. 512-2. Enfin, de nombreux arrêts de la Cour de cassation et de cours d'appel rappellent que ces dispositions relatives à la régularité du séjour des enfants sont en de nombreux points contraires à plusieurs engagements internationaux. Mais le Code de la sécurité sociale n'a pas été modifié pour autant.

La *kafâla* n'est ni une délégation d'autorité parentale, ni une tutelle

Il est certain que si l'on pouvait faire rentrer la *kafâla* dans l'une de nos catégories juridiques, tout serait plus aisé.

Le Conseil d'État l'a souvent assimilée à une délégation d'autorité parentale dans certaines de ses décisions[10], sans pour autant considérer qu'elle ouvre automatiquement droit au visa d'entrée. Mais la délégation d'autorité parentale n'a pas tous les effets de la *kafâla* prononcée en Algérie ou au Maroc. Le délégataire ne peut pas donner son nom à l'enfant. La *kafâla* est révocable sans motif, au moins en Algérie, mais le décès du *kafîl* n'y met pas fin de plein droit – au contraire du décès de la personne à laquelle a été déléguée l'autorité parentale.

En réalité, la délégation d'autorité parentale ne se conçoit que dans un dispositif où l'enfant dispose d'une filiation, où il y a distinction entre les titulaires de l'autorité parentale et ceux qui l'exercent par délégation, alors que la plupart des *makfûl* n'ont pas de filiation légalement établie. Dès lors, la délégation d'autorité parentale apparaît essentiellement comme un régime transitoire, revendiqué par certains parents *kafîl* avant de tenter d'obtenir la création d'un lien de filiation par l'adoption. La cour d'appel de Colmar a ainsi rendu le 11 juin 2009 un arrêt infirmatif[11] constatant que le jugement prononcé le 27 janvier 2002 par le tribunal de Tlemcem (Algérie) consentant au recueil légal de l'enfant par M. et Mme D. et « emportant des conséquences comparables à une délégation d'autorité parentale », a force exécutoire sur le territoire français ; et ce, malgré l'opposition du ministère public qui invoquait la contrariété du jugement algérien à l'ordre public français en ce que la *kafâla* est inconnue du droit civil français et n'est pas assimilable à une adoption simple. En revanche, la Cour d'appel a rejeté la demande d'inscription de la décision en marge de l'acte de naissance de l'enfant, puisque la décision rendue ne modifiait pas son état civil.

Confrontée à un contentieux croissant, à la résistance des juges du fond qui persistent à prononcer l'adoption des enfants en *kafâla*, à l'avis allant dans le même sens donné par le Conseil supérieur de l'adoption (CSA) en 2006, aux tentatives de parlementaires de faire tomber l'interdiction de l'adoption pour ces enfants, aux avis autorisés dénonçant la discrimination dont ils sont victimes, la Chancellerie a imaginé de soutenir qu'il s'agit tout simplement d'une tutelle. Après l'annonce qui en avait été faite au CSA, cette assimilation de la *kafâla* à la tutelle a été reprise dans une réponse donnée par la Garde des Sceaux lors de débats au Sénat le 21 août 2008 : « La *kafâla* peut être assimilée en France à une tutelle » pour les enfants abandonnés, sans filiation connue ou orphelins. Pour la Chancellerie, cette solution présenterait en outre l'avantage de ne pas nécessiter

10 CE 28 décembre 2007 n°303956 et n°304202 - 9 novembre 2007 n°27 9743 - 7 mars 2007 n°285679 et n°288637.

11 C'est-à-dire qui infirme le jugement rendu en première instance, donc qui juge en sens contraire, alors qu'un arrêt confirmatif confirme le jugement et statue dans le même sens.

l'*exequatur*[12] de la décision étrangère rendue en matière d'état et de capacité des personnes et donc applicable de plein droit selon la jurisprudence bien établie de Cour de cassation[13]. Outre que l'on peut douter de la possibilité de faire application directement dans notre droit interne d'un statut de protection de l'enfant qui n'y figure pas et de l'effet incantatoire de la réponse ministérielle sur les administrations françaises et notamment sur les caisses d'allocations familiales, l'assimilation de la *kafâla* à la tutelle semble pour le moins hasardeuse.

Déjà, il convient de remarquer que les droits musulmans, notamment marocain et algérien, distinguent ces deux institutions que sont la *kafâla* et la tutelle. Si le *kafil* devient tuteur légal de l'enfant, – au demeurant comme tout père légitime – c'est parce qu'il a envers lui les devoirs qui sont ceux d'un père envers son fils. Comme la délégation d'autorité parentale, la tutelle ne donne pas droit à la concordance de nom entre le mineur et son tuteur. En droit français, le tuteur est une personne seule tandis que la *kafâla* peut être accordée à un couple marié. Par ailleurs notre tutelle implique le contrôle du juge des tutelles et du conseil de famille pour les actes les plus graves : en réalité, l'analyse des articles du Code civil qui lui sont consacrés montre bien qu'elle vise davantage la protection des biens du mineur que celle de sa personne. Même si le *dahir* marocain du 13 juin 2002 donne compétence au juge des tutelles pour prononcer la *kafâla*, veiller à sa mise en œuvre et prendre certaines décisions, l'assimilation ne peut être opérée. L'analyse détaillée des deux institutions amène à ce constat : « La *kafâla* se caractérise par sa simplicité, la tutelle française par la rigueur institutionnelle »[14].

En réalité, ces discussions juridiques et ces contradictions tiennent peut-être essentiellement à la perception de la *kafâla* par les juristes français : à leurs yeux, elle se présente davantage comme un obstacle à l'adoption plutôt que comme une mesure de protection de l'enfant sans famille. On pourrait même penser que la *kafâla* crée un phénomène de sidération pour les professionnels de l'aide sociale à l'enfance. Un petit garçon né à Agadir, dont la mère s'était vue retirer tous les droits d'autorité parentale en raison des mauvais traitements infligés à ses deux enfants – décision grave et tout à fait justifiée en l'espèce, eu égard aux sévices infligés – n'a pas été admis immédiatement en qualité de pupille de l'État, car l'on craignait de contourner ainsi l'interdiction d'être adopté le frappant telle une malédiction. On ne s'était même pas interrogé sur la nationalité de la mère, laquelle était Française bien que portant un nom de famille marocain, de sorte que le petit

---

12 *Exequatur* : décision d'un juge français consistant à vérifier la régularité d'une décision étrangère au regard de certains critères afin de lui faire produire ses effets en France.

13 Arrêt *Bukley*, 28 février 1860, *Recueil Dalloz-Sirey* 1860 1e partie : « Les jugements étrangers rendus en matière d'état et de capacité des personnes sont de plein droit exécutoires en France sans qu'il soit besoin d'exequatur », sous la réserve, importante dans l'hypothèse de la *kafâla*, « qu'ils ne donnent pas lieu à coercition sur les biens ».

14 Jean-Marie Plazy, « La recherche d'équivalent : la tutelle », *Jurisclasseur Droit de la famille*, janv. 2009, p. 22 et s.

Hicham était bien Français lui aussi ; son petit frère, qui avait eu la chance de naître en France, était dans sa nouvelle famille depuis de longs mois, lorsque Hicham est devenu pupille de l'État.

La *Kafâla* obstacle à l'adoption

Et pourtant, l'article 20 de la Convention internationale des droits de l'enfant consacre la *kafâla* comme mesure de protection de l'enfant au même titre que l'adoption.

L'interdiction de l'adoption en droit français : le verrou[15] *posé par l'article 370-3 alinéa 2 du Code civil*

La situation antérieure à la loi du 6 février 2001

L'existence même de la *kafâla* repose sur l'interdiction de l'adoption posée par la loi civile dans certains pays de droit musulman mais pas dans tous, car ceux qui sont de tradition chiite en admettent le principe.

Le Code de la famille marocain (réformé en 2004-*Dahir* n°1-04-22 du 3 février 2004 portant promulgation de la loi n°70-03) dispose en son article 142 que la filiation parentale se réalise par la procréation de l'enfant par ses parents et qu'elle est légitime ou illégitime, cette dernière ne produisant aucun des effets de la première à l'égard du père. L'article 149 précise : « L'adoption (*tabani*) est juridiquement nulle et n'entraîne aucun des effets de la filiation légitime. L'adoption dite de gratification (*jaza*) ou testamentaire (*tanzil*) par laquelle une personne est placée au rang d'un héritier de premier degré n'établit pas la filiation paternelle et suit les règles du testament (*wassiya*) ».

Le Code de la famille algérien promulgué en 1984 est plus drastique encore puisque son article 46 énonce « L'adoption (*tabbani*) est interdite par la sharia et la loi ». Avant l'indépendance, lorsque l'Algérie était constituée de départements français, les tribunaux judiciaires appliquaient le code civil et même des cadis prononçaient l'adoption d'enfants abandonnés, sans s'inquiéter s'ils relevaient du statut de droit civil ou du statut de droit local. Il semble que cette pratique ait perduré après l'indépendance jusqu'en 1984[16].

Ce durcissement est contemporain du développement de l'adoption internationale en France. Dès le milieu des années 1980, des familles souvent binationales se sont rendues dans les pays dont elles étaient originaires, pour y recueillir des enfants dans des orphelinats. Déjà, dans ces années-là, les couples algériens et marocains, qu'ils vivent là-bas ou ici, se mobilisaient pour voir

15 Selon l'expression employée par Pierre Murat : « Le refus de la transformation en adoption » in *Jurisclasseur Droit de la famille*, janv. 2009, p. 37 et s.

16 Malika Boulenouar Azzemou, « Recueil légal (*kafâla*) et droit(s) positif(s) », *Jurisclasseur Droit de la famille*, janv. 2009, p. 17 et s.

reconnaître aux enfants recueillis en *kafâla* leur droit à une « vraie » famille. Ce sont d'ailleurs ces familles qui ont obtenu en 1992 la promulgation du décret algérien reconnaissant le droit à la concordance du nom. Quant aux tribunaux français, ils se montraient bienveillants : il apparaissait aux juges que l'adoption était le statut qui correspondait le mieux à la situation concrète de l'enfant privé de famille dans son pays de naissance et appelé à vivre dans le pays de ceux qui l'élèvent, et que son intérêt était bien de bénéficier d'une filiation adoptive lui assurant la sécurité de liens familiaux pérennes.

Dans un arrêt de principe du 10 mai 1995[17], la première chambre civile de la Cour de cassation, précisant sa jurisprudence issue des arrêts du 7 novembre 1984 (enfant grecque adoptée par une célibataire) et du 31 janvier 1990 (enfants brésiliens), dit que : « Deux époux français peuvent procéder à l'adoption d'un enfant dont la loi personnelle ne connaît pas, ou prohibe, cette institution, à la condition qu'indépendamment de cette loi, le représentant du mineur ait donné son consentement en pleine connaissance des effets attachés par la loi française à l'adoption et, en particulier, dans le cas de l'adoption plénière, du caractère complet et irrévocable de la rupture des liens entre le mineur et la famille par le sang ou les autorités de tutelle de son pays d'origine ».

Il s'agit là d'une position pragmatique : l'enfant élevé par un couple français est appelé à vivre en France et non dans son pays de naissance, ce couple a recueilli cet enfant dans l'intention de le faire sien. La pierre angulaire sur laquelle se construit le lien de filiation adoptif, c'est le consentement des parents de naissance ou du représentant légal de l'enfant, et non le pays où il est né ; dès lors, ce consentement, comme pour l'enfant grecque doit s'apprécier *in concreto* par rapport aux effets donnés par la loi française à l'adoption simple ou plénière.

On oublie trop souvent le contenu de cet arrêt ; en effet, les jugements et arrêts qui ont suivi, et dont la circulaire de la Chancellerie du 16 février 1999[18] a dit qu'ils constituaient une « jurisprudence erratique », n'ont fait qu'appliquer les principes de l'arrêt du 10 mai 1995, prononçant l'adoption en tout état de cause, mais analysant au cas par cas le consentement afin de déterminer s'il était donné pour une adoption simple ou plénière. Cette jurisprudence pragmatique explique en grande partie que le Parlement, auquel le député Jean-François Mattei avait présenté une proposition de loi de réforme du droit de l'adoption, n'ait pas adopté la norme de conflit de lois qu'elle contenait, destinée à ne pas laisser les enfants recueillis en *kafâla* « au milieu du gué », selon l'expression de son auteur[19].

Cette orientation de la jurisprudence française n'a pas empêché les autorités algériennes et marocaines de continuer à confier des enfants en *kafâla* à des familles françaises en sachant pertinemment que celles-ci demanderaient le

---

17 Civ. 1ère 10 mai 1995 *Bull. Civ.* I - n°198 nombreux commentaires.

18 Cir. min. 16 fév. 1999, NOR : JUSI9980193C, *JO* 2 avril 1999.

19 « Enfant d'ici, Enfant d'ailleurs : L'adoption sans frontière » : J.-F. Mattei *Doc.Fr* 1995.

prononcé de l'adoption en France et l'obtiendraient à coup sûr. À ce que l'on sache, il n'y a pas eu de protestation publique de ces mêmes autorités à cette pratique. La seule opposition réelle est venue des services du ministère de la Justice, lesquels avec une perception « publiciste »[20] du droit international privé, ont affirmé dans la circulaire du 16 février 1999 que ce droit s'opposait à la constitution en France de rapports juridiques non susceptibles d'être reconnus dans le pays d'origine des intéressés, afin d'éviter à ces derniers un « statut boiteux ». La circulaire ajoutait que compte tenu de la prohibition de l'adoption posée par la loi étrangère, celle-ci ne comportait aucune désignation des personnes habilitées à consentir à l'adoption ni les formes du recueil de leur consentement, de sorte que tout consentement qui pourrait être donné à l'adoption en dépit de l'interdiction serait sans valeur.

La circulaire du 16 février 1999 adressée non seulement aux parquets, mais à l'ensemble des magistrats des cours et tribunaux, comportait également d'autres préconisations visant globalement à limiter le prononcé de l'adoption plénière aux enfants nés dans les seuls pays connaissant cette institution et ayant ratifié la Convention de La Haye du 29 mai 1993 ; elle reprenait sur ce point un rapport du Conseil supérieur de l'adoption de 1989, dit rapport « Boutin », Christine Boutin étant alors présidente de ce Conseil.

En réaction à cette circulaire – dont le Conseil d'État, saisi par des familles adoptives et des associations devait déclarer dans un arrêt du 27 novembre 2000[21] qu'elle n'était pas réglementaire, ni partant opposable aux requérants en prononcé de l'adoption –, le député J.-F. Mattei déposa, au printemps 2000, une seconde proposition de loi, cette fois consacrée exclusivement à l'adoption internationale, visant à insérer dans le Code civil au titre « De la filiation adoptive » un chapitre III intitulé « Du conflit des lois relatives à la filiation adoptive et de l'effet en France des adoptions prononcées à l'étranger ». Fidèle à sa conception exprimée lors des débats relatifs à sa première proposition de loi en 1995 et 1996, J.-F. Mattei entendait permettre le prononcé de l'adoption, y compris pour les enfants recueillis en *kafâla*, à certaines conditions et sous le contrôle des juges français.

Les enfants recueillis en *kafâla* interdits d'adoption : la loi du 6 février 2001 et la jurisprudence actuelle

Le combat fut rude entre deux conceptions diamétralement opposées, l'une diplomatique avant tout, pourtant davantage défendue par le ministère de la Justice que par le ministère des Affaires étrangères, l'autre réaliste et soucieuse du bien-

---

20 Conception se référant davantage au droit public qu'au droit privé.

21 *Recueil Lebon* n° 208. 555.

être de l'enfant et de sa famille. En définitive, certains peuvent penser que le législateur a sacrifié les enfants abandonnés sur l'autel de la diplomatie.

Toujours est-il que le texte voté par le Parlement : « L'adoption d'un mineur étranger ne peut être prononcée si sa loi personnelle prohibe cette institution, sauf si ce mineur est né et réside habituellement en France », introduit à l'alinéa 2 de l'article 370-3 du Code civil la prohibition du prononcé de l'adoption en faveur de certains mineurs étrangers, « sauf s'ils sont nés et résident habituellement en France ». Cette interdiction concerne au premier chef les enfants recueillis en *kafâla*, algériens et marocains, à la condition cependant qu'ils ne soient pas nés en France, de sorte qu'en pratique, ils sont nés en Algérie ou au Maroc[22] ; cette référence au lieu de naissance renforce l'idée que cette notion devient plus importante que celle du statut personnel ou plutôt qu'elle serait déterminante pour le statut personnel, alors que dans d'autres domaines, le *jus soli* (droit du sol) s'effacera derrière la filiation – voire l'absence de filiation.

Il est certain que les tribunaux et les cours d'appel se sont montrés parfois réticents à appliquer cette règle nouvelle qui « fige l'enfant dans un statut qui ne correspond plus à son environnement sociojuridique actuel » et qui « n'est pas acceptable ». Nombreuses ont été les décisions qui ont prononcé *a minima* l'adoption simple d'enfants recueillis en *kafâla* par des familles françaises. Pour mettre fin à cette résistance, le Procureur général près la Cour de cassation a formé deux pourvois dans l'intérêt de la loi, contre deux arrêts des cours d'appel de Reims (2 décembre 2004) et de Toulouse (15 février 2005), prononçant respectivement l'adoption simple d'un enfant né au Maroc le 6 février 2003 et d'un autre né en Algérie le 28 juin 2002. Fort logiquement, la première chambre civile de la Cour de cassation ne pouvait que casser ces arrêts au visa de l'article 370-3 du Code civil, ce qu'elle fit par deux arrêts du 10 octobre 2006[23].

Depuis, les cours d'appel se sont pliées à la règle, confirmée par la Cour de cassation dans un arrêt du 9 juillet 2008. Récemment, le 25 février 2009, la Cour de cassation a même rendu un nouvel arrêt de principe énonçant que le refus de prononcer l'adoption de l'enfant recueilli par *kafâla*, en application de l'article 370-3 alinéa 2 du Code civil, « ne constitue pas une différence de traitement ni une atteinte au droit de mener une vie familiale normale et ne méconnaît pas l'intérêt supérieur de l'enfant, dès lors que la *kafâla* est expressément reconnue par la Convention de New York relative aux droits de l'enfant, au même titre que l'adoption ». Par cet arrêt, la Cour de cassation affirme donc la conformité de la règle de conflit de lois française aux droits fondamentaux. Le refus de prononcer l'adoption n'est pas jugé attentatoire au droit de mener une vie familiale normale et ne constitue pas une différence de traitement dès lors que la loi qui interdit

---

22 Les enfants de nationalité algérienne ou marocaine nés dans un pays tiers se trouvent frappés de l'interdiction d'être adoptés.

23 Civ. 1ère 10 octobre 2006, *Bull. Civ.* I n°431 nombreux commentaires.

l'adoption autorise la *kafâla* ; celle-ci étant reconnue comme préservant au même titre que l'adoption, l'intérêt supérieur de l'enfant.

Les arrêts de cours d'appel rendus au cours du 2e semestre 2008 et du 1er semestre 2009, qu'ils soient confirmatifs ou infirmatifs, publiés sur la base de données du ministère de la Justice, refusent tous de prononcer l'adoption simple ou plénière. Parmi les plus récents, l'arrêt en date du 20 mai 2009 de la Cour d'appel de Poitiers, désignée cour de renvoi par l'arrêt de la Cour de cassation du 9 juillet 2008, infirme en quelques lignes la décision de première instance prononçant l'adoption plénière. On peut remarquer que cette même Cour de Poitiers, dans deux arrêts du 26 mars 2008, avait pourtant infirmé un jugement rejetant la demande d'adoption simple pour un enfant recueilli en *kafâla*... Citons encore un arrêt de la Cour de Colmar du 7 octobre 2008 confirmant un refus d'adoption simple, deux arrêts de la Cour de Montpellier du 12 juin 2008 infirmant deux jugements du même jour prononçant l'adoption plénière et un arrêt de la Cour d'Aix-en-Provence du 10 décembre 2008 confirmant un refus de prononcer l'adoption plénière. Il est désormais acquis que la *kafâla* ne peut pas être transformée en adoption par les juridictions françaises : le verrou législatif est donc bien cadenassé.

La sortie de l'impasse

Des ébauches de solution

Nous savons qu'en raison de l'impossibilité d'établir la filiation hors du mariage, de très nombreux enfants sont dépourvus de parents légaux tant au Maroc qu'en Algérie : mais les chiffres sont rares et souvent estimatifs. En Algérie, selon les statistiques du ministère de la Solidarité nationale en 2007, 150 000 enfants hors mariage avaient été recensés durant les cinq dernières années, dont 9 000 auraient été pris en charge dans le cadre d'une *kafâla* parmi lesquels 1 056 par la communauté nationale à l'étranger et 1977 seraient élevés par leur mère biologique. On peut s'interroger sur le sort des 139 000 autres enfants.

Aujourd'hui, il n'est pas possible de déterminer le nombre de ces enfants qui sont recueillis en *kafâla* en France. Ces enfants, auparavant au milieu du gué, se trouvent maintenant dans une impasse et leurs familles aussi. Ces familles sont souvent d'origine maghrébine, dont un certain nombre habite la Seine Saint-Denis. Est-ce la raison pour laquelle les médias ne s'y intéressent pas ou si peu, alors qu'ils se font l'écho régulier des familles qui ont eu recours à la gestation pour autrui et homoparentales, qui se heurtent, elles aussi, à l'interdiction de prononcer l'adoption.

Certes, certains enfants « *kafâla* » sont adoptés, après plusieurs années passées dans leur famille et après avoir acquis la nationalité française en application de l'article 21-12 du Code civil. Ce texte prévoit en effet que l'enfant qui, au moins depuis cinq années, est recueilli en France et élevé par une personne de nationalité française ou qui, depuis au moins trois années, est confié au service de l'aide sociale à l'enfance, peut réclamer la nationalité française jusqu'à sa majorité, pourvu qu'à l'époque de sa déclaration, il réside en France. En dépit de quelques opinions critiques s'interrogeant sur le caractère frauduleux de l'opération, des hésitations de la Chancellerie et de quelques décisions de justice défavorables, il semble que cette voie soit ouverte : dans sa réponse ministérielle du 21 août 2008, déjà citée, la Garde des Sceaux a déclaré « dès lors que l'enfant a été élevé pendant cinq ans en France par des Français, la nationalité française peut lui être accordée selon les conditions fixées par l'article 21-12 du Code civil. La loi française lui étant alors applicable, l'enfant devient adoptable ». La même réponse avait déjà été donnée au Sénat le 30 août 2007.

Beaucoup de familles « *kafîl* » accomplissent donc les formalités de déclaration de nationalité française pour l'enfant recueilli, avant de solliciter le prononcé de son adoption, simple ou plénière selon sa situation. Mais la question du consentement à l'adoption n'en est pas résolue pour autant, car il devrait être donné par les autorités étrangères qui ont confié l'enfant, lesquelles précisément ne peuvent consentir à l'adoption prohibée par leur loi nationale. Au surplus, la durée du séjour en France, de cinq années, semble particulièrement longue, alors que dans sa rédaction antérieure à la loi n°2003-119 du 26 novembre 2003, l'article 21-12 ne prévoyait aucune durée minimale pour réclamer la nationalité française dans les mêmes conditions. Les démarches à accomplir pour la déclaration de nationalité française se sont par ailleurs alourdies.

L'autre solution consiste à attendre la majorité du *makfûl ;* l'article 370-3 ne s'applique qu'au mineur étranger et s'agissant d'un majeur, seul son consentement à l'adoption est requis et partant, pas celui de ses représentants légaux. En revanche, on peut se poser la question de la possibilité de prononcer l'adoption plénière jusque l'âge de 20 ans, puisque l'article 345 issu de la loi du 5 juillet 1996 permet de demander l'adoption plénière, – si les conditions en sont par ailleurs remplies –, au profit du majeur de 15 ans et de moins de 20 ans, accueilli avant d'avoir cet âge par des personnes qui ne remplissaient pas les conditions légales pour adopter. À cet égard, il faut rappeler qu'au contraire de l'adoption plénière, l'adoption simple par des Français ne confère pas à l'adopté la nationalité française et que la déclaration de nationalité française par celui-ci n'est possible que jusqu'à sa majorité légale.

Ces solutions ne sont toutefois pas satisfaisantes pour les enfants recueillis en *kafâla*. Nous avons vu l'insuffisance du droit social à répondre à leur protection et à celles des familles. Mais que deviendra le *makfûl* si le *kafîl* décide de mettre fin à son engagement bénévole et révocable par sa seule volonté ? Si celui-ci décède ? Les échecs de *kafâla* peuvent exister tout aussi bien que les échecs d'adoption, qui se traduisent par un placement permanent de l'enfant hors de sa famille. L'absence de statut juridique défini par le droit français pour un enfant qui réside en France peut lui occasionner des préjudices considérables et s'apparente à une discrimination injustifiable.

Le refus persistant de faire disparaître le verrou législatif de l'interdiction

Des tentatives ont été faites par certains parlementaires, conscients de l'acuité du problème, pour faire sauter le verrou législatif. Ainsi lors de l'examen en première lecture par le Sénat du projet de loi relatif à l'immigration, en juin 2006, Alain Milon et Jean-René Lecerf, sénateurs UMP ont déposé plusieurs amendements relatifs à la situation des enfants en *kafâla*, dont l'un visait son abrogation. De même en janvier 2007, lors de l'examen du projet de loi relatif à la protection de l'enfance, la députée PS Patricia Adam a défendu avec vigueur un amendement visant à introduire à l'alinéa 2 de l'article 370-3 du Code civil, le mot « plénière » sitôt après le mot « adoption », de manière à permettre aux juges français de prononcer l'adoption simple. Ces amendements ont été repoussés par le gouvernement, reprenant les analyses des services de la Chancellerie. Il convient de souligner que lors de la discussion à l'Assemblée nationale le 10 janvier 2007[24], l'argumentation s'est infléchie en fonction de la couleur politique : tandis qu'en 2001, le gouvernement socialiste mettait l'accent sur le respect de l'origine de l'enfant, ethnique, religieuse et culturelle, en 2007, le ministre chargé de la Famille a agité l'épouvantail de l'immigration clandestine.

Le rapport de Jean-Marie Colombani, chargé pourtant par le président de la République et le Premier ministre de faire toutes propositions afin de « faire disparaître les obstacles administratifs qui peuvent priver certains enfants d'une pleine et entière intégration »[25], continue à affirmer qu'il ne paraît pas possible de revenir sur l'article 370-3 du Code civil. Il se contente de proposer une coopération avec les deux principaux pays concernés, l'Algérie et le Maroc et l'aménagement des accords étatiques existants. Il recommande par ailleurs que les services de l'aide sociale à l'enfance procèdent à une enquête auprès des familles recueillantes. Aucune proposition n'est faite dans le but de faciliter l'intégration des enfants *makfûl*.

Les arguments en faveur d'une levée partielle de l'interdiction de l'adoption, soit en faveur de l'adoption simple, ne manquent pas toutefois. Concernant l'immigration, on pourrait même répliquer que la situation actuelle favorise la clandestinité. Elle ne permet pas de s'assurer, ni de la réalité de la situation juridique de l'enfant vis-à-vis de sa famille de naissance, ni du consentement donné par cette dernière au recueil en *kafâla*, – qui plus est dans une famille vivant en France –, ni de la capacité juridique et de l'aptitude et des motivations du *kafil* pour

24 *Légifrance*, « Compte rendu des débats Assemblée nationale 10 janvier 2007 ».

25 Jean-Marie Colombani, *Rapport sur l'adoption*; Doc. Fr. mars 2008, notamment la « lettre de mission » p. 349 et l'annexe IV « Aménager des solutions pour les enfants recueillis en *kafâla* » p. 107 et s.

adopter. En effet, l'agrément pour adopter, tel que prévu par l'article L. 225-2 du Code de l'action sociale et des familles conformément à l'article 15 de la Convention de La Haye du 29 mai 1993, n'est pas nécessaire pour pouvoir accueillir un enfant en *kafâla*. Alors que bien entendu, le tribunal saisi d'une demande de transformation en adoption devrait s'assurer que toutes ces conditions sont remplies et qu'il peut prononcer l'adoption dans l'intérêt de l'enfant.

L'émergence d'une solution européenne ?

La France est aujourd'hui le seul pays européen à prévoir dans sa loi l'interdiction du prononcé de l'adoption d'un enfant né dans un pays qui prohibe cette institution et « à faire de cet enfant un interdit d'adoption » et partant, le plus souvent de filiation. L'article 361-5 du Code civil belge issu de la loi du 6 décembre 2005 prévoit que l'enfant recueilli régulièrement en *kafâla* par des ressortissants belges ou des personnes résidant en Belgique est autorisé à entrer dans ce pays ; le prononcé de son adoption, simple ou plénière est possible aux mêmes conditions que pour tout enfant étranger, les adoptants devant quant à eux remplir celles requises pour une adoption internationale. Dès lors, leur démarche doit avoir été autorisée par le « jugement d'aptitude à adopter ». L'enfant recueilli en *kafâla* bénéficie ainsi en Belgique des garanties qui lui sont refusées en France. En Espagne, pays qui ne connaît qu'une seule forme d'adoption, la plénière, le prononcé de l'adoption d'un enfant recueilli en *kafâla* est possible.

Les commentateurs sont de plus en plus nombreux à penser que la législation française pourrait être remise en cause devant la Cour européenne des droits de l'homme : celle-ci en effet a rendu un arrêt remarqué en date du 28 juin 2007[26], dans une affaire où elle était saisie par une adoptante luxembourgeoise célibataire et par sa fille adoptée, qui invoquaient la violation des articles 6, 8 et 14 de la Convention en raison du refus des juges du Luxembourg de reconnaître l'adoption plénière prononcée au Pérou[27]. La Cour européenne a en effet considéré d'une part, que les juges nationaux luxembourgeois ne pouvaient pas valablement refuser la reconnaissance des liens familiaux qui préexistaient entre l'adoptante et sa fille adoptée au Pérou, liens résultant d'un jugement d'adoption plénière prononcé dans ce pays et ce, au regard de l'article 8 de la Convention. D'autre part, au visa de l'article 14, elle a estimé que l'adoptée se retrouvait dans un vide juridique que l'adoption simple prononcée entretemps n'avait pas comblé et qu'elle subissait ainsi une discrimination par rapport à un enfant dont l'adoption plénière est reconnue au Luxembourg.

---

26 M.-C. Le Boursicot, « La Convention européenne des droits de l'homme fait émerger un ordre public européen en matière d'adoption internationale », *Lamy Revue Juridique Personnes & Famille*, novembre 2007.

27 La loi luxembourgeoise de l'adoption ne permet que l'adoption simple pour les célibataires.

Nous ne savons pas si la personne dont le pourvoi contre l'arrêt qui l'avait déboutée de sa demande d'adoption vis-à-vis d'une enfant née en Algérie le 3 novembre 2003, pourvoi fondé sur les articles 3-1 de la Convention internationale des droits de l'enfant du 20 novembre 1989[28] de New York et 8 et 14 de la Convention européenne des droits de l'homme –, a été rejeté par la Cour de cassation dans son arrêt précité du 25 février 2009, a saisi la Cour européenne des droits de l'homme. On peut penser que tôt ou tard, la Cour européenne sera saisie, peut-être même par un couple bi-national, franco-belge ou franco-espagnol par exemple, qui voudra faire reconnaître en France l'adoption régulièrement prononcée en Belgique ou en Espagne, au regard des règles de droit international privé de ces pays, d'un enfant recueilli en *kafâla* en Algérie ou au Maroc. La contrariété à son ordre public d'une telle décision prise dans un des pays membres du Conseil de l'Europe invoquée par la France, sera-t-elle suffisante pour justifier cette ingérence de l'autorité publique dans l'exercice du droit au respect de la vie privée et familiale ? On peut sérieusement en douter. Mais faudra-t-il vraiment attendre que la France soit condamnée par la Convention européenne des droits de l'homme pour qu'elle modifie sa législation et pour sortir les enfants recueillis en *kafâla* de l'impasse juridique où ils se trouvent aujourd'hui ?

Résumé : La *kafâla* ou recueil légal d'un mineur abandonné ou orphelin, mesure de protection de l'enfant reconnue par les conventions internationales, est réglementée dans certains pays de droit musulman, notamment l'Algérie et le Maroc, qui par ailleurs interdisent l'adoption en vertu de la *sharia*. De nombreuses familles françaises qui ont leurs origines dans ces deux pays y recueillent en toute légalité des enfants en *kafâla*. Mais la *kafâla* ne crée pas de lien de filiation au contraire de l'adoption, de sorte que l'enfant au regard du droit français ne fait pas partie de la famille qui l'a accueilli, d'où des difficultés administratives à la fois lors de l'entrée en France de ces enfants, mais également lors de leur séjour. En outre, le Parlement français a voté en 2001 une loi interdisant aux juges de prononcer l'adoption des enfants étrangers nés dans les pays où l'adoption est interdite : il en résulte que les enfants recueillis en *kafâla* issus pour la plupart de ces pays ne peuvent pas être adoptés par ceux qui les élèvent, en tout cas pas avant d'avoir acquis la nationalité française et pas avant cinq années.

Mots-clés : *Kafâla*, adoption, filiation, Maroc, Algérie, France.

Kafâla – or Legal Guardianship of Minors in Islamic Law: Adoption without Filiation

Abstract: The *kafâla*, or legal guardianship of a minor who has been abandoned or orphaned, and a means of child protection recognized by international conventions, is regulated in certain Muslim law countries – notably Algeria and Morocco, which also prohibit adoption by virtue of *sharia* law. Many French families from these two countries take children into custody under the law (through *kafâla*). But unlike adoption, *kafâla* does not create a paternal tie, such that under French law the child is not part of his or her new family – giving rise to administrative problems at the point of the child's entry into France, and also in the course of their residence. Moreover,

28 Convention dite de New York du 26 janvier 1990.

in 2001, the French parliament passed a law prohibiting judges from granting adoptions to foreign children born in countries where adoption is forbidden – with the result that children sheltered in *kafâla* arrangements, most of whom come from such countries, may not be adopted by those who raise them unless they acquire French nationality, and in any case not before they reach the age of five.

Keywords: *Kafâla*, adoption, filiation, Morocco, Algeria, France.

Abréviations des références citées dans les notes :
CE = Conseil d'Etat
CCass = Cour de cassation
Dr = Droit
Civ. = civile - employé pour les chambres de la Cour de cassation. Bull. Civ. I = Bulletin (des arrêts de la Cour de cassation) Civile 1ère (1ère chambre civile). C'est la norme des codes Dalloz et Litec
Cir. Min. = circulaire ministérielle
JO = Journal officiel
Doc. Fr. = Documentation française

6. *Avis juridiques* (fatâwâ) *et pratiques bioéthiques*

Dariusch Atighetchi

Aspects of the Management of the Rising Life Comparing Islamic Law and the Laws of Modern Muslim States

The *Sharî'a* is the revealed Law of divine origin that regulates human actions which was built up into a fully comprehensive juridical system by Muslim jurisconsults (*fuqâhâ'*, *'ulamâ'* and *muftî*) in the first centuries after the death of the Prophet Muhâmmad (632 AD).

There are four sources for the *Sharî'a*, which have different normative value, with the first three being of divine origin. The Qur'ân, the direct and literal word of God; the last and perfect revelation given by God to man which updates and supersedes the previous monotheist revelations, restoring the original Abrahamic monotheism. The *Sunna* is the collection of the «sayings» (*hadîth*, pl. *ahâdîth*, Arabic) – which run into dozens of thousands – of Muhammad, the last of the Prophets, the juridical value of which varies according to their authenticity. The *Sunna* represents the perfect integration of the Qur'ân as it completes it when the Qur'ân is silent and provides an authentic interpretation when it is ambiguous or incomplete. *Ijmâ'* is the uninterrupted and unanimous consensus of the doctors of the Law and/or of the community on specific subjects. Reasoning by analogy is a tool of logic by which new rules of conduct are deduced to meet new situations starting from the rules applied in similar cases in the Sacred Sources.

Sunni Islam (which includes 85 % of Muslims) is characterized by the absence of a supreme religious authority or teaching. The only unquestioned authorities are the rules and principles present in the Sacred Sources, elaborated between the 10th-12th centuries AD and since then considered eternal.

In the Sunni world there are four canonical schools of law (Hanafite, Malikite, Shafi'ite and Hanbalite), the positions of which may differ on everything except on the foundations of the faith, worship and law.

Regarding disagreements between Muslim jurisconsults, these may be overcome, with the passing of time, by the prevailing opinion which ends up by representing the consensus (*ijmâ'*) of the Muslim community on the subject. The doctors of Muslim Law are consulted by the faithful on the religious legitimacy of recourse to modern techniques of diagnosis and therapy. The «scholars» may issue only *fatwâ*, i.e. simple legal opinions.

At present, in the attempt to identify positions that are representative of the entire Muslim community, reference is increasingly made to the «recommendations» and «resolutions» expressed by collegial bodies (the Muslim World League, the Organization of the Islamic Conference...), although their intrinsic juridical value does not go far beyond that of a *fatwâ*, a legal opinion which can be contested by other individuals or collective juridical-religious subjects.

Today, the authority of a *muftî* is mainly moral. It is the State that makes laws and the States are not obliged to follow the advices of Muslim jurists. Nevertheless, the opinions of the religious authorities are generally held in great consideration by the political authorities of Muslim States, especially on confusing subjects such as those discussed by bioethics.

Some positions of classical Islam on contraception

The Qur'ân does not speak of contraceptive practices. The «sayings» (*a<u>h</u>âdîth*) of the Prophet Mu<u>h</u>ammad are discordant, despite the *hadîth* «Marry and multiply». Nevertheless, the most authoritative *a<u>h</u>âdîth* on contraception (present in the collections of Bukhârî and Muslim) do not prohibit the practice of coitus interruptus (*'azl*).

In the times of the Prophet, the Arabs were aware of the limited efficacy of coitus interruptus to avoid pregnancy. However, faith in divine omnipotence has modified *'azl* from an obstacle to God's will – as maintained by Jews and Christians – to an instrument of divine will according to the Principle of Predestination : a child is born only if God so wills.

The Qur'ân itself assimilates, on the one hand, wealth and children with ephemeral ornaments: « Les biens et les enfants sont l'ornement de la vie de ce monde. Cependant, les bonnes œuvres qui persistent ont auprès de ton Seigneur une meilleure récompense et [suscitent] une belle espérance » (XVIII, 46 ; LVIII, 9 and LVIV, 15) but, at the same time, offspring represent a divine blessing.

Traditionally, Muslim law classifies human acts into five categories: compulsory, recommended, indifferent, reprehensible (*makrûh*) and forbidden (*<u>h</u>arâm*).

The most important classical juridical elaboration on the problem of *'azl* is to be found in the pages of a work by Ghazâlî (died 1111 AD), a Shafi'ite jurist, entitled *Vivification des Sciences de la foi.*

Ghazâlî described four dominant positions amongst his contemporaries[1]: those who consider that *'azl* is always licit, those who always prohibit it, those who allow it with the consent of the woman, those who allow it with a female slave. For

---

1 Ghazali, *Le Livre des Bons Usages en Matière de Mariage, (From l'Ihiya Ouloum ed-Din, ou Vivification des Sciences de la foi)*, Paris-Oxford, Maisonneuve-Thornton, 1953, 88-89.

this jurist, coitus interruptus is a permitted practice but at the same time reprehensible (i.e. *makrûh*), as for jurists procreation remains a meritorious action, abstention from which does not entail prohibitions.

Amongst the reasons identified by Ghazâlî to justify coitus interruptus from the juridical point of view, two meet contemporary sensibility: to protect the woman's health and beauty from the damage caused by pregnancy and birth, and to avoid numerous offspring if this compels the parents to commit unlawful acts to maintain their children.

Regarding the economic aspect, the Qur'ân (XVII, 31) states: « Et ne tuez pas vos enfants par crainte de pauvreté; c'est Nous qui attribuons leur subsistance; tout comme à vous. Les tuer, c'est vraiment un énorme péché ». This passage and others have at times been interpreted as evidence of the opposition of the Qur'ân to contraception, whilst, in actual fact, these passages refer to the prohibition of causing the death of a child after birth, that is, infanticide.

Ghazâlî was mainly interested in the motivations that would legitimise contraception, whilst he was less attracted by the analysis of the tools that could be used. This is the approach that has essentially been dominant in classic Muslim law.

Contemporary positions in favour of contraception

Historically, Muslim legal literature has allowed sexual activity only with wives (up to four) and slave-concubines. Today, sexuality is allowed only between married partners. It is fundamental to remember that in Muslim contexts when speaking about contraception the main subjects of reference are legally married partners, not unmarried couples.

As *'azl* is a male act which reduces female pleasure and female procreation, the majority of jurists have overcome this obstacle by having recourse to the husband obtaining the prior consent of his wife, applying the *a<u>h</u>âdîth* on the subject.

The juridical schools still basically agree today on the respective positions maintained on the past.

Since the end of the Second World War, the great population growth has induced Muslim governments to take action.

Thanks to the permissiveness shown by the *Sunna*, the Muslim world appears to promote easy recourse to the various contraceptive practices, without forgetting that this behaviour is merely tolerated and concerns only married couples.

At the same time, since Islam is a «Religion-State» system, the numerical expansion of the community remains a value approved both by the supporters and the opponents of contraception.

For example, in 1964, the Grand *Muftî* of Jordan, al-Qalqîlî, advocated marriage above all for the purpose of increasing offspring whose multiplicity implied «power, influence and invulnerability»[2].

In 1965, a document on the same subject by the Islamic Research Academy of al-Azhar stated: Islam wishes the multiplication of its children to reinforce the Muslim nation «from the social, economic and military point of view in order to increase its prestige and make it practically invincible»[3].

It is worthwhile recalling that those favourable to population control do not challenge the growth of the numerical force of Islam as such, but merely advocate its limitation or reduction in periods which are unfavourable from social and economic points of view.

Islam refuses a «weak multitude» and this purpose can be fulfilled by applying the three points proposed by the Egyptian Ministry of Religious Affairs in 1994[4]: promote temporary contraception during the period of breastfeeding, «total» contraception when the couple or one of them suffers from incurable hereditary pathologies. In addition, population control is suggested for parents who are incapable of bringing up their children in the respect of the juridical principle: damage must be avoided as far as possible.

Maḫmûd Shaltût, the maximum authority of Cairo's University of al-Azhar in the 1950s and 60s, judged the legislative interference of the State illicit if it established by law the maximum number of children couples could be allowed to have. State intervention is licit in the case of women with too many children or parents who have hereditary pathologies.

The conclusive document of the Rabat Conference (1971) on «Islam and Family Planning» considered family planning a practice that the couple could decide after freely agreeing, through using lawful means, on a pregnancy depending on their health, their economic situation and respecting their responsibility towards their children and themselves[5]. The Conference deemed it a priority for Muslim countries to dedicate energy to improve the quality of life of their citizens rather than limit interest to the numerical increase of the population.

Resolution 39 (1/5) on population control by the Council of the Academy of Muslim Law (*fiqh*) of Jeddah (Kuwait City, 1988) stated[6]: «general laws» which limit the procreative freedom of the couple are unlawful, sterilization is prohibited

---

2 O. Schieffelin. (Ed.), *Muslim Attitudes toward Family Planning*, New York, The Population Council, 1974, 3.

3 A. R. Omran, *Family Planning in the Legacy of Islam*, London, Routledge, 1994, 215.

4 Arab Republic Of Egypt, Ministry Of Waqfs, *Islam's Attitude towards Family Planning*, Cairo, 1994, 19-26.

5 I. Nazer. H. S. Karmi et *al.* (Eds.), *Islam and Family Planning: A Faithful Translation of the Arabic Edition of the Proceedings of the International Islamic Conference held in Rabat (Morocco), December 1971*, Beirut, International Planned Parenthood Federation, 1974, Vol. II, 483.

6 D. Atighetchi, *Islamic Bioethics: Problems and Perspectives*, Berlin-Dordrecht, Springer, 2009, 74.

except in cases of necessity. In the meanwhile, it is lawful to temporarily control procreation to space out pregnancies or interrupt them for certain periods in cases of necessity recognized by the *Sharî'a ;* in addition, this should be at the discretion of the couples after their prior agreement.

In a document of the 1990s, when he was the Grand *Muftî* of Egypt, M. S. Tantâwî paid great attention to the protection of the strength of the Muslim community. In his opinion, economically strong countries with advanced social systems can increase their population whilst weak countries, without adequate resources, induce their inhabitants to a life of «parasites»: «We welcome a numerous, strong, responsible and creative population. As for a weak, ignorant and depraved population, it would be preferable for them to remain a minority»[7].

Modern positions opposing contraception

A minority of jurisconsults who oppose contraception as well as being transversal to the various legal schools of thought has always existed. They also base their opinions on some «sayings» of the Prophet, but which are considered less authoritative from the juridical point of view than those tolerating *coitus interruptus*. We can quote two of them. The first is still used today by those who are favourable to the growth of the population in the Muslim world and states that the Prophet will be proud, on the day of the Resurrection of the dead, of the number of Muslims compared to other communities and, for this purpose, exhorted the faithful to multiply[8]. The second is a *hadith* narrated by Khudâma Bint Wahb al-Asadiyya (in the collections by Muslim, Ibn Mâjâ...) according to which *coitus interruptus* is the equivalent of a secret or minor infanticide[9].

These opponents consider procreation as the fundamental purpose of marriage, also on the grounds of Qur'ân (II, 223): « Vos épouses sont pour vous un champ de labour; allez à votre champ comme [et quand] vous le voulez et oeuvrez pour vous-mêmes à l'avance ».

Maududi, a contemporary «radical» Pakistani author commented the Qur'anic passage as follows: God describes women as land, highlighting the fact that biologically man is a peasant and woman is a field; the purpose of their intercourse is procreation. The peasant cultivates land to produce crops, «take away this purpose, and the entire pursuit becomes meaningless»[10]. In other words, sexuality has a meaning only if practised to procreate.

---

7 M. S. Tantawi, *La protezione dell'infanzia e la legge dell'Islam*, «Dolentium Hominum», 1994, 25, 261-266.

8 F. Rahman, *Health and Medicine in the Islamic Tradition: Change and Identity*, New York, Crossroad, 1989, 114.

9 Omran, *op. cit.*, 130.

10 A. Maududi, *Birth Control*, Lahore, Islamic Publications, 1993, 83.

Close to these positions are 'Abd al-H̲alîm Mah̲mûd, Grand *Muftî* of Egypt (1973-1978) and the Egyptian jurist Abû Zuhra who opposed population control with reasons that are still commonly held today at a popular level[11]: procreation is the purpose of marriage, contraceptives damage the collective morals, they are harmful for the health, the Imperialists spread contraception to limit the expansion of Islam, and there is room for many more Muslims in the world.

The 1987 decision by the Academy of Muslim Law of Mecca (Saudi Arabia) also belongs to this trend of thought[12]: contraception is lawful if the pregnancy entails dangers for the health of the woman. In all other circumstances, contraception is a «serious sin».

It is worthwhile pointing out the disparity of positions on contraception between the Academy of Muslim Law of Mecca in 1987 (quoted above) and that of the Academy of Muslim Law of Jeddah, Resolution 39 (1/5) of 1988, quoted earlier. These differences are anything but marginal.

In general, the radical or «fundamentalist» Muslim component is in favour of an increase in the population as an anti-Western weapon, based on the Qur'anic passage (XI, 6): « Il n'y a point de bête sur terre dont la subsistance n'incombe à Allah ».

States and society

The population policies implemented in Arab-Muslim countries also appear to be different. National legislations nevertheless refer to the legitimization of national religious authorities or bodies. In recent decades, almost all the most populous countries such as Egypt, Iran, Pakistan, Indonesia, etc. have inaugurated diversified policies of population control; the only exceptions are countries in desert areas such as Saudi Arabia which, for geopolitical reasons, need to increase their political weight also by increasing their numerical strength.

It is important to note how two leading Muslim countries, both from the historical-doctrinal and political points of view, namely Saudi Arabia and Iran, are committed to reinforcing the national and the international Muslim community. However, their population strategies seem opposed and yet they are based on an abundance of juridical and religious sources and formulations. In Saudi Arabia, the community is strengthened by increasing the number of the faithful, although contraceptives are easily found. For Iran, the same aim is also achieved by limiting the number of the faithful – otherwise the very survival of the community is at risk – and by increasing the quality of life of individuals. On 22/4/1993, the Parliament approved a law which imposed strong social obstacles on families after a third child. Condoms were already available in supermarkets, chemists' shops... The pill

---

11 J. Montague, «Islam and Family Planning», *Cultures et Développement*, 1975, 7 (1), 131-140, 137.

12 Omran, *op. cit.*, 215-216.

is free of charge in public hospitals. Sterilization for both men (vasectomy) and women is encouraged. All methods and services are free of charge, including sterilization. Iran is today the largest producer of condoms in the Middle East, satisfying 90 % of domestic demand with its production[13].

With the exception of the Islamic Republic of Iran, the results of population policies in Muslim countries generally appear disappointing. There are today almost one and a half billion Muslims in the world, of whom the Arabs are only a minority (20% of the total) and constantly declining. For example, amongst non-Arab countries, Pakistan alone has seen its population grow from about 95 million in 1997 to over 160 million in 2007. In the same period, Bangladesh went from just over 104 million to over 143 million inhabitants. The most populated Muslim country in the world (as well as non-Arab) is Indonesia, with 224 million citizens, 90 % of whom are Muslims.

Population growth is accompanied by conversions to Islam. Muslim preaching is particularly effective in multi-confessional African countries: between 1997 and 2007, Sierra Leone went from an animist majority of 51 %, followed by 39 % of Muslims and 4,7% of Protestants, to a 60 % majority of Muslims, followed by the animist (30 %) and Christian (10 %) minorities. The country is now a member of the Organization of the Islamic Conference (OCI). A similar trend can be seen in Guinea Bissau where, in just a decade, the number of animists has dropped from 65 % of the population to 39, 5% whilst Muslims have increased from 30 % to 46 %, becoming the relative majority. A similar trend can also be seen in Benin...

Save exceptions, animists and traditional forms of worship have represented and represent the preferred reservoir for conversions to Muslim and Christian monotheism, but almost everywhere the percentage of conversions to Islam is much greater than those to other faiths; the geopolitical repercussions of the creation of new Muslim countries and/or of increasingly stronger Muslim minorities will soon carry their weight on the international context.

Classical sources and abortion

The Qur'ân and the «sayings» of the Prophet contain multiple references to the development of the embryo. The most exhaustive of these passages is Qur'ân (XXIII, 12-14) – as well as (XL, 67), (LXXV, 36-40), (XXXV, 11)... – in which seven stages of development of the embryo in the mother's womb from creation are listed : « [12] Certes, Nous avons créé l'homme d'un extrait d'argile [13] dont Nous avons fait ensuite une goutte de sperme déposée en un réceptacle bien protégé ; [14] puis Nous avons transformé cette goutte en un caillot de sang dont

13 For more information, see Atighetchi, *Islamic Bioethics: Problems and Perspectives, op. cit.*, 86-89.

Nous avons fait un embryon où s'est dessiné le squelette que Nous avons recouvert de chair, pour en faire, en fin de compte, un nouvel être, bien différencié ».

The last phrase of the verses (XXIII, 12-14) « un nouvel être, bien différencié » introduces the concept of the infusion of the soul into the foetus by God. Animation highlights the superiority of man (who is a creature with a soul, whilst remaining a «servant of God») with respect to every other living creature. In addition, two phases in foetal development are distinguished: the first where the soul is not present, the second animated.

The authentic «sayings» of the Prophet complete the passages from the Qur'an. As the Qur'an (XXIII,14) does not specify when the infusion of the soul takes place, this information is revealed by a number of *ahâdîth* found in the collections of Bukhârî, Muslim and Nawâwî, as well as others.

In Bukhârî, Muhâmmad states: «The germ of every one of you is concentrated in his mother's womb in the form of a drop for forty days; then he becomes a clot of blood for the same period; then he becomes a piece of flesh for the same period; then the angel is sent to him to ensoul him»[14] Other positions exist which have traditionally and for various reasons remained minority ones. For example, a «saying» in Muslim indicates how on the 42nd night after ejaculation, an angel sent by God begins to differentiate the organs of the foetus, but no mention is made of infusion. Similarly, two *ahâdîth* in Nawâwî mention the descent of the angel after 40 or 45 nights. Historically, all the passages on these subjects have aroused a large number of different opinions.

The importance of the infusion of the soul

Before the infusion of the soul, the Hanafite school of thought (dominant in the Muslim world since the Ottoman Empire) traditionally appeared to be the one most willing to tolerate abortion, which is allowed or only lightly reproached. However, a valid justification was required, the most frequent being the existence of a child to breastfeed when a new pregnancy was started. These justifications ended up by limiting the tolerance initially expressed.

One of the most instructive Shafi'ite opinions is again that of Ghazâlî (died 1111) who repeats, step after step, the seven stages listed in the Qur'an (XXIII, 12-14). Ghazâlî states: « Le premier degré de l'existence, c'est que le sperme dégoutte dans l'utérus et se mélange avec le sperme de la femme et devienne ainsi réceptif à la vie; détruire cela constitue (déjà) un attentat contre un être existant, si la gouttelette de mélange devient grumeau (*mudgha*) et '*alaqa*, l'attentat est déjà plus grave; il l'est encore davantage lorsque l'âme y a été insufflée et qu'il a pris forme

14 *Glossary of Hadiths*, in I. Nazer. H. S. Karmi et al. (Eds.), *Islam and Family Planning: A Faithful Translation of the Arabic Edition of the Proceedings of the International Islamic Conference held in Rabat (Morocco)*, *op. cit.*, Vol. II, 539-540.

humaine ; mais le comble de l'atrocité est atteint quand le crime est commis après que le foetus est né vivant »[15] (*Ihy 'Ulûm ad-Dîn* 2,58).

From Ghazâlî onwards, there are main two interpretations in Muslim law on the phenomenon of abortion. The first prohibits abortion from fertilization, with the exception of therapeutic abortion. The second interpretation, perhaps the most widespread, places the emphasis on the temporal progression of the gravity of the act of abortion.

Nevertheless, the majority of Shafi'ite jurists allowed abortion within 40 or 42 days with the authorization of the spouses and it prevalently remains a legally detestable (*makrûh*) act. Many Hanbalites tolerated the interruption of pregnancy within 40, 80 or 120 days of fertilization. The last «canonical» Sunni school, the Malikite school, is the strictest, with the majority prohibiting abortion even during the first 40 days of pregnancy; at the same time, they agree on prohibiting it after four months whilst therapeutic abortion is accepted. The explanation for this severity lies in the concept of the embryo as a creature awaiting the soul God has destined for it.

Abortion is traditionally prohibited after the infusion of the soul with exeptions.

As far as therapeutic abortion is concerned, the majority of the doctors of the law recognize a greater value for the mother than for the foetus, based on at least three principles: the mother is a form of life that has already developed and can still be a source of a new life, the legal principle of the «lesser evil», the principle of the tree and the branch where the latter (the foetus-branch) can be sacrificed for the survival of the former (the mother-tree).

A transversal minority of jurisconsults who have opposed therapeutic abortion even after animation has also always existed, on the grounds of two considerations: there is no certainty that the mother will die if the foetus is not aborted, this doubt is sufficient not to kill it, e.g. Ibn Abdîn (Hanafite jurist, died 1836); after infusion the foetus is a human being and, as such, must always be defended (e.g. *fatwâ* by the Grand *Muftî* of Egypt 'Abdul-Majîd Sâlim in 1937).

Conclusion: there has always essentially been agreement in prohibiting (*harâm*) procured abortion after infusion of the soul (120 days after fertilization or another earlier date), except in the case of therapeutic abortion. On the contrary, before infusion, opinions on abortion are historically contradictory, varying from authorization to dissuasion to condemnation.

Criminal law obviously supported this perspective[16]. «Classic» Muslim law generally punished abortion of a foetus with a soul (i.e. after 120 days or another date) which was extracted alive (having shown some signs of life such as breathing, coughing, sneezing, etc.) but died immediately afterwards, by *diyya* or

---

15 Ghazali, *Le Livre des Bons Usages en Matière de Mariage, op. cit.*, 90.

16 See Atighetchi, *Islamic Bioethics: Problems and Perspectives, op. cit.*, 100-105.

the full blood price, similarly to the murder of an adult individual, which corresponds on average to 100 camels or 200 cattle or 1000 *dinar*... On the other hand, if after animation the foetus is stillborn, recourse is made to the *ghurra*, a reduced variant of the *diyya*. A majority of jurists calculated the *ghurra* at 1/20 of the value of the *diyya*. The question is different before the infusion of the soul. In this phase, the «scholars» do not even agree on the obligation to pay the *ghurra* (for abortion) by that date.

The *Sharî'a* fixes the minimum period of pregnancy at 6 months, but does not lay down the time of the start of gestation. For the Hanafite school of thought, for example, this start is calculated from the conclusion of the marriage contract and sexual intercourse between the partners is not indispensable[17]. On the other hand, for the other schools of law, the presumption of paternity is calculated from the coupling of the spouses.

Muslim law does not explicitly fix the maximum duration of pregnancy. The idea that it could last only 9 months was agreed on by a minority school, the Zahirites, whilst the Sunni schools of law often had recourse to the theory of the sleeping foetus which allowed extending the pregnancy well beyond that limit[18]. The Malikite extended to as much as seven years. The theory of the sleeping foetus, the non-scientific nature of which was well known to the jurists of the past, performed socially useful functions in particular because it allowed the children born out of adultery or fornication to establish a juridical relationship between father and son avoiding serious social and criminal consequences for the child (illegitimate) and the mother (guilty of adultery).

Current trends

Infusion imposes a transformation on the foetus with effects on its «right» to life. For example, *shaykh* Sha'râwî of Egypt stated that on the 120th day, the foetus went from a state of a potential human being with few rights (*insān bi-l-quwwa*) to that of a real human being (*insān bi-l-fi'l*) against whom every aggression can be punished (in *Liwâ' al-Islâm*, 6/4/1989, 55)[19].

In actual fact, the *Sharî'a* protects some rights of the foetus before birth. Consequently, according to some jurists if, when there is an inheritance, there is an heir that is about to be born, the division should be made after birth, or, according to other jurisconsults (Ibn 'Âṣim, Khalîl, Dasûqi) the part that should go to the

---

17 See R. Aluffi Beck-Peccoz, *La modernizzazione del diritto di famiglia nei paesi arabi,* Milano, Giuffrè, 1990, 157-158.

18 J. Colin., *L'enfant endormi dans le ventre de sa mère,* Presses Universitaires de Perpignan, 1998. Aluffi Beck-Peccoz, *op. cit.,* 158-159.

19 V. Rispler-Chaim, *The Right not to be born,* in J. E. Brockopp (Ed.), *Islamic Ethics of Life,* Columbia, University of South Carolina Press, 2003, 81-95, 88.

newborn should be kept aside. The portions mentioned are obviously subject to the birth of the foetus[20]. This protective attitude towards dawning life was expressed by the Prophet when he delayed corporal punishment on a pregnant adulterous woman until after the birth of her child, or after weaning.

There are jurists and doctors who «ignore» or criticize the concept of infusion. They are often authors who are oriented towards a radical rejection of abortion as they fear that the legal status of the embryo before animation is weakened compared to the embryo with a soul.

Amongst the very many contemporary medical and legal opinions, the Ethics Committee of the Islamic Medical Association of North America[21] deems the interruption of pregnancy lawful within the first 120 days to save the life and/or health of the mother from serious psychological or physical damage; in addition, abortion is allowed in the same period in the case of fatal but also non-fatal malformations of the foetus. Lastly, abortion is authorized in cases of rape, incest and war crimes.

In 2004, the latest version of the Islamic Code of Medical Ethics of the Islamic Organization for Medical Sciences (IOMS, Alexandria, Egypt) prohibited abortion unless the health and life of the mother were threatened and, in any case, within the first 120 days[22].

Many contemporary documents appear more restrictive as they espouse the traditional Malikite approach. For example, in 1971 the final declaration of the Islamic Conference on birth control, held in Rabat (Morocco) stated: « le Congrès est de l'opinion que tous les Jurisconsultes musulmans sont d'accord pour le déclarer religieusement interdit (*ḫarâm*) après le quatrième mois, sauf en cas de nécessité extrême, c'est-à-dire pour sauver la vie de la mère. En outre, la «saine opinion» va jusqu'à l'interdire en n'importe quelle autre période de la grossesse, sauf en cas de nécessité extrême, pour mieux protéger la vie de la mère, nonobstant l'existence de multiples opinions, chez les Jurisconsultes, à ce sujet »[23].

In August 1994, at the Cairo Conference on «Population and Development», the Islamic Research Academy of the University of al-Azhar deemed abortion unlawful even in the cases of adultery and rape, except when the mother's life was in danger[24].

---

20 D. Santillana, *Istituzioni di diritto musulmano malichita con riguardo anche al sistema sciafiita*, Roma, Istituto per l'Oriente, 1926-1938, Vol. I, 110.

21 Imana Ethics Committee, *Islamic Medical Ethics: The IMANA Perspective* (PDF format), in www.imana.org, 1-12, 9.

22 Ioms, *The Islamic Code for Medical and Health Ethics*, 2004, in www.islamset.com/ioms/Code2004/index.html, 1-61, 44.

23 M. Borrmans, *Islam et contraception*, « Se Comprendre », 1979, 79/9, 1-9, 6-7.

24 *Statement of the Islamic Research Academy on the Occasion of the United Nations Conference on Population and Development in Cairo*, in *Al-Azhar Views on the Draft Programme of Action of the International Conference for Population and Development held in Cairo*, Cairo, 1994, 5; International

As far as a pregnancy which is the result of fornication or adultery is concerned, according to the opinion of many Muslim «scholars», life cannot end with killing the foetus which would pay for the sin of the couple with its life. Recourse is made to the Qur'ân (XVII,15): « Et nul ne portera le fardeau d'autrui ». Furthermore, the principle of the right to life is believed to be greater and autonomous with respect to the circumstances and ways in which it started.

The many cases of Muslim women raped by non-Muslims in Bosnia and Kosovo reopened the debate on the lawfulness of abortion. The *Sharî'a* aims to protect the material and numerical development of the Muslim community (the *umma'*) which is also achieved thanks to the obligation of marriage between Muslim partners or between a Muslim man and a woman belonging to another religion of the Book (Judaism and Christianity) as the child takes the father's religion. In the case of a non-Muslim father, however, the *umma* would be weakened. Rape compromises the social condition of the Muslim woman who becomes a victim of ostracism by society and risks being unable to find a husband; her illegitimate son, on the other hand, is marginalized as a «bastard» (*walad az-zinâ*)[25]. These problems have convinced many doctors of the law to have a tolerant attitude towards the abortion of raped women, in particular Bosnian Muslims.

The Islamic Medical Association of South Africa, in a comment on the new South African law of 27/9/1996 which liberalized abortion within the first 12 weeks, limited the possibility of abortion in Islam to three situations[26]: when the mother's health would be seriously damaged by the continuation of the pregnancy; in the presence of anomalies that would be fatal for the foetus; in the case of incest and rape.

In October 1999, Nasr Farîd Wassal, Grand *Muftî* of Egypt, stated in the newspaper *al-Ahram*[27] that in the event of rape it is lawful (*halâl*) for a woman to abort within 120 days of pregnancy as rape is equivalent, for a woman, to psychological murder in a cultural and religious context where a woman's virginity is an indispensable condition for marriage. On the other hand, in 2005, the Grand *Muftî* of Egypt, 'Ali Jum'a, defined killing an innocent foetus as sacrilege, even if the result of incest or rape; abortion is lawful exclusively to save the mother's life but only before infusion of the soul on the 120th day[28].

Islamic Center For Population Studies And Research (IICPSR), *Islamic Manual of Family Planning*, Cairo, IICPSR, 1998, 18 and 23.

25 Atighetchi, *Islamic Bioethics: Problems and Perspectives, op. cit.*, 115-116.

26 Islamic Medical Association of South Africa, *Objection to the Enactment of Termination of Pregnancy Legislation*, 15 October 1997, in www.ima.org.za/abortion.html.

27 Atighetchi, *Islamic Bioethics: Problems and Perspectives, op. cit.*, 117.

28 *Ibid.*

The Academy of Muslim Law of Mecca (a body of the MWL), at its 12th session in 1990, approved the abortion of an incurably handicapped foetus within 120 days of fertilization with the prior consent of the parents[29].

The law in some countries

Only a minority of Muslim states make explicit reference to the many criteria of the *Sharî'a* to regulate abortion (for example, infusion of the soul, blood price...) as well as to a criminal system inspired by the *Sharî'a*; this does not prevent these laws from being different (e.g. Iran, Pakistan and Saudi Arabia). The laws of other countries may include some elements of religious origin (e.g. the limit of 120 or 40 days for abortion). The majority of countries makes no explicit reference to Muslim parameters in their legislation on abortion.

In Tunisia the Law of 26/9/1973 modified article 214 of the Tunisian Criminal Code in liberal terms which still allows free abortion in the first three months of pregnancy in hospitals[30]. After this period, abortion is possible when the health and psychological balance of the mother are at risk or if the child will suffer from a serious illness or handicap.

With respect to positive law, the majority of Tunisian *'ulamâ'* seem to follow the classic approach, tolerating the interruption of pregnancy before infusion on the 120th day after fertilization if there are valid reasons.

In Egypt the 1937 Criminal Code with articles 60-61 and 260-264 still represents the main legislative reference to regulate abortion. Abortion is always prohibited under articles 260-264. Under article 260, anyone voluntarily causing abortion through blows is punishable by up to 15 years of forced labour. Under article 263, medical personnel guilty of abortion are liable to forced labour. The application of these prohibitions is moderated by articles 60-61. The former states that some actions carried out in good faith do not come under criminal law. According to art. 61, an individual who commits a crime in a state of need, to avoid a grave danger that threatens himself or another person, cannot be punished. This article would also justify therapeutic abortion to protect the woman's health; approval by two doctors and the consent of the couple are required.

In actual fact, the state law does not appear to be particularly respected and voluntary interruption of pregnancy is not difficult, especially for women belonging to the affluent classes. Nevertheless, the great fear of abortionist doctors of being legally prosecuted has contributed to the development of illegal abortion which at present seems to be the main cause of mortality amongst mothers.

---

29 M. A. Albar, «Counselling about Genetic Disease: an Islamic Perspective», *Eastern Mediterranean Health Journal*, 1999, 5 (6), 1129-1133, 1132-1133.

30 République Tunisienne, *Code Pénal*, Tunis, Imprimerie Officielle de la République, 1997, 54-55.

In December 1982, the Criminal Code of Iran[31] in the *diyat* (*diyya*) section, disciplined abortion with a series of articles which were subsequently reconfirmed in the Criminal Code of July 1991 (articles 487-497). The *diyat* is the sum of money to be paid to the person (or his/her heirs) who has suffered damage. The Code (1982) reiterates the stages of embryonic development listed in the Qur'an (XXIII,12-14). The *diyat* to be paid for the interruption of the procreative process when the sperm is still deposited in the uterus is 20 dinar (Section 194). The abortion of a clot of blood (Arabic *'alaqa*) corresponds to 40 dinar. The *diyat* for the abortion of a small unformed mass of flesh (*mudgha*) is 60 dinar. The *diyat* for the abortion of a foetus of which the bones are already formed but not yet covered by flesh is 80 dinar. The *diyat* for the abortion of a foetus of which the flesh and bones are formed, but without a soul, is 100 dinar. In these first five phases, the law does not distinguish between the abortion of males or females. For an aborted foetus after the infusion of the soul, if it is male, the full *diyat* must be paid (corresponding to 100 camels or 200 cows or 1000 gold dinar etc.) whilst if it is female the *diyat* is halved.

The *diyat* for an abortion is to be made by the aggressor, whilst if the abortion is the result of an accident it is the clan that pays (*'aqîla* or relatives on the paternal side), independently of whether the foetus has been animated or not (S. 199). Expiations (*kaffara*)[32] are not contemplated for abortion before the foetus has been animated whilst for an abortion during the following phases, expiation and the full payment of the *diyat* are both required (S. 200).

On 21/6/2005, the Iranian Parliament approved a new law that allowed abortion within the first four months of pregnancy to save the mother's life and when the foetus is seriously handicapped. Abortion after rape is not contemplated.

Article 24 of the Ministerial Resolution of 23/1/1990 of Saudi Arabia includes both the time limits of 40 and 120 days to regulate abortion. The article prohibits the interruption of pregnancy except if performed to save the mother's life; however, abortion is possible in the first four months when there is the certainty that the pregnancy will seriously harm the woman's health.

The wording of the article in question includes Resolution n° 140 of the Saudi Council of the Grand *'Ulamâ'* of 19/2/1987 which sets out the prohibition of abortion: in the first 40 days abortion is lawful to produce a legitimate benefit (not specified) or to avoid foreseen damage (not specified). From the 40th day until the end of the 4 months, abortion is lawful if pregnancy will harm the woman's health. After four months, abortion is lawful if the continuation of the pregnancy will cost the mother her life.

---

31 *Islamic Penal Code of Iran* (translated by A.R. Naqvi), «Islamic Studies», 1986, 25 (2), 243-273, 270-271.

32 *Kaffara* or expiation of the repentant guilty party in Muslim law consists of giving goods to the poor, freeing slaves or prayer and fasting.

The Academy of Muslim Law (a body of the Muslim World League), at its 12th session in Mecca in 1990, approved abortion within the first 120 days from conception if the foetus is affected by an incurable handicap and life, after birth, will be abject for the newborn and family. The prior consent of both parents is required.

In Algeria the Criminal Code of 8/6/1966 in paragraphs 304-307 and 309-313 prohibits the interruption of pregnancy. Subsequent laws made abortion legal to save the mother's life, but also to protect her physical health from serious risks (Law no. 76-79 of 23/10/1976) and her mental health (Law on Mental Health no. 85-05 of 16/2/1985). Therapeutic abortion is allowed before the foetus is vital.

It is worthwhile comparing these laws with the *fatwâ*, of 15/2/1973, by the then Chairman of the Higher Islamic Council of Algeria, *shaykh* Ahmad Hammânî[33]. According to Hammânî, Muslim jurisconsults agree on the compulsory nature of recourse to the «blood price» when a foetus that has already been formed is aborted, whilst there is no agreement for the earlier stages of embryonic development. Therapeutic abortion becomes legitimate to protect the life but also the health of the mother. However, Hammânî continues, after «full human configuration» (about 120 days) voluntary abortion is no longer lawful.

The Indonesian Criminal Code of 1/1/1918 was based on the Dutch Criminal Code. In order to fight the practice of abortion in the country, paragraph 348 and following prohibited abortion in all cases (including therapeutic abortion) inflicting severe penalties for those responsible for abortions, for the pregnant woman who attempts to interrupt her pregnancy and for the doctors involved who are also banned from the medical profession. Since 1992, Health Law no. 23 has accepted abortion to save the life of a pregnant woman and/or the future life of her foetus. It is the woman who takes the decision; approval by her husband or family is required if the woman is incompetent or unconscious. The law is restrictive but not greatly respected; there is a very high number of illegal abortions and back-street abortions are common.

The situation today on assisted procreation

Muslim law considers marriage a duty, on condition that the man can maintain his family and can make the nuptial gift to the woman. Celibacy is not appreciated as it is considered a state against nature.

The social position of the Muslim woman has always been conditioned by her procreative ability; sterility greatly damages her status, even harming her self-esteem. According to the rules of the *Sharî'a* as a whole, the legal position of women, in the family, differs from that of men. If the woman is sterile, the man can

33 M. Borrmans, *Fatwa-s algériennes,* in B. Scarcia Amoretti, L. Rostagno (Edited by), *Yad Nama,* Roma, Bardi, 1991, Vol. 1, 83-107, 88-89.

remarry, without repudiating his first wife, as Muslim law allows polygamy with up to a maximum of four wives. Alternatively, the husband can repudiate his wife. On the contrary, when it is the husband that is sterile, the *Sharî'a* does not give the woman the possibility of repudiating her husband. However, in many legislations in force in Muslim countries, as marriage retains its nature as a private contract, the woman can insert some conditions in her favour into the contract (for instance, the husband cannot marry another woman, that he is not sterile etc.), infringement of which, by the husband, gives her the right to ask for divorce.

A premise to all further information is that the Qur'ân and the «sayings» of the Prophet condemn as fornication (*zinâ*) all intercourse between a man and a woman who is not his wife or slave, «Et n'approchez point la fornication. En vérité, c'est une turpitude et quel mauvais chemin !» (Qur'an : XVII, 32). Sexuality is allowed exclusively within marriage. The term *zinâ* includes both fornication and adultery (both of which are harshly punished by the *Sharî'a*) and at present recourse to techniques of heterologous artificial procreation is assimilated, from the juridical point of view, with an act of *zinâ*.

As the only legitimate filiation is with respect to the figure of the father, the children generated following intercourse between an individual and a women who is not his wife (a relationship of *zinâ*) do not belong to the paternal family; they have no bonds with the father, no right to his inheritance; the illegitimate child (*walad az-zinâ*) has bonds only with his mother and her family. This traditional approach has been modified in some contemporary legislations. For example, the new version of the Personal Status Law (*Muddawana*) in Morocco (2004, art. 142) introduces the figure of the mother: «La filiation se réalise par la descendance de l'enfant de ses parents».

When the couple cannot have children of their own, they cannot adopt as adoption is prohibited by the *Sharî'a* based on the Qur'an (XXXIII, 4-5)[34]. Only a particular type of adoption, called «reward» or «testamentary» is accepted, according to which a family can bring up a child without considering it their son as it continues to be related to its biological family. For example, article 46 of the Algerian Family Code (1984) declared: «Adoption is prohibited by the *Sharî'a* and by the law» and a similar prohibition is in force in many Arab countries[35]. Although the Qur'ân prohibits legal adoption, at the same time it encourages bringing up and educating orphans; nevertheless there is still great cultural resistance to this humanitarian solution in Arab and Muslim countries.

---

34 Coran 33,4-5: « 4. Allah n'a pas placé à l'homme deux cœurs dans sa poitrine. Il n'a point assimilé à vos mères vos épouses [à qui vous dites en les répudiant] : 'Tu es [aussi illicite] pour moi que le dos de ma mère'. Il n'a point fait de vos enfants adoptifs vos propres enfants. Ce sont des propos [qui sortent] de votre bouche. Mais Allah dit la vérité et c'est Lui qui met [l'homme] dans la bonne direction. 5. Appelez-les du nom de leurs pères : c'est plus équitable devant Allah. Mais si vous ne connaissez pas leurs pères, alors considérez-les comme vos frères en religion ou vos alliés. ».

35 The few exceptions include Tunisia which introduced adoption with law no. 27 of 1958.

There are countless legal-religious and medical documents on methods of artificial procreation, some of which we will mention here. In Mecca in 1985, the 8th session of the Academy of Muslim Law, a body of the Muslim World League (MWL), pronounced itself in a decision on artificial fertilization[36]. The document deems the techniques of internal and external homologous fecundation (i.e. *in vivo* and *in vitro*) lawful, whilst all the other systems of assisted procreation are prohibited (*ḫarâm*), coming under the category of acts of *zinâ*.

During the 8th session, the decision adopted at the 7th session, held in 1984[37] was also re-examined. It had tolerated recourse to *in vitro* fertilization in a polygamous relationship, i.e. through implanting an embryo produced by the gametes of the husband and one of his wives (without a uterus) in another of his wives. In the Islamic context, this practice maintains the relationship of procreation within the same (polygamous) family nucleus, therefore it would be a technique of homologous artificial fertilization whilst in the West, where polygamy is not allowed, the practice becomes a heterologous technique.

To question the resolution of the previous session, the 8th session analysed two extreme cases which lead to rejecting the embryo-transfer between wives of the same husband. Whilst it is true that the only valid filiation is that with respect to the paternal figure, the 8th session wanted to guarantee – through this rejection – a definite filiation for the child with regard to the mother as well. Naturally there are different opinions. In Lebanon, where polygamy is present, eggs can be donated within the same family group.

In addition, the 7th session in 1984 had also evaluated the legal «status» of the second mother, i.e. the «carrier» who is considered by some as equivalent to a «milk mother» of the child or a wet nurse, whilst the woman who provides the egg cell is the real biological and legal mother. Vice versa, according to other experts, the real mother is only the woman who carries the embryo in her womb until birth, based on Qur'ân (XLVI, 15): « sa mère l'a péniblement porté et en a péniblement accouché » and similar passages which underline how motherhood is characterized by sacrifice, patience, tolerance and suffering[38].

Amongst the techniques on which the religious authorities do not agree, mention can be made of the possibility of making a woman pregnant after the menopause ; or the possibility of using a cryo-preserved embryo from gametes of spouses who are still living.

Regarding assisted procreation, an important point of reference has been established in the recommendations made at the first international conference on

---

36 M. Borrmans, « Fécondation artificielle et éthique musulmane », *Lateranum*, 1987, LIII, 1, 88-103, 91-98.

37 *A Ruling of the Fiqh Academy of Makkah,* in A. R. AL Gindi (Ed.), *Human Reproduction in Islam (1983),* Kuwait, IOMS, 1989, 395-399, 398.

38 D. Atighetchi., *Islam e Bioetica,* Roma, Armando Editore, 2009, 125-126.

the «Bioethics in Human Reproduction in the Muslim world»[39] held in 1991 at the University of al-Azhar in Cairo (Egypt). The document underlines the following points. Research on *in vitro* fecundation is allowed if the gametes belong to spouses and if the fertilized egg is transferred to the womb of the wife. The donation of and trade in gametes are prohibited. The transfer of the fertilized egg to a «surrogate mother» is prohibited, including between wives of the same husband. The number of embryos that can be transferred into the womb must not be greater than 3-4. The eggs fertilized in excess can be cryo-preserved; they can be transferred to the wife only if the marriage is in force. Therapeutic research on pre-embryos requires the consent of the partners. Research aimed at modifying the hereditary characteristics of the foetus is prohibited, including to choose the gender.

In actual fact, the Muslim positions on the subject of pre-selection of the gender of the foetus do not appear univocal[40].

Society

The Arab Republic of Libya was the first Arab country to pass legislation with Law no. 175 of 7/12/1972, art. 403 a-b of the Criminal Code prohibiting any type of artificial insemination[41]. This approach was modified in 1986 when Law no. 17 concerning medical responsibility through which artificial insemination and homologous IVFET in the case of necessity, with the consent of the spouses and a valid marriage, was approved.

In Muslim countries, the cryo-preservation of embryos still arouses perplexities on the legal-religious level as well as causing resistance at the level of hospital organization. Recourse to micromanipulation, especially the technique called intracytoplasmic semen injection (ICSI, microinjection through micro-pipettes of a spermatozoid directly into an ovocyte), is very important in the cases of male infertility as it is forbidden to use sperm donors. ICSI is regulated by the law and/or practised in Egypt, Saudi Arabia, Turkey, Iran, Jordan etc..

Lastly, an example of a law inspired by the *Sharî'a* can be found in Tunisian law no. 93 of July 2001. Art. 4 limits recourse to techniques of artificial procreation to living married couples. According to art. 5, the fertilization of gametes and the implant of the embryo must take place only in the presence of the spouses and with their written authorization. The donation of gametes and of embryos is prohibited (art. 14-15). Art. 6 allows a bachelor undergoing treatment

---

39 G. I. Serour (Ed.), *Ethical Guidelines for Human Reproduction Research in the Muslim World*, Cairo, IICPSR, 1992, 29-31.

40 See Atighetchi, *Islamic Bioethics: Problems and Perspectives, op. cit.*, 153-154.

41 A. E. Mayer, «Libyan Legislation in Defense of Arabo-Islamic Sexual Mores», *The American Journal of Comparative Law*, 1980, 2, 287-313, 289.

that can damage his/her procreative capacity to freeze his/her gametes which can be used after marriage. Cloning is prohibited (art. 8). Art. 11 specifies that the cryo-preservation of gametes or embryos requires the written consent of the spouses; the procedure can have a duration of five years and can be renewed for another five years.

The ban on the donation of sperm and egg cells to the married couple from strangers is also prevalent in the Shi'ite world (which includes about 15% of the world's Muslims, especially in Iran, Iraq and Lebanon). However, the possibility of recourse to *ijtihâd*, i.e. the personal interpretation of the sources (formally not legitimized in Sunni Islam since the 10th-12th centuries AD), has encouraged the production of many highly diversified positions. For example, for some Shi'ite jurisconsults, the only child without hereditary rights and juridical relations with his father is the one that is the result of a direct adulterous intercourse.

In a *fatwâ* of 1999, the spiritual leader of the Islamic Republic of Iran, Ayatollah Ali Hussayn Khamenei, declared that the artificial donation of female gametes «is not legally prohibited»[42]. Khamenei also seems open to compromise regarding the donation of sperm. Khamenei actually maintains that there is an act of *zinâ* (adultery and fornication) only when there is *direct* sexual intercourse. Consequently, heterologous artificial techniques, as they do not entail an «in vivo» sexual contact, would not be fully considered as a prohibited practice. For the same reason, Khamenei does not believe recourse to temporary marriage – the so-called *mut'a* or marriage of pleasure – is necessary between the husband of a sterile woman and an unmarried donor who would thus be united in marriage until the donation of the female gametes to the sterile wife, in order to avoid the accusation of sexual relations outside marriage (*zinâ*).

The best known Lebanese Shi'ite authority, ayatollah M.H. Fadlallah, refuses the donation of sperm but accepts the donation of the female gamete. Like Khamenei, he rejects temporary marriage (*mut'a*) to avoid acts of *zinâ*. Despite the opinions of Fadlallah and Khamenei, the majority of Shi'ite scholars in favour of the donation of ovules believe that it is indispensable for the man and the female donor to contract the temporary marriage deemed lawful by the Iranian Civil Code (art. 1075-1077). On 27/8/2002, the Iranian Parliament authorized in vitro fertilization. In 2003, the Parliament also approved the donation of embryos from married couples to other married but sterile couples. In the same year, the Parliament prohibited the donation of sperm.

At present, several cases of surrogate maternity are reported in the Islamic Republic of Iran whilst programmes for the donation of ovules and embryos have

---

42 M. C. Inhorn, «Making Muslim Babies: IVF and Gamete Donation in Sunni Versus Shi'a Islam», *Culture, Medicine and Psychiatry*, 2006, 30 (4), 427-450, 434-435.

been started in the majority of clinics performing IVFET[43]. There is, in every case, a commercial transaction with few rules and controls. The *mut'a* marriage is often performed in the presence of only one witness and is not registered. The anonymous female donors can marry «temporarily» with a simple written agreement, without meeting the women receiving the eggs or their temporary husbands; they can receive their fee (about US $ 500) after the gametes have been taken without providing any personal information to the receiving couple nor receiving any information about them.

The Grand Ayatollah of Iraq, as-Sistânî, deems homologous techniques lawful. In addition, the sperm of a husband can be lawfully fertilized in vitro with the ovules of a female donor.

In conclusion, the Sunnite prohibition of donation by third parties is weakened by the possibility of recourse to heterologous practices in Shi'ite Islam. Any tolerance towards the donation of gametes mainly regards the female gamete (ovules) and not the male one (spermatozoids).

The debates on cloning

Cloning, i.e. the reproduction of genetically identical individuals can be obtained by transferring the nucleus or by embryo splitting. The element that has aroused greatest discussion is asexual reproduction. The penultimate Great *Muftî* of Egypt, N. Farîd Wassal, presented human cloning as an immoral and Satanic practice: «There is no greater error or sin than to wish to change the creation of God»; a human being created this way is an exact copy obtained with a procedure other than that designed by God. The union between a man and a woman continues to be the only way to procreate that can ensure well-being and harmony for man: «Human cloning will completely change what God has created, bring ruination to the Earth, lead to a change in human reproduction and in social relations. This will affect the bonds of the individual with the family, families amongst themselves and their bonds with the State and society... therefore Islam does not admit this practice… and closes the door on scientific experiments on it»[44]. Wassel is, on the other hand, in favour of therapeutic cloning as it is for the benefit of man.

Egypt's *sheikh* Yûsuf al-Qaradâwî appears to be of a less radical opinion: cloning does not manipulate creation because the techniques is successful only if God wishes. Qaradâwî is concerned by the practical and social consequences of the existence of several identical copies of the same individual. The main effect is on

---

43 D. Atighetchi, «La procreazione assistita nelle società islamiche: bioetica, diritto, costume e religione», *Medicina e Morale*, 2004, 5, 969-995.

44 N. F. Wasil, «Compendio sulla ricerca della clonazione umana e giudizio della medicina e della scienza nella Shari'a», in A. De Caro, *La clonazione secondo il diritto islamico, Riguardo alla clonazione* umana, Academic year 1999/2000, Roma, Università La Sapienza, (Degree Thesis), 159-167, 163.

the model of the traditional family: marriage becomes useless because procreation can be obtained through cloning; the egg and the womb belong to the woman and are sufficient for procreation to the extent of making the presence of a man superfluous. A similar imbalance would lead to unlawful relations between men and women as is believed to take place in the West[45]. In addition, the «photocopy» effect causes serious consequences as the partner might fail to recognise the «original» spouse, this giving rise to adulterous relationships. Vice versa, therapeutic cloning is deemed a useful practice for the common good (*maslaha*): if research makes it possible to clone organs such as the heart, liver, kidneys etc. to benefit those who are in need of them, this is lawful from the religious point of view and the researchers will receive their just reward from God.

In general, gene therapy, i.e. the introduction of a healthy gene into somatic cells (of the lymphatic system, of the blood and bone marrow in cases such as cystic fibrosis, haemophilia ...), if performed for therapeutic purposes, is approved of by Islam as it does not involve any offspring. Vice versa, gene therapy on stem cells (gametes, precocious embryos) is refused as it affects offspring.

According to the Academy of Muslim Law (10th Session, Jeddah 1997), but above all for the Islamic Research Academy of al-Azhar[46], cloning techniques do not represent an act of creation; only God is capable of creating from nothing, without previous examples – Qur'an (LII, 35-36), (XIII,16), (XIX,19), (XXII,73-74) – whilst cloning is only capable of mixing together elements that God has already created.

Before expressing its negative opinion, the al-Azhar document lists the arguments in favour and against cloning. Two reasons are given in favour: greater genetic knowledge will allow further improving medical and pharmacological applications; it would be possible to clone a genius or a leader with a noble soul.

The arguments against cloning are more developed. The technique («Dolly» type) is far from being effective. As only one case out of 300 has been successful, it is impossible to apply a technique with few chances of success to man. The natural union between male and female encourages the variety and spread of stronger and more adaptable beings. Cloning is a procedure that is too complicated with respect to the natural union designed by God (Qur'ân XXX, 21). Cloning deprives men of the good feelings and emotions that characterize them when they come face to face with nascent life. If for cloning we remove the cell from one woman, the ovule from a second woman and then we implant everything in the womb of a third woman, who is the mother: the owner of the cell or of the ovule or of the womb from which the cloned being emerges? A cloned man is destined to

---

45 A. Sachedina, *Cloning in the Quran and Tradition*, www.people.virginia.edu/~aas/article/article4.htm; Y. Al Qaradawi, *Cloning and Its Dangerous Impacts*, www.Islamonline.net

46 Islamic Reseacrh Academy Of The University Of Al-Azhar, «Progetto di Dichiarazione sulla Clonazione», 1998, in A. De Caro A., *La clonazione secondo il diritto islamico, op. cit.*, 141-142.

face additional moral, social and health difficulties as he will be excluded from the community. If the aim is to clone a genius of science, art etc., the copy concerns only physical characteristics, whereas intelligence and feelings cannot be cloned. If many attempts at human cloning fail, what will happen to the deformed and mutilated beings that are produced? Will they be killed? Will their organs be sold? Will they be put into a zoo?

In conclusion, according to al-Azhar, Islam encourages science that is useful for man. When the common good is superseded by harmfulness, the practice must be prohibited and cloning comes under this case.

As is the case with the opponents of cloning (the majority), those in favour of cloning also base their arguments on different reasons[47]. In general, they deny that the technique opposes divine will because the act is successful only if God so wishes (as is the case with IVF and contraception). In addition, those in favour accept it only in a married couple, for example with the DNA taken from the husband and implanted into the wife's egg. According to another approach, human cloning is believed to represent a rehearsal of human Resurrection by God on the Day of Judgement.

Genetics and socio-cultural characteristics

Some social and cultural characteristics of the Arab and/or Muslim world form a privileged object for genetics. Qur'ân (IV, 23-24) prohibits marriage between certain degrees of kinship but not between cousins. Nevertheless, in Muslim countries, marriages between consanguines (especially cousins) have always continued for social and economic as well as geographic reasons and appear to be constantly on the increase (e.g. in the Gulf)[48] although governments and medical and religious authorities denounce the risks for the offspring of such marriages.

This habit has increased the rate of pathologies due to autosomal recessive genes (auto-recessive pathologies) in Arab countries (i.e. cystic fibrosis, spinal muscular atrophy, congenital surrenal hyperplasia, phenylketonuria, etc.) compared to other countries in the world where diseases due to dominant autosomal genes are more widespread (e.g. Huntington's chorea, Willebrand's disease, etc.). Before marriage, it would be very useful to identify, through genetic consulting, not only the genetic status of the individual but also trace the clinical history of the whole family. However, the desire to find a bride/groom often dissuades the partner from doing tests and, to an even greater extent, prevents the partner from revealing to their family or the family of their future spouse that they are carriers of pathologies that could compromise the health and/or life of future children. The families

---

47 See Atighetchi, *Islamic Bioethics: Problems and Perspectives, op. cit.*, 245-247.

48 Centre for Arabic Genomic Studies (CAGS), www.cags.ae.

themselves (frequently very large) appear reluctant to undergo screenings even when a brother or sister of the future couple suffers from phenylketonuria or other transmissible pathologies.

In other words, people prefer not to know whether they are carriers of certain pathologies, especially in the cultural areas where marriage unites not only two individuals but two families with all the psychological and social effects involved. In the last place, many families are religiously willing to accept handicapped children, which is an attitude based on faith in God and on the idea of predestination. This can also be a reason for not taking prenatal tests.

There has been discussion for many years in the Middle East on the possibility of passing laws that make pre-matrimonial tests and genetic consulting compulsory to identify at least sickle cell anaemia and the carriers of the gene of thalassemia, very common in Arab countries (from 5 to 10% of the population) due to the high rate of marriages between blood relatives; these tests would be a requisite to obtain legal authorization for marriage[49], but countless problems are involved: the test is expensive and the endemic poverty makes it prohibitive for the poorest except in some oil-rich countries which can cover the costs; the majority of the governments have other priorities due to limited resources. Furthermore, a test imposed as compulsory would offend the autonomy of the individual. Lastly, if the test were positive for one or both the partners, is it lawful to prevent their marriage and who would have that authority?

Despite doubts and resistance, for several years and to varying extents, Saudi Arabia, the UAE, Kuwait, Bahrain, Tunisia, Turkey, Iran, etc., have introduced certain pre-matrimonial tests for the purpose of identifying the genetic status of the couple in order to allow the partners to learn in time of any serious health risks that can be transmitted to their children. However, the couples often refuse genetic consulting due to scant knowledge on the subject but also due to the widespread refusal of abortion for seriously handicapped foetuses. In these cases the frequent absence of treatment for children affected by serious or fatal genetic or other pathologies often means that the couple considers it pointless to do certain tests before and during pregnancy.

Lastly, in some traditionalist areas where marriages are often arranged by families, these agreements are unlikely to be annulled by families even though brothers and sisters of the future couple are already affected by transmissible genetic pathologies.

---

49 Albar, «Counselling about Genetic Disease: An Islamic Perspective», *EMHJ*, 1999, 5 (6), 1129-1133.

Conclusion

The concise account of the main positions on the start of life in Muslim contexts shows the highly complex and varying positions (only briefly mentioned) expressed by «classic» Muslim law and contemporary juridical opinions.

In Muslim countries, the laws on the phases of the «start of life» are diversified especially when considered in «the particular». In addition, the positions adopted by these countries (e.g. on population control) are pragmatic and are easily confirmed or have precedents in positions (including minority positions) which are present in «classic» Muslim law. Social, geographical and cultural differences can further vary the traditional rich juridical background. In practical terms, common roots in the Sacred Sources have not prevented the formation of an inter-Muslim pluralism on these topics. In our opinion, this pluralism characterizes almost all Muslim bioethical thought, to the extent that it is possible to speak of Muslim bioethics (in the plural).

Recognising the value of nascent life is common to all the major religions. However, this value is elaborated from the specific characteristics of each faith and religious law. Infusion of the soul is one element which is discussed systematically in Muslim law and its importance is so great as to have a transversal effect on all the aspects connected with the approach to nascent life.

Amongst the consequences, the reflection on embryonic stem cells appears emblematic: according to many Muslim «scholars» (perhaps the majority) these cells do not have a soul (animation takes place on the 40th or 120th day after fertilization) and are cultivated outside the woman's body. A potential human life exists prior to animation and becomes a more complete human being after animation. This is why the use of stem cells and research on pre-embryos is not deemed to raise major ethical issues. All the more so because the «certainty» of important therapeutic success in research on stem cells satisfies the principle of the public good (*maslaha*) of the community. For this reason, research on supernumerary embryos, which otherwise would die, can also be acceptable. It is hardly surprising that since 2003, Iran has been one of the most active countries in the world in producing, cultivating and freezing embryonic stem cells.

On the contrary, according to other Muslim experts, life must be respected even from its earliest stages as embryonic stem cells, pre-embryos and embryos are destined by God to form the future human being and therefore, their use in experimentation and in therapeutic cloning should be prohibited, independently of the infusion of the soul. There are several interesting intermediate positions between these two extremes.

The uncertainties on this topic are inevitably reflected on the official positions of Muslim countries. For example, on 8/3/2005, when the «United Nations' Declaration on Human Cloning» (a document with the value of a recommendation) was voted, prohibiting all forms of human cloning, the majority of Muslim countries were amongst the member states that abstained or were absent. The main reason was the juridical and ethical evaluation to give to stem cells and research on pre-embryos before the infusion of the soul.

Abstract: The author presents leading Muslim positions on issues of contraception, abortion, medically assisted reproduction, cloning and stem cells. This article demonstrates the complexity and heterogeneity of the rulings of "classical" Islamic law as well as those of contemporary judges. It deals as well with the social consequences of the new reproductive technologies. The diversity of the legal positions taken by different Muslim states derives from a rich legal tradition, from which may yet develop very diverse legislative approaches to matters related to reproduction.

Keywords: Islamic law, Muslim states, contraception, abortion, genetics, medically assisted reproduction, stem cells.

De la manière de considérer l'aube de la vie : une comparaison entre droit musulman et droits des États musulmans contemporains

Résumé : Sont présentées les principales positions musulmanes sur les thèmes relatifs à la contraception, l'avortement, la procréation artificielle, le clonage et les cellules souches. Cet article met ainsi en évidence la complexité et l'hétérogénéité des opinions énoncées par le droit musulman «classique» et par les opinions juridiques contemporaines. Il aborde également les conséquences sociales de l'utilisation des nouvelles technologies de procréation. Les différentes positions juridiques entre les États musulmans constituent des expressions dérivées d'un background juridique qui est en soi très riche et duquel peuvent se développer des législations très diverses relativement au sujet de la contraception, de l'avortement....

Mots-clés : droit musulman, États musulmans, contraception, avortement, génétique, procréations médicalement assistées, cellules souches.

Sandra Houot

Des usages éthiques du droit islamique : une réponse aux enjeux posés par la reproduction médicalement assistée

La question attachée à la procréation médicalement assistée demeure une pointe saillante de la réflexion bioéthique, même si les pratiques sont peu répandues. En intervenant artificiellement sur les corps, leur caractère manipulatoire et invasif interroge de la même manière le rapport à la limite. Outre la dimension normative de régulation instituée qui mesure la recevabilité ou non des actes médicaux, la limite a trait aux valeurs symboliques les plus fondamentales, tel le statut inchoatif de l'embryon relativement au respect de l'intégrité biologique et de la vie humaine, ou les invariants traditionnellement tenus pour intransgressibles, à l'instar de la parenté ou de la filiation.

Pour rendre au mieux les enjeux de la procréation médicalement assistée dans la sphère islamique, notre intérêt s'est porté sur le droit/jurisprudence islamique (*fiqh*). Grâce à l'extrapolation de prescriptions légales du *Coran* et de la *Sunna* du Prophète, nous mesurerons l'apport des outils auxiliaires traditionnels du présent droit qui nourrissent une dynamique éthique, au premier rang desquels on compte l'intérêt général ou bien commun, la *maslaha*. À entendre comme le cadre de réflexion privilégié de la bioéthique, c'est en son sein que s'exercent les capacités d'adaptation du droit islamique pour composer avec l'ici et le maintenant.

Ce sont les dispositifs argumentaires et leur mise en œuvre, pour répondre aux innovations techniques contingentes, qui nous intéresseront ici. Les sources de première main : décrets et avis consultatifs, délivrés par des autorités jurisconsultes représentatives de la voie médiane islamique, revêtent un intérêt heuristique, dans la mesure où, assimilées pour la plupart à des études de cas, elles nous aident à saisir des reformulations du droit islamique, depuis les innovations attachées aux pratiques médicales.

Nous aurons alors, et notamment à l'égard des enjeux éthiques attachés à « la condition fœtale »[1] à saisir la pluralité des voix qui organise le débat bioéthique. Les logiques en présence pour résoudre des situations de nécessité (*darûra*) ouvriront la réflexion sur un complexe sémantique qui organise le thème

---

1 Luc Boltanski, *La condition fœtale. Une sociologie de l'engendrement et de l'avortement*, Paris, Gallimard (coll. « Nrf Essais »), 2004.

de la reproduction. Une attention particulière sera portée aux bouleversements soulevés par la procréation, qu'ils intéressent les dispositions proprement dites de la maternité artificielle ou celles moins perceptibles, au détour de transversales que sont les implications sur les formes traditionnelles de parenté et de filiation, pour ne citer que les thématiques les plus emblématiques.

Du traitement de l'infertilité par l'expédient juridique

En charge des questions induites par l'essor biomédical, le droit islamique qui investit la réflexion bioéthique est, en retour, mis à l'épreuve. Plutôt qu'à la fixité de principes établis d'une morale normative, la réflexion jurisprudentielle répercute en aval une expérience d'adaptation. C'est à l'appui des outils juridiques, qui prennent en charge une morale contextuelle, qu'il nous reviendra d'éclairer les solutions pragmatiques déduites de réalités de nécessité, à l'instar de la procréation médicale assistée.

Le besoin. Un préalable à une éthique minimale

Les membres du Conseil de l'Académie de droit de la Ligue islamique mondiale (*majlis al-majma' al-fiqhî li-râbitat al-'âlam al-islâmî*)[2] qui se sont réunis à la Mecque en 1985 se sont accordés sur le fait que : « Le besoin (*hâja*) d'enfant chez une femme mariée qui ne peut procréer (*lâ tahmilu*) est considéré comme une visée (*gharad*) légitime »[3]. Contrairement au « désir » (*raghba*), l'acception du terme « besoin » par les jurisconsultes est à entendre comme une limite au fait de tomber dans une quête infiniment insatisfaite.

Ainsi qu'il est identifié par l'expertise jurisprudentielle, l'espace du désir est rapporté à la catégorie des « embellissements » (*tahsînât*), au « luxe » (*taraf*)[4]. Le choix de l'unité lexicale de besoin (*hâja*) induit un contexte d'exception (*istithnâ'*) ; en l'espèce, l'infécondité. « Tenant lieu de nécessité » (*yanzilu manzila al-darûra*), le besoin « l'emporte (*tubîhuhu*) sur ce qui est déclaré illicite (*tahrîm*) en matière de moyens (*wasâ'il*) »[5]. Limitative, cette condition intéresse la latitude laissée à l'homme pour réaliser les « objectifs » (*maqâsid*) divins.

---

2 Instance qui est rattachée à la Ligue islamique mondiale (*râbitat al-'âlam al-islâmî*) fondée en 1962 à la Mecque par le prince Faysal avec le concours de représentants de vingt-deux pays pour s'opposer au panarabisme nassérien et promouvoir le leadership islamique.

3 Extrait d'une conférence donnée par le clerc syrien Sa'îd, Ramadân al-Bûtî, « Les Enfants éprouvettes (*atfâl al-anâbîb*) », 1992b, Damas, Dâr al-Hâfiz [enregistrement audio].

4 *Ibid.*, à l'exemple de la chirurgie esthétique.

5 Al-'Arabî al-Bishrî, « Principes du droit des minorités (*muntalaqât li fiqh al-aqalliyyât*) », La Revue scientifique du Conseil Européen de la *fatwâ* et des recherches (*al-majalla al-'ilmiyya li-l-majlis al-urûbbî li-l-iftâ'wa-l-buhûth*), Dublin, 2004, t.1, p. 246.

Est ainsi prise en compte l'attente qui pousse à accomplir des actes indispensables à la satisfaction du besoin. Bien qu'étayées sur une dominante physiologique, les dimensions qualitative et psychologique sont également présentes. La préférence qui est donnée au « besoin » prévient, en outre, la volonté subjective du « désir d'enfant » et de ses contingences. Relativement à la reproduction, le « besoin » est pris en charge par « le droit conjugal » (*h̲aqq al-zawjayn* : litt. droit des deux conjoints) ou le « droit parental » (*h̲aqq al-abawayn,* litt. droit des deux parents)[6].

Non sans s'apparenter au devoir, « h̲aqq » renvoie à une « obligation juridique »[7]. Valant également pour les devoirs religieux, « l'idée d'obligation-devoir (*wujûb*) ou d'obligation imposée (*wâjib*) est tout ce que la loi et les usages exigent s'agissant d'obligation de faire »[8]. À la différence de la loi morale qui exerce son obligation sur l'intériorité de la conscience, la dimension optative du « *h̲aqq* », qui est située au-delà du caractère contraignant de l'obligation divine à laquelle consent le croyant, opère un déplacement vers la qualification morale d'une attitude personnelle.

Gratifiant du pouvoir de s'obliger et non plus d'être obligé ; tout non respect à l'obligation ne saurait conduire au péché, le « *h̲aqq* », de plus, inaugure l'horizon moyen d'une détermination réciproque entre droits et devoirs. L'union consacrée du mariage *(nikâh̲)* légitime la pratique sexuelle tout en induisant, à terme, une descendance légitime. La sexualité et la parenté dépendent, au premier chef, de la conjugalité.

> La majorité des spécialistes musulmans de droit s'accorde sur le besoin (*h̲âja*) pour une femme mariée qui n'a pas engendré (*tunjib*) et sur celui de son époux en attente d'enfant. Compte tenu du dessein (*gharḏ*) et du projet, le traitement (*mu'âlaja*) est autorisé (*yubîhû*) à l'aide d'une méthode agréée (*mubâh̲â*) : l'insémination artificielle (*talqîh̲ al-isṯinâ'î*)[9].

Si le « *besoin* » d'enfant est reconnu pour chacun des conjoints, la méthode qui est en l'espèce proposée, « l'insémination artificielle », renvoie prioritairement à l'infertilité masculine. L'épouse, de son côté, semble reléguée à une fonction de gestation. Partagée par de nombreuses cultures, le sperme, dans une croyance éprouvée, est considéré comme fertile. L'époux ne saurait être infécond malgré une stérilité de fait que la manipulation médicale, seule, peut pallier. Au détour d'un avis juridique (*fatwâ*), l'expérience singulière d'un couple en proie à une

---

6 Sa'îd, Ramaḏân al-Bûṯî, « Les enfants éprouvettes (*atfâl al-anâbîb*) », *op. cit.*

7 Duncan Black Macdonald [Edwin Elliott Calverley], « *H̲aqq* », *Encyclopédie de l'islam*, 1975, t. III, p. 85.

8 Louis Milliot, François-Paul Blanc, *Introduction à l'étude du droit musulman*, Paris, Dalloz, 2001, 2e éd. (1e éd. 1953), p. 192.

9 Muh̲amad al-Hawârî, « Les soubassements de l'édifice familial en Islâm (*usus binâ' al-usrî fî-l-islâm*) », La Revue scientifique du Conseil Européen de la *fatwâ* et des recherches (*al-majalla al-'ilmiyya li-l-majlis al-urûbbî li-l-iftâ'wa-l-buh̲ûth*), Dublin, 2006, vol. 7, p. 171.

infécondité dénote un traitement dont la préférence est accordée au donné psychologique.

> Je suis marié depuis dix ans, ma femme, toutefois, n'a pas engendré, alors que nous avons consulté un médecin spécialiste pour prendre conseil. Les médicaments (*dawâ'*) recommandés étaient ceux que nous prenions, en vain. Le fait est que cette situation m'empoisonne l'existence, je suis en proie à une tension nerveuse (*hâ'ir 'asabî*), surtout lorsque ma femme m'informe de la venue de ses règles (*hayd*). La pauvre (*miskîna*) est affligée, et pour moi et pour elle. Elle est toujours à mes côtés pour me consoler (*tû'asînî*) et me soulager (*tukhaffifu 'an*), en demandant à Dieu de nous accorder (*yarzaqunâ)* un enfant que nous attendons avec impatience (*bi fârgh as-sabr*). Je ne sais pas honorable *shaykh* comment régler ce problème. Je sens que le monde d'ici-bas nous spolie (*taqsû*) en nous privant de ce que désirons le plus dans l'existence, en sachant qu'avec les jours et les années qui passent, je pressens une aggravation du problème, bien qu'aucun médecin n'ait tranché sur la stérilité de ma femme et que tous m'aient signifié n'être qu'un problème minime requérant une médicamentation pour stimuler l'ovulation (*taqwiya al-ibâda*)[10].

La perception du solliciteur à l'égard de l'infécondité de son couple témoigne d'un malaise commun vécu par les candidats à la parenté. La stérilité, inexpliquée médicalement, amplifie l'anxiété, alors que le corps de la femme, fort de sa fonction objective de gestatrice, se retrouve du même coup commué en laboratoire d'expérience. Alors qu'elle n'a pas été confirmée, la technique contraignante de la stimulation ovarienne, qui est privilégiée pour juguler l'hypofertilité, inaugure l'étape initiale de l'assistance à la procréation.

La privation d'enfant se transforme en une épreuve vécue. Au sentiment d'être stigmatisé au quotidien par un isolement, fait de la pression sociale face à l'absence d'enfant qui peut être interprétée comme la marque d'un manque de virilité, s'associe le sentiment de malédiction. Cet état d'esprit, qui est une conséquence de la détresse du solliciteur croyant, est néanmoins déjoué habilement par le *muftî*[11].

> Peut-être que cette déconvenue (*hirmân*) provisoire qui signifie pour toi et ton épouse une forme de réprimande (*zajar*) et de punition (*tâ'dîb*), constitue une réponse à une angoisse qui ne s'harmonise (*yunsajimu*) pas avec la servitude (*'ubûdiyya*) de celui qui est inquiet envers son Maître, son Créateur[12].

À la privation d'enfant qui accable le croyant et le culpabilise, l'expertise jurisprudentielle du religieux, matinée d'une dimension morale, lui oppose une introspection. Celle-ci a pour vocation, en réparant spirituellement une injustice, de gratifier de sens existentiel. L'expérience intime de l'infertilité participe-t-elle d'un complexe réflexif distinct que la filiation (*nasl*) recouvre. Quatrième valeur

---

10 Sa'îd, Ramadân al-Bûtî, *Ton Médecin*, la revue scientifique et sociale de la santé (*tabîbuka. majalla sihhiyya 'ilmiyya ijtimâ'iyya*), novembre 1997.

11 Le *muftî* est un spécialiste de la loi religieuse dont le savoir, qui fait autorité, le légitime à délivrer des avis consultatifs (*fatâwâ*).

12 *Ibid.*

fondamentale à préserver[13], selon la *Sharî'a,* la filiation constitue une pointe avancée des présents débats éthiques. Son traitement est assuré par l'intérêt général (*maslaha*).

De l'intérêt général (maslaha) et de la fatwâ : les mises en présence d'une morale en contexte

Déduite du principe de droit s'attachant à ce dont « la Loi n'a pas établi par un texte formel, la nullité ou la licéité »[14], le concept de *maslaha* est à entendre comme une dérivation anthropologique de la Loi. Forgé par le rite malékite, sous la plume d'Abû Ishâq ash-Shâtibî (m.790 H. -1388 J.C)[15], ce concept intéresse, écrit-il, « la considération des besoins et des nécessités du moment », et plus largement de l'intérêt général « qui permet à l'homme d'acquérir un avantage (*manfa'a*) ou d'écarter un dommage (*madarra*) »[16]. Abû Hâmid al-Ghazzâlî (m. 505 H. -1111 J.C), quant à lui, a consacré la *maslaha* en « but ultime de la *Sharî'a* »[17].

En considération de l'ici et du maintenant, l'intérêt général gratifie d'un cadre dynamique qui permet l'adaptation de la Loi (*Sharî'a*) au réel (*wâqi'*)[18]. L'usage de cet outil jurisprudentiel, dont la fonction majeure est d'évaluer un acte par la force coercitive qu'il recèle, rompt ainsi avec une interprétation qui ne verrait dans le droit islamique qu'un modèle désincarné. Bien plus, la *maslaha* prend en charge un espace réflexif, par la mise au jour, *via* la contextualisation, des formes et des niveaux distincts de la complexité éthique.

À ce titre, le cadre de la consultation juridique (*fatwâ*) permet une rencontre entre des solliciteurs qui, en demande de sens, recherchent une instance de référence pour légitimer leurs pratiques et une désignation juridique dont la formulation sert, en le gratifiant d'une intelligibilité, à qualifier un contexte particulier : en l'espèce, celui de la nécessité (*darûra*). Il convient dès lors de faire retour sur ce concept pour comprendre les enjeux culturels de la procréation

---

13 Aux côtés, par ordre hiérarchique, de la religion (*dîn*), de la personne (*nafs*), de la raison (*'aql*) et du bien (*mâl*).

14 Henri Laoust, *La Politique de Ghazalî,* Paris, Geuthner, 1970, p. 167.

15 Le concept de *maslaha* aurait été forgé par Mâlik b. Anas (m. 179 H. - 795 J.C.), le fondateur du mâlikisme. Selon ash-Shâtibî, c'est al-Juwaynî (m. 478 H. - 1085 J.C.) qui aurait été le premier à attirer l'attention sur ce concept. Mâjid. Khadduri, « *al-maslaha* », *Encyclopédie de l'islam*, 1993, t. VI, p. 728.

16 Abû Hâmid al-Ghazzâlî, *al-Mustasfâ min 'ilm al-usûl*, Damas, Dâr al-Fikr, 2ts., t.1, p. 286.

17 Mâjid Khadduri, « *Maslaha* », *op.cit.*, p.727. Sur l'évolution de ce concept, nous renvoyons à l'article synthétique commis par Felicitas Opwis, « The concept of *Maslaha* », in Abbas Amanat et Franck Griffel (éds.), *Shari'a Islamic Law in the contemporary content*, Stanford, Stanford University Press, 2007, p. 62-82.

18 Yûsuf al-Qarâdâwî , « La Relation entre la religion et la politique selon les musulmans et les laïques (*al-'alâqa bayn al-dîn wa-l-siyâsa 'ind al-islâmiyyîn wa-l-'ilmâniyyîn*) », La Revue scientifique du Conseil Européen de la *fatwâ* et des recherches *(al-majalla al-'ilmiyya li-l-majlis al-urûbbî li-l-iftâ'wa-l-buhûth*), juin 2007, p. 89, http://www.e-cfr.org

médicalement assistée dans le champ musulman. À la question d'un solliciteur qui requiert un conseil pour conjurer l'infertilité qui frappe son couple, le *muftî* al-Bûṯî lui propose une alternative.

> […] Tu ne peux agir que de deux façons reconnues (*sâ'i'*) et légales (*mashrû'*) : l'une est que tu t'unisses à une seconde femme en t'ayant assuré que tu n'es pas la cause de l'infertilité. L'autre est le recours à ce que l'on désigne par l'" enfant éprouvette (*ṯifl al-anâbîb*)" ; cette seconde solution est autorisée (*jâ'iz*) pour les seuls cas de nécessités (ḏarûrât)[19].

S'assurer de la fertilité de l'époux, par une capture de l'expertise médicale, constitue une précaution pour le modèle familial, qui s'organise traditionnellement autour du couple procréateur. Un déplacement subreptice vers l'idée de virilité que la bigamie dénote, est toutefois à observer. Le « mariage secondaire », qui concerne le deuxième niveau de la hiérarchie des valeurs pour la protection des « buts » (*maqâṣid*) de la Loi, s'attache au « besoin fondamental » (*ẖâja*)[20]. Ceci dans la mesure où l'union légale est l'unique cadre qui gratifie aux enfants une légitimité en les affiliant à un groupe. De même que la filiation, pour le père, consacre une « inscription sociale dans une lignée »[21], elle présume sans avoir à apporter de preuves, la paternité (*ta'abbi*), « plus labile, plus incertaine […]. Cette labilité fragilise la paternité mais, en même temps elle offre des possibilités plus souples d'expression »[22].

La paternité constitue, de plus, une réponse à la maternité (*ta'ammum*) et à la puissante implication corporelle liée à la gestation et à l'engendrement, preuves naturelles pour établir une filiation. Au détour de « l'enfant éprouvette », la pratique médicale constitue le second recours, pour pallier le malheur de l'absence de descendance, en cas d'infertilité féminine. Cette intervention médicale est circonscrite au contexte particulier que prend en charge, du point de vue du *fiqh,* la « nécessité » (*ḏarûra)*. Cette catégorie assure le premier niveau de sauvegarde des « maqâṣid »[23].

Selon la classification ghazzalienne, le but ou la finalité de la Loi (*maqṣûd ash-shar'*) est de protéger (*an yaẖfaẕa*) les cinq dispositions (*al-khuluq al-khamsa*) ou les cinq principes (*al-uṣûl al-khamsa*) que sont la religion (*dîn*), l'âme (*nafs*), la

---

19 Sa'îd, Ramaḏân al-Bûṯî, *Ton Médecin*, la revue scientifique et sociale de la santé (*ṯabîbuka. majalla ṣiẖẖiyya 'ilmiyya ijtimâ'iyya*), *op.cit*., février 1998.

20 Le troisième niveau intéresse les embellissements (*taẖsînât* ou *tazyînât*). Abû Ḫâmid al-Ghazzâlî, *al-mustaṣfâ min 'ilm al-uṣûl*, Damas, Dâr al-Fikr (s.d.), 2 ts., t. 1, p. 289-290.

21 Françoise Héritier, *Masculin/Féminin : la pensée de la différence*, Paris, Odile Jacob, 1996 p. 280.

22 *Ibid*., p. 75.

23 Abû Ḫâmid al-Ghazzâlî, *al-mustaṣfâ min 'ilm al-uṣûl*, *op.cit*., p. 89-290.

filiation (*nasl* ou *nasab*), la raison (*'aql*) et les biens (*mâl*)[24]. Plus communément désignées par « les cinq nécessités » (*a<u>d</u>-<u>d</u>arûriyyât al-khamsa*), essentielles à la préservation de l'humanité, ces dispositions sont déduites du principe de droit s'attachant à l'intérêt général (*ma<u>s</u>la<u>h</u>a*) et ne sauraient contrevenir aux sources scripturaires, le Coran, la Sunna et le consensus ou *ijmâ'*[25]. Elle est un cadre dynamique qui permet l'adaptation de la Loi au contexte.

Quant à la catégorie de ce qui est autorisé (*jâ'iz),* permis (*mubâ<u>h</u>*), elle compte, selon la classification juridique des actes, parmi les cinq statuts obligatoires (*a<u>h</u>kâm al-khamsa*)[26]. Elle désigne un acte, en l'occurrence la fivette « dont l'abstention, aussi bien que l'accomplissement, est indifférent au Législateur »[27]. Malgré une infécondité avérée par l'expertise médicale, la procréation artificielle inaugure une forme nouvelle d'engendrement qui disjoint l'acte sexuel de la reproduction[28].

De la demande parentale : artificialiser médicalement la fécondation

L'insémination artificielle intra-conjugale (*at-talqî<u>h</u> al-<u>s</u>inâ'î ad-dâkhilî*), qui consiste à prélever le sperme (*tû'kha<u>d</u>u fîhi-l-nutfa adh-dhukûriyya*) du conjoint et à le déposer dans l'utérus (*tu<u>h</u>qanu fî-l-ra<u>h</u>im*) de son épouse[29], ne fait pas l'objet de débat. Il en va autrement de la fécondation *in vitro* qui, pratiquement, requiert le prélèvement d'un ovocyte (*buyay<u>d</u>a min mubî<u>d</u>*). Ce dernier est, à la suite, inséminé et cultivé en dehors de l'organisme, *in vitro*, dans un tube à essai par une technique reconnue (*fî unbûb ikhtibâr bi-l-<u>t</u>uruq al-fanniyya al-ma'rûfa*)[30]. Devenu embryon, il sera enfin inséré dans l'utérus par voie vaginale, pour une possible implantation.

Considérant la culture *in vitro* des ovules et des spermatozoïdes comme un acte de transgression, en raison d'une disjonction du lien acte sexuel et

---

24 *Ibid.*, p. 287. Pour la période contemporaine, cette classification est reprise par Sa'îd, Rama<u>d</u>ân al-Bû<u>t</u>î, Les Régulateurs du bien commun dans la Loi islamique *(<u>d</u>awâbi<u>t</u> al-ma<u>s</u>la<u>h</u>a fî ash-Sharî'a al-islâmiyya)* Damas, Dâr al-mutta<u>h</u>ida, 1992a, 6e éd. (1e éd. 1965), p. 110.

25 Sur le chemin du retour vers l'Islam (*'alâ <u>t</u>arîq al-'awda ilâ-l-islâm*) Damas, Dâr al-Fikr, 2001 (1e éd., 1980), 1992, p. 108.

26 Au sein duquel on compte le prohibé (*<u>h</u>arâm)* et le répréhensible, l'abhorré (*makrûh*), le recommandé (*mustahabb, mandûb*) et l'obligatoire (*wâjib*). Henri Laoust, *La Politique de Ghazalî, op.cit.*, p. 52.

27 Louis Milliot et François-Paul Blanc, *Introduction à l'étude du droit musulman, op.cit.*, p. 189.

28 Corinne Fortier montre que cette disjonction prétendue n'est pas toujours opérante dans les représentations des intéressés : « Le don de sperme et le don d'ovocyte ou "trois font un". Sexualité, inceste et procréation », in Patrice Bidou, Jacques Galinier et Bernard Juillerat *Anthropologie et psychanalyse : regards croisés*, édité par, Paris, EHESS, 2005, p. 59-80.

29 Mu<u>h</u>ammad al-Hawârî, « Les soubassements de l'édifice familial en Islâm (*usus binâ' al-usrî fî-l-islâm* », La Revue scientifique du Conseil Européen de la *fatwâ* et des recherches (*al-majalla al-'ilmiyya li-l-majlis al-urûbbî li-l-iftâ'wa-l-bu<u>h</u>ûth), op.cit.*, p. 172.

30 *Ibid.*, p. 172.

reproduction, le magistère catholique[31] a tenté d'en justifier l'interdiction, lui préférant l'adoption. Le leadership musulman, pour sa part, déplace le champ de l'obligation morale vers une expérience éthique, valant pour « les cas les plus restrictifs *(adyaq az-zurûf)*, d'une situation de nécessité exceptionnelle (*ad-darûra al-istithnâ'iyya*) »[32]. Ce contexte réflexif distinct introduit, *de facto*, une position morale conséquentialiste. Sa fonction consiste à « évaluer une action à la lumière de certains résultats plutôt qu'en référence à des règles de devoir ou d'obligation absolues »[33].

À une question relative à « la procréation (*injâb*) par le recours aux enfants éprouvettes (*atfâl al-anâbîb*) entendue comme un interdit légal (*muharram shar'an*) », il est répondu :

> La démarche qui consiste à procréer en recourant au procédé de l'enfant éprouvette est autorisée (*yajûzu*) en situation de nécessité (*darûra*), au sein de liens particuliers entre les époux. On ne s'étendra pas plus ici sur ce thème...[34].

Le caractère laconique de cet avis consultatif sous-tend des implications éthiques qui touchent aux valeurs fondamentales que sont l'origine de la vie et la parenté. Le *muftî* syrien al-Bûtî justifie juridiquement une posture des plus scrupuleuses. Pour ce faire, il s'appuie sur les principes de droit que sont la licence (*ibâha*) et l'inviolabilité (*hurma*)[35]. C'est autour de ces dernières qu'oscille la fécondation *in vitro* (*ihsâb al-janîn, khârj al-rahim, ihsâb an-nutfa khârij al-rahim*) »[36],

> porte ouverte au prétexte (*dharî'a*) pour justifier de nombreux interdits dont le plus dangereux est l'ouverture (*infitâh*) à la confusion des descendances (*ikhtilât al-ansâb*)[37].

La mention du concept *nasab* (pl. *ansâb*) situe le débat au niveau de la filiation. Troisième disposition à protéger, conformément à « la finalité de la Loi » (*maqsûd ash-shar'*), la filiation met en présence des « intérêts » en tension que sont

---

31 Ainsi qu'il est signifié dans le document publié par le Vatican en 1987 « Instruction sur le respect de la vie humaine et la dignité de la procréation ». Fernand Leroy, « Fivette », in Gilbert Hottois et Marie-Hélène Parizeau, *Les mots de la bioéthique*, Bruxelles, De Boeck 1995 (1e éd. 1993), p. 241.

32 Sa'îd, Ramadân al-Bûtî, L'Islâm, un refuge pour l'ensemble des sociétés humaines ; pourquoi ...? Comment ...? *(al-islâm, malâdh kull al-mujtama' majma'ât al-insâniyya limâdhâ...? Wa kayfa ?)*, Damas, Dâr al-Fikr, 1984, p. 133.

33 *Ibid.* p. 72.

34 Sa'îd, Ramadân al-Bûtî, *Ton Médecin*, la revue scientifique et sociale de la santé (*tabîbuka. majalla sihhiyya 'ilmiyya ijtimâ'iyya*), *op.cit.*, avril 1998.

35 Sa'îd, Ramadân al-Bûtî, L'Islâm, un refuge pour l'ensemble des sociétés humaines ; pourquoi ...? Comment ...? (*al-islâm, malâdh kull al-mujtama' majma'ât al-insâniyya limâdhâ...? Wa kayfa ?*), *op.cit.*, p. 132.

36 *Ibid.*, p. 132.

37 Sa'îd, Ramadân al-Bûtî, *Ton Médecin*, la revue scientifique et sociale de la santé (*tabîbuka. majalla sihhiyya 'ilmiyya ijtimâ'iyya*), *op.cit.*, septembre 1996.

« le droit du fœtus » (*haqq al-janîn*) et « le droit parental » (*haqq al-abawayn*)[38]. Cristallisé autour « de la culture de l'embryon in vitro (*ihsâb an-nutfa khârij al-rahim)* »[39], le conflit des présents droits repose, si l'on suit le *shaykh* Sa'îd Ramadân al-Bûtî, sur une double ramification. Au premier aspect qui s'articule autour d'une justification morale de l'acte médical, proprement dit, est corrélé un second aspect qui concerne les implications anthropologiques.

Au détour des « freins régulateurs » (*dawâbit*)

Conformément aux conséquences potentiellement nocives, la mention de la règle « *dharî'a* » (prétexte susceptible de tendre vers le prohibé) traduit une position préventive qui mesure un acte médical. Elle prolonge, en outre, un des fondamentaux prônés par le fondateur de l'école malékite[40], l'*imâm* Mâlik Ibn Anas (m. 179 H. -795 J.C), en commuant la conséquence en un critère normatif. Pour comprendre cette direction morale, il convient de faire retour sur la règle de droit limitative qu'exprime « L'obligation de faire obstacle aux prétextes susceptibles de tendre vers le prohibé » (*sadd adh-dharâ'i'*)[41].

Cette règle est un « moyen » (*wasîla*) auquel l'homme peut se référer « dans ce qu'il vise d'objectif » (*'an qasd minhu*) »[42]. Son instauration, nonobstant, sous-tend la question de la conséquence, dans la mesure où « le dessein (*matlûb*) ... ne prend pas en considération l'intention de l'agent (*fâ'il*), mais bel et bien le résultat de l'action (*natîja al-'amal*) et de ses effets (*thamaratihi*), que l'action mérite approbation (*yuhmadu*) ou condamnation (*yadhummu*) »[43]. L'objectif du fondement (*mabdâ'*) « sadd adh-dharâ'i' », selon l'interprétation de Mâlik Ibn Anas, renouvelée sous la plume du juriste contemporain égyptien Muhammad Abû Zahra, « est de viser (*yaqsidu*), toutefois, l'intérêt commun (*an-naf' al-'âmm*) ou d'écarter un mal général (*daf'al-fasâd al-'âmm*). Sont alors pris en compte simultanément le résultat (*natîja*) et l'objectif visé (*qasd*) »[44].

Relativement au sens qui irrigue la règle du *sadd adh-dharâ'i'*, l'on peut déduire un « conséquentialisme négatif », notamment sous la plume du juriste Abû

---

38 La Question de la limitation des naissances, prévention et traitement (*mas'alat tahdîd an-nasl, wiqâya wa 'ilâj*), Damas, Maktabat al-Fârâbî, 1988 (1e éd. 1976), p. 38.

39 *Ibid.*, p. 132.

40 À l'exemple du hanbalisme, du hanafisme et du shafi'isme, le malékisme compte au nombre des écoles (*madhâhib*) juridiques de l'islam sunnite.

41 Ziyâd Ahmad Salâma, Les Enfants éprouvettes : entre la science et la Loi *(atfâl al-anâbîb bayn al-'ilm wa ash-Sharî'a*), Beyrouth, Dâr al-'arabiyya li-l-'ulûm, 1996, p. 243-262.

42 *Ibid.*, p. 245.

43 'Abd al-Karîm Zaydân, Introduction à l'étude de la Loi islamique *(al-madkhal li-dirâsat ash-Sharî'a al-islâmiyya*), Beyrouth, Maktabat al-Quds, Muassasat al-Risâla, 1986, p. 304 et *Ibid.*, p. 245.

44 *Mâlik*, Le Caire, Maktabat al-Anjlû al-misriyya, 1952, p. 377. *Ibid.*, p. 250.

Is<u>h</u>âq Ibn Mûsâ ash-Shâ<u>t</u>ibî[45]. « La Loi est construite sur la précaution (*i<u>h</u>tiyâ<u>t</u>*), le choix de la détermination (*<u>h</u>azm*) et de la préservation (*ta<u>h</u>arruz*), dans l'éventualité d'une voie qui mène vers la corruption (*mafsada*) »[46]. La prévention de l'occurrence d'un mal prévaut logiquement sur celle de la seule promotion du bien. Cette posture morale n'oblitère toutefois pas l'horizon de perfectionnement ; auquel cas, ce serait ouvrir la porte à une position moraliste.

Pour le cas qui nous occupe, l'instrumentalisation de la fécondation, il est avant tout question du sens moral de l'acte médical devant satisfaire aux exigences de « l'intérêt impérieux » (*al-ma<u>s</u>la<u>h</u>a a<u>d</u>-<u>d</u>arûriyya*)[47]. À ce premier niveau est corrélé un second, le prédictif : il concerne le risque d'ouverture à d'autres manipulations du vivant.

Le « droit de l'embryon » : des intérêts en tension pour capturer le sens de la vie

La réflexion bioéthique valant pour la procréation médicalement assistée, repose sur « l'intérêt impérieux général » (*ma<u>s</u>la<u>h</u>a a<u>d</u>-<u>d</u>arûriyya al-'âmma),* associé à l'obligation de stricte astreinte des régulateurs des nécessités extrêmes (*<u>d</u>awâbi<u>t</u> a<u>d</u>-<u>d</u>arûra al-quswa*) »[48]. Au détour de l'unité lexicale « droit » *<u>h</u>aqq* (pl.*<u>h</u>uqûq),* est ainsi dessiné un renouvellement de principes dérivés du sacré, oscillant entre « droit à la vie, sacralisé et la dignité humaine, droit le plus élevé (*<u>h</u>aqq al-<u>h</u>ayât-l-muqaddas wa karâma al-insân, al-<u>h</u>aqq al-a'lâ*) »[49]. Le « droit de la vie » (*<u>h</u>aqq al-<u>h</u>ayât*) qui prolonge le « droit de Dieu » (*<u>h</u>aqq Allâh*), *via* « le droit d'usage » (*<u>h</u>aqq at-ta<u>s</u>arruf*) que le divin concède à l'homme pour négocier avec l'ici et le maintenant, se meut en un lieu réflexif pour mesurer les conflits d'intérêts.

Ces conflits, considérés en termes éthiques, naissent d'une tension que la jurisprudence islamique traduit en termes de « droit parental (*haqq al-abawayn*) » et de « droit du fœtus (*<u>h</u>aqq al-janîn*) »[50]. Si le second l'emporte sur le premier, il ne saurait le faire au nom d'un vitalisme qui fait de la personne un concept substantiel, en faisant dépendre la nature humaine du patrimoine génétique humain.

---

45 Ainsi dans son ouvrage Les Convergences des fondements de la Loi divine (*muwafaqât fî u<u>s</u>ul ash-Sharî'a),* commenté par 'Abd Allâh Drâz et Traqîm Mu<u>h</u>ammad 'Abd Allâh Drâz, Le Caire : Al-maktaba al-tijâriyya al-kubrâ, 1975, 4ts, à l'instar d'Ibn Qayyim al-Jawziyya (m. 749 H. - 1350 J.C.) qui utilise le terme « *sharr* (mal) », « Manifeste à ceux qui se situent (sous l'autorité) de Dieu des deux mondes (*I'lâm al-muwaqqa'în 'an rabb al-'âlamîn*) », Beyrouth, Dâr al-jîl, 1973, p. 245.

46 *Al-Muwâfaqât, fî u<u>s</u>ûl ash-Sharî'a, op.cit.*, t. 2, p. 253.

47 À entendre en l'espèce comme un « droit » (*<u>h</u>aqq*) ultime, Sa'îd, Rama<u>d</u>ân al-Bû<u>t</u>î, Les Droits de l'homme (*<u>h</u>uqûq al-insân*), Les Études coraniques *(ad-dirâsât al-qur'âniyya*), 14 octobre 1997, (enregistrement audio).

48 *Ibid.*

49 Sa'îd, Rama<u>d</u>ân al-Bû<u>t</u>î, « Les Enfants éprouvettes *(atfâl al-anâbîb*) », *op.cit.*

50 Sa'îd, Rama<u>d</u>ân al-Bû<u>t</u>î, La Question de la limitation des naissances, prévention et traitement (*mas'alat ta<u>h</u>dîd al-nasl, wiqâya wa 'ilâj*), *op.cit.*, p. 38.

Intégraliste, cette position est défendue par une minorité de « savants (*ulamâ'*) rigoristes » (*mutadayyîn*) » qui,

> au nom de la protection absolue de la vie, interdisent tout moyen visant à bloquer (*'adm*) la procréation ou différer (*tâ'jîl*) la période de la grossesse [...]. Cet acte entre dans la signification de l'infanticide [litt. de l'enterrée vivante (*wa'dâ*)], de l'infanticide atténué [litt. l'enterrée vivante à la dérobée (*al-maw'ûda al-khafiyya*], alors que le propos est autre[51].

L'exemple hautement moral « de l'enterrée vivante à la dérobée », reprend une coutume de la période anté-islamique, « l'Ignorance » (*Jahiliyya).* Elle aurait tout d'abord servi d'argument au théologien andaloux, Ibn Hazm (m. 456 H. - 1064 J.C) à l'interdiction de cette pratique, inauguratrice de la contraception. Le pouvoir suggestif de cette analogie a été repris par la minorité rigoriste des autorités religieuses, pour étayer leur point de vue et l'étendre à la limitation des naissances, notamment.

À l'opposé, le courant médian de l'orthodoxie sunnite autorise (jâ'iz) l'usage de pilules anticonceptionnelles (hubûb man' al-haml) et du stérilet (*lawlab*)[52], qui disjoignent l'acte sexuel de la reproduction. Ces méthodes facilitent, en la justifiant, l'interprétation du caractère relatif de l'embryon. À la faveur de la « *maslaha* », c'est à une prise en compte du lien entre validité morale et contingence qu'il convient d'évaluer des droits distincts en tension. Le « droit de l'embryon », à l'instar du « droit parental », est à la fois élevé en absolu et relativisé, en vertu de la règle juridique : « les nécessités s'évaluent selon leur propre échelle (*ad-darûrât tuqaddaru bi qadrihâ*) »[53]. Afin de préserver l'intérêt futur de l'enfant, dès l'identité génétique, le droit intangible de la vie prédomine sur les attentes du projet parental.

L'intérêt supérieur dévolu au fœtus, lors de la procréation artificielle, ne détient plus qu'une valeur relative, dans le débat sur l'avortement (*ijhâd*). Contrairement à son approche thérapeutique, la pratique abortive, qui est tenue dans les limites restrictives de la catégorie de l'« acte abhorré à caractère licite »

---

51 En référence au *hadîth* prophétique rapporté par Ghudâma bint Wahb, soeur de 'Ukkâsha. Ahmad Ibn Hanbal, *Musnad*, ch. XIV « *La tradition des tribus* (*Musnad al-qabâ'il*) », *hadîth* 26176, http: //www.al-eman.com/hadeeth : « Ils l'interrogèrent à la suite au sujet de coït interrompu (*'azl*) », le Prophète de Dieu dit : « C'est là une manière d'enterrer vivante une fillette (*dhalika al-wâ'd al-khafî'*) ». Ce *hadith* fait allusion au verset 8 de la sourate LXXXI, *Le Redéploiement*, où il est question de « l'enterrée vivante interrogée ». *Hadîth* cité in Sa'îd, Ramadân al-Bûtî, La limitation des naissances (*tahdîd an-nasl*) [conférence], Hamâh, 1992b, Damas, Dâr al-Hâfiz, (enregistrement audio).

52 Avec, toutefois, une répulsion tenue éloignée de ce qui est proscrit (*karâha at-tanzîh)* et l'accord des deux époux. Sa'îd, Ramadân al-Bûtî, *Ton Médecin*, la revue scientifique et sociale de la santé (*tabîbuka. majalla sihhiyya 'ilmiyya ijtimâ'iyya*), février 1994, *op.cit.*

53 Sa'îd, Ramadân al-Bûtî, *Ton Médecin*, la revue scientifique et sociale de la santé (*tabîbuka. majalla sihhiyya 'ilmiyya ijtimâ'iyya*), *op.cit.*, avril 1990.

(*karâha tanzîhiyya*)[54], fait prévaloir, en vertu d'« une tolérance accordée par Dieu à ses serviteurs (*rukhsa rakhkhasa Allâhu bihâ li-'ibâdihi*) »[55], l'intérêt du couple sur celui de l'embryon. Ceci dans la mesure où la situation de détresse physique et psychique, vécue par la mère, voit l'intérêt du couple l'emporter sur celui de l'embryon. C'est ainsi que le justifie le *shaykh* al-Bûtî, au nom de la Loi islamique.

> Nous accordons à la vie de la mère, pour la sauver, de sacrifier (*tahdiya*) l'embryon que nous ne connaissons pas et auquel nous ne sommes pas attachés. Pourtant ce motif (*'âmil*) ne constitue pas la moindre valeur (*adnâ qîma*) dans la balance de la justice absolue (*'adâla mutlaqa*)[56].

Située en dehors du respect formel des obligations, dont le légalisme revêt la forme extrême, la résolution du hiatus entre une vie réelle et une viabilité hypothétique, discrimine la vie humaine biologique du statut de personne humaine. Elle s'inscrit dans « le chapitre des actions nobles de l'éthique (*fî bâb makârim al-akhlâq*) »[57]. Définie sous la plume du clerc syrien : « L'éthique, seule, constitue le canal qui déplace l'homme du champ de la science (*sâhat al-'ilm*) vers celui de sa mise en pratique (*al-'amal bihi*) et ainsi tirer avantage (*istifâda minhu*) de l'Islâm »[58].

L'éthique rend compte de la complexité des relations humaines et de ses expériences qui est laissée, si l'on se concentre sur les champs qu'elle investit, au libre examen humain. La part délicate des tâtonnements et des incertitudes, demeure l'objet majeur de la réflexion éthique. Ses exigences, en retour, ne laissent pas d'intéresser les thèmes de la vulnérabilité et de la finitude humaine tout en faisant prévaloir, relativement, au principe de la *maslâha,* la nécessité d'une régulation et d'un intérêt général.

La représentation de l'embryogénèse, qui repose sur un *continuum*, corrobore l'interprétation humaine pour dessiner le statut juridique de l'embryon : « Chacun de vous demeure dans le ventre de sa mère pendant quarante jours, une goutte de sperme (*nutfa*), puis un caillot de sang (*'alaqa*) d'une durée égale, puis

---

54 C'est-à-dire que l'acte abortif, à l'instar des moyens anti-conceptionnels doit être tenu éloigné de ce qui est considéré comme proscrit. L'acte est accepté dans les six premières semaines d'aménorrhée. « La limitation des naissances et son contrôle (*tahdîd an-nasl wa tanzîmihi*) », L'Académie internationale de jurisprudence (*majma' al-fiqh al-islâmî al-duwalî*), La Mecque, la Ligue islamique mondiale (*râbitat al-'âlam al-islâmî*), cinquième session, du 6 au 11 février 1988, vol. 1, p. 193.

55 *Ibid.*, p. 175, 193.

56 Sa'îd, Ramadân al-Bûtî, La Question de la limitation, prévention et traitement (*mas'alat tahdîd an-nasl, wiqâya wa 'ilâj*) *op. cit.*, p. 104.

57 Cette expression est mentionnée à maintes reprises dans l'exercice de délivrance des consultations juridiques (*fatâwâ*) par le Conseil européen de la *fatwâ*, Résolutions et avis consultatifs (*qararât wa Fatâwâ*), Dublin/Le Caire Dâr al-tawzî' wa-l-nashr al-islâmiyya, 2002, 2 ts., la Revue scientifique du Conseil Européen de la *fatwâ* et des recherches *(al-majalla al-'ilmiyya li-l-majlis al-urûbbî li-l-iftâ'wa-l-buhûth*, http://www.e-cfr.org.

58 Sa'îd, Ramadân al-Bûtî, *Qui est le responsable du retard des musulmans ?* (*min al-mas'ûl 'an takhalluf al-muslimîn*), Damas, Maktabat al-Fârâbî (s.d.), p. 69.

un morceau de chair (comme une bouchée) (*mu<u>d</u>gha*) pendant une période d'une durée équivalente. Ensuite, Dieu envoie l'ange chargé de lui insuffler l'esprit (*yanfukhu fîhi-l-rû<u>h</u>*) »[59] [60]. La *nutfa* correspond à la fécondation ovulaire, la *'alaqa* concerne l'étape de nidation, dès la deuxième semaine. Quant à la *mu<u>d</u>gha*, elle intéresse l'entité embryon, à la fin de la quatrième semaine.

C'est au terme du processus vital que « *l'esprit* », humanise l'être vivant. L'achèvement évolutif de l'embryon se clôture en dotant ce dernier de sensibilité et de conscience réflexive. À ce texte, il convient d'y associer l'occurrence coranique : « Oui nous avons créé l'homme dans la forme la plus parfaite (*a<u>h</u>san taqwîm*) »[61]. Ainsi que l'écrit le recteur de la Mosquée de Paris et médecin, Dalil Boubakeur : « Cette perfection implique un accomplissement de ses potentialités : physiques, physiologiques, spirituelles, intellectuelles [...]. L'affirmation coranique d'une création parfaite peut signifier pour l'observateur qu'elle est insurpassée et insurpassable dans tout le créé »[62].

L'on notera, à cet égard, l'interprétation des écoles juridiques[63] concernant le dommage subi par l'embryon : au terme de la phase de la *mu<u>d</u>gha,* tout acte entrainant une fausse couche est assimilé à un homicide. Les rubriques du « prix du sang » (*diyya*), que l'enfant soit expulsé vivant, ou de la « compensation

---

59 *<u>H</u>adîth* rapporté par 'Abd Allâh b. Mas'ûd. *<u>S</u>a<u>h</u>î<u>h</u>* de Muslim, Livre XLVI, Le Livre du destin (*kitâb al-qadr*), ch.1, « De la création du fils d'Adam dans le ventre de sa mère, de son viatique, de son terme, de ses œuvres, de son infortune et de son bonheur *(kayfa-l-khalq al-adamî fî ba<u>t</u>n ummihi wa kitabuhu rizqihi wa ajlihi wa 'amalihi wa shaqâwatihi wa sa'âdatihi*). Mahmoud Matraji, *<u>S</u>a<u>h</u>î<u>h</u> Muslim*, éd.bilingue anglais-arabe (corrigé et révisé par Amira Zrein Matraji), Beyrouth : Dâr al-Fikr, 1993, 8Vol, vol. IV-B, p.412, *<u>h</u>adîth* 2643. Outre Muslim, nombreux sont les recueils qui font référence à ce dit prophétique : A<u>h</u>mad Ibn <u>H</u>anbal, Musnad, t.I, ch.V « Le recueil des rapporteurs qui, parmi les Compagnons ont transmis de très nombreuses et prolixes traditions *(musnad al-mukathirîn min a<u>s</u>-<u>S</u>a<u>h</u>âba)* », n° 3882. Les occurrences coraniques qui abordent la question de la création sont présentes dans les sourates *Le Pélerinage*, XXII, 5/ *Le Critère*, XXV, 5/ *Les Croyants*, XXIII, 12-14/ *La Prosternation*, XXXII, 7-9/ *Le Créateur intégral*, XXXV 11/ *L'Indulgent*, XL, 67/ *La Résurrection*, LXXV, 36-39. Sami al-Dîb Abu-Sahlieh, *Les Musulmans face aux droits de l'homme, Religion, Droit et Politique*, ch. « Avortement et limitation des naissances », 1994, p. 42-52.

60 Pour décrire l'ontogénèse, l'on associera à cette occurrence deux sources coraniques, la sourate *Les Croyants*, XXIII, 12, 14, d'une part : « Oui, Nous avons créé l'homme d'une quintessence d'argile puis Nous en fîmes une goutte de liquide, déposé en réceptacle sûr puis ce peu de liquide, Nous le créâmes adhérence et créâmes la mâchure ossature, et revêtîmes l'ossature de chair, après quoi Nous le promûmes d'une autre creation... Béni soit Dieu, le plus beau des créateurs ». Plus symbolique est le contenu de la sourate *Les Vagues*, XXXIX, 6, d'autre part : « Il vous a créées dans le sein de vos mères, création après création, dans une triade des ténèbres » Jacques Berque, *Le Coran, essai de traduction*, Paris, Albin-Michel (coll. « La Bibliothèque spirituelle »), 1995 (éd. revue et corrigée) (1e éd. 1990).

61 Sourate *Le Figuier*, XCV, 4.

62 « L'Embryon dans l'Islam », in Brigitte Feuillet-Le Mintier; préface d'Axel Kahn *L'embryon humain : approche multidisciplinaire*, 1996, Paris, Économica [Actes du colloque des 9 et 10 novembre 1995], p. 299.

63 Ziyâd A<u>h</u>mad Salâma, Les Enfants éprouvettes : entre la science et la Loi (*atfâl al-anâbîb bayn al-'ilm wa ash-Sharî'a), op.cit.*, p. 224-228.

réparatrice », valant pour le mort-né,[64], sont étendues au fœtus. La prise en compte de « la vie embryonnaire » (*hayât jurthûmiyya*) et de son approche évolutive, en particulier, discrimine, de part et d'autre de l'animation spirituelle, des formes différenciées de respect. Contrairement à la position vitaliste, l'interprétation continuée de l'embryogénèse ne saurait commuer la personne en devenir, qu'est l'embryon, en un concept substantiel requérant une protection absolue.

Si tensions, il y a, entre l'intérêt du couple et celui de l'embryon, elles opèrent dans un contexte relationnel, à l'instar des situations différenciées que sont l'avortement et la procréation. Ce lien, tissé notamment par le principe de « l'intérêt général », prolonge à bien des égards la définition anthropologique de la description de l'embryogénèse. Il gratifie l'embryon d'une complexité éthique en le commuant en un pôle de cristallisation des débats éthiques les plus saillants.

Anticiper sur le préjudice causé **(darar)** *d'un temps suspendu*

Malgré les points de nomination qui sont autant de ruptures dans le *continuum* de l'embryogénèse, et bien que l'esprit insufflé tend à la dissiper, une zone d'indétermination demeure. Ainsi que le permet la fivette, la fusion des cellules reproductrices dans les conditions artificielles d'un tube à essai, puis leur implantation au stade de l'embryon dans l'utérus de la mère, interrogent la conception hors du corps féminin et des possibles impacts de « l'expérimentation » (*tajriba*). Tel qu'évoqué par le *'âlim* syrien, al-Bûtî, le nœud du problème réside dans « les répercussions (*in'ikâsât*) de cette pratique (*'amaliyya*) sur le fœtus (*janîn*), après sa naissance (*wilâda*), comme dans l'ampleur du préjudice (*darar*) attachée à sa cause (*sabab*) »[65].

Du milieu artificiel d'une culture synthétique précédant le transfert d'embryon, on ne peut affirmer l'innocuité. Au-delà d'une crainte largement répandue du risque psychique, pour qui apprendrait être le fruit d'une culture intratubaire, les anomalies physiques et les atteintes liées aux conditions sanitaires comme aux influences externes sont, également, l'objet de défiance. Rien ne permet pourtant de démontrer les dommages encourus par un individu issu de la fivette, « la rencontre (des gamètes parentaux) eut-elle lieu dans une boite en

---

64 Le paiement d'une somme d'argent représentant un dixième de la valeur du prix du sang de sa mère, (*ghurra*) est requis en cette circonstance. Conformément au *hadîth* rapporté par Abû Salama b. 'Abd al-Rahman « rapporte, d'après Abû Hurayra que deux femmes des Hudzayl s'étant disputées, l'une d'elles frappa l'autre et lui fit faire une fausse couche. L'Envoyé de Dieu décida qu'il y avait à payer, comme ghorra (indemnité due pour avoir provoqué un avortement), un esclave homme ou femme […] ». Du prix du sang (*kitâb ad-Diyât*), « De l'embryon et de la mère (*jinîn al-mar'a*) », n° 6399. http://hadith.al-islam.com. Traduction française, Octave Houdas et William Marçais, *Les Traditions islamiques*, Paris, Librairie d'Amérique et d'Orient, Adrien Maisonneuve, 4 ts., t. IV, p. 419.

65 Sa'îd, Ramadân al-Bûtî, La Question de la limitation des naissances, prévention et traitement (*mas'alat tahdîd al-nasl, wiqâya wa 'ilâj*) *op.cit.*, p. 133.

plastique »[66]. [...] l'enfant éprouvette (*tifl al-unbûb*), n'est pas contestable (*lâ ghubâr*) du point de vue légal »[67].

C'est beaucoup moins la dissociation du lien physique entre le rapport sexuel et la conception que la suspension temporelle, lors de la manipulation intratubaire, qui est ici sous-tendue par le religieux. Oscillant entre deux et trois jours, la période transitoire de maturation *in vitro* outrepasse les limites médicales pour interroger des enjeux plus vastes de représentation du monde déduits, pratiquement, d'une exploitation de l'embryon. Être prénatal, l'embryon est néanmoins gratifié d'une réalité humaine spécifique que la notion de « cause (*sabab*) », sous la plume du clerc syrien, al-Bûṯî, éclaire au crible du principe métaphysique.

Autrement dit, la condition fœtale relève d'une « Création » continue qui échappe aux règles de l'expérience médicale proprement dite. Penser de concert la structure et le phénomène est néanmoins tenté. L'identification du futur enfant et de la détermination du sexe au moyen de l'échographie et du diagnostic prénatal

> est possible, si ce n'est que l'expédient employé dépend des connexions (*qarâ'in*) et des liens causaux (*asbâb*) que Dieu a commués en une condition (*sharṯ*) de la masculinité (*dhukûra*) et de la féminité (*unûtha*) d'un embryon. Et la science de ces indices et causes n'a pas été accaparée par Dieu, mais bel et bien mandatée aux humains pour les mettre en garde [...] Cette connaissance (*ma'rifa*), ne peut être promue en une certitude absolue (*yaqîn ẖatmî*), non plus qu'elle ne décide du genre (*naw'*). Car Dieu est celui qui a assis la masculinité de l'embryon sur les causes. Il a également capacité d'annuler (*an yubtila*) son principe de causalité (*sababiyya*) au moment où Il le désire. Assurément toute chose, par conséquent, s'interrompt dans les limites de la seule présomption (*ẕann*) du préférable (*râjiẖ*)[68].

La limitation de l'autonomie biomédicale renvoie à une position morale qui s'articule autour du modèle théologique de la création divine. La chaîne des causes et des effets est intrinsèquement liée au statut distinct de la *causa prima*, qui ne relève pas elle-même de la « cause ». Sa fonction est d'indiquer la prévalence de la figure divine, tel qu'il est exprimé dans l'occurrence coranique : « Il possède les clés du mystère que Lui seul connaît parfaitement »[69]. Cette source scripturaire est ainsi utilisée pour faire prévaloir la structure transcendante et ontologique sur la contingence de l'expérience. En prolongement d'investigations réalisées lors de la gestation, le diagnostic prénatal et la capacité technique, qu'il détient pour choisir le sexe de l'enfant, ont fait l'objet en novembre 2007 d'une décision (*qarâr*).

---

66 Jacques Testart, *Le Vivant manipulé*, Paris, Sand (coll. « Aujourd'hui et demain »), 2003, p. 81.

67 Sa'îd Ramaḏân al-Bûṯî, *Ton Médecin*, la revue scientifique et sociale de la santé (*ṯabîbuka. majalla ṣiẖẖiyya 'ilmiyya ijtimâ'iyya*), *op.cit.*, décembre 1996.

68 Sa'îd. Ramaḏân al-Bûṯî, *L'Islâm, un refuge pour l'ensemble des sociétés humaines ; pourquoi ...? Comment ...?* (*al-islâm, malâdh kull al-mujtama' majma'ât al-insâniyya limâdhâ...? Wa kayfa ?*), *op.cit.*, p. 132.

69 Sourate, *Les Troupeaux*, VI, 59. *Ibid.*

Émise par le Conseil de l'assemblée de jurisprudence islamique de la Ligue islamique mondiale, elle s'appuie sur les versets 57, 59, de la sourate XVI, *Les Abeilles*, « Ils attribuent des filles à Dieu, Gloire à Lui ! – Alors qu'ils n'en veulent pas pour eux-mêmes ! Lorsqu'on annonce à l'un d'eux la naissance d'une fille. Son visage s'assombrit Il suffoque, Il se tient à l'écart, loin des gens, À cause du malheur qui lui a été annoncé. Va-t-il conserver cette enfant, malgré la honte, ou l'enfouira-t-il dans la poussière ? Leur jugement n'est-il pas détestable ? ». Retour est fait à la coutume anté-islamique de l'infanticide avec « l'enterrée vivante », pour appuyer une décision jurisprudentielle opposée à toute discrimination, motivée par une considération inégale des sexes.

La sélection du sexe attache, en conséquence, un ordre de préséance à l'identité masculine au détriment de la valeur féminine. Au schéma social sexiste affectant l'altérité et l'intégrité de l'enfant, le Conseil de l'assemblée de jurisprudence islamique prône l'autonomie parentale, en

> autorisant le choix (*ih̲tiyâr*) du sexe du fœtus par le recours aux méthodes naturelles (*t̲urûq t̲abî'iyya*)[70] […]. Étant donné que les motifs permis (*asbâb mubâh̲a*) ne recèlent pas d'interdits (*lâ mah̲dhûr fîhâ*)[71].

Si l'efficacité de telles procédures, préconisées par une instance éthique, n'a pas été prouvée scientifiquement, la sélection volontaire du sexe de l'enfant n'est toutefois pas réprouvée. Il s'agit, avec le choix du sexe de l'enfant, d'un élargissement de l'autonomie du couple. Les présents développements techno-scientifiques et, *a fortiori*, la maîtrise à l'intérieur de la procréation, qu'ils induisent, tendent à déplacer le débat moral. Si un eugénisme individuel est toléré dans le choix d'engendrer un descendant de sexe déterminé, le Comité d'éthique islamique n'en pose pas moins une limite à la volonté parentale. Ceci, dans la mesure où le caractère inédit du choix du sexe génétique, par la pratique médicale, pose de manière patente la maîtrise humaine de la procréation et de ses possibles dérives.

> Deuxièmement, et quelle que soit l'immixtion médicale (*tadakhkhul t̲ibî*) dans la détermination du sexe de l'embryon, elle n'est pas autorisée (*lâ yajûzu*), sauf en cas de nécessité thérapeutique (*d̲arûra 'ilâjiyya*) valant pour les maladies génétiques (*amrâd̲ wirâthiyya*) qui affectent le garçon à l'exception de la fille et réciproquement. Dans ce cas l'immixtion est alors autorisée, conformément aux régulateurs fixés (*d̲awâbit̲ muqarrara*) par la Loi, *via* la décision d'un comité spécialisé, pas moins composé de trois médecins intègres (*'udûl*). Par une décision unanime, consignée dans un rapport, ils certifient que le cas de la patiente requiert une immixtion thérapeutique, afin d'endiguer la maladie génétique. Ce rapport, à la suite, sera proposé à la direction spécialisée pour la

---

70 Sont ainsi recensés le « régime alimentaire » (*niz̲âm jidhâ'î*), « le lavement chimique » (*jasûl kiyamiyyâ'î*) » et le fait de « limiter le coït (*jimâ'*) en choisissant le moment de l'ovulation (*'ibâda*) ». Informations du monde islamique (*akhbâr al-'âlam al-islâmî*), La Ligue islamique mondiale (*râbit̲at al-'âlam al-islâmî*), La Mecque, 12 Novembre 2007, p. 5. Nous remercions Maurice Borrmans d'avoir porté à notre connaissance cette source.

71 *Ibid.*, p. 5.

délivrance d'avis juridiques (*iftâ'*) pour publication. Troisièmement, la création et l'exercice précis d'instances de veille auprès d'hôpitaux et de centres médicaux, qui opèrent de telles pratiques, sont impératifs (*ḏarûra*). Pour éloigner tout différend (*mukhâlafa*) attaché au contenu de cette décision, les instances spécialisées des pays islamiques ont à publier des statuts (*anẕima*) et des prescriptions (*ta'lîmât*) en la matière[72].

La détermination précoce du sexe, qui varie entre douze et treize semaines, est tenue moralement pour inacceptable, en l'absence de raisons médicales. Cette situation souligne le paradoxe constitutif du projet parental : s'il est une condition de la possibilité de donner naissance à un enfant, interdiction lui est faite de toucher à l'embryon sans raison qui le justifie, à l'exception de maladies héréditaires que le diagnostic prénatal, seul, décèle. À la limitation de l'autonomie du couple répond l'instrumentalisation de l'embryon, et son interprétation prométhéenne de maîtrise et de domination. Cette posture n'est pas sans soulever, de l'avis d'autorités religieuses, la question de l'*hybris.* Pour y faire face, la déontologie médicale est invitée à participer à la régulation morale de la procréation.

Si elle garantit le bon exercice d'une pratique professionnelle, l'éthique médicale, en l'espèce, permet une déontologisation de la Loi révélée, en déplaçant le débat d'une norme transcendante vers un sens plus existentiel. Outre ses compétences diagnostiques et cliniques, le corps médical est commué en un agent de l'expertise morale pour prévenir toute entorse. L'expertise médicale, pour sa part, se retrouve comptable « d'une dimension prudentielle »[73] : pourvus de l'obligation du devoir et de la responsabilité, les médecins sont les détenteurs d'une morale régulatrice que la délibération de cas de patients met en œuvre. En sachant que la technique médicale et les interventions sur le corps induisent un brouillage du symbolique, le monopole directif du conseil génétique doit, nonobstant, être laissé à l'autorité éthico-religieuse.

L'appel à la création de comités d'éthique au sein de la vie hospitalière dénote une intervention préventive. Prédictifs, les enjeux éthiques du diagnostic prénatal[74] rejoignent ceux du débat sur l'interruption thérapeutique de grossesse. En oscillant entre une valeur relative et une valeur absolue, le statut plus particulier de l'embryon est mis en exergue. « Le seul impératif catégorique reconnu », écrit Dalil Boubakeur, « est lié à la survie de la mère ou à une létalité foeto-embryonnaire certaine »[75]. L'exemple du diagnostic prénatal systématiquement orienté vers l'anomalie somatique, telle la trisomie 21, est envisagé comme une

72 *Ibid.*, p. 5.

73 Paul Ricœur, « Les trois niveaux du jugement médical », *Esprit*, décembre 1996, p. 21.

74 Cadre expérimental qui recoupe l'échographie banale, l'amniocentèse avec parfois des prélèvements de sang ou de cellules fœtales.

75 « Diagnostic prénatal ». http//www.mosquée-de-paris.net.

dérive d'eugénisme (*tajîn*) actif qui contrevient au projet de Dieu, au prétexte d'un espoir thérapeutique.

Des butoirs. Faire retour sur les enjeux anthropologiques

Refuge du sacré ou simple matériau, l'embryon détient un statut paradoxal que la congélation des embryons prolonge. L'existence d'embryons non immédiatement implantés pose la question de la responsabilité humaine sur la genèse de la vie, ainsi qu'il est traité dans un avis consultatif délivré par le Conseil européen de la *fatwâ*. Mère d'une enfant conçue par FIVETE (Fécondation *In Vitro* Et Transfert d'Embryon), une solliciteuse émigrée en Grande-Bretagne soumet à l'expertise jurisprudentielle le devenir de neuf embryons surproduits lesquels, suite à une fécondation *in vitro,* ont subi une cryoconservation par azote liquide.

> [question] Doit-elle transplanter certains embryons (*ajinna*) et céder le reste congelé (*mujammada*) aux autorités sanitaires britanniques ? Doit-elle les abandonner (*tatahallasu minhâ*), en sachant que la probabilité (*ihtimâl*) de retourner en Angleterre est faible ?
> [réponse] La femme est autorisée (*yajûzu*) à entreprendre une transplantation (*an tuzra'a*) dans l'utérus (*rahim*) aussi longtemps que demeure le pacte de mariage (*dimma*) avec son époux, auteur de la semence (*sâhib an-nutfa*). Au cas où elle est séparée de ce dernier par la mort, le divorce ou les aléas de la vie ; si elle se désengage, l'implantation d'embryon (*janîn*) n'est pas licite (*lâ yuhillu*) ; elle doit (*wâjib*), alors, les détruire (*itilâf*) tous, ou ce qu'il en reste (*baqâ*).
> Au cas où la femme quitterait l'Angleterre en sachant néanmoins qu'elle y reviendrait, pour implantation de l'un d'entre eux, autorisation, à cette fin, lui sera donnée de les préserver provisoirement par cryoconservation. Si elle apprenait qu'elle n'y reviendrait pas, – sur décision catégorique ou présomption –, l'interdiction de les abandonner lui sera signifiée. Elle ou son mari devront les détruire.
> Dans la majorité les cas, nous n'avons rien trouvé qui interdise (*mâni'*) leur destruction, que cette femme revienne ou pas. Toutefois, avec la probabilité (*ihtimâl*) d'un non retour, il n'est pas autorisé d'abandonner les embryons. Obligation leur est faite de s'en débarrasser (*takhallus minhâ*)[76].

Produits artificiellement lors de la fécondation *in vitro,* les embryons surnuméraires qui sont conservés dans l'azote liquide, évitent à la mère les risques liés à la stimulation ovarienne et au prélèvement d'ovocytes. Au delà de l'avantage technique d'une thérapie de l'infertilité, c'est la dimension philosophique du statut génétique du fœtus dont il est ici question. Dans le présent avis jurisconsulte, l'embryon est ainsi mis à disposition « du droit parental » et de son projet. Cette interprétation va à l'encontre des recommandations émises, par l'Académie internationale de jurisprudence islamique[77] qui entend, quant à elle, faire prévaloir le « droit du fœtus ».

---

[76] Résolutions et avis jurisconsultes *(qarârât wa fatâwâ)*, La Revue scientifique du Conseil Européen de la fatwâ et des recherches *(al-majalla al-'ilmiyya li-l-majlis al-urûbbî li-l-iftâ'wa-l-buhûth)* Dublin/Le Caire Dâr al-tibâ'a' wa-l-nashr al-islâmiyya, 2002, 2 ts, t. 2, p. 119-120.

[77] *(majma' al-fiqh al-islâmî-l-duwalî)*, la Ligue islamique mondiale *(râbitat al-'âlam al-islâmî)*, sixième session, Jedda, 14-20 Mars 1990.

La création minimale d'embryons pour implantation est préférée afin d'éviter le nombre surnuméraire et leur exploitation par des tiers extérieurs au couple, dont les banques. En cas de surproduction, les embryons ne doivent pas être conservés. L'on peut faire l'hypothèse que la suspension temporelle, – qui varie de cinq à dix ans –, liée à la congélation, en prorogeant la déliaison fécondation gestation, entérine une rupture avec la personne humaine potentielle pour commuer l'embryon en un matériau, si ce n'est à une chose. Prôner la destruction des embryons surnuméraires peut sembler paradoxale, si l'on convient que la fécondation *in vitro* a pour fin la vie, malgré une stérilité de fait.

La préférence qui est donnée à la destruction plutôt qu'à l'abandon des embryons excédentaires s'inscrit dans une logique du moindre mal. Aucune mention n'est faite, par le comité d'éthique, de l'utilisation des embryons surnuméraires pour la recherche et du caractère facilitateur de la congélation qui évite les dangers de stimulations ovariennes répétées. Une telle procédure, déclare le *mufti* syrien, Sa'îd Ramadân al-Bûtî, « ne relève que du droit personnel (*haqq shakhsî*) » par contraste avec le « droit de la société (*haqq al-mujtama'*) »[78]. Aussi est-ce pour cette raison que ce dernier ne consent pas à délivrer d'avis consultatif en la matière.

Ce silence peut être interprété comme « l'usage qui est fait du droit à l'intimité, entendu non plus comme la protection par l'individu de sa part secrète contre l'agression d'autrui, mais comme la liberté de prendre envers et contre tous les décisions qui lui paraissent essentielles pour lui-même, le désir de procréation faisant partie de ce domaine primordial »[79]. La latitude qui est laissée au couple est étroitement limitée aux parents géniteurs de l'embryon, tant que « la procédure à suivre n'est pas entachée de préjudice ». Quitte à sacrifier le respect dû au « droit du fœtus », cette focale tient compte à la fois du désir procréatif et du butoir anthropologique.

À ce titre, il convient de s'attacher aux impacts moraux de « la fécondation artificielle hétérologue [litt. Avec désignation] (*at-talqîh as-sinâ'î al-musammâ*)[80]. Reconsidérée dans une dimension axiologique, la fécondation *in vitro* hétérologue est perçue comme une « action immorale » (*ghayra akhlâqî*). L'introduction d'un tiers traduit littéralement le fait d'introduire « le sperme d'une personne étrangère dans son [femme] organe génital (*manî shars ajnabî fî 'udwihâ-l-tanâsul*) ». Cet acte médical, en outre, assimile l'époux, le père intentionnel à un « entremetteur », en vertu de l'unité lexicale *dayyûth* (pop. maquereau)[81].

---

78 Sa'îd, Ramadân al-Bûtî, « Les Enfants éprouvettes (*atfâl al-anâbîb*) » *op.cit.*

79 Françoise Héritier, *Masculin/Féminin : la pensée de la différence*, *op.cit.*, p. 287.

80 Sa'îd, Ramadân al-Bûtî, « Les enfants éprouvettes (*atfâl al-anâbîb*) », *op.cit.*

81 *Ibid.*

La fécondation *in vitro* fait retour sur une représentation distincte de la reconnaissance de paternité, fortement teintée de biologisme, pour ne pas risquer d'être contestée. L'intérêt porté par la jurisprudence islamique au donné biologique doit être mis en rapport avec la gestation pour autrui pour comprendre ce que ces pratiques induisent d'enjeux anthropologiques communs.

> Au cas où la mère serait atteinte d'une anomalie (*tashkû*) ne l'autorisant pas à porter un enfant, […], l'ovule de la femme à être fécondé avec le sperme (*manî*) de son conjoint par une insémination (*liqâh*) intratubaire, en dehors de l'utérus, puis qu'il soit déposé, par la suite, dans l'utérus d'une tierce personne, cette licence (*ibâha*) ouvrirait la voie à d'innombrables pratiques de fécondation (*ikhsâb*) qui dérogent aux astreintes (*bi quyûdi-l-iltizâmi*) de l'ordre de la filiation (*nasab*). Les conjoints n'ont aucun moyen de s'en affranchir (*taharrur*). De même qu'ils n'ont pas à prendre de disposition (*ihtiyât*) en cette matière. Parmi les statuts légaux connus figure l'obligation de faire obstacle aux prétextes [susceptibles de tendre vers le prohibé] (*sadd adh-dharâ'i'*), quels que soient les comportements proscrits[82].

L'introduction d'un tiers se révèle incompatible avec le modèle familial légal, dans la mesure où la fécondation *in vitro* hétérologue, la mère de substitution ou la mère porteuse (*al-umm al-hâdina*)[83] sont des techniques de reproduction moralement taxées d'adultère. Elles entérinent, de plus, des parentés sociales qui sont assumées par des adultes non géniteurs. Outre le fait de dissocier la procréation de la gestation, la maternité pour autrui témoigne d'une disjonction entre la procréation et l'institution maternelle, laquelle est ancrée dans la réalité de l'accouchement et non dans celle des gènes. Auquel cas, c'est à la mère porteuse et non à la génitrice que revient la maternité et la fonction de mère sociale.

Au détour de l'impossible effacement des parents biologiques et de l'origine des enfants, la procréation *in vitro* avec donneur, à l'instar de la « mère porteuse », interroge sous une forme renouvelée l'interdiction de l'adoption plénière, que nous ne traiterons pas ici. Si l'une et l'autre de ces techniques de procréation, qui en appellent à un tiers, entérinent la rupture des liens biologique et parental, chacune introduit les germes de « désordre (*fitna*) » social. L'« intérêt de la procréation » (*maslahat an-nasl*) » et « la sauvegarde de la filiation » (*al-amîn li-l-nasab*), qui lui est corrélée, cristallisent le débat autour d'« une confusion des filiations » (*fawdâ al-ansâb, ikhtilât al-ansâb*) »[84] et de son incompatibilité avec le modèle familial selon

> une disjonction (*infisâl*) entre les liens de sang (*râbitat al-dam*) et de filiation qui sont à considérer dans leurs caractères indissociables (*ittihâd*) et incorporés (*indimâj*), telle

---

82 Sa'îd, Ramadân al-Bûtî, *Ton Médecin*, la revue scientifique et sociale de la santé (*tabîbuka. Majalla sihhiyya 'ilmiyya ijtimâ'iyya*), *op.cit.*, décembre 1996.

83 Sa'îd, Ramadân al-Bûtî « Les enfants éprouvettes (*atfâl al-anâbîb*) », *op.cit.*

84 Sa'îd, Ramadân al-Bûtî, *Ton Médecin*, la revue scientifique et sociale de la santé (*tabîbuka. Majalla sihhiyya 'ilmiyya ijtimâ'iyya*), septembre 1996, *op.cit.*

> l'arcane du système familial concernant les effets (*tâ'thîr*) [qui se répercuteront] sur la personnalité de l'enfant, s'il vient à connaître la vérité[85].

Le cadre familial est un crible mesurant la volonté parentale ; il a également une fonction de garde-fou à toute dérive morale qui met en péril l'intérêt de l'enfant. Une anticipation sur le traumatisme d'une origine « adultérine » est mise en avant par le *muftî*. Conformément « à une chaine associative à traduction mentale »[86], elle est orientée vers les impacts symptomatiques du devenir psychologique de l'enfant à venir. La part singulière de son intérêt est toutefois impartie au contexte relationnel qui déplace les enjeux anthropologiques vers la sphère de la parenté. Les « *liens de sang* », à cet égard, peuvent être assimilés à une « métaphore pour les relations de parenté (*metaphor for kinship relations*) »[87].

Conclusion

À l'articulation de la norme et de l'expérience vécue, les expertises de jurisconsultes, ici présentées, sont manifestes des débats qui irriguent la voie médiane du sunnisme contemporain, en matière de reproduction médicalement assistée. L'emprunt fait au *fiqh* islamique gratifie d'une matière réflexive pour penser la bioéthique. En intervenant sur la procréation et les formes de parenté, les pratiques médicales, corrélativement, atteignent des structures anthropologiques. En réponse, et déduite de la jurisprudence islamique, la réflexion bioéthique a capacité à neutraliser, voire à bloquer des innovations, dés que des brouillages de sens se font jour.

Pour saisir les enjeux qui traversent la question de l'engendrement, préférence est donnée à la régulation des tensions en présence, ainsi qu'il est à observer dans les *fatwâs*. Nées de situations inédites, ces tensions nécessitent des « arrangements » que l'outillage jurisprudentiel, à l'instar de l'intérêt commun (*maslaha*) ou de la nécessité (*darûra*), permet. Son apport à la résolution des conflits d'intérêt, montre comment, face aux conséquences, une éthique est en train de se faire. Le détour par l'avortement noue, de manière inextricable, une complexité humaine non moins inextricable, qui oblige à penser ensemble des intérêts concurrents.

Des positions différenciées à l'égard du « droit » de l'enfant et du projet parental témoignent d'une réflexion contextualisée que les contingences de la reproduction nourrissent. Le caractère inchoatif du statut de l'embryon, à cet égard,

---

85 *Ibid.*

86 Jean Bergeret, Marcel Houser, *Le Fœtus dans notre inconscient*, Paris : Dunod, (coll : « psychisme »), 2004, p. 287.

87 Corinne Fortier, « Blood, Sperm and the Embryo in Sunni Islam and in Mauritania : Milk Kinship, Descent and Medically Assisted Procreation », in Diane Tober, Debra Budiani *Body and Society* 13 (3), Special Issue : *Islam, Health and the Body*, 2007, p. 16-36.

pointe l'enjeu d'un vécu relationnel, mais pas seulement. Prolongé par le caractère manipulatoire de la fécondation *in vitro,* il inaugure une réflexion sur le rapport à la limite. Qu'elle concerne l'intégrité humaine ou, plus traditionnellement, les invariants anthropologiques, que sont la parenté ou la filiation, la réflexion bioéthique fait retour à la réalité biologique de l'engendrement. Si elle prévaut pour la maternité, elle est également commuée en critère pour anticiper tout bouleversement lié à la paternité.

En convoquant une mise à l'épreuve pour la penser, la reproduction médicalement assistée atteste de recompositions dynamiques du *fiqh* islamique. Au-delà de leur ancrage culturel, ses dispositifs argumentaires concourent, de la même façon, à la réflexion bioéthique d'aujourd'hui.

Résumé : La reproduction médicale assistée, à l'instar de la fécondation *in-vitro,* constitue la pointe saillante de la réflexion bioéthique. Au-delà de sa dimension normative, attachée à la pratique médicale proprement dite, le champ de la jurisprudence islamique (*fiqh*) intéresse également la réflexion éthique et les enjeux anthropologiques. Deux directions seront ainsi privilégiées. La première, qui repose sur les instruments auxiliaires du *fiqh*, pointe une éthique dynamique au regard des situations de « nécessité », que la reproduction médicale induit. En retour, la pratique jurisprudentielle est mise à l'épreuve par l'expérience bioéthique. La seconde direction, qui s'organise autour de cas d'espèce attachés au statut de l'embryon, témoigne d'enjeux anthropologiques. Notre présent objectif est de montrer la manière dont la reproduction médicale participe d'une dynamique du *fiqh* islamique et de son adaptation à l'ici et le maintenant.

Mots-clés : besoin, droit parental, embryon, *fatwâ*, intérêt général, nécessité.

Ethical Uses of Islamic Jurisprudence: a Response to the Issues Posed by Medically Assisted Reproduction

Abstract: Since the development of *in vitro* fertilization, medically assisted reproduction has constituted the cutting edge of bioethical reflection. Beyond its normative dimension, and related to medical practice as such, the field of Islamic jurisprudence (*fiqh*) is interesting equally for its ethical reflections and its anthropological implications. This article takes two main tacks. The first, which involves the auxiliary tools of *fiqh*, points to a dynamic ethics with regard to situations "of necessity" such as medical reproduction involves. At the same time, jurisprudential practice is put to the test of bioethical experience. The second direction, involving the question of the categorical status of the embryo, has implications for anthropology. Our objective in this article is to show the way in which medically assisted reproduction is involved in a dynamic *fiqh* and in its adaptation to the here and now.

Keywords: need, laws of kinship, embryo, *fatwâ*, general interest, necessity.

Références Bibliographiques

ABÛ ZAHRA (Muhammad), 1952, *Mâlik*, Le Caire : Maktabat al-Anjlû al-misriyya.

L'Académie internationale de jurisprudence islamique *(majma' al-fiqh al-islâmî al-duwalî)*, *La régulation des naissances et son contrôle* (*tahdîd an-nasl wa tanzîmihi*) », 1988, La Mecque : la Ligue islamique mondiale (*râbitat al-'âlam al-islâmî*), cinquième session, 6-11 février, vol.1, p. 168-194.

BERGERET (Jean et Houser), Marcel, 2004, *Le Fœtus dans notre inconscient*, Paris : Dunod, (coll. « psychisme »).

BERQUE (Jacques), 1995 (éd. revue et corrigée) (1e éd.1990), *Le Coran, essai de traduction*, Paris : Albin-Michel (coll. « La Bibliothèque spirituelle »).

AL-BISHRÎ (Al-'Arabî), 2004, « Principes du droit des minorités (*muntaliqât li fiqh al aqalliyyât*) », La Revue scientifique du Conseil Européen de la fatwâ et des recherches *(al-majalla al-'ilmiyya li-l-majlis al-urûbbî li-l-iftâ'wa-l-buhûth)*, Dublin : vol.1, p. 233-346.

BOLTANSKI (Luc), 2004, *La Condition foetale. Une sociologie de l'avortement et de l'engendrement*, Paris : Gallimard.

BOUBAKEUR (Dalil), (s.d.) « Diagnostic prénatal », http//www.mosquée-de-paris.net.

BOUBAKEUR (Dalil), 1996, « L'embryon dans l'Islam », in Brigitte Feuillet-Le Mintier; préface d'Axel Kahn *L'Embryon humain : approche multidisciplinaire*, Paris : Économica [Actes du colloque des 9 et 10 novembre 1995], p. 297-301.

BYK (Christian), 1996, « Embryon et droit comparé », in Brigitte Feuillet-Le Mintier; préface d'Axel Kahn *L'Embryon humain : approche multidisciplinaire*, [Actes du colloque des 9 et 10 novembre 1995], p. 219-236.

AL-BÛTÎ (Sa'îd), Ramadân, 1984, *L'Islâm, un refuge pour l'ensemble des sociétés humaines ; pourquoi...? Comment...?* (*al-islâm, malâdh kull al-mujtama' majma'ât al-insâniyya limâdhâ...? Wa kayfa ?)*, Damas : Dâr al-Fikr.

AL-BÛTÎ (Sa'îd), Ramadân, 1988, *La Question de la limitation des naissances, prévention et traitement (mas'alat tahdîd an-nasl, wiqâya wa 'ilâj)*, Damas : Maktabat al Fârâbî, (1e éd. 1976).

AL-BÛTÎ (Sa'îd), Ramadân, 1992a, *Les Régulateurs du bien commun dans la Loi islamique* (*dawâbit al-maslaha fi-l-Sharî'a al-islâmiyya)*, Damas : Dâr al-muttahida, 6e éd. (1e éd. 1965).

AL-BÛTÎ (Sa'îd), Ramadân, 1992b, « Les Enfants éprouvettes *(Atfâl al-anâbîb)* » [conférence], Damas : Dâr al-Hâfiz [enregistrement audio].

AL-BÛTÎ (Sa'îd), Ramadân, (s.d), *Qui est le responsable du retard des musulmans (min al-mas'ûl 'an takhalluf al-muslimîn*), Damas : Maktabat al-Fârâbî.

AL-BÛTÎ (Sa'îd), Ramadân, (s.d), *Ton Médecin, la revue scientifique et sociale de la santé (tabîbuka. Majalla sihhiyya 'ilmiyya ijtimâ'iyya*), Beyrouth, Damas.

Conseil Européen de la *fatwâ*, 2002, Résolutions et avis jurisconsultes *(qarârât wa fatâwâ)*, *La Revue scientifique du Conseil Européen de la fatwâ et des recherches (al-majala al-'ilmiyya li-l-majlis al-urûbbî li-l-iftâ'wa-l-buhûth)*, Dublin/Le Caire : Dâr al-tibâ'a' wa-l-našr al-islâmiyya, 2 ts., t. 2.

AL-DÎB (Sami Abu-Sahlieh), 1994, *Les Musulmans face aux droits de l'homme, Religion, Droit et Politique*. Étude et documents, Bochum : Winkler.

FORTIER (Corinne), 2005, « Le don de sperme et le don d'ovocyte ou "trois font un". Sexualité, inceste et procréation », in Patrice Bidou, Jacques Galinier et Bernard Juillerat, *Anthropologie et psychanalyse : regards croisés*, Paris, EHESS, p. 59-80.

FORTIER (Corinne), 2007, « Blood, Sperm and the Embryo in Sunni Islam and in Mauritania : Milk Kinship, Descent and Medically Assisted Procreation », in Diane Tober, Debra Budiani *Body and Society* 13 (3), Special Issue : *Islam, Health and the Body*, p. 16-36.

AL-GHAZZÂLÎ (Abû Hâmid), (s.d.) *Al-Mustasfâ min 'ilm al-usûl,* Beyrouth : Dâr al-Fikr, 2 ts.

AL-HAWÂRÎ (Muhammad), 2006, « Les soubassements de l'édifice familial en Islâm (*usus binâ' al-usrî fî-l-Islâm* », La Revue scientifique du Conseil Européen de la *fatwâ* et des recherches *(al-majala al-'ilmiyya li-l-majlis al-'urûbbî li-l-iftâ'wa-l-buhûth*), Dublin, vol. 7, p. 119-172.

HÉRITIER (Françoise), 1996, *Masculin/Féminin : la pensée de la différence*, Paris, Odile Jacob.

Informations du monde islamique *(akhbâr al-'âlam al-islâmî*), 2007, La Ligue islamique mondiale *(râbitat al-'âlam al-islâmî)*, La Mecque, 12 novembre.

AL-JAWZIYYA (Ibn Qayyim), 1973, « Manifeste à ceux qui se situent (sous l'autorité) de Dieu des deux mondes (*I'lâm al-muwaqqa'în 'an rabb al-'âlamîn*) » (*I'lâm al-mawqi'în 'an rabb al-'âlamîn*), Beyrouth : Dâr al-jîl, 4 vols.

KHADDURI (Mâjid), 1993, « *Maslaha* », *Encyclopédie de l'Islam*, Leiden, Paris : Brill, Maisoneuve et Larose, t.VI, p.727-729.

LAOUST (Henri), 1970, *La Politique de Ghazalî,* Paris : Geuthner.

LEROY (Fernand), 1995, « Fivette », in Gilbert Hottois et Marie-Hélène Parizeau, *Les mots de la bioéthique*, Bruxelles, De Boeck, (1e éd. 1993), p. 240-244.

MACDONALD ((Dunkan Black) [Edwin Elliott Calverley], 1975, « *Haqq* », *Encyclopédie de l'islam,* Leiden, Paris : Brill, Maisoneuve et Larose, t. III, p. 85.

MATRAJI (Mahmoud), 1993, *Sahîh Muslim*, éd. bilingue anglais-arabe (corrigé et révisé par Amira Zrein Matraji), Beyrouth : Dâr al-Fikr, 8 vols.

MILLIOT (Louis et Blanc), François-Paul, 2001, *Introduction à l'étude du droit musulman*, Paris : Dalloz, 2e éd. (1e éd. 1953).

OPWIS (Felicitas), 2007, « The concept of *Maslaha* », in Abbas Amanat et Franck Griffel (eds.), *Shari'a Islamic Law in the contemporary content,* Stanford : Stanford University Press, p. 62-82.

AL-QARADÂWÎ (Yûsuf), 2007, « La relation entre la religion et la politique pour les musulmans et les laïques (*al-'alâqa bayn al-dîn wa-l-siyâsa 'ind al-islâmiyyîn wa-l-'ilmâniyyîn*) », *Revue scientifique du Conseil Européen de la fatwâ et des recherches (al-majala al-'ilmiyya li-l-majlis al-urûbbî li-l-iftâ'wa-l-buhûth),* Juin, phttp://www.e-cfr.org.

RICŒUR (Paul), 1996, « Les trois niveaux du jugement médical », *Esprit*, Décembre, p. 21-33.

SALÂMA (Ziyâd Ahmad), 1996, *Les Enfants éprouvettes : entre la science et la Loi (atfâl al-anâbîb bayn al-'ilm wa ash-Sharî'a*, Beyrouth : Dâr al-'arabiyya li-l-'ulûm.

ASH-SHÂTIBÎ (Abû Ishâq Ibn Mûsâ), 1975, *Les Convergences des fondements de la Loi divine* (*muwafaqât fî usul ash-Sharî'a*), commenté par Muhammad 'Abd Allâh Drâz, Le Caire : Maktaba al-Tijâriyya al-kubrâ, 4 vols.

TESTARD (Jacques), 2003, *Le Vivant manipulé*, Paris : Sand (coll. « Aujourd'hui et demain »).

ZAYDÂN ('Abd al-Karîm), 1986, *Introduction à l'étude de la Loi islamique (al-madkhal li-dirâsat ash-Sharî'a al-islâmiyya)*, Beyrouth : Maktabat al-quds : Mu□assasat al-risâla.

Sites Internet :

http://www.e-cfr.org
http ://www.al-eman.com/hadeeth
http:// www.hadith.al-islam.com

Sherine Hamdy

The Organ Transplant Debate in Egypt: a Social Anthropological Analysis

In Egypt, more contested than any other bioethics topic, organ transplantation has been taken up in the mass media – in print, state television, radio, film, and religious sermons – reaching a level of public dispute not dissimilar to the question of abortion in the US The question is not whether to *introduce* transplantation into Egypt or not: kidney transplantation has carried out in Egypt since the 1970s and cornea transplants since the 1950s. However, efforts to initiate a national organ transplant program have consistently failed in the Egyptian Parliament since the late 1970s. There has been legal opposition to the recognition of "brain-death" as "legal death" and organs are not legally or routinely procured from heart-beating brain-dead patients as they are elsewhere. This has meant that routinized transplants are limited to corneas taken from systemically dead corpses, and to kidneys and liver lobes taken from living donors. Yet although these operations are carried out in a number of Egypt's public and private hospitals, there is still a considerable amount of debate about the ethical nature of the practice of organ transplantation in its present forms. Patients, family members, physicians, and others in Egypt differ in opinions about whether it is permissible to take a body part from the dead, whether it is a safe or beneficial practice to cut into a healthy living donor, whether organ transplantation actually "saves lives", and about the vulnerability of poor Egyptian bodies to a black market in organs and to organ theft.

Creating a social imaginary beyond the personal experiences of a relatively small number of patients, the national media transformed the question of organ transplantation into a "hot button issue" about which ordinary Egyptians have strong opinions. The media not only depict these debates, but help shape them as well, providing the dominant discursive terms by which the public comes to question the ethics of contested cases and ailing bodies. Studying an ethical debate in a given social setting has been a productive way for anthropologists to study deeply held beliefs that are sharply articulated during times of crisis (Turner 1974, Ginsburg 1989, Gusterson 1996). In Egypt, organ transplantation exacerbated longstanding disputes over social inequalities in basic health care, state welfare, and the place of religious discourse. It triggered major ethical disagreements and public debates in Egypt, not merely among academics or those personally involved.

The question was debated on various television programs, and medical authorities and Islamic scholars used the state-controlled media as a platform from which to educate the "masses" about the proper ethical dispositions toward this particular medical procedure. These figures saw themselves as not only crucial to the education of the Egyptian public, but also as responding to a global stage in which Egypt needed to "catch up" with the rest of the modern world. Religious scholars who condoned the practice remarked that ethics and values were universal – that is, that Muslim ethics were similar if not identical to those articulated in the field of Western bioethics. A few opposing voices claimed that Muslim ethics, in their particularity, needed to be asserted to counter the pressures of secularization and godlessness.

Meanwhile, stories circulated of botched operations in many of Cairo's private clinics, many cases where recipients died, and some in which previously healthy donors died[1]. Would getting a transplant really prolong someone's life? Many patients in renal failure, stuck to dialysis tubes keeping them alive, weighed risks against benefits, as they would see fellow patients leave the ward for the promises that a transplant would bring. Some, after having their families scrape together all their savings to afford a transplant, ended up with "failed" operations: their bodies would reject the graft, ending them back on dialysis. Others never came back, either because they were now better and "free" from the dialysis machines, or because they were dead[2]. Results, experiences, and perceptions of organ transplantation were as uneven as Egypt's social landscape. Sick patients in organ failure in otherwise socially and economically comfortable families had much to gain from organ replacement; the poor had much to fear.

The conglomeration of diseases that organ transplantation was meant to treat, and people's understandings of their etiologies, provided an important context for the debates that ensued. With the lack of a cadaveric procurement program, the three types of transplants that were available: of the cornea, the kidney, and the liver, each represented a major disease that had come to be identified with Egypt. Corneal opacity was linked with trachoma, an endemic disease once known to travelers of the 14th to 19th centuries as "Egyptian ophthalmia", causing blindness to a significant portion of the population in either one or both eyes[3]. Trachoma, a bacterial infection that when left untreated could

---

1 The death of healthy living donors characterized the early experiments in liver lobe procurement in the 1980s.

2 Of course, rates of death and graft rejection characterize organ transplantation in its early years everywhere it was practiced in the world, including in the U.S., which was home to the first kidney transplant in 1954 (Fox and Swazey 1987). This history is generally erased from social consciousness in the U.S., where the media has been swept up by ideas of transplantation as "medical miracle" (Scheper-Hughes 2000, Lock 2002, Sharp 2006).

3 Propaganda at the time of the Egyptian revolution (1952) claimed that under King Farouk, one third of the rural population was blind. While it was in their interest to exaggerate numbers, by all accounts blindness was prevalent (Hamdy 2005).

lead to the loss of sight, was associated with ignorance and lack of hygiene, particularly since the 19th century European expansion into Egypt (Hamdy 2005). Diseases of the kidney and liver were associated with bilharzias, or schistosomiasis, an endemic snail-borne parasite of the Nile, also associated with backwardness and rural poverty. In recent decades, however, epidemiologists have noted an alarming increase of kidney and liver diseases of a different course, and of apparently different causes. Doctors and patients alike linked renal and liver disease to toxic mismanagement, polluted air, contaminated water, the widespread use of dangerous pesticides and unsafe food storage. These widespread understandings of the etiology of disease – as the result of a general weakening of the body in a contaminated, corrupt environment – played a major role in determining patients' decisions to refuse organ offers from relatives, as they argued that they were loathe to leave their loved ones "incomplete" (without an organ) in the same environment that made their own "whole" bodies ill. Moreover, in the 1960s and 1970s, a government-backed mass health campaign to treat schistosomiasis that re-used needles ended up inadvertently infecting the population with Hepatitis C. Egypt now ranks as having the highest prevalence of this deadly liver virus in the world, and the devastating repercussions of infection are now presenting themselves clinically, with international reports suggesting an imminent "Viral Time Bomb"[4]. Somewhere between 10 to 30% of the entire Egyptian population is said to be infected with Hepatitis C, with liver diseases dominating national health concerns. Voices of dissent in the state aligned media as well as those in the opposition party newspapers again blamed the government for negligence.

This brief background outlining disease types and what I call "political etiologies" – the linking of disease origins with political and social ills – is necessary to understanding the shape in which the debate about organ transplantation unfolded (Hamdy 2008). Equally important is the erosion of public health facilities and the escalating privatization of medical treatment in the context of a growing gap between rich and poor (Mitchell 2002). Yet everywhere in the Egyptian media and in the legislature, discussions of organ transplantation were saturated with references to the opinions of religious authorities. Understanding opposition to organ transplantation in terms of "religion" both obfuscated and bolstered arguments against bodily exploitation.

Is this a religious debate?

Many commentators, politicians, physicians, and journalists have maintained that Islam has nothing to do with resistance to organ transplantation,

4 Cam McGrath IPS (Inter-Press Service Agency) "Viral Time Bomb Set to Explode" May 5, 2009 http://ipsnews.net/news.asp?idnews=46723.

and they cite as their evidence the fact that Saudi Arabia[5] and Iran[6] have both long passed laws enabling national organ transplantation from both living and brain-dead donors. These two countries, they point out, purportedly operate under Islamic law while Egypt does not. Egypt's legal system is derived from French and English codes, a legacy of colonial rule. However, the constitution states that the *Sharî'a* is the major source of the law, and the personal status courts and family law technically function under the *Sharî'a*, a function of the fact that secular governments have long considered "religion» to reside in the "private" domain (see Mahmood 2004). Many scholars have noted that the result of drawing on European codes has been "in some cases a much more rigid interpretation of Islamic law than had previously been customary" (Ernst 2003:128, see also Tucker 1998). The argument made by those who are considered proponents of organ transplantation is that the resistance in Egypt must then be due to reasons other than Islam, namely the uncontrolled black market in body parts and reports of organ theft that have tainted the public perception of organ transplantation.

It has become a truism to say that there is no official clergy in Sunni Islam, the dominant form practiced in Egypt. What this has actually meant differs among Muslims with different religious expressions and practices, as much as it differs across time and space (Bouzid 1998). The media in Egypt depict the views of religious scholars (especially those from Dâr al-Iftâ' – the modern state bureaucratic institution that issues official opinions – or al-Azhar University – Egypt's oldest Islamic University), alternating between elevating them as authoritative and deriding them as wholly irrelevant. Newspapers and legislators alike set these figures up as though they were the final voice to "deliver" an important message, particularly when it comes to changing peoples' views on an issue for political expediency or for public health campaigns. When it is a message that echoes the views of many journalists in the state-aligned press, (such as those promoting organ donation) religious statements are used as evidence that the "resistant masses" are ignorant, both of modern scientific treatment of their bodies, and of their own religion. If it is a message that is *not* in the interests of state-

---

5 In Saudi Arabia, an "experimental" phase of using brain-dead "cadaveric" kidneys began in 1983 and lasted until 1988, during which 55 kidneys that had been rejected by European centres were shipped to Saudi Arabia free of charge, an experiment which "emboldened" the Saudi team to accept kidneys deemed unacceptable in Europe. Since this time Saudi Arabian hospitals have developed their own procurement programs from brain-dead victims, and ICUs are reportedly "full" of young highway accident victims whose organs are deemed suitable for procurement. In 1997, 267 kidneys were transplanted. Beginning in 1994, other organs besides kidneys were also harvested (lungs, pancreases, livers, hearts, heart valves). The rate of consent among family remembers has remained around 34% over these years. See Abdullah A. Al-Khader, "Cadaveric renal transplantation in the Kingdom of Saudi Arabia" *Nephrology Dialysis Transplantation* (1999) 14: 846-850.

6 In Iran, the history of renal transplantation has occurred in three stages. From 1967-1988 all kidney transplants were from living related donors. From 1988 onward, a program was initiated to regulate transplants from living unrelated donors. In 2000, a law passed to allow for procurement from brain-dead donors, but very few families consent to this type of donation. See Ahad J. Ghods, "Renal transplantation in Iran" *Nephrology Dialysis Transplantation* (2002) 17: 222-228.

aligned voices (such as opinions against organ donation), the offending scholars are disparaged for having no such authority, and the journalists quickly point to the fact that there is no official clergy (or papal figure) in Islam.

All the ^{c}*ulamâ'* of al-Azhar and Dâr al-Iftâ' have permitted organ transplantation under the conditions that there be life-saving benefit to the recipient, no harm to the living donor, and no commercial exchange. In the case of cadaveric donation, the ^{c}*ulamâ'* unanimously declared it was permissible, as long as the patients were "really" dead, and as long as consent was procured either from the patient before death, or from the surviving family. Yet one particularly charismatic and important popular religious figure in Egypt, the late Shaykh ash-Sha'arâwî (1911-1998), opposed organ transplantation in all its forms. He was, at the time, not part of the established Azhar ^{c}*ulamâ'* – although he had gone through formal religious training at al-Azhar – nor was he in the Dâr al-Iftâ'. He was a television figure, to whom former President Sadat had given his own slot on the government-owned channels in the late 1970s. Ash-Sha'arâwî's position was heavily publicized in the late 1980s and premised on the religious tenet that the human body belonged to God alone. "How can you give a kidney that you yourself do not own?" he had famously asked.

Patients, their family members, physicians, and other religious scholars spoke of their bodies "belonging to God", but they were not repeating it as a formulaic authoritative statement. Many imbued this theological tenet with a range of meanings. Parents who willingly donated kidneys to their children argued that the "body belonged to God" and it was through God's gift that they were able to help their children. Others articulated that the "body belonged to God" as an argument against the practices of public state hospitals and their disrespect toward poor patients and dead bodies from the morgue. Others, in stating that the "body belonged to God", lamented that toxic mismanagement had endangered people's lives and bodies, signaling grave injustice and mistreatment of God's blessings.

Journalists in Egypt went to great lengths to argue that the religious scholars were "in disagreement" (*ikhtalafu al-*^{c}*ulamâ'*) over the issue, and that, subsequently, momentum for an organ transplant program remained in limbo. I remain skeptical, however, about the causality that they assumed. Ash-Sha'arâwî's view was resonant in a particular environment in which benefit of organ transplantation was unclear. He was able to *capture* resistance and hesitancy that many people felt toward organ transplants for various reasons and labeled this resistance in terms of the "body belonging to God" – a basic tenet in Islam that no one would deny. This is a wholly different matter than the argument suggesting that ash-Sha'arâwî had *caused* people's resistance to organ donation because of the authority he wielded. My research, in fact, demonstrates the rather limited effective power held by official religious scholars in everyday life in contemporary Egypt.

The diagnostic mistake – of misinterpreting people's aversion to organ transplantation as the direct outcome of the words of an "authoritative" religious figure – is a telling symptom of a much larger conceptual problem. Namely, too often "religion" is thought to reside outside the realm of the social world – in particular events, particular institutions, or the mouths of particular religious figures. If religion is understood to be located outside the rest of the social world, it is also thought to lie outside of time – thus fixed, static, unable to move with the times – and hence irrational.

These assumptions are dangerous, not only because we thus misunderstand the "religious" views and experiences of people in, for example, the Muslim world where reason, rationality and science are articulated as being *central* to Islamic thought, but also because these assumptions obfuscate the articulations of European and North American religiosity and secularism (Asad 1993, 2003). Secularism is imagined to be devoid of religion. Yet the social practices of organ donation is one particularly obvious site in which secularist practitioners speak in terms of the rational, scientific and a-religious while they simultaneously re-articulate religion in a different guise. Take, for instance, the practice of procuring organs from anonymous brain-dead strangers, which drives the practice of organ transplantation in countries in Western Europe and North America. Anthropologists and social analysts of these organ transplant practices have documented that the major impetus for families to donate the organs of their deceased loved ones comes out of the motivation to "make sense" out of senseless suffering; to restore order and meaning to a sudden tragedy of death. Transplant-coordinators encourage grieving family members to imagine that their loved ones will "live on" in the bodies of others (Sharp 2006, Joralemon 1995, Lock 2002). The practice has thus depended not on the de-sacralization of the body but on a different orientation of its sacralization; death has been effectively re-conceptualized so that the person's soul can be "freed" rather than "trapped" in limbo between life and death in a prolonged process of physical demise (Lock 2002). The restoration of meaning is located in the idea that this "freed soul" or "person" or "spirit" will, through an act of altruistic sacrifice, offer good to the world after tragic loss.

A popular American bumper sticker to promote organ donation spells the idea out more bluntly: "Don't take your organs with you to Heaven – Heaven knows we need them here!" Death *in the body* is cast as selfish and ungodly; the righteous path is to recycle body parts; the body's role is to serve life on earth, not in the after-life. Transplant professionals and advocates in the U.S. and in Egypt as well lament what they call the "waste" of "scarce organs", relegating resistance to transplantation to the sphere of religious irrationalism, intolerance, and bodily taboos (Sharp 2006). Medical and popular media accounts thus only recognize the presence of religion in cases where it emerges as "constraint" or "obstacle" to a life-saving procedure. The *productive* forces of religious views, such as sacralizing the body and imagining it to be available to "give the gift of life" and "living on" in the bodies of others, is elided in the rhetoric of a universalist medical science, which supposedly exists apart from and devoid of religion.

Throughout my fieldwork I encountered various ways in which patients, their family members, doctors, and religious scholars in Egypt make moral calculations – weighing benefits against harms – about treatment options in the face of life-threatening illness. They do so by drawing on formal medical knowledge, widespread cultural and moral imperatives, Islamic principles found in the textual traditions[7], popular conceptions of the body, political etiologies, kinship structures as ethical relations, and their own personal experiences. Many patients in kidney failure, like ᶜAbd ar-Rahîm, whom I met in a dialysis ward in Tanta, Egypt, would tell me that they knew that kidney failure was a terminal illness, but that they nevertheless refused the idea of organ transplantation because "the body belonged to God". As I spent more time with ᶜAbd ar-Rahîm, frequenting the dialysis center, and speaking with him over the course of several months, I learned that his previous experiences with medical treatment, his conviction that it was best to stay away from doctors in general, his unwillingness to expose his healthy son to what he considered unsafe and corrupt medical practice, his knowledge of a fellow patient who died during the operation, and the high financial cost such a procedure would bear on his family all strengthened his conviction.[8] In his analysis, "religious" factors were not divorced from "medical" factors (about efficacy, safety, risk, etc.). All these factors together weighed into what ᶜAbd ar-Rahîm would refer to as discerning between *al-ḫalâl* (that which is permissible) and *al-ḫarâm* (that which is forbidden).

Thus, religion is embedded within, rather than separate from, other social aspects of people's lives. I am not arguing that religion should be merely "explained away" by diverting attention to other social and material factors. Nor do I understand religion as a set of codified rules that imposes on believers the formulae of how to think and act. Moreover, while religion clearly provides the framework from which people understand and work to alleviate their suffering, this does not mean that religion exists only for this purpose, or that people merely manipulate the terms of religion to maximize this function from it. And while some people may appeal to religious ideology to justify their own interests, there are just as many examples of those who work hard to bring themselves into conformity with religious virtue, and many who fear that they have fallen short. Much of Euro-

7 By "the Islamic textual tradition" I am referring to the Qur'an and its exegesis, the hadith compendia and their exegesis, the Sunna more generally (teachings from the life of the Prophet and his companions), and the dominant ethical, theological, and legal commentaries that emerged out of them.

8 Like in Mahmood's analysis of her informants' references to authoritative figures, here ᶜAbd ar-Rahîm was not merely invoking the words he attributed to Shaykh ash-Shaᶜrâwî as a memorized formula because of the authority it bears. Rather, when ᶜAbd ar-Rahîm invoked this statement to explain his particular situation, he was also commenting on this statement, and imparting new meanings to it. In fact, its very authority is constituted through ᶜAbd ar-Rahîm's process of interpretation and practice (See Mahmood 2005).

American scholarship and commentary on Islam tends to portray Muslims either as automatons mindlessly enacting edicts from religious figures, or to relegate religion to the status of "false consciousness", epiphenomenal to social and material factors that are more "real".

In other words, to ask if antipathy toward organ transplantation is because of "Islam" or if it is *really* because of questions of social inequality or injustice misses the ways in which social inequality *informs* Muslim ethical positions. Calls for equitable treatment and justice are understood and framed discursively in terms of Islam. Patients and physicians debating the ethics of organ transplantation did not consider "Islam" to be a codified, static set of rules that imposes itself on treatments of the body. Rather, they incorporate Islamic tenets into their critiques of medical mistreatment in their calls for social justice. When these larger issues about health inequality are adequately addressed, and when organ transplantation indeed appears a benefit that is accessible to the bulk of patients, Muslim scholars who have argued that organ transplants are permissible in Islam will have much more credibility within Egyptian society.

Abstract: In this paper, I take the heated debate about the ethics of organ transplantation in Egypt, to ask why Egypt is the only Muslim country in the world that has, for the past three decades, been unable to pass legislation for a national organ transplant program. Why is it that patients and even physicians articulate their antipathy to organ transplantation in terms of "Islam" when most Muslim scholars of Islamic law have argued that the donation of organs is permissible? I argue that we cannot reduce the question of the ethics of organ donation in Egypt to abstract Islamic legal categories (permissible (*mubâh*) or impermissible (*harâm*) – as analysts both within and outside the Muslim world are apt to do. Doing so overlooks the pervasive problem of social inequalities that persist in the Egyptian medical system. In the context of vast discrepancies in health status and health care delivery, ordinary Egyptians are wary of medical institutions' claims of re-using body parts for the common good.

Keywords: organ donation, Islam, Egypt, medicine.

Le débat sur les greffes d'organe en Égypte : analyse anthropologique

Résumé : Cet article traite du débat sensible sur l'éthique de la greffe d'organe en Égypte et s'interroge sur la question du pourquoi l'Égypte est le seul pays musulman dans le monde qui a, durant ces trois décennies, été incapable de faire passer une législation pour un programme de transplantation nationale. Pourquoi les patients et même les médecins formulent-ils leur antipathie à la transplantation d'organes en termes d'« islam » quand la plupart des érudits musulmans ont établi que le don d'organe était possible ? Je soutiens qu'on ne peut réduire la question de l'éthique du don d'organe en Égypte à des catégories juridiques islamiques abstraites comme le licite (*mubâh*) ou l'illicite (*harâm*) – ainsi que le font des analyses provenant à la fois de l'intérieur et de l'extérieur du monde musulman. Ce faisant, on néglige le problème majeur des inégalités sociales qui persistent dans le système médical égyptien. Dans un contexte de dépenses de santé déficitaires, les Égyptiens hésitent beaucoup face aux demandes des institutions médicales à utiliser des parties de leur corps pour l'intérêt commun.

Mots-clés: don d'organes, islam, Égypte, médecine.

References Cited

AL-KHADER (Abdullah A.), 1999, "Cadaveric renal transplantation in the Kingdom of Saudi Arabia". *Nephrology Dialysis Transplantation* 14:846-850.

ASAD (Talal), 1993, *Genealogies of religion: discipline and reasons of power in Christianity and Islam*. Baltimore: Johns Hopkins University Press.
2003 *Formations of the Secular: Christianity, Islam, Modernity.* Stanford: Stanford University Press.

BOUZID (Ahmed), 1998, *Man, Society and Knowledge in the Islamist Discourse of Sayyid* Qutb. Ernst, Carl W.
2003 *Following Muhammad: rethinking Islam in the contemporary world.* Chapel Hill: University of North Carolina Press.

FOX (Renée C.), and SWAZEY (Judith P.), 1974 *The courage to fail: a social view of organ transplants and dialysis.* Chicago: University of Chicago Press.

GHODS (Ahad J.), 2002, "Renal transplantation in Iran". *Nephrology Dialysis Transplantation* 17:222-228.

GINSBURG (Faye D.), 1989, *Contested lives: the abortion debate in an American community.* Berkeley: University of California Press.

GUSTERSON (Hugh), 1996, *Nuclear rites: a weapons laboratory at the end of the Cold War.* Berkeley, Calif.: University of California Press.

HAMDY (Sherine), 2008, "When the state and your kidneys fail: political etiologies in an Egyptian dialysis ward". *American Ethnologist* 35(4):553-569.

HAMDY (Sherine F.), 2005, "Blinding Ignorance: Medical Science, Diseased Eyes, and Religious Practice in Egypt" *Arab Studies Journal* XII/XIII (2/1):26-45.

JORALEMON (Donald), 1995, "Organ Wars: The Battle for Body Parts". *Medical Anthropology Quarterly,* New Series 9(3):335-356.

LOCK (Margaret), 2002, *Twice Dead: Organ Transplants and the Reinvention of Death.* Berkeley: University of California Press.

MAHMOOD (Saba), 2005, *Politics of piety: the Islamic revival and the feminist subject.* Princeton, N.J.: Princeton University Press.

MCGRATH (Cam), (Inter-Press Service Agency), 2009, "Viral Time Bomb Set to Explode". http://ipsnews.net/news.asp?idnews=46723 May 5.

MITCHELL (Timothy), 2002, *Rule of Experts: Egypt, Techno-Politics, Modernity.* Berkeley: University of California Press.

SCHEPER-HUGHES (Nancy), 2000, "The Global Traffic in Human Organs". *Current Anthropology* 41(2):191-224.

SHARP (Lesley Alexandra), 2006, *Strange Harvest: Organ Tranplants, Denatured Bodies, and the Transformed Self:* University of California Press.

TUCKER (Judith E.), 1998, *In the house of the law: gender and Islamic law in Ottoman Syria and Palestine*. Berkeley: University of California Press.

TURNER (Victor), 1974 *Dramas, Fields, and Metaphors*. Ithaca, NY: Cornell University Press.

DROIT ET CULTURES

Revue internationale interdisciplinaire

Droit et Cultures est une revue interdisciplinaire dont la réflexion est centrée sur les phénomènes juridiques.
L'idée de droit, des droits, du droit n'a de sens qu'en référence à un système de valeurs, de normes et de cultures qui révèlent des formes dynamiques d'agencement social ou sociétal. Les cultures, les organisations sociales et politiques, les ordonnancements juridiques, dans leur diversité, invitent à repenser les modèles, catégories et classifications.
Le défi de *Droit et Cultures* est de s'affranchir de la réduction du phénomène juridique à une version unique et de promouvoir une lecture plurielle des faits culturels ; il implique d'appréhender les représentations, les discours et les pratiques des acteurs. Y participent les analyses sur la pluralité des paradigmes et sur les transformations des concepts, sur les permutations des références, sur les fluctuations des champs de recherche et des terrains d'observation dans le temps comme dans l'espace. En relèvent de même les travaux sur les variations des perceptions, sur les réinterprétations des traditions aussi bien que sur les reconfigurations des relations sociales aux échelles internationales, régionales et locales.
Droit et Cultures accueille ainsi toute réflexion relative à ces processus.

International interdisciplinary journal

Droit et Cultures is an interdisciplinary journal focusing on legal phenomena.
The idea(s) of Law(s) and rights have a meaning only in reference to a system of values, norms and cultures revealing dynamic forms of social or societal arrangement. Cultures, social and political organisations, legal constructions, in their diversity, invite us to rethink models, categories and classifications.
For *Droit et Cultures*, the challenge is double: to free oneself from the temptation of reducing the legal phenomenon to a single version and to promote a plural understanding of cultural facts; this implies apprehending representations, praxis and discourse of actors. Belong to this process analyses, in time as in space, on the plurality of paradigms, on the transformations of concepts, on the permutations of references, on the fluctuations of research fields and observation sites. Are also part of it the studies on variations of perceptions, reinterpretations of traditions as well as reconfigurations of social relations on the international, regional and local levels.
Droit et Cultures thus welcomes any reflection concerning these processes.

RECOMMANDATIONS AUX AUTEURS

1. Les textes soumis à la Rédaction de la *Revue Droit et Cultures* doivent être adressés en version informatique enregistrée au format d'échange Word ou RTF, par courriel à l'adresse jlahmani@u-paris10.fr. Un exemplaire sous forme de tirage papier doit également être adressé à : Jacqueline LAHMANI, Rédacteur adjoint responsable de l'édition, Université Paris Ouest Nanterre La Défense, bât. F-504, 200 avenue de la République, 92001 NANTERRE CEDEX. L'article doit être accompagné d'un résumé en français et en anglais, portant également la traduction anglaise du titre de l'article et de la liste des mots-clefs ainsi que d'une brève bio-bibliographie des auteurs indiquant leurs champs de recherche ainsi qu'une courte bibliographie les concernant. Ces envois doivent comporter les nom et prénom, titres et qualités, des auteurs et mentionner leur adresse institutionnelle.

Si le texte est une traduction, il est demandé aux auteurs de joindre le manuscrit en langue originale.

2. Les références des ouvrages, articles, sites internet doivent être placées en notes de bas de pages, numérotées en continu et présentées de la façon suivante :
- pour un ouvrage : Claude Lévi-Strauss, *Anthropologie structurale*, Paris, Plon, 1958.
- pour un article : Alain Testart, « Pourquoi ici la dot et là son contraire », *Droit et Cultures*, n°32, 1996/2, 1996, p. 10-11.

Une bibliographie générale pourra suivre le texte de l'article, les références présentées de la manière suivante :
- ouvrage : LÉVI-STRAUSS (Claude), *Anthropologie structurale*, Paris, Plon, 1958.
- article : TESTART (Alain), « Pourquoi ici la dot et là son contraire », *Droit et Cultures*, n°32, 1996/2, 1996, p. 7-35.

3. Toute proposition de dossier thématique est accueillie par la Rédaction. Cette proposition doit comporter un argumentaire et la présentation des différentes contributions (et de leurs auteurs) qui composent ce dossier, ainsi que les nom et prénom, titres et qualités, et l'adresse institutionnelle du porteur du projet.

4. Toute proposition d'article entraine, *ipso facto*, acceptation par l'auteur de sa mise en ligne sur le portail Revues.org (Centre pour l'édition électronique ouverte) avec lequel la revue *Droit et Cultures* a conclu une convention de partenariat.

SOMMAIRE DU NUMÉRO 2009.63

RÉDACTION, ADMINISTRATION, ABONNEMENTS : François OST

FACULTÉS UNIVERSITAIRES SAINT-LOUIS
Boulevard du Jardin botanique, 43 – B-1000 BRUXELLES - Tél. 02/ 211 78 76

Prix du numéro : Belgique : 15 € + frais d'envoi - Étranger : 20 € + frais d'envoi

Abonnement :
Institution : Belgique : 30 € + frais d'envoi - Étranger : 40 € + frais d'envoi
Individuel : Belgique : 25 € + frais d'envoi - Étranger : 30 € + frais d'envoi

Payable à la réception de la facture
Carte Visa acceptée
Pas de paiement par chèque

D&S
Droit et Société

Revue publiée avec le concours du Centre National de la Recherche Scientifique (France)

ISSN 0769-3362

Administration et abonnement

Librairie Générale de Droit et de Jurisprudence,
Lextenso éditions,
33 rue du Mail, F-75081 Paris cedex 02
Tél. : 01.56.54.16.00 Fax : 01.56.54.16.49

Secrétariat de rédaction

Institut des Sciences sociales du Politique, ENS Cachan,
61 av. du Président Wilson F-94235 Cachan cedex
Tél. : 01.47.40.59.62 Fax : 01.47.40.59.56
e-mail : muriel.lesavre@isp.ens-cachan.fr

Au sommaire du numéro 72/2009

Droit et Société

Revue publiée avec le concours du Centre National de la Recherche Scientifique (France)

ISSN 0769-3362

Administration et abonnement

Librairie Générale de Droit et de Jurisprudence,
Lextenso éditions,
33 rue du Mail, F-75081 Paris cedex 02
Tél. : 01.56.54.16.00 Fax : 01.56.54.16.49

Secrétariat de rédaction

Institut des Sciences sociales du Politique, ENS Cachan,
61 av. du Président Wilson F-94235 Cachan cedex
Tél. : 01.47.40.59.62 Fax : 01.47.40.59.56
e-mail : muriel.lesavre@isp.ens-cachan.fr

Au sommaire du numéro 73/2009

Dossier : *À l'épreuve de la violence, figures de la « justice transitionnelle »*
coordonné par Pierre-Yves Condé et Anne Devillé

Pierre-Yves CONDÉ : *Présentation du dossier*
Sandrine LEFRANC : *La professionnalisation d'un militantisme réformateur du droit : l'invention de la justice transitionnelle*
Stef VANDEGINSTE : *Le processus de justice transitionnelle au Burundi à l'épreuve de son contexte politique*
Valérie ROSOUX : *Réconcilier : ambition et piège de la justice transitionnelle. Le cas du Rwanda*
Élisabeth CLAVERIE : *Bonne foi et bon droit d'un génocidaire*

Études

Michel COUTU : *Weber, lecteur de Stammler : quels horizons pour la sociologie du droit ?*
Malika KACEMI : *Protection du littoral en Algérie entre gestion et législation. Le cas du pôle industriel d'Arzew (Oran, Algérie)*
Joël FICET : *Regard sur la naissance d'un militantisme identitaire : syndicalisme judiciaire, identités professionnelles et rapport au politique dans la magistrature française 1945-1986*
Catherine NOZAY : *« Il n'y a pas de vol entre époux » : la prestation compensatoire en droit français*

Chronique bibliographique

L'HARMATTAN, ITALIA
Via Degli Artisti 15 ; 10124 Torino

L'HARMATTAN HONGRIE
Könyvesbolt ; Kossuth L. u. 14-16
1053 Budapest

L'HARMATTAN BURKINA FASO
Rue 15.167 Route du Pô Patte d'oie
12 BP 226
Ouagadougou 12
(00226) 50 37 54 36

ESPACE L'HARMATTAN KINSHASA
Faculté des Sciences Sociales,
Politiques et Administratives
BP243, KIN XI ; Université de Kinshasa

L'HARMATTAN GUINÉE
Almamya Rue KA 028
En face du restaurant le cèdre
OKB agency BP 3470 Conakry
(00224) 60 20 85 08
harmattanguinee@yahoo.fr

L'HARMATTAN CÔTE D'IVOIRE
M. Etien N'dah Ahmon
Résidence Karl / cité des arts
Abidjan-Cocody 03 BP 1588 Abidjan 03
(00225) 05 77 87 31

L'HARMATTAN MAURITANIE
Espace El Kettab du livre francophone
N° 472 avenue Palais des Congrès
BP 316 Nouakchott
(00222) 63 25 980

L'HARMATTAN CAMEROUN
Immeuble Olympia
Face à la Camair
Yaoundé

627366 - Novembre 2015
Achevé d'imprimer par

1livre.com
du rêve à la réalité !

www.ingramcontent.com/pod-product-compliance
Lightning Source LLC
LaVergne TN
LVHW011147061026
849535LV00003B/632
* 9 7 8 2 2 9 6 1 2 5 5 4 4 *